# 保险法约定行为
# 义务制度构造论

Research on the System Structure of Stipulated
Obligations to Act in Insurance Law

武亦文 著

中国社会科学出版社

## 图书在版编目(CIP)数据

保险法约定行为义务制度构造论 / 武亦文著 . —北京：中国社会科学出版社，2019.9
ISBN 978-7-5203-5332-8

Ⅰ.①保… Ⅱ.①武… Ⅲ.①保险法-研究-中国 Ⅳ.①D922.284.4

中国版本图书馆 CIP 数据核字(2019)第 215141 号

| | |
|---|---|
| 出 版 人 | 赵剑英 |
| 责任编辑 | 梁剑琴 |
| 责任校对 | 冯英爽 |
| 责任印制 | 王 超 |

| | |
|---|---|
| 出　　版 | 中国社会科学出版社 |
| 社　　址 | 北京鼓楼西大街甲 158 号 |
| 邮　　编 | 100720 |
| 网　　址 | http://www.csspw.cn |
| 发 行 部 | 010-84083685 |
| 门 市 部 | 010-84029450 |
| 经　　销 | 新华书店及其他书店 |
| 印　　刷 | 北京君升印刷有限公司 |
| 装　　订 | 廊坊市广阳区广增装订厂 |
| 版　　次 | 2019 年 9 月第 1 版 |
| 印　　次 | 2019 年 9 月第 1 次印刷 |
| 开　　本 | 710×1000　1/16 |
| 印　　张 | 18.75 |
| 插　　页 | 2 |
| 字　　数 | 336 千字 |
| 定　　价 | 89.00 元 |

凡购买中国社会科学出版社图书，如有质量问题请与本社营销中心联系调换
电话：010-84083683
版权所有　侵权必究

# 国家社科基金后期资助项目
# 出版说明

后期资助项目是国家社科基金设立的一类重要项目，旨在鼓励广大社科研究者潜心治学，支持基础研究多出优秀成果。它是经过严格评审，从接近完成的科研成果中遴选立项的。为扩大后期资助项目的影响，更好地推动学术发展，促进成果转化，全国哲学社会科学工作办公室按照"统一设计、统一标识、统一版式、形成系列"的总体要求，组织出版国家社科基金后期资助项目成果。

全国哲学社会科学工作办公室

# 目 录

**第一章 导论：约定行为义务制度引入之缘起** ……………… (1)
  第一节 风险控制概述 ………………………………………… (1)
    一 风险社会的风险控制 ……………………………………… (1)
    二 保险法上的风险控制制度 ………………………………… (8)
  第二节 我国保险法上风险控制机制释评 ……………………… (12)
    一 风险的事前预防：安全防护义务 ………………………… (12)
    二 风险的事后应对：危险增加通知义务 …………………… (15)
  第三节 我国保险法上事前风险控制机制的实践状态 ………… (21)
  本章小结 ……………………………………………………… (26)

**第二章 他山之石：作为理想事前风险防控手段的约定行为义务制度** ……………………………………………… (28)
  第一节 约定行为义务的释义：内涵描述与范畴辨析 ………… (28)
    一 约定行为义务的内涵描述 ………………………………… (28)
    二 约定行为义务的范畴辨析 ………………………………… (34)
  第二节 约定行为义务的基本分类 …………………………… (53)
    一 明示约定行为义务（express warranties）与默示约定行为义务（implied warranties） …………………………… (53)
    二 肯定性约定行为义务（affirmative warranties）、允诺性约定行为义务（promissory warranties）与观点性约定行为义务（warranties of opinion） ……………………… (55)
    三 一时性约定行为义务（present warranties）、未来性约定行为义务（warranties as to future events）与持续性约定行为义务（continuing warranties） ……………………… (59)

四　真正约定行为义务（true warranties）与合同约定
　　　　行为义务（contractual warranties） ……………………（61）
　　五　正式约定行为义务（formal warranties）与非正式
　　　　约定行为义务（informal warranties） ………………（62）
第三节　约定行为义务制度的建制考证 ……………………（63）
　　一　约定行为义务的制度流变 ………………………………（63）
　　二　约定行为义务的建制基础 ………………………………（67）
第四节　约定行为义务的制度机能 …………………………（72）
　　一　制度机能阐释 ……………………………………………（72）
　　二　制度机能的无可替代性——基于与危险增加通知
　　　　义务的比较 ………………………………………………（74）
　　三　小结 ………………………………………………………（77）
本章小结 …………………………………………………………（77）

第三章　实务射程：约定行为义务制度的适用范围 …………（80）
第一节　海上保险中的约定行为义务制度 …………………（80）
　　一　海上保险适用约定行为义务制度的明确立法 …………（80）
　　二　海上保险中约定行为义务的典型判例发展 ……………（81）
第二节　非海上保险中的约定行为义务制度 ………………（90）
　　一　非海上保险中约定行为义务制度的存在理由 …………（90）
　　二　非海上保险适用约定行为义务制度的立法例参考 ……（93）
　　三　非海上保险中约定行为义务的典型判例评述 …………（96）
本章小结 ………………………………………………………（106）

第四章　制度框架：约定行为义务制度的宏观建构 …………（108）
第一节　约定行为义务制度的体系构成 ……………………（108）
　　一　约定行为义务与如实告知义务之区辨协同 ……………（109）
　　二　肯定性约定行为义务存废之辨 …………………………（113）
　　三　结论 ………………………………………………………（121）
第二节　约定行为义务的法律性质与履行主体 ……………（122）
　　一　约定行为义务的法律性质 ………………………………（122）
　　二　约定行为义务的履行主体 ………………………………（134）
第三节　约定行为义务的创设 ………………………………（139）
　　一　形式要求：约定行为义务的创设方式 …………………（139）

二　内容要求：约定行为义务条款可得约定之事项范围 …… (143)
　第四节　约定行为义务之法律规范的属性 ……………… (147)
　　一　法律规范之分类 ………………………………… (148)
　　二　约定行为义务法律规范之属性释明 …………… (151)
　本章小结 ………………………………………………… (153)

# 第五章　制度表达：约定行为义务制度的微观构造 ……… (155)
　第一节　约定行为义务制度的体系定位 ………………… (155)
　第二节　约定行为义务制度的具体设计 ………………… (162)
　　一　约定行为义务的内涵重述 ……………………… (162)
　　二　约定行为义务的违反后果及相关构成要件 …… (163)
　　三　约定行为义务违反行为的豁免 ………………… (206)
　　四　保险人的弃权 …………………………………… (209)
　本章小结 ………………………………………………… (213)

# 第六章　利益衡平：约定行为义务条款的合理规制 ……… (216)
　第一节　规制之基础：保险消费者保护原则 …………… (216)
　　一　保险消费者的概念 ……………………………… (216)
　　二　保险消费者保护原则的建立基础 ……………… (218)
　　三　比较法上的金融及保险消费者保护实践 ……… (221)
　第二节　约定行为义务条款的监管制约 ………………… (225)
　　一　约定行为义务条款的域外监管手段 …………… (226)
　　二　我国约定行为义务条款监管制约之提议 ……… (230)
　第三节　约定行为义务条款的法律规制 ………………… (234)
　　一　约定行为义务条款的程序规制：说明义务 …… (235)
　　二　约定行为义务条款的实体规制之一：内容控制 … (243)
　　三　约定行为义务条款的实体规制之二：约款解释 … (254)
　　四　小结 ……………………………………………… (264)
　本章小结 ………………………………………………… (265)

# 参考文献 …………………………………………………… (267)

# 后记 ………………………………………………………… (290)

# 第一章　导论：约定行为义务制度引入之缘起

## 第一节　风险控制概述

### 一　风险社会的风险控制

（一）风险与风险社会

在现代化进程中，生产力的指数式增长，使危险和潜在威胁的释放达到了我们前所未知的程度。① 虽然科技的进步和经济发展水平的提高使得人类物质财富迅速增长，但与此同时，以网络安全风险、恐怖主义风险等为代表的大量新型风险也在威胁着人类社会的健康发展。因此，现代社会所面临的重要问题之一，即如何有效地分散和化解人类所面临的这些新型风险。自20世纪80年代中期起，"风险社会"这一概念开始受到人们的关注，并逐渐获得学界的认同。"风险"这一课题在社会学、政治学和经济学领域均引发了一系列的广泛研究，"风险文明""风险社会""风险文化"② 这些概念的提出均是这一研究进程的象征，并且为相关研究奠定了坚实的基础。虽然这些研究大都呈现不同的形态，但是都基于一个共同的前提，即风险是现代社会的显著特征，并且是分析现代社会的核心要素。③

---

① ［德］乌尔里希·贝克：《风险社会》，何博闻译，译林出版社2003年版，第15页。

② See Patrick Lagadec, *Major Technological Risk: An Assessment of Industrial Disasters*, Oxford: Pergamon Press, 1982; Ulrich Beck, *Risk Society: Towards a New Modernity*, London: SAGE Publications, 1992; Anthony Giddens, *Modernity and Self-identity*, Cambridge: Polity Press, 1991.

③ Soraya Boudia & Jas Nathalie, *Risk and Risk Society in Historical Perspective*, History and Technology, Oxford: Taylor & Francis, Routledge, 2007, p.317.

早期，"风险"一词更多地同客观危险相联系，一般体现为自然现象或者航海遇到礁石、风暴等事件。[①] 而在经济学语境中，学者则更多地从风险的不确定性、风险将会导致经济损失的不利后果等层面来界定风险。[②] 在现代社会中，工业革命带来了生产力的飞速发展，与此同时，机器化大生产模式也使得人类社会面临的风险呈指数级提升，"技术进步在增加人类选择的同时，也把选择带来的风险变成了现实，风险不但充斥着社会生活，也考验着保护人类幸福和自由的各种社会制度，包括法律制度"[③]。

吉登斯将风险分为外部风险（external risk）和人为风险（manufactured risk）两类。前者是源于人类社会之外的自然实在而与人的决策和行动无关的风险，自人类社会产生就一直存在，在现代社会中得到了一定控制，但并未完全消失。后者是源于人类决策和行动的风险，是人类不断发展知识以控制将来所产生的一种意想不到的风险，可称为人类社会的内生风险，其在工业社会早期是可控的，而在晚期则是不可控的。[④] 在传统的农业社会中，人类所面临的风险主要是外部风险，国家的建立以及政权的运作都必须有效地回应多种多样的外部风险，以帮助个体缓解或消除来自外部风险的恐惧和压力。[⑤] 随着生产力的发展和科学技术的推进，社会风险开始蕴含越来越多的现代元素，而不再局限于单一的外部风险，这种由外部风险为主导向人为风险为主导的转变催生了风险社会的诞生。风险社会中的社会风险既包括外部风险，也包括人为风险。不确定性、两重性（即潜在的破坏性和迎接挑战的创新性）、难以测评性和易于扩散性是社会风险的主要特征。[⑥] 可以说，面对社会风险，无人可置身其外，只要身处当前社会，就无一避免地会暴露于各种社会风险之中。而如何更好地解决社会风险，则正是风险社会的基本关切。

"风险社会"是一种社会理论，中外社会学领域均已对之进行了全面和深入的研究。社会学研究中，风险社会的概念范畴有三：现实主义、文化主义和制度主义。从法学研究的视角看，制度主义的观点自然最具启发

---

① 参见杨雪冬《"风险"概念的变迁》，《学习时报》2004年10月25日。
② 参见张洪涛主编《保险学》，中国人民大学出版社2014年版，第4页。
③ 张俊岩：《风险社会与侵权损害救济途径多元化》，《法学家》2011年第2期。
④ 参见[英]安东尼·吉登斯《失控的世界：风险社会的肇始》，周红云译，载薛晓源、周战超主编《全球化与风险社会》，社会科学文献出版社2005年版，第50页。
⑤ 参见杨春福《风险社会的法理解读》，《法制与社会发展》2011年第6期。
⑥ 参见钱亚梅《风险社会的责任分配初探》，复旦大学出版社2014年版，第23—24页。

意义。根据社会学中制度主义的相关含义和法学界对风险社会一词的使用，"风险社会"的内涵体现为相互联系的三个层面：① 第一，风险社会是风险成为影响人类生活乃至生存和发展的主要因素的社会。而在风险社会之前的现代性工业社会，影响人类生活乃至生存和发展的重要因素则是物质财富的短缺。因此，工业社会的核心问题之一是财富分配以及不平等的改善与合法化，而风险社会的核心问题则是风险损害的缓解与分配。第二，风险社会是以人为风险为主导风险的社会。人为风险（manufactured risk）建立在人类行为和决策的基础之上，包括技术风险和政治、社会与经济等制度风险，随着人类活动能力的增强而增大。第三，风险社会是 20 世纪中叶以来，社会有机化高度发展的社会。风险社会是科学技术迅猛发展及其在生产中广泛应用的结果。对风险社会的描述，实质是对 20 世纪中叶后，第三次科技革命引起的人类社会经济、政治、文化领域的变革，以及人类生活方式和思维方式变革的反思性或警示性描述。总之，"风险社会"是对在现代社会中不断出现的"社会风险"的地位、作用及可能影响的系统性概括，也是对现代社会之特征的一种整体性概括。贝克提出的"风险社会"概念，就是用于表征当今世界正在经历从传统工业社会形态向后工业社会形态——风险社会转变的进程。② 事实上，风险社会只是贝克、吉登斯等人对其所处时代之社会特征的形象描绘，而不是指某个具体的社会或国家发展的历史阶段，因而不具有历史分期的意义。③ 申言之，风险社会是一组特定的社会、经济、政治和文化的情境，其特点是不断增长的人为制造的不确定性的普遍逻辑，它要求当前的社会结构、制度和联系向一种包含更多复杂性、偶然性和断裂性的形态转变。④

近年来，在风险社会的背景之下，大规模损害案件在全球范围内层出不穷。国外频繁发生的大规模损害案件令人触目惊心，如"9·11"美国恐怖袭击事件、"11·13"巴黎恐怖袭击事件，更早的则如 20 世纪 70 年代美国发生的"橙剂"案和石棉损害案件等。放眼国内，相关损害事件也多有

---

① 参见刘水林《风险社会大规模损害责任法的范式重构——从侵权赔偿到成本分担》，《法学研究》2014 年第 3 期。
② 陈磊：《"风险社会"理论与"和谐社会"建设》，《南京社会科学》2005 年第 2 期。
③ 阳建勋：《风险社会中的法律责任制度改变：以经济法为中心》，厦门大学出版社 2014 年版，第 12 页。
④ 参见［英］芭芭拉·亚当、［德］乌尔里希·贝克、［英］约斯特·房·龙《风险社会及其超越》，赵延东、马缨等译，北京出版社 2005 年版，第 7 页。

出现。2014年3月云南昆明火车站发生的暴力恐怖事件至今仍令人心有余悸，"三聚氰胺奶粉""瘦肉精""地沟油"等食品卫生安全领域爆发的事件更是对广大不特定消费者的人身和财产利益造成了严重损害。此外，伴随经济发展而生的环境污染问题至今未得到妥善治理，而环境污染损害的长期性、潜在性和不确定性也使得相关问题的处理更加棘手。另外，安全生产方面的隐患及风险也是造成大规模损害的因素之一。国务院办公厅发布的《安全生产"十三五"规划》中提到，我国目前仍处于新型工业化、城镇化持续推进的过程中，安全生产工作主要面临五项挑战："一是经济社会发展、城乡和区域发展不平衡，安全监管体制机制不完善，全社会安全意识、法治意识不强等深层次问题没有得到根本解决。二是生产经营规模不断扩大，矿山、化工等高危行业比重大，落后工艺、技术、装备和产能大量存在，各类事故隐患和安全风险交织叠加，安全生产基础依然薄弱。三是城市规模日益扩大，结构日趋复杂，城市建设、轨道交通、油气输送管道、危旧房屋、玻璃幕墙、电梯设备以及人员密集场所等安全风险突出，城市安全管理难度增大。四是传统和新型生产经营方式并存，新工艺、新装备、新材料、新技术广泛应用，新业态大量涌现，增加了事故成因的数量，复合型事故有所增多，重特大事故由传统高危行业领域向其他行业领域蔓延。五是安全监管监察能力与经济社会发展不相适应，企业主体责任不落实、监管环节有漏洞、法律法规不健全、执法监督不到位等问题依然突出，安全监管执法的规范化、权威性亟待增强。"[1] 可见，随着科技的发展和工业化的高速推进，社会生产生活的各个领域、各个层面、各个环节都存在极大风险，这种风险对人类的生命财产安全造成了难以估量的威胁。如何对风险社会的风险进行防控，当为风险社会治理的重中之重。

（二）风险社会的风险防控手段

在风险社会之中，社会风险层出不穷。然而自理想化的层面而言，在社会风险催生风险社会形成和发展的同时，风险社会也在很大程度上化解着社会风险。[2] 风险无处不在，防范控制风险和减少风险损失是全社会的共同任务。除个人或组织出于避免金钱损失、可能的民刑事诉讼或政府的处罚或限制性行动的自利动机，以及受到道德和利他的规范与价值之激励，而有意识地通过其自身行为从内部来预防或控制风险外，从目前来

---

[1] 参见国务院办公厅《安全生产"十三五"规划》，2017年7月12日，中国政府网（http://www.gov.cn/zhengce/content/2017-02/03/content_5164865.htm）。

[2] 参见杨春福《风险社会的法理解读》，《法制与社会发展》2011年第6期。

看，风险社会的外部风险防控方式主要有三种：行政监管、立法规制和市场化的风险规避手段（如保险）的运用。在行政监管方面，国务院出台的多项行政指导文件以及采取的各种行政治理手段，在宏观层面起到了风险防控的作用。比如，国务院办公厅出台的《安全生产"十三五"规划》，就制定了一系列任务以应对安全生产工作面临的前述挑战，即构建更加严密的责任体系、强化安全生产依法治理、坚决遏制重特大事故、推进职业病危害源头治理、强化安全科技引领保障。在立法规制方面，大量法律、行政法规和规章的制定和施行，为风险的防控与损害的救济提供了规范依据，如《产品质量法》《食品安全法》《环境保护法》《道路交通安全法》《安全生产法》《侵权责任法》《刑法》等法律规范。就其他风险规避手段而言，最为典型和直接有效的风险规避产品当为保险。保险制度的主要机能就在于分散风险。①

通过扩张政府管制职能来应对新兴社会问题已成为现代各国行政法的发展潮流，社会风险也在该背景之下进入了我国行政管制的范畴。行政手段对风险社会的回应主要包括两点：行政处罚和行政管制工具的多元化，行政处罚和行政管制力度的加强。行政处罚主要有四类，行政管制工具的多元化则主要表现为行政许可、强制信息披露、技术标准和行为禁令的增多。② 行政手段对社会风险的应对既包括宏观的行政政策，也包括具体行政部门的微观行政措施和行政行为。宏微观手段相结合，可算较为全面。但值得反思的是，尽管行政监管在风险预防方面或许可以发挥立竿见影的效果，但面对层出不穷的社会风险，行政监管往往力有不逮，无法全面、适时覆盖。而且，虽然行政监管在风险救济方面迅速及时，但其运用的是非市场化的救济组织方式，救济程度有限，且救济的法理依据不足，可能会侵害其他领域的正常投入。

就立法层面对风险防控的回应而言，我国在《环境保护法》中较早就确立了"预防为主、防治结合"的原则，在 2009 年的《规划环境影响评价条例》中正式确立了德国法意义上的"风险预防原则"。③《食品安全法》《产品质量法》等法律主要是通过强化相关主体的法律责任以实现

---

① Kenneth S. Abraham, *Distributing Risk: Insurance, Legal Theory, and Public Policy*, New Haven: Yale University Press, 1986, pp. 1-2; John Lowry and Phillip Rawlings, *Insurance Law: Doctrines and Principles*, Oxford: Hart Publishing, 2005, 2nd ed., pp. 8 - 9; W. Holdsworth, "The Early History of the Contract of Insurance", 17 *Col. L. R.* 88 (1917).

② 宋亚辉：《风险控制的部门法思路及其超越》，《中国社会科学》2017 年第 10 期。

③ 参见金自宁《风险中的行政法》，法律出版社 2014 年版，第 60—62 页。

威慑效果，进而防止将来风险的发生和扩大，惩罚性赔偿的规定为其典型体现。作为侵权责任专门规定之集中的《侵权责任法》，是典型的损害救济法。传统侵权法的基本功能即在于补偿和预防。[1] 侵权法旨在处置和应对私人对私人利益的损害，属于私害防治法，这也与其私法属性相对应。同时，侵权法的私法属性决定了《侵权责任法》是以个人利益为重心或基点而建立的。在实体规范层面，现代侵权法的归责方式从单一的过错责任逐渐过渡到过错责任、无过错责任与过错推定责任三种归责方式的并存，体现了以救济受害人为意旨的法制变迁。现代社会日益增加的复杂性和科学技术日新月异的发展，导致风险来源大量增加且多元化，在许多工业生产和危险作业引起损害的情形，往往很难证实致害行为本身的过错或不法性，也很难判定行为的可谴责性和因果关系。但无论如何，也不能让无辜的受害人得不到有效补救，否则既会严重影响其正常生活，又会违反法律的基本价值和侵权责任法的立法目的。[2] 通过侵权责任制度来实现损失的分担，由最能承受损失、分散损失或已经投保的人来承受损失，以实现社会公平正义，是损失分担理论的重要思想。在侵权法领域中，无过错责任的规定，以及过错推定、客观过错、因果关系推定、违法推定过失、违法性要件的取消等法律技术，使得责任认定变得更为容易，在一定程度上强化了对受害人的保护，是对风险社会的有效应对。[3] 除此之外，侵权责任中惩罚性赔偿和精神损害赔偿的扩大也是防范风险的重要手段。然而，由于侵权责任系以"损害的发生"为其构成要件之一，因此《侵权责任法》是事后的救济法，仅在发生实际损害后方得适用。侵权法以损害的确定性、有限性、可计量性、可预期和可控制性、私人性为其运行条件的一部分。[4] 而大规模损害案件中的损害却恰恰与之相反，即以不确定性、无限性、不可计量性、不可预期与难以控制性和公共性为核心特征。故此，风险社会中的大规模损害很难符合侵权法的运行条件。[5] 而且，风险社会中的损害有时也并非系由特定的组织或个人所造成，比如在自然灾害造成损害的情形，侵权法此时便几乎全无用武之地。可以预见，尽管传

---

[1] 程啸：《侵权责任法》（第二版），法律出版社2016年版，第23页。
[2] 参见王利明《我国侵权责任法的体系构建——以救济法为中心的思考》，《中国法学》2008年第4期。
[3] 王泽鉴：《侵权行为法》（第一册），中国政法大学出版社2001年版，第4页。
[4] 参见刘水林《风险社会大规模损害责任法的范式重构——从侵权赔偿到成本分担》，《法学研究》2014年第3期。
[5] 同上。

统侵权法为应对风险社会的挑战，在法律技术层面进行了重大变革，但其所固有的某些本质特征及要求的存在，将使其依然难以有效发挥风险防控的功能，无法有效应对风险社会中的社会风险。是故，侵权法在风险社会的风险控制方面势必力有不逮。另外，就其他法律而言，由于其所采取的主要是惩罚性赔偿这种单一的风险防控方式，有时可能成本过高，并不能形成很好的收益格局，因而在风险控制方面发挥的效果也着实有限。

相比之下，保险作为一种以特定危险为前提、以团体共济为目的、以商业经营为手段的商业行为，[①] 其基本功能即在于风险的分散和损失的补偿。所谓"无风险，无保险"，保险制度就是为应对风险而生，风险是保险存在的基础。人类在认识和改造自然的历史进程中，为了抵御自然灾害和防范意外事故，逐渐懂得了"以备补患"的道理，保险便顺势而生。保险是商品经济发展到一定阶段的产物，其功能和内涵也随着商品经济的发展而不断更新和现代化。现代保险不仅发挥着风险分散和损失补偿的保障功能，作为风险的统筹管理者，其在提供风险管理服务方面也尤为重要，并影响着社会经济的运行方式和治理模式，是现代社会不可或缺的制度供给。保险以风险的转移和分散作为运行机制，这是一种商业化的合同机制，不受侵权法对侵权责任构成要件之规定的限制。在保险赔付中，无须认定加害行为与损害之间的因果关系，也无须考虑加害人的过错，只要被保险人遭受的损失系由保险合同中约定的保险事故所致，且符合保险合同约定，被保险人便可获得保险补偿。因此，保险可以有效弥补风险社会大规模损害事件中受害人所遭受的损失，尤其是在无侵权人或侵权人无偿付能力的情形。现代社会中，保险人经常发挥着"行为控制"（behavior-control）的作用，并且为投保人创造控制风险的激励，保险人拥有限制和克服风险的手段这一观点已得到广泛认可。[②] 保险公司从开发产品、制定费率到承保、理赔的各个环节，都直接与灾害事故打交道，其不仅具有识

---

[①] 温世扬主编：《保险法》（第三版），法律出版社2016年版，第3页。

[②] Kenneth S. Abraham, "Four Conceptions of Insurance", 161 *U. PA. L. Rev.* 685 (2013); Tom Baker & Jonathan Simon, *Embracing Risk*, in Embracing Risk: The Changing Culture of Insurance and Responsibility, Chicago: The University of Chicago Press, 2002, pp. 12 - 13; Jeffrey W. Stempel, "The Insurance Policy as Social Instrument and Social Institution", 51 *WM. & Mary L. Rev.* 1498 - 1501 (2010); Kenneth J. Arrow, *Insurance, Risk and Resource Allocation*, in Essays in the Theory of Risk - Bearing, Amsterdam: North - Holland Pub. Co., 1970, p. 134; Mark V. Pauly, "The Economics of Moral Hazard: Comment", 58 *Am. Econ. Rev.* 531 (1968).

别、衡量和分析风险的专业知识，还积累了大量风险损失资料，为全社会的风险管理提供了有力的数据支持。与此同时，保险公司还可以积极配合有关部门做好防灾减损工作，并通过采取差别费率等措施，鼓励投保人和被保险人主动做好各项预防工作，降低风险发生的概率，实现对风险的管理和控制。[1] 因此，在很多学者看来，同政府部门相比，由于信息和竞争上的优势，保险公司管理和防控风险的能力要更强。[2] 而且，保险公司应对风险的方式由于是一种市场化的手段，因而可以有效减轻政府的监管压力，充分发挥市场在资源配置中的决定性作用，增强市场活力，促进公平竞争。

通过对以上三种风险防控手段的细致考察可以发现，行政手段和立法手段均存在某种程度上的不足。保险的风险导向性是其区别于行政机制和立法机制的一项显著优势，该项优势有力地促成了保险风险防控功能的发挥，使保险在应对风险社会的挑战时，相较于立法手段和行政手段，不仅更加"专一"，也更加直接和高效，因此是风险社会中最为有效和可靠的风险防控机制。

## 二 保险法上的风险控制制度

### （一）风险防控之缘由阐释

保险业务的存续以风险的存在为前提。对于被保险人一方而言，风险的防控意味着其预期损失和后续保费的稳定或降低，故而被保险人一方会积极支持防控保险期间内的承保风险。然而，对于保险人一方而言，风险如若相对较为稳定，保险人的保险业务便难以扩大，其营业收入也很难有大幅增加。既然如此，保险人为何还会如此积极地致力于承保风险的防控呢？综合保险制度的机能以及保险市场的现实等因素，保险法上的风险控制制度之所以能够广泛实行并且成为保险法上一项不可或缺的制度，主要源于以下原因。

其一，维持风险共同团体的存续。保险是建立在"我为人人，人人为我"这一理念基础上的一种风险分散制度，其基本原理是集合危险、

---

[1] 江生忠主编：《风险管理与保险》，南开大学出版社2008年版，第129—130页。

[2] See Tom Baker, "On the Genealogy of Moral Hazard", 75 *Tex. L. Rev.* 239（1996）; Omri Ben-Shahar & Kyle D. Logue, "Outsourcing Regulation: How Insurance Reduces Moral Hazard", 111 *Mich. L. Rev.* 201（2012—2013）.

分散损失，根本目的是团体共济。[1] 若承保风险超出了风险共同团体的承受范围，风险共同团体很可能会因超出自我承受能力风险的负担而破产。由于保险人在保险期间内负有风险承担的义务，出于维持风险共同团体存续的目的，其一般会致力于尽可能地将保险期间内承保风险的变动维持在一个较为稳定的范围之内。

其二，应对保险市场的残酷竞争。[2] 无论是人身保险领域还是财产保险领域，在鼓励被保险人采纳有效的风险控制手段方面，保险人都面临着极大的竞争压力。潜在的投保人一般会青睐在保险产品和价格两方面都提供最优服务的保险公司。因此，拥有成本低廉的风险防控方法的保险公司可以持续性地使用这种方法来控制承保风险，并通过因承保风险未升高或者下降而降低的保费来吸引更多的保险业务。在该过程中，其市场竞争力得到了有效提高。反之，若保险公司未掌握有效防控承保风险的方法，无疑会遭受保险业务的流失，也极有可能遭到市场的淘汰。

其三，保险人可以从风险防控中直接获益。[3] 商业保险公司作为公众性的股份公司，追求经济利益最大化、通过保险业务营利并将利润分配给股东是其主要目标之一。[4] 保险人一旦同意承保，就要承担被保险人在保险期间内遭受的一切承保范围内的损失。这是保险人对被保险人应当遵守的承诺，这种法律承诺同时也是一项公共政策。[5] 由于支付保险费是投保人的确定义务，而保险人赔付或给付保险金的义务则以保险事故的发生为前提，具有不确定性。故此，任何因采取风险防控手段而避免的保险事故，都会使保险人减少保险金支出，从而构成保险人的净收益。为了尽可能地提高其净收益，保险人会采取一切手段控制承保风险，减少保险事故的发生，以实现经济利益最大化。

---

[1] 温世扬主编：《保险法》（第三版），法律出版社2016年版，第8页。

[2] See Omri Ben-Shahar & Kyle D. Logue, "Outsourcing Regulation: How Insurance Reduces Moral Hazard", 111 *Mich. L. Rev.* 204 (2012—2013).

[3] Ibid.

[4] See Christopher C. French, "The Role of the Profit Imperative in Risk Management", 17 *U. Pa. J. Bus. L.* 1081 (2014—2015).

[5] See Christopher C. French, "Understanding Insurance Policies as Noncontracts: An Alternative Approach to Drafting and Construing These Unique Financial Instruments", 89 *Temp. L. Rev.* 568 (2016—2017).

其四，识别和筛选"良性风险"（good risk）。[1] 风险控制手段如若运用得当，在控制保险人承保风险的同时，还能帮助保险人识别和筛选出风险较低的被保险人，并建立起一套更为精细和科学的风险分类体系。比如，在机动车保险中，经验费率法可以促使作为被保险人的驾驶人在驾车时更加谨慎，由于更加谨慎的被保险人发生交通事故的概率更低，因此还可以帮助保险人识别和筛选更能使保险人获利的被保险人。通过调查被保险人防控风险的习惯或采取安全措施的意愿如何，保险人可以在原来的风险共同团体中找到一个更小且更加有利可图的次级风险共同团体。在这样的区分和筛选机制之下，保险公司的经济利润自可得有效提高。

其五，被保险人对风险防控服务存在客观需求。[2] 对于那些可以自我承保的风险中立型的非消费者被保险人来说，他们并不需要保险为之提供风险转移和风险分散服务。而且与此相反，它们需要的是保险的风险防控服务。许多大型公司购买责任保险的目的即为控制集团的诉讼风险。[3] 同样地，许多规模较大的雇主单位也会雇佣经营健康保险业务的保险公司为之进行雇员医疗费用的支配和管理，以保持公司的财务稳健和平稳运行。在这种场合下，为了满足被保险人的营业需求，保险的核心功能发生了改变，由原本的风险转移和分散功能转换成了风险防控功能。如此，保险人自然应当根据其与被保险人之间的合同，履行风险控制义务，为被保险人提供合乎被保险人本意的保险服务。

职是之故，保险法上的风险防控制度当为保险这一损失分散机制得以有效运行的前提，保险风险防控制度体系的完备无疑是保险市场健康发展和保险业稳健存续的必要条件。

（二）保险之风险防控机制概览

商业保险运作的基本原理在于，保险公司根据被保险人风险程度的不同将之区分为不同的群体，并分别向其收取不同的保费，以使得保费与被保险人的风险水平相适应，[4] 此即所谓的"风险定价"（risk-based

---

[1] See Omri Ben-Shahar & Kyle D. Logue, "Outsourcing Regulation: How Insurance Reduces Moral Hazard", 111 *Mich. L. Rev.* 204 (2012—2013).

[2] Ibid.

[3] See Omri Ben-Shahar & Kyle D. Logue, "Outsourcing Regulation: How Insurance Reduces Moral Hazard", 111 *Mich. L. Rev.* 205 (2012—2013).

[4] Kenneth S. Abraham, *Distributing Risk: Insurance, Legal Theory, and Public Policy*, New Haven: Yale University Press, 1986, p.64.

pricing）。另外，经验费率法、自负额、共负额和最高赔偿限额等保险中的技术性手段，均可在一定程度上激励投保人主动降低风险，倒逼投保人更多地投入于损失预防措施之中。① 值得注意的是，这些保险业通用的技术性手段主要用于保险期间内的主观风险②控制。就客观风险③而言，保险人与被保险人作为保险合同的双方当事人，通常会通过某些合同上的安排来预防和应对保险期间内的客观风险变动，最为常见的有三种方式：一是与被保险人在保险合同中约定，被保险人必须实施一定行为或维持某特定事实状态的存续；二是订立除外条款，将因被保险人特定行为导致的损失排除在外；三是要求被保险人于承保风险发生变动之时立即通知保险人，再由保险人据此评估是否继续承保该风险，以及如何变更合同条款以回应变动后的风险。④ 第一种方式在事前风险控制方面发挥了巨大作用，英美法系将该制度称为允诺担保条款，而大陆法系中以德国为例，类似的制度为保险事故发生前的约定行为义务。第二种方式排除了某些原本属于承保范围的保险事项，在一定程度上有助于提升被保险人在保险期间内的注意程度。第三种方式表现为被保险人危险增加的通知义务，体现了对风险变动的事后回应，是对保险法上对价平衡原则和最大诚信原则的贯彻。

在风险控制方面，我国《保险法》规定了以下制度用于处置和应对保险期间内的主观及客观风险变动：投保人的如实告知义务（第16条）；

---

① Tom Baker & Rick Swedloff, "Regulation by Liability Insurance: From Auto to Lawyers Professional Liability", 60 *UCLA L. Rev.* 1416-1423 (2013); Omri Ben-Shahar & Kyle D. Logue, "Outsourcing Regulation: How Insurance Reduces Moral Hazard", 111 *Mich. L. Rev.* 203-217 (2012—2013); Stephen Shavell, "On the Social Function and Regulation of Liability Insurance", 25 *Geneva Papers on Risk & Ins.* 168-170 (2000); Haitao Yin, Howard Kunreuther & Matthew W. White, "Risk-Based Pricing and Risk-Reducing Effort: Does the Private Insurance Market Reduce Environmental Accidents?", 54 *J. L. & Econ.* 328-329 (2011).

② 主观风险，又称契约风险、道德风险，是因被保险人的心理状态所造成的风险，是指被保险人投保之后，因投保人或被保险人防范保险事故发生的诱因及注意程度可能降低而产生的风险。参见韩长印《中间型定额保险的契约危险问题》，《中外法学》2015年第1期；Özlem Gürses, *Marine Insurance Law*, London: Routledge, 2015, p.67.

③ 客观风险，是指保险标的客观存在的所有风险。参见韩长印《中间型定额保险的契约危险问题》，《中外法学》2015年第1期；Özlem Gürses, *Marine Insurance Law*, London: Routledge, 2015, p.64.

④ 参见陈丰年《特约条款之检讨与重构》，博士学位论文，政治大学，2012年。

投保人、被保险人、受益人在保险事故发生后的通知义务（第21条）；投保人、被保险人、受益人在保险事故发生后提供证明资料的协助义务（第22条）；保险利益（第31条）；投保人故意造成被保险人死亡、伤残或者疾病时保险人给付责任的免除（第43条）；被保险人在两年内自杀时保险人给付责任的免除（第44条）；被保险人因故意犯罪或者抗拒依法采取的刑事强制措施而伤残或者死亡时保险人给付责任的免除（第45条）；保险标的转让导致的危险增加（第49条）；被保险人对保险标的的保护义务（第51条）；保险人对保险标的的检查和安全预防措施（第51条）；被保险人对危险增加的通知义务（第52条）；危险减少制度（第53条）；保险金额与保险价值（第55条）；被保险人在保险事故发生时的防止和减少损失义务（第57条）。保险法上风险控制机制的运行，有赖于以上制度的协同配合。这些制度相互结合，分别从事前（保险事故发生前）、事中（保险事故发生时）、事后（保险事故发生后）三个环节对保险期间内的风险进行防控和应对，共同构筑了我国保险法上的风险控制制度体系。

## 第二节　我国保险法上风险控制机制释评

### 一　风险的事前预防：安全防护义务

《保险法》第51条一般被称为"被保险人维护保险标的安全的义务"，它与保险事故发生后被保险人防止或减少损失的义务，有时被并称为"防灾防（减）损义务"或"损害防阻义务"。[1] 安全防护义务并非我国保险法上独有之制度，欧洲、韩国、我国台湾地区保险法对之均有规定。[2] 安

---

[1] 参见樊启荣《保险法》，北京大学出版社2011年版，第88页；汪信君、廖世昌《保险法理论与实务》，元照出版公司2010年版，第149页。

[2] 《欧洲保险合同法原则》第4：101条、《韩国商法典》第680条、我国台湾地区"保险法"第98条第1款。《韩国商法典》第680条规定，投保人与被保险人应尽力防止损害的发生，但是因此而支出的必要或者有益的费用及补偿金，也由保险人负担。虽然《韩国商法典》的规定与我国《保险法》第57条类似，均为投保人或被保险人的"损害防止义务"，但前者无"保险事故发生时"这一限制，似可被扩大理解为保险事故发生前投保人或被保险人同样负有损害防止义务，此与安全防护义务的旨趣一致。

# 第一章　导论：约定行为义务制度引入之缘起

全防护义务是对风险的事前预防，而且对主客观危险均有预防作用。①

《保险法》第 51 条共包括 4 款规定，第 2 款和第 4 款的规范主体均为保险人，且其内容为保险人在维护保险标的安全方面所享有的权利，与"投保人或被保险人的安全维护义务"并不直接相关。仅第 1 款和第 3 款对投保人或被保险人维护保险标的安全的义务作出了规定。然而，若对第 1 款和第 3 款的规范内容作出一番精细解读，则会发现其中也存在颇多法律逻辑上的缺陷。就第 51 条第 1 款而言：首先，被保险人违反第 51 条第 1 款的规定会产生怎样的法律后果付之阙如，在该层面上，第 51 条第 1 款是一条"不完全规范"，故而在现实中并不具有可操作性；其次，第 51 条第 1 款虽要求被保险人应当遵守国家有关消防、安全、生产操作、劳动保护等方面的规定，维护保险标的的安全，但"国家有关消防、安全、生产操作、劳动保护等方面的规定"究竟是指哪些规定，相关规定是否有范围与层级的限制，均含糊不清、过于抽象，从而致使被保险人无从获悉和遵守；再次，"国家有关消防、安全、生产操作、劳动保护等方面的规定"不仅需要被保险人遵守，普通公民也必须同样遵守，故而该义务并非单独课予被保险人的义务，不具有特殊性；② 最后，第 51 条第 1 款中并未出现任何与"投保人和保险人的约定"有关的字眼，将第 1 款与第 3 款加以比较，可将第 1 款称为"无法律后果的法定义务"，将第 3 款称为"有法律后果的约定义务"。

可以说，《保险法》第 51 条第 1 款不仅在法规范层面上不够完整，在实务操作中也面临困境，仅仅只能被视为一种宣示性条款，难以有效发挥保险法上事前风险防控的作用。

---

① 安全防护义务在我国保险实践中也曾有所体现，如《中国平安财产保险股份有限公司电话营销专用机动车辆保险条款及费率》（2009 年版）"第二部分：通用条款"第 10 条规定："被保险人及其驾驶人应当做好保险车辆的维护、保养工作，并按规定检验合格；保险车辆装载必须符合法律法规中有关机动车辆装载的规定，使其保持安全行驶技术状态；被保险人及其驾驶人应根据保险人提出的消除不安全因素和隐患的建议，及时采取相应的整改措施。被保险人未履行其对保险车辆安全应尽的责任的，保险人有权要求增加保险费或者解除本保险合同。"但新版条款，即《中国平安财产保险股份有限公司电话营销专用机动车辆保险条款及费率》（2014 年版），以及《中国平安财产保险股份有限公司中国保险行业协会机动车综合商业保险示范条款》（2014 年版）却未规定安全防护义务。

② Zhen Jing, *Chinese Insurance Contracts: Law and Practice*, London: Routledge, 2017, p. 414.

职是之故，在《保险法》第51条之中，真正能够实现"保险标的安全防护"这一规范意旨的似乎仅剩下第3款。揆诸《保险法》第51条第3款，其在规范内涵上较之第1款似乎更为丰富，然经仔细推敲之后，则会发现其含义并非如表面那般完整、明确。第51条第3款规定："投保人、被保险人未按照约定履行其对保险标的的安全应尽责任的，保险人有权要求增加保险费或者解除合同。"根据该款文义，似乎可以推断出保险人可以和投保人、被保险人在保险合同中约定投保人、被保险人对维护保险标的的安全应尽的责任，但此种约定是否等同于约定行为义务，其在司法实务中的效力如何，能否得到法院的普遍承认，依然存在疑问。或曰，基于契约自由原则，保险合同当事人自然可在保险合同中约定相关义务以实现风险控制的目的。但考虑到保险合同的特殊性，在多数情况下，保险人和被保险人的专业知识及议价能力悬殊，被保险人往往处于弱势一方，若缺乏对约定行为义务的一般法律规定，保险人很可能会利用创设约定行为义务这一手段排除被保险人的主要权利，创设合同约定行为义务恐会沦为保险人用于不正当损害被保险人利益的工具。

如果仅仅同作为一种"抽象的价值和宏观的方针"的第51条第1款相比，第3款堪称"具体的规则与微观的指南"。该款大体上对行为模式与法律后果都作出了规定，具备完全规范的构成要素，符合完全规范的特征。然而，从法律适用的角度观之，该款虽然对投保人、被保险人未履行维护保险标的安全义务的法律后果作出了明确规定，但在实际操作中依然存在若干疑问。其一，投保人、被保险人未履行安全维护义务的行为若并未导致保险标的危险显著增加，保险人是否有权要求增加保费或解除合同。《保险法》第49条第3款（保险标的的转让导致的危险增加）和第52条（被保险人危险增加的通知义务）尚且都对危险增加作出了"显著"这一限定，若在本款中不考虑投保人、被保险人未履行责任的行为对保险标的危险的影响程度，一概适用本款规定的法律后果，将会对投保人和被保险人过于严苛，使其原就相对弱势的地位更加岌岌可危，极易丧失保险为之提供的保障。其二，保险人是否有权在两种法律后果之间作出任意选择，要求增加保险费或解除合同是否存在适用顺序上的限制。[①] 很明显，两种法律后果在严重程度上判然有别。增加保险费可维持保险法律关系的存续，投保人与被保险人可继续得到保险保障，但解除合同将导致保险法

---

[①] 参见张虹《保险相对人安全防范义务研究——以〈保险法〉第51条第3款的解释和适用为中心》，《法学家》2014年第4期。

律关系的彻底消灭，投保人与被保险人将完全丧失保险保障。若允许保险人在投保人、被保险人不履行安全维护义务时可以自由地选择两种法律后果之一，将会使投保人和被保险人陷入过于被动的境地。其三，保险人要求增加保险费或解除合同是否有构成要件上的区别。主观归责事由、因果关系等构成要件与投保人、被保险人的合理期待密切相关，增加保险费与解除保险合同这两种法律后果的严苛程度不同，各自的构成要件理应有所区别，才能实现对投保人与保险人之间公平利益格局的构建。其四，增加保险费的标准阙如。由于本款缺乏保险人增加保费的明确标准，那么保险人在要求增加保费时便极有可能凭借其强大的优势地位漠视投保人的利益，恣意增加保费，投保人的经济利益就有可能因此受到损害。其五，解除保险合同的法律效果不明。① 在保险人要求解除合同的场合，保险费该如何处理，全部退还抑或是保险人扣除相应部分后再行退还，如若发生保险事故，保险人是否承担赔偿责任，这些问题都没有得到明确。当然，《保险法》在保险合同解除后果方面的规定本身也并不统一，多有扦格之处，但本款作为一项直接影响投保人与被保险人之经济利益的规定，应对相关后果予以明示。

最高人民法院倾向认为，在适用《保险法》第 51 条第 3 款时应当作限缩解释，将投保人、被保险人违反维护保险标的安全的义务与保险事故有无因果关系以及投保人、被保险人违反维护保险标的安全义务的主观状态作为重要因素纳入考量范围。② 但不可否认的是，《保险法》第 51 条第 3 款的确存在诸多规范漏洞，这些漏洞势必为该款在司法裁判中的理解与适用埋下隐患，不仅会耗费当事人的论证成本，同时也会助长法官的恣意裁量，极大破坏法律的可预见性与确定性。

## 二 风险的事后应对：危险增加通知义务

危险增加的通知义务被规定于我国《保险法》第 52 条，其法理基础在于保险法上的对价平衡原则。③ 危险增加通知义务的正确适用可以维持

---

① 参见张虹《保险相对人安全防范义务研究——以〈保险法〉第 51 条第 3 款的解释和适用为中心》，《法学家》2014 年第 4 期。

② 最高人民法院保险法司法解释起草小组编著：《〈中华人民共和国保险法〉保险合同章条文理解与适用》，中国法制出版社 2010 年版，第 341 页。

③ 叶启洲：《保险法实例研习》，元照出版公司 2017 年版，第 173 页；邹海林：《保险法》，社会科学文献出版社 2017 年版，第 341 页。

单个保险合同的给付公平和整个风险共同体的对价平衡，错误适用则会导致保险公司不当获利，被保险人丧失其应有保障，受害第三人无法获得充分救济，甚或影响到社会和谐安定。① 当保险标的的危险程度显著增加时，被保险人应当将这一情况及时通知保险人，保险人则可以依照保险合同的约定增加保险费或者解除保险合同；若被保险人未履行通知义务，对于因保险标的的危险程度显著增加而发生的保险事故，保险人不承担赔偿保险金的责任。

同侧重事前防控的安全防护义务相比，危险增加的通知义务强调对风险的事后应对。因为在此项制度中，投保人或被保险人的义务是向保险人通知保险标的危险增加这一事实，而这一事实为已经发生的既定事实，保险合同双方当事人均无力改变也无力挽回，从而只能就危险增加后的相关合同内容进行调整，以维持保险法上的对价平衡之要求。

在危险增加的通知义务这一制度中，从学说上而言，危险的增加应当具有重要性、持续性和不可预见性这三项特征。② 重要性是指危险增加应当达到足以使保险人变更保险费率或解除保险合同的程度；③ 持续性是指危险增加的状态并非暂时性的，应当持续一段时间，会对保险事故的发生产生促成作用；④ 不可预见性不是指保险人在缔约时未预见到会发生此种危险，而是指其未将此种危险作为保险费率的厘定因素，⑤ 故有学者主张"未被估价性"的提法其实更为准确。⑥ 从立法上而言，《保险法》第 52 条要求"保险标的的危险程度显著增加"，但"显著"之含义不明，2018 年 9 月 1 日起施行的《最高人民法院关于适用〈中华人民共和国保险法〉若干问题的解释（四）》（以下简称《保险法司法解释四》）第 4 条则

---

① 此处的错误适用，主要是指不应适用危险增加通知义务实际却加以适用的情形，此时会导致保险公司不当免责。另一种错误适用的情形是指应当适用危险增加通知义务实际却未适用，此时会导致被保险人从归属于危险共同体全体成员所有的保险赔偿基金中不当得利，使得保险赔偿基金被用于赔付投保时未被预料到的危险，因而造成赔偿基金的透支。参见覃有土、樊启荣《保险法学》，高等教育出版社 2003 年版，第 151 页。

② 参见江朝国《危险增加之意义》，《月旦法学杂志》1997 年第 4 期；温世扬主编《保险法》（第三版），法律出版社 2016 年版，第 154—155 页。

③ 参见梁宇贤《保险法新论》（修订新版），中国人民大学出版社 2004 年版，第 122 页。

④ Manfred Wandt, Versicherungsrecht, 6. Aufl., München: Verlag Franz Vahlen, 2016, S. 334.

⑤ 参见叶启洲《保险法实例研习》，元照出版公司 2017 年版，第 176 页。

⑥ 参见孙宏涛《我国〈保险法〉中危险增加通知义务完善之研究——以我国〈保险法〉第 52 条为中心》，《政治与法律》2016 年第 6 期。

对"危险程度显著增加"作出了解释。根据该条规定，保险标的危险程度虽然增加，但增加的危险属于保险合同订立时保险人预见或者应当预见的保险合同承保范围的，不构成"危险程度显著增加"。而且，该条还为人民法院在裁判案件时认定是否构成危险程度显著增加提供了若干参考因素，如保险标的用途、使用范围、所处环境、所有人或管理人的改变，因改装等原因引起的变化，以及危险增加持续的时间等。

有观点指出，危险增加的通知义务实质上是情事变更原则在保险法中适用的体现。[1] 所谓情事变更原则，是指合同有效成立后，因当事人在订立合同时不可预见的事情的发生（或不可归责于双方当事人的原因发生情事变更），导致合同的基础动摇或丧失，若继续维持合同原有效力有悖于诚实信用原则（显失公平）时，则应允许变更合同内容或者解除合同。[2] 但如上所述，"危险增加"的不可预见性并非保险人与投保人在订立保险合同时未预见到承保危险的增加，而是指保险人并未将增加后的危险类型作为保险费率的厘定基础。事实上，保险人正是预见到了危险的增加，才会将之从保险费率的厘定基础之中排除。而且，《保险法司法解释四》第4条中的"保险人预见或应当预见"，所针对的也并非单纯的危险增加，而是增加的危险属于保险合同承保范围，这与将增加的危险作为费率厘定基础的旨趣一致。显而易见，危险增加通知义务中之"不可预见"与情事变更原则中之"不可预见"的含义相去甚远。因此，此种观点存在对危险增加通知义务的误解。危险增加通知义务的法理基础仅在于对价平衡原则，而无关乎情事变更原则。

被保险人危险增加的通知义务是保险法上的一项重要制度，大多数国家和地区的保险法对此项制度均有规定。[3] 危险增加的法律后果一般无太

---

[1] 参见江朝国《论我国危险增加之规定及其相关问题之探讨》，载《保险法论文集》（二），瑞兴图书股份有限公司1998年版，第184页。

[2] 韩世远：《合同法总论》（第三版），法律出版社2011年版，第378页；中村肇：《事情変更の顧慮とその判断過程について（1）》，《成城法学》第75号，第60页；齋田統：《事情変更の原則について》，《跡見学園女子大学マネジメント学部紀要》第21号，第67页。

[3] 如《德国保险合同法》第23—27条，《法国保险合同法》第L113-4条，《日本保险法》第29、56、85条，《韩国商法典》第652条，《欧洲保险合同法原则》第4：201条至4：203条，我国台湾地区"保险法"第59条。另外，美国虽未在立法上明定"危险增加的通知义务"，但在实务中，纽约州制定的标准火灾保险单就包含这一条款，且被美国大多数州的保险业所采用，参见"The Increase-of-Hazard Clause in the Standard Fire Insurance Policy"，76 *Harv. L. Rev.* 1472（1962—1963）。

大差别，各国各地区的保险合同法几乎都将之规定为保险人可提议另订保费或终止保险合同，或者在特定条件下对因危险增加而发生的保险事故免除赔付责任，我国也不例外。但是，应当注意到的是，我国《保险法》第52条的规定对保险标的的主观危险增加与客观危险增加一体适用，并未对两种危险增加情形下的法律效果作出区别规范。然而，观诸域外保险法制，其大都将保险标的的危险增加分为主观危险增加和客观危险增加两种情形，且对不同情形下的法律效果作出了不同的规定。[①] 例如，我国台湾地区"保险法"第60条就规定，若危险增加系由投保人或被保险人之行为所致（即保险标的的主观危险增加），且保险人终止保险合同时受有损失的，可请求赔偿损失。而在保险标的之危险增加并非投保人或被保险人的行为所致的情形（即保险标的的客观危险增加），保险人终止保险合同时则不享有损害赔偿请求权。同时，虽然他国保险法都对主观危险增加与客观危险增加作出了区分，但采用的区分标准彼此相异。根据《德国保险合同法》第23—27条之规定，是否为主观之危险增加，应取决于危险增加是否系出于被保险人本人的主观意愿。若危险增加系出于被保险人的意愿，则无论被保险人是否具有可归责性，均得被视为主观危险增加；反之，若危险增加并非出自被保险人的意愿，则为客观危险增加。《日本商法典》则采取了"可归责性"这一区分标准，[②] 根据其第656、657条的规定，若危险增加是可归责于投保人或被保险人之事由所致，则属主观危险增加；若危险增加是不可归责于投保人或被保险人之事由所致，则属客观危险增加。[③] 此外，在保险学中，还将危险分为实质危险因素、道德危险因素、心理危险因素，实质危险因素指的是被保险人所面临的客观风险，例如人寿保险合同中被保险人年老死亡的风险，道德危险因素主要指的是被保险人故意造成保险事故发生的风险，心理危险因素指的是因对保险标的物疏

---

[①] 参见坂口光男《ヨーロッパ共同体における保険契約法の調和について》，《法律論叢》第55卷第1号，第82—92页。

[②] 长期以来，日本的保险法规范一直被规定于《日本商法典》中。2008年，《日本商法典》中"保险法编"的内容被独立出来，制定为单独的《日本保险法》，但《日本保险法》却未对主客观危险增加作出明确规定，故本书特将《日本商法典》的这一规定加以介绍，以供读者参考。参见花房一彦《告知義務、危険著增の効果と信義則》，《中央学院大学法学論叢》第3卷第2号，第39—40页；坂口光男《保険契約法における危険の增加——比較法的・理論的考察》，《法律論叢》第44卷第4号，第39—40页；石田满《危険の增加と特别解約権》，《上智法学論集》第34卷第2・3号，第8页。

[③] 参见沙银华《日本保险经典判例评释》，法律出版社2011年版，第206页。

于照管而增大保险事故发生的概率。① 笔者认为，虽然各国立法例存在主客观危险增加的不同判定标准，但如果从保险学对危险因素的分类视角加以观察，以可归责性作为主客观危险增加的区分标准将更为合理。其中，实质危险因素对应于客观危险增加，道德危险因素和心理危险因素则分别对应于被保险人故意及过失导致的危险增加，即主观危险增加。以是否因被保险人行为所致来区分主客观危险增加并不可取，因为某些被保险人的行为并不具备可归责性，例如：被保险人投保意外伤害险，后被保险人主动辞职转而从事危险系数较高但报酬更多的工作，此时危险增加系出于被保险人行为所致，但被保险人显然不具有可归责性，将之归入客观危险增加更为合理。

　　同域外先进保险立法相比，我国保险法未区分保险标的的主观危险增加与客观危险增加，殊为一大缺漏。一方面，主观危险增加与客观危险增加分别反映了投保人或被保险人不同的主观心理状态，在主观危险增加的情形下，投保人或被保险人的主观恶性显然更大，且多数情况下，其对保险标的的危险增加具有可归责性，显然应当承担较之客观危险增加更为不利的法律后果。另一方面，主观危险与客观危险的区分在保险法学界已基本达成共识，这说明对二者的区辨，在学说层面已得到认可，其不仅在学术研究上具有重要意义，在立法规范层面也同样必要。可以说，无论是从价值判断的角度，还是从遵循法律逻辑的角度，都无法否定在危险增加通知义务这项制度中，区别主观危险增加与客观危险增加而分别立法的应然性与必要性。从比较法研究和实务操作的视角进行检视，我国保险法上危险增加的通知义务制度还存在以下缺陷。

　　首先，适用范围仅限于财产保险。投保人或被保险人的危险增加通知义务被规定于《保险法》"财产保险合同"一节中，意味着其仅适用于财产保险，人身保险则未被纳入该制度的调整轨道。笔者并不认为将危险增加通知义务制度仅限于财产保险的做法具有足够的妥适性。其他国家或地区几乎均将该制度规定于保险法的"通则"或"一般规定"部分，使之能够适用于一切险种。② 即便认为与比较法规范的差异不足以作为否定我

---

① 参见袁宗蔚《保险学——危险与保险》，首都经济贸易大学出版社2000年版，第17—18页。
② 此处的"一切险种"不一定包括"海上保险"，因为有些国家的保险法或保险合同法并不适用于海上保险，如根据《澳大利亚保险合同法》第9、10条的规定，该法仅适用于一般保险合同，并不适用于由《1909年海上保险法》所调整的海上保险合同；《德国保险合同法》第209条也明确规定，其不适用于再保险和承保航运风险的保险（海上保险）。

国保险法规定合理性的依据，从其他维度出发，也依然可以一窥此种做法的局限与弊端。比如，作为非财产保险的人身保险，其保险标的的危险在保险期间内同样有发生变动的可能，然而投保人和保险人却无法依据保险法上危险增加的规定来矫正彼此之间的利益失衡，这显然与保险法上的对价平衡原则不相符合。尤其是在保险期间通常较长的人寿保险中，保险标的危险增加的概率往往更大，若此时危险增加制度无法得到适用，势必会违反保险合同双方当事人的合理期待，难以有效保障双方的合法权益。

其次，关于义务履行主体的规定失当。根据《保险法》第52条的规定，危险增加通知义务的履行主体是被保险人，投保人并未被包含在内。而相邻的第51条第3款则将保险标的安全维护义务的履行主体规定为投保人和被保险人。如果说前者规定的理由在于，"被保险人往往是保险标的的管领、控制者，对自身的情况也较为熟悉，而投保人则不一定如此"，从而将投保人排除在外的话，那么该理由也应同样适用于第51条第3款，因为维护保险标的安全的主体也应当是对保险标的更为熟悉或管理和控制保险标的更为方便的人，否则该项义务的履行便只是空谈，根本无法实现该条的规范意旨。然而，第51条第3款恰恰违反了这一逻辑。规范脉络上的一贯性与法律逻辑上的合理性即便无法兼具，也至少应具备其中之一。《保险法》第51条第3款和第52条的规定恰恰体现了二者的同时缺位，两条规定相互抵牾的依据何在，着实令人费解。

再次，对义务履行时间的规定不具有明确性。关于危险增加通知义务的履行时间，《保险法》第52条规定的是"被保险人应当按照合同约定及时通知保险人"。"及时"二字，无疑又是一个模糊的概念，可能会导致相关争议的发生和举证的困难，在实务中的操作性欠佳。对于履行时间，域外保险法要么规定的是"立即"，如《德国保险合同法》《意大利民法典》《韩国商法典》《俄罗斯民法典》；要么对主观危险增加与客观危险增加分别规定不同的履行时间，如《日本商法典》、我国台湾地区"保险法"。既然因投保人或被保险人主观可归责性的有无，保险标的的危险增加应被区分为主观危险增加和客观危险增加，那么基于两种危险增加在性质上的根本区别，对两种情形分别规定不同的通知义务履行时间，亦当为应然之做法。

复次，危险增加之相关法律后果的规定不够妥适。对于保险标的危险程度的显著增加，《保险法》第52条规定了三种相关的法律后果：保险人增加保险费；保险人解除保险合同；被保险人未履行通知义务的，保险人还可对因危险增加而发生的保险事故免责。增加保险费与解除保险合同的严苛程度显然不同，但该条却未对二者的适用要件及适用顺序作出规定。为实现法律的确定性，更好地保障被保险人利益，即便保险司法实务中认为存在不同的适用要件与适用顺序，保险立法上亦应对此加以明文确认。另外，既然保险标的的危险增加应被区分为主观危险增加和客观危险增加，那么危险增加的法律后果似乎也应当根据被保险人主观可归责性的不同，分别呈现出不同的样态。

最后，未规定危险增加通知义务的免除情形。一般情况下，被保险人违反通知义务时，应当承担一定的不利后果。但在特定情形下，该义务可被免除。一般认为，危险增加通知义务的免除情形主要有五种：保险人已经知悉危险增加或应当知悉危险增加；保险人已申明不必通知的危险增加；损害发生不影响保险人的危险负担；危险增加系为保护保险人的利益；危险增加系被保险人履行道德上之义务所致。[①] 我国《保险法》第52条并未规定与免除被保险人危险增加通知义务有关的任何内容。然而，从避免过度且不合理地加重被保险人负担，以及维持作为保险法基本原则的最大诚信原则和对价平衡原则这两个维度观之，被保险人危险增加通知义务的免除确系必要，保险法应当对此作出规定，以实现危险增加通知义务制度的完善。

## 第三节 我国保险法上事前风险控制机制的实践状态

严格来说，风险控制的本质在于防范风险的发生，危险增加的通知义务是对风险增加的事后回应，实质上并无太多风险控制的作用，真正起到风险控制作用的当为安全防护义务。安全防护义务作为保险法上的事前风险防控手段，前文已有述及。对《保险法》第51条第3款的规范内涵的解读，昭示了该款在理论层面具有的制度缺陷及其在保险风险防范层面可能存在的不足，但这也仅仅是建立在规范文本基础上的盖然性推测而已。如欲证实这一推测，探求该款在保险司法实务中的规范功能发挥情况，须以对该款司法适用的审慎考察为前提。

由于现行《保险法》系修订于2009年，并自2009年10月1日起施行，而《保险法》第51条第3款的规定在修订前的《保险法》中就已存在，条文内容完全相同仅序号有所差异，修订前的《保险法》系自1995

---

① 参见孙宏涛《我国〈保险法〉中危险增加通知义务完善之研究——以我国〈保险法〉第52条为中心》，《政治与法律》2016年第6期。

年 10 月 1 日开始施行，故为避免条文序号不同造成的检索结果部分缺失，尽可能地实现分析样本的全面性，笔者直接以《保险法》第 51 条第 3 款的条文文本——"投保人、被保险人未按照约定履行其对保险标的的安全应尽责任的，保险人有权要求增加保险费或者解除合同"进行"全文检索"，并以"1995 年 10 月 1 日至 2017 年 10 月 1 日"为检索期间，在中国裁判文书网中共获得 30 个结果。其中，除去判决书正文部分未提及该款内容以及相互重复的案例之后，仅剩 14 件案例。在这 14 件案例中，有的仅是判决书中存在该款内容，但并未结合案件事实对之进行相关说明解释，① 有的是虽对该条款进行了一定说明，但其内容是二审法院对一审法院就该款所做错误理解与适用的纠正，② 无关本节主题。因此，符合要求的案例最终便只剩下 9 件。具体裁判情况如表 1-1 所示。

表 1-1　涉及《保险法》第 51 条第 3 款的保险赔付案件的裁判情况

| 保险人 | 胜诉/败诉原因 | 数量 |
| --- | --- | --- |
| 败诉 | 保单中未就投保人对相关事项的告知作出约定，保险人也未曾对投保人作出过询问 | 1③ |
| 败诉 | 保险人在投保人违反保险条款约定后，既未要求增加保费，也未要求解除保险合同，视为弃权。且违反的法律后果并不包括保险人免给付责任，故保险人不得主张免责 | 3④ |
| 胜诉 | 保险人基于第 51 条第 3 款的请求权未获支持，但其他原因的存在致使法院判决其免于承担赔付责任 | 1⑤ |

---

① 如广东省广州市中级人民法院（2012）穗中法民二终字第 722 号判决书，重庆市第五中级人民法院（2016）渝 05 民终 4735 号判决书，湖南省溆浦县人民法院（2014）溆民二初字第 455 号判决书。

② 如贵州省黔南布依族苗族自治州中级人民法院（2014）黔南民商终字第 161 号判决书称，第 51 条赋予保险人的是对投保车辆安全检查的权利而不是义务，一审法院认定保险人对被保车辆超载的行为采取放任态度，未尽到检查义务，因此由保险人对投保人的超载行为承担责任，属于对法律的理解错误，该错误认定加大了保险人的责任。

③ 浙江省海宁市人民法院（2015）嘉海商初字第 1044 号判决书。

④ 辽宁省沈阳市人民法院（2014）沈中民四终字第 218 号判决书，天津市红桥区人民法院（2013）红民初字第 00934 号判决书，贵州省习水县人民法院（2014）习民商初字第 93 号判决书（此案判决尚有"违约行为与保险事故不具直接因果关系"这一理由）。

⑤ 广东省高级人民法院在（2014）粤高法民四终字第 168 号判决书中认为，投保人未遵守安全运输规定，保险人有权根据《保险法》第 51 条要求增加保险费或解除合同，但由于保险人知道相关事实后未在一定期限内行使相关权利，故保险合同依然有效，双方当事人应当按照合同约定享有权利和承担义务。但由于投保人未履行《海商法》第 223 条第 2 款规定的对重要情况的如实告知义务，故保险人可据此免给付责任。

第一章 导论：约定行为义务制度引入之缘起　23

续表

| 保险人 | 胜诉/败诉原因 | 数量 |
| --- | --- | --- |
| 胜诉 | 投保人未能对其全部损失提出证据加以证明 | 1① |
| 胜诉 | 投保人违反了对保险标的安全应尽的义务 | 1② |
| 胜诉 | 投保人拖延不支付保费且无正当理由，并处于停业状态，保险人要求解除合同符合《保险法》第 51 条第 3 款的规定 | 1③ |
| 胜诉 | 投保人车辆装载不符合《道路交通安全法》第 48 条规定，构成对《保险法》第 51 条的违反，故保险人不承担赔付责任 | 1④ |

从宏观的角度对案例总量进行观察不难发现，在保险法明文规定第 51 条第 3 款之内容的 22 年里，涉及该款的司法案例仅有 30 件，而在这有限的 30 条检索结果中，又仅有 9 件案例契合本书研究目的。可见，该款在保险赔付案件的司法裁判中实际得到援引的场合并不多，这意味着其适用余地不大，基本无法一般性地发挥预设功能，难以实现规范意旨。⑤对第 51 条第 3 款进行文义解释，可得出其规范意旨在于当投保人违反对保险标的安全应尽的约定义务时，为保险人提供提高对价或脱离合同关系的机会，这亦是对价平衡原则的体现，但其功能并不包括为保险人提供免除对特定损失的保险责任的规范基础。然而，保险制度的基本功能在于风险分散和损失补偿。投保人之所以购买保险，便是为了在将来发生保险事

---

① 镇江市京口区人民法院（2015）京谏商初字第 76 号判决书。此案中，《保险法》第 51 条被纳入了保险条款中，保险条款同时约定：投保人不遵守该条约定导致保险事故发生的，保险人不承担保险责任；导致损失扩大的，保险人对扩大的部分不承担保险责任。保险事故发生后，保险人认为投保人主张的损失数额过高，但法院判决中并未论及该条约定，仅仅以投保人未能提供证据证明全部损失为由，否定了投保人的部分损失赔偿请求。
② 新疆维吾尔自治区石河子市人民法院（2013）石民初字第 2918 号判决书。
③ 宁波海事法院（2015）甬海法台商初字第 240 号判决书。此案的判决结果是保险人得以解除保险合同。
④ 贵州省遵义县人民法院（2014）遵县法民初字第 3112 号判决书。法院认为投保人违反《道路交通安全法》规定的行为构成对《保险法》第 51 条第 1 款的违反，但直接得出保险人可据此免除给付责任的结果似乎没有法律依据。
⑤ 尽管自归纳法的角度而言，过少的样本可能会导致归纳出的结论并不具有普遍性和可靠性，但《保险法》第 51 条第 3 款由于长期与被视为宣示性或倡导性规范的第 51 条第 1 款相连，其自身的规范功能很可能会因为这种牵连关系受到遮蔽和削弱，其在实务和司法中的受重视程度也会因此而降低。因此，这一结论在很大程度上是能够成立的。

故时依靠保险对损失进行填补，因此保险司法实务中的纠纷大都围绕"投保人请求保险人支付保险金，保险人拒绝承担保险责任"展开。另外，扩大市场占有率和增强市场竞争力是保险人的重要发展战略，[①] 运用收取的保费进行投资目前也已成为保险人极其重要的营利手段之一。为了提高业务规模、增加经济利润，保险人往往会向投保人提供众多保险购买优惠以吸引投保人投保。[②] 保险合同一旦被解除，就意味着保险人与某一个或多个投保人的保险法律关系终止，保险人的保单数量便会相应减少。而且，就分期支付保费的保险合同而言，一旦其在有效期间内因为被解除而提前终止，保险人就将无法获得后续保费用于投资获利。因此，出于对这些经济因素的考量，在投保人非出于故意或欺诈而违反保险标的安全维护义务的场合，保险人似乎并不倾向于行使第51条第3款规定的合同解除权以终结保险合同关系。投保人自然更不愿意因保险合同解除而彻底地丧失保险保障。可见，第51条第3款既未直面保险合同当事人之间的争议，也不符合当事人的利益诉求，存在较大规范缺陷。

在微观层面上，揆诸《保险法》第51条第3款得到援引的以上9件案例，同样可以发现其中存在的一些理解与适用上的偏差：首先，该款无法有效地作为保险人主张权利的规范基础。从内容上观察第51条第3款，可以得知其规范目的主要是约束投保人，避免保险人承担因投保人违反约定而产生的不利后果，进而保障危险共同体全体成员的利益。然而，在这9件案例中，保险人胜诉与败诉的比例几乎持平。在保险人败诉的4起案件中，有1起案件在裁判时并未直接引用该款，而是将《保险法》第16条作为主要的裁判依据，认为投保人的行为并不构成对"如实告知义务"的违反，因此保险人不得免责;[③] 另外3起案件中，保险人因未及时主张权利而被法院判决败诉。而在保险人胜诉的5起案件中，胜诉理由并非基于第51条第3款的共有两起。[④] 由此可见，该款规范功能的发挥的确不够理想。其次，该款规定在司法适用中的法

---

[①] See Omri Ben-Shahar & Kyle D. Logue, "Outsourcing Regulation: How Insurance Reduces Moral Hazard", 111 *Mich. L. Rev.* 204 (2012—2013).

[②] Frank A. Valenti, "Insurance Premium Financing", 19 *Buff. L. Rev.* 656 (1969—1970).

[③] 浙江省海宁市人民法院（2015）嘉海商初字第1044号判决书。

[④] 广东省高级人民法院在（2014）粤高法民四终字第168号判决书，镇江市京口区人民法院（2015）京谏商初字第76号判决书。

律后果含混不清。有法院明确指出其法律后果仅为"保险人有权增加保费或解除保险合同",不包括"保险人有权拒绝承担保险责任",若保险人未及时行使该两项权利即被视为弃权,保险合同继续有效,保险人须就特定保险事故向投保人支付保险金。[1] 也有法院并未严格遵守该款规定,将该款规定的法律后果扩大至保险人特定保险责任的免除,当投保人未履行该款规定的义务时,保险人即有权拒绝支付特定保险事故的保险金。[2] 两种做法下的裁判结果截然相反。前者在法律适用时严格遵守法条文义,未逾越法律规范的文义射程;后者为实现更为公正的利益格局而选择突破文义限制。前一种做法的后果便是该款规定难以发挥应有的规范价值,而这一不利后果如今已有明显体现。而后一种做法是否一定符合公平原则,殊非无疑。贸然允许法院突破明确清晰的法条文义以追求所谓的"实质正义",将会在很大程度上助长法官的恣意裁量,破坏法律适用的安定性。最后,该款在司法适用中常与第51条第1款发生混淆。第1款似可被视为未规定法律后果的"法定义务",而第3款则可被视为规定了法律后果的"约定义务",二者之间存在区别。但是许多法院在审理案件时很少会对二者进行区分,往往会将第51条的4款内容全部加以引用,由此造成了第1款和第3款在适用界限上的模糊与混乱。例如,在一起案件中,法院认为投保人违反《道路交通安全法》规定的行为构成对《保险法》第51条第1款的违反,但却直接得出了保险人可据此免除给付责任的结果,[3] 这样的裁判显然不具有明确的法律依据,令人疑窦丛生、难以信服。

司法裁判中暴露的若干问题折射出《保险法》第51条第3款因规定不明而导致的严重不利后果,由此也反证了相关规范漏洞亟待修补这一事实。但仅仅是修补规范漏洞是否足以解决上述问题,似可商榷。而且,通过对《保险法》第51条第3款的规范解读及其司法适用的实证考察与相关分析已然发现,该款在我国保险实务中产生的作用较为有限,很难作为保险法上的事前风险控制机制有效运行。仅因该条款的存在便认为我国保险法上的风险控制机制已臻完备,是一种牵强附会的想法,难免失之轻率,有"复杂问题简单对待"的嫌疑。

---

[1] 如天津市红桥区人民法院(2013)红民初字第00934号判决书。
[2] 如贵州省遵义县人民法院(2014)遵县法民初字第3112号判决书。
[3] 例如贵州省遵义县人民法院(2014)遵县法民初字第3112号判决书。

## 本章小结

随着时代的推进、文明的发展和科技的进步，传统的以农业生产为主导经济的农业社会逐渐过渡到以工业生产为主导经济的工业社会。在工业社会，人类改造和利用自然的能力较之前相比大为提高，同时也使得社会风险由传统的农耕文明下之自然风险转变为孕育更多现代性元素之人为风险。正是这种形式和实质上的社会风险转变催生了风险社会的诞生，风险社会以风险为核心，侧重于关注如何更好地化解社会风险。亦即，社会风险催生风险社会，风险社会化解社会风险。

风险社会主要通过立法规制、行政监管和保险等其他风险规避产品进行风险控制，其基本诉求在于实现风险的事前防范和事后的损害救济。立法规制的方式具有滞后性，相关法律的运行条件往往与现代社会中的风险特征不符，从而难以应对层出不穷的社会风险；行政监管的方式较为宏观抽象，无法直接有效地对风险社会中的受害人进行救济。相较而言，保险的基本功能在于风险分散与损失补偿，恰好与风险社会的两项基本诉求相对应。保险产品中的技术性手段和保险法上的相关规定，为保险的功能发挥提供了切实保障。因此，同立法和行政这两项风险防控手段相比，保险当为风险社会中最为有效的风险控制手段。

我国《保险法》不仅对保险产品中常用的技术性风险防控手段作出了立法上的肯认，同时还对保险期间内的风险变动作出了法制上的因应。就法制因应而言，事前的风险防控主要体现为安全防护义务（《保险法》第51条第3款），事后的风险应对则主要体现为危险增加通知义务（《保险法》第52条）。对法律规范的解读应从外观与内核两个方面同时着手。若仅对孤立的条文表观进行观察，两条规范均具备行为模式和法律效果，符合完全规范的构成要件，属于完全规范。然而，若从体系的角度对规范的内涵加以分析，则会发现两条规范均存在一定程度上的缺陷，这些缺陷作为法律漏洞，会在司法实务中引发一系列规范解释和适用上的困境。同时，《保险法》第51条第3款的司法运行状态也真实反映了规范漏洞造成的实务难题，以及安全防护义务在保险风险控制方面的力所不逮。故此，我国保险法上的风险控制机制在实践中的运行效果未能达到其理想状态。《保险法》第51条的规定存在根深蒂固的缺陷，简单的条文改进可能只是扬汤止沸，无法从根本上解决问题。如欲保持整个风险控制机制的有效运转，不宜在我国保险法上之安全防护义务处逡巡不前，将研究的目光投向域外，转换一种思维路径，或许会柳暗花明、豁然开朗，获致些许意料之外的启发。而比较法上的约定行为义务制度，正是解开这一困局的钥匙。

# 第二章 他山之石：作为理想事前风险防控手段的约定行为义务制度

## 第一节 约定行为义务的释义：内涵描述与范畴辨析

### 一 约定行为义务的内涵描述

约定行为义务制度是德国保险合同法中的一项制度，其最初被规定于德国《1908年保险合同法》（VVG 1908）第6条。[①] 该制度的内涵在于通过保险人与投保人的特别约定，为保险相对人设定某项行为义务，令保险相对人将保险标的维持在某种合理正常状态以达到控制风险变动的目的。保险相对人一旦违反该义务，便会遭受某种不利后果，或为保险人终止保险合同，或为保险人对特定保险事故免除保险金赔付责任。[②] 保险合同中常见的约定行为义务有：火灾保险合同中的被保险人应将警报器或消防喷淋设备维持在随时可使用的正常状态；各种财产保险合同中的被保险人应维持保险标的物处于风险水平合理的位置或状态；海上保险合同中的被保险人应按约定航线航行等。约定行为义务制度旨在控制保险期间内保险标的的客观风险变动，同时防范投保人可能产生的主观道德风险，以维持保险合同的对价平衡，保障保险这一损失分散机制的平稳有序运行。

---

[①] 该条于1939年11月、12月以及1942年12月分别经历了三次修订，此后其内容便保持稳定，一直施行至2008年1月1日。

[②] 大陆法系通常将投保人和保险人作为保险合同当事人，被保险人是保险合同关系人，而英美法系则通常将被保险人和保险人作为保险合同当事人。为便于论述，本书也不对投保人和被保险人作出明确区分，为保持两大法系各自话语体系的自洽，本书将在不同部分视具体情况采用不同的称谓。

## 第二章 他山之石：作为理想事前风险防控手段的约定行为义务制度　29

其他许多国家或地区的保险法也存在约定行为义务制度，① 但所采名称则迥然相异。英美法系将该制度称为"担保条款（warranty）制度"，英国《1906年海上保险法》（MIA 1906）对担保条款制度作出了明确规定。② 我国台湾地区"保险法"则称之为"特约条款制度"。③ 我国《保险法》虽未提及约定行为义务，但《海商法》却将之称为"保证条款"。④ 同立法上的称谓相一致，我国台湾地区学术界也大都将约定行为

---

① 日本不存在约定行为义务这一制度，不过，在日本保险实务中，《家用机动车综合保险普通保险约款》曾规定："在机动车用途发生变更时，投保人应向保险人履行通知义务；保险人对于机动车用途发生变更期间内的保险事故不承担保险责任；保险人在机动车用途发生改变时享有保险合同解除权或保险费增加请求权。"对于此类机动车用途条款的性质，在理论上存在较多争议，有学者考证了德国法中的此类条款的性质，认为此类条款实际上是针对投保人或被保险人设定的一类约定行为义务。参见坂口光男"自動車保険における自動車の用途条項——責務理論との関連における検討"，载《法律論叢》第59卷第3号，第1—2页。针对实践中出现的保险合同中的约定行为义务条款，由于立法对之未作明确规定，有学者主张类推适用保险法中有关告知义务及危险增加的规定。参见坂口光男"保険契約によって合意された責務と危険制限の限界づけ——ドイツ法理の整理を中心として"，载《法律論叢》第54卷第6号，第4页。不过，由于《日本商法典》第656条曾经规定了主观危险增加情形下保险合同失效的法律效果，有学者认为该条实际上承认了投保人或被保险人控制保险标的风险的义务。而持否定说的学者则认为，如果认为被保险人负有危险控制的义务，这相当于通过保险合同的缔结对被保险人的行为自由施加了限制，从维护被保险人经济活动自由的视角出发，不应认为被保险人负有此种义务。肯定说与否定说分别参见米谷隆三"保険法における事情變更の原則：客観主義保険法の一つの展開"，大林良一编：《加藤由作博士還暦記念保險学論集》，春秋社1957年版，第153页；瀬戸弥三次《海上保険体系（被保険者の担保義務篇）》，文雅堂1931年版，第2页以下。转引自坂口光男"保険契約法における危険の増加——比較法的・理論的考察"，载《法律論叢》第44卷第4号，第84页。

② 《1906年海上保险法》第33条第1款的原文为：A warranty, in the following sections relating to warranties, means a promissory warranty, that is to say, a warranty by which the assured undertakes that some particular thing shall or shall not be done, or that some conditions shall be fulfilled, or whereby he affirms or negatives the existence of a particular state of facts。

③ 我国台湾地区"保险法"在第二章"保险契约"中特别规定了"特约条款"一节，第66—69条分别对特约条款的概念、特约事项的范围、违反特约条款的法律后果和关于未来事项的特约条款的特殊情形作出了规定。

④ 我国《海商法》第235条规定，被保险人违反合同约定的保证条款时，应当立即书面通知保险人。保险人收到通知后，可以解除合同，也可以要求修改承保条件、增加保险费。

义务制度称为"特约条款制度",① 大陆学界对约定行为义务制度的少数学术研究则称为"保证条款制度"。② 然而,无论是采用"担保条款"和"保证条款"两个概念中的何者,都无可避免地会与民法上传统的保证与担保制度发生混淆。"特约条款"固然可与民法上的保证或担保制度区别开来,但其对应的是保险合同中的基本条款,若仅从字面理解,其内涵与外延又未免太过宽广,难以准确揭示约定行为义务制度的含义。而相较于此三者,"约定行为义务"则恰好可以弥补前揭缺陷,且更能彰显其作为保险法上一项制度的显著性和独立性。故此,为实现用语在形式上的统一与内涵上的明晰,并突出约定行为义务制度的重要性,除特别情形下的论述需要外,笔者将不拘泥于域外保险法及我国海商法与学术界对约定行为义务的特殊称谓,统一表述为"约定行为义务"。

约定行为义务制度发端较早,对各国保险法对该制度的早期细部规定加以详尽考察,或可更好地理解该制度的规范内涵。囿于篇幅限制,笔者不便对各国保险法制一一作出评析,仅撷取英德两国有关约定行为义务之保险法制作为解读范例,以期收纲举目张之效。

英国作为英美法系的代表,曾在17—18世纪的海上贸易中占据支配性的霸主地位,其保险法尤其是发达的海上保险法为诸多国家海上保险法的制定提供了重要参考,一段时期内甚至还被有些国家直接适用。在英国传统保险法上,约定行为义务须被严格遵守(strict compliance)。围绕"严格遵守原则"③,约定行为义务制度发展出了三项基本特征:无重要性、无因果关系、无可补正性。④

无重要性,是指约定行为义务对承保风险无论是否具有重要性,都必须被严格遵守。英国《1906年海上保险法》第33条第3款对此作出了明

---

① 例如,陈丰年:《特约条款之检讨与重构》,博士学位论文,政治大学,2012年;饶瑞正:《论保险契约之特约条款及其内容之控制》,《月旦法学杂志》2003年第3期。

② 例如,马宁:《保险法中保证制度构造及其现代化转型——以英国为视角》,《环球法律评论》2011年第1期;曹兴权:《保险保证条款的法律控制》,《佛山科学技术学院学报》(社会科学报)2005年第1期。

③ 严格遵守原则系由曼斯菲尔德法官(Lord Mansfield)在一系列海上保险判例中所逐步确立,后又得到了立法的明文确认,被规定于英国《1906年海上保险法》第33条第3款。

④ 值得注意的是,英国《1906年海上保险法》对约定行为义务所作的规定已被其《2015年保险法》(Insurance Act 2015)进行了部分修改或废止,本书第五章对此将有详述,本部分是对《2015年保险法》施行之前英国之传统约定行为义务规范的介绍。

## 第二章 他山之石：作为理想事前风险防控手段的约定行为义务制度 31

确规定。① 无重要性这一特征意味着，无论约定行为义务是多么的奇怪、荒谬，② 抑或约定行为义务的违反对承保风险根本不存在任何重要影响，被保险人都要严格遵守，且不得有一丝一毫的违背。据此可推知，要求被保险人严格遵守不具重要性的事项，是保险人的正当权利，只要被保险人对该约定行为义务略有违背，保险人便可据此主张拒绝理赔、免除自己向后的一切责任。举一例以对此特征进行说明：被保险人就其船舶向保险人投保了海上保险，并在保险单中订立一项约定行为义务为，被保险人承诺该船舶仅在 A 海域航行。嗣后，该船舶航行至 B 海域并发生倾覆，保险人以被保险人违反约定行为义务为由拒绝作出赔付。但事实上，即便之前约定的是船舶仅得在 B 海域航行，保险人收取的保费也不会有任何改变。可见，这一约定行为义务对承保风险并不具有重要性，但根据"无重要性"原则，保险人依然有权拒绝承担保险责任。

无因果关系，是指若被保险人违反约定行为义务，纵使保险事故的发生与义务违反之间无任何因果关系，保险人也可免责。举一例以明之，被保险人就其所有的一栋 7 层建筑物投保了火灾保险，保险单中的约定行为义务条款规定：被保险人须维护建筑物内的消防设备，使之处于正常可使用的状态。嗣后，建筑物发生火灾，经调查发现，失火当时只有第一、二、三层有人，这些人及时使用了消防设备将大火扑灭，而且这三层的消防设备均可正常使用，唯有第 7 层的消防设备在火灾发生时存在故障。显然，在该情形中，被保险人的确违反了约定行为义务，但违反行为与损失之间并不存在因果关系。然而根据无因果关系这一规定，保险人仍可以被保险人违反了保险单中约定的行为义务为由拒绝理赔。

无可补正性，是指当保险人违反了约定行为义务，但又在保险事故发生前补正了该违反行为时，保险人仍可对此后发生的保险事故免除保险责任。英国《1906 年海上保险法》第 34 条第 2 款规定："被保险人一旦违反约定行为义务，便不得再以违反状态已在损失发生前得到补正，该约定行为义务因而重新得到遵守为由，提出对其有利的抗辩。"③ 此原则系由

---

① 该款原文为：A warranty, as above defined, is a condition which must be exactly complied with, whether it be material to the risk or not. If it be not so complied with, then, subject to any express provision, the insure is discharged from liability as from the date of the breach of warranty, but without prejudice to any liability incurred by him before that date。

② Farr v. Motor Traders' Mutual Insurance Society, (1920) 3KB 669.

③ 该款原文为：Where a warranty is broken, the assured cannot avail himself of the defense that the breach has been remedied, and the warranty complied with, before loss。

18 世纪末 19 世纪初 De Hann v. Hartley 案[1]的判决所确立，该案事实略为：被保险人为其船舶投保了保险，保险合同中的约定行为义务条款规定，被保险人要为投保船舶搭载符合约定的特定数量的船员。船舶起航时，船员实际数量与该特定数量不符，但所缺船员嗣后又于保险事故发生前补齐。审理该案的法院认为，一旦约定行为义务条款遭到违反，无论该违反状态后来是否又在保险事故发生前得到补正，被保险人都要为此前的违反行为承担相应的不利后果。

从被保险人的角度观之，英国保险法上的约定行为义务制度似乎过于严苛。相较而言，德国保险法的相关规定则相对缓和一些。德国的约定行为义务制度最初被规定于《1908 年保险合同法》第 6 条，[2] 该条对约定行为义务制度作出了较为详细的规定。

就约定行为义务的内容而言，德国的约定行为义务制度允许保险人与投保人约定任何投保人应对保险人承担的义务以达到控制风险的目的，无论其内容对承保风险是否具有重要性。[3] 这一点与英国保险法上约定行为义务制度的"无重要性"特征相同，但法院可对保险合同中约定行为义务条款的公平性进行审查。由于约定行为义务条款被认为是界定或修正保险标的的非核心给付条款[4]，而非定义保险标的的核心给

---

[1] (1786) 1 TR 343.

[2] 《1908 年保险合同法》于 1939 年 11 月、12 月以及 1942 年 12 月分别经历了三次修订，此后其内容便保持稳定，一直施行至 2008 年 1 月 1 日，后由《2008 年保险合同法》（VVG 2008）所替代。第 6 条规定："（1）免除给付责任的约定是以投保人违反保险事故发生前对保险人应尽的义务为由的，若该违约行为是因不可归责于投保人的事由所致，则不发生该约定的法律后果。保险人可于知道违约事实后一个月内终止合同，因不可归责于投保人的事由而造成约定行为义务违反的，保险人不享有合同终止权。保险人未在上述期限内终止合同的，不得主张免除其给付责任。（2）投保人违反为保险人的利益而减少危险或避免危险增加这一义务的，若其违反行为与保险事故的发生或保险人应为的给付范围无关，则保险人不得主张免除给付责任。（3）免除给付责任的约定是以投保人违反保险事故发生后对保险人应尽的义务为由的，若该违反行为不是由故意或重大过失所致，则不发生该约定的法律后果。因重大过失而违反约定行为义务的，若不影响保险事故的确定以及保险人责任的确定和范围，则保险人仍须承担给付责任。（4）约定保险人有权因投保人违反义务而解除合同的，该约定无效。"

[3] Langheid/ Wandt, Münchener Kommentar zum VVG, München: C. H. Beck, 1. Aufl. 2010, § 28 Rn. 39.

[4] 非核心给付条款，又称附随条款，是指记载有关偶素之合意的条款。而偶素，则是指不能左右某种类型之合同的成立，仅在当事人有约定时才构成合同一部分的内容。参见解亘《格式条款内容规制的规范体系》，《法学研究》2013 年第 2 期。

付条款①，因此其公平性可被法院加以审查。② 法院的审查弥补了"无重要性"这一缺陷，有利于实现个案正义。

就主观构成要件而言，根据《1908年保险合同法》第6条第1款的规定，对于投保人对约定行为义务的违反，只有当投保人在主观上具有可归责性时，保险人才能主张免除给付责任。同时结合第3款可知：当约定行为义务的履行时间为保险事故发生之前时，只要投保人主观上具有过失，保险人便可主张免责；当约定行为义务的履行时间为保险事故发生之后时，仅在投保人主观上为故意或重大过失的情况下，保险人才能主张免责。这一点同英国的相关立法颇为不同。主观构成要件考虑了投保人违反约定行为义务时的主观过错程度，在实务运作中能够产生较为合理公正的实施效果。

就因果关系要件而言，在英国的约定行为义务制度中，并不要求损失须与违反行为之间存在因果关系。而根据德国《1908年保险合同法》第6条第2款规定，投保人违反为保险人的利益而减少危险或避免危险增加这一义务的，若其违反行为与保险事故的发生或保险人应为给付的范围无关，则保险人不得主张免除给付责任。第6条第3款规定，因重大过失而违反保险事故发生后的约定行为义务的，若不影响保险事故的确定以及保险人责任的确定和范围，则保险人仍须承担给付责任。由此可知，德国保险合同法对约定行为义务规定了因果关系要件。实务中，保险人均遵守该款规定，鲜少有对与违反行为无因果关系的损失拒绝承担给付责任的。因果关系要件的存在，在很大程度上限缩了保险人主张免责的依据范围，合理保障了投保人的利益。

就违反约定行为义务的法律后果而言，第6条第1款明确规定，保险人可免除对特定损失的责任，并且可于知道违反事实后一个月内行使合同终止权以终止保险合同。这样的法律后果意味着，当投保人违反约定行为义务时，既不能使保险人自动向后免责，也不能使合同自动终止。即保险

---

① 核心给付条款，是指记载有关要素之合意的条款。而要素，则是指成立某种类型之合同必不可缺的内容。参见亘《格式条款内容规制的规范体系》，《法学研究》2013年第2期。

② 无论当事人理性程度如何，一般都会在缔约之时充分考虑与权衡核心给付内容，即在常态下有关核心给付内容的合意度是相对充足的。而且，交易中提供核心给付条款的一方所提供的核心给付内容若缺乏竞争力，将会被市场淘汰。相反，当事人对非核心给付条款的关注度往往不高，在常态下有关非核心给付条款的合意度则相对不足。故此，非核心给付条款往往居于法院审查范围之内，而核心给付条款则处于法院审查范围之外。

合同终止的条件是保险人主动选择行使合同终止权，但保险人也可选择不终止合同。然而，该款同时也规定，保险人未在知道违约事实后的一个月内终止合同的，不得主张免除其给付责任。可见，当保险人选择不终止合同的，也不得主张对特定损失免责。由此可知，在保险人行使合同终止权的场合，保险人不仅可以免除保险合同终止后的所有给付责任，还可以主张免除保险合同终止前对于特定损失的给付责任。

经过以上考察可以发现，尽管各国各地区保险法对约定行为义务制度的称谓判然有别，但其创设该制度的目的均在于防范保险标的的风险变动，维持保险合同的给付均衡。易言之，各国各地区保险法仅仅是在制度的名称选择和规范表达上有所差异，事实上，这些外观不同的制度在本质上具有同一性。

## 二　约定行为义务的范畴辨析

约定行为义务一般会以保险条款的形式呈现于保险合同中，违反约定行为义务的法律后果常常为保险人免除特定保险责任或取得保险合同终止权，但保险合同中并不仅仅存在约定行为义务这一种合同义务，有些合同义务的违反后果与约定行为义务的违反后果非常相似。正是由于这样的原因，保险人在拟定保险条款时，若其用语不够清晰明确，就会产生歧义，造成约定行为义务条款与其他保险合同条款的混淆，从而引起法律适用的混乱，更有可能破坏当事人之间的保险法律关系。为避免这样的后果，须对约定行为义务与其他法律概念或保险合同术语进行细致辨析，从本质上明晓相关概念之间的联系与区别。

（一）约定行为义务与披露或陈述义务（disclosure/representation）

根据义务履行时间的不同，约定行为义务可分为一时性约定行为义务与继续性约定行为义务。一时性约定行为义务是指被保险人在保险合同订立时应当履行的约定行为义务。根据英国《1906年海上保险法》第33条第1款的规定，约定行为义务条款是指具有允诺性质的条款，即被保险人通过订立约定行为义务条款，允诺为特定的作为或不作为、履行特定条件，或者确认或否定特定事实存在与否。[①] 其中，"确认或否定特定事实

---

[①] 该款原文为：A warranty, in the following sections relating to warranties, means a promissory warranty, that is to say, a warranty by which the assured undertakes that some particular thing shall or shall not be done, or that some conditions shall be fulfilled, or whereby he affirms or negatives the existence of a particular state of facts。

第二章　他山之石：作为理想事前风险防控手段的约定行为义务制度　35

存在与否"即为被保险人在保险合同订立时所履行的义务，亦即一时性约定行为义务。而披露或说明义务则是被保险人于保险合同磋商阶段向保险人就自己所知或应知之事实或情状所为的告知。① 可见，一时性约定行为义务与披露或说明义务在内涵上的确有所重合。为保证法律的正确适用，必须对二者作出准确的界定和区分，而在此之前，须厘清披露或陈述义务的内涵与特征。

披露或陈述义务是保险法上最大诚信原则于被保险人一方的体现，该原则系由英国王座法院曼斯菲尔德法官（Lord Mansfield）于1766年在Carter v. Boehm案②中所确立。曼斯菲尔德法官在该案中指出：

"保险合同建立在风险估定的基础上，计算意外事故发生概率所依赖的特殊事实通常仅有被保险人本人知悉。保险人相信被保险人所为陈述的真实性，并认为被保险人不会为了误导保险人相信特定情形不存在，以及诱导保险人将特定情形不存在作为估定风险的基础，而隐瞒任何被保险人知道的情形……虽然被保险人的不实陈述可能仅仅是由错误导致，被保险人并无任何欺诈意图，但保险人的确受到了欺骗，由于保险人实际承保的风险与其在订立保险合同时了解和同意承保的风险事实上并不相同，因此保险合同无效……最大诚信原则禁止保险合同的任何一方通过向另一方隐瞒自己所知道的事实，使另一方处于一种不知该事实存在或相信相反事实存在的缔约处境之中……"

因此，为了保护保险的运行机制不受破坏，被保险人在与保险人订立保险合同时，理应贯彻最大诚信原则，履行披露或陈述义务，向保险人如实告知自己所知的与保险人核保有关的一切重要事实。此后，英国《1906年海上保险法》第17—20条又对最大诚信原则和被保险人的披露义务与陈述义务作出了立法上的明确肯认。

被保险人的披露义务与陈述义务具有一定的相似性，其相似之处主要体现在：

1. 均是先合同义务。根据《1906年海上保险法》第18条第1款和第20条第1款，披露义务与陈述义务均应由被保险人在保险合同成立前的磋商阶段履行，由于被保险人履行此两种义务之时保险合同尚未正式成立，因此两种义务的性质均为先合同义务。

2. 披露或陈述的内容仅限于重要事项。同样地，揆诸《1906年海上

---

① 《1906年海上保险法》第18条第1款和第20条第1款。

② (1766) 3 Burr 1909.

保险法》第 18 条第 1 款和第 20 条第 1 款，被保险人披露的事实或所为的陈述之前均有"重要"（material）二字加以限制。第 18 条第 2 款和第 20 条第 2 款还分别就"重要"的含义作出了解释，且所作解释相同，均为"会对保险人确定保险费率或决定是否承保产生影响"[1]。

3. 均须对保险人订立保险合同产生了诱导。当保险人主张被保险人披露或陈述的内容不真实而要求撤销保险合同时，除应证明内容具有重要性外，还须证明被保险人的不实披露或陈述对其同意承保产生了诱导，即若被保险人完全、充分地履行了披露或陈述义务，保险人就不会同意承保或以该种保险费率承保。[2]

披露义务与陈述义务因以上相似之处的存在，致使保险人在实践中一般会同时援引二者对被保险人的索赔请求进行抗辩，进而导致法院常常将两种义务作为同一制度加以对待。尽管披露义务与陈述义务之间的界限不甚明晰，但二者之间同样存在一些不容小觑之重大区别：

首先，披露是指被保险人对保险人所为的主动、自愿的披露，而陈述则是指被保险人就保险人在投保单中所提问题作出的被动回答。[3]

其次，未披露与不实陈述的法律后果不同。在被保险人未披露的情形，仅有保险人取得保险合同撤销权这一种法律后果；而不实陈述的情形除具有该种法律后果外，若被保险人主观上具有过失或欺诈意图，保险人还享有损害赔偿请求权。[4]

最后，未披露仅是一种客观的情状，并不考虑被保险人的主观状态，未对被保险人不同主观状态下的未披露情形作出区分；而不实陈述则会依据被保险人主观状态（无过失、过失和欺诈）的不同分别呈现出不同的形态，且不同形态下的法律后果即保险人的救济手段有所差别。[5]

通过以上分析，似可对约定行为义务与披露或陈述义务作出以下区辨：

约定行为义务是合同义务，必须通过保险合同条款进行约定；披露或

---

[1] 原文中的相关语句为：... is material, which would influence the judgment of a prudent insurer in fixing the premium, or determining whether he will take the risk。

[2] See Digby C. Jess, *The Insurance of Commercial Risks: Law and Practice*, 4th ed., London: Sweet & Maxwell/Thomson Reuters, 2011, p. 79.

[3] Robert Merkin, *Insurance Law: An Introduction*, London: Routledge, 2013, p. 38.

[4] See Iain Goldrein QC & Robert Merkin, *Insurance Disputes*, 2nd ed., London: LLP, 2003, p. 80.

[5] Robert Merkin, *Insurance Law: An Introduction*, London: Routledge, 2013., p. 38.

## 第二章 他山之石：作为理想事前风险防控手段的约定行为义务制度

陈述义务则是先合同义务、法定义务，并不出现在保险合同之中，不属于保险合同条款。

约定行为义务不必具有重要性，无须对保险人决定承保或确定保险费率产生影响；而披露或陈述义务中，被保险人向保险人披露或陈述之事项则必须具有重要性，能够对保险人决定承保或确定保险费率产生影响。

约定行为义务以"严格遵守原则"为其显著特征，被保险人必须严格遵守；而对于披露或陈述义务，被保险人只需在合理情况下大致遵守即为已足。①

但是，上述约定行为义务与披露或陈述义务的区别在英国法语境下可能是成立的，而在德国法等其他国家法律语境中，则不一定能够成立。以德国保险法中的约定行为义务为例，虽然保险人与投保人可约定投保人应承担的义务，而不论此种义务对于保险人所承担的危险是否产生影响，但法官可对约定行为义务条款进行公平性审查，此时司法审查便补足了约定行为义务的重要性要件，因而使约定行为义务与披露或陈述义务在重要性这一点上区别甚微。

再者，根据德国保险法，当投保人一方未遵守约定行为义务，且于保险期间内发生了保险事故时，只有在违反约定行为义务与所发生的损失之间存在因果关系的条件下，保险人才可以主张免除保险金给付责任。可以说，在德国保险法上，约定行为义务的"严格遵守原则"并不成立，以之来区别约定行为义务与披露或陈述义务因此也并不可取。

因此，约定行为义务与披露或陈述义务最主要的区别可能仅在于义务履行阶段的不同。不过，当我们将观察对象转向一时性约定行为义务时，则会发现，将义务履行阶段作为标准，也难以对一时性约定行为义务与披露或陈述义务作出区分。一时性约定行为义务指的是被保险人在订立保险合同时确认或否定特定事实存在与否的义务，其履行时间实质上与披露或陈述义务相同。

笔者认为，以严格遵守原则来区分约定行为义务与披露或陈述义务既无必要也不可能。一则，各国在对待严格遵守原则这一问题上存在或多或少的差异；再则，如后文所述，严格遵守原则已严重背离保险消费者保护这一原则。

事实上，除一时性约定行为义务外，约定行为义务与披露或陈述义务

---

① 此为曼斯菲尔德法官在 De Hahn v. Hartley 案中对二者区别所作之阐述，see（1786）1 TR 354.

的区别在于：首先，约定行为义务旨在发挥风险控制功能，而披露或陈述义务则主要是为保险人正确估定风险而服务。其次，披露或陈述义务解决的是保险合同当事人之间信息不对称的问题，信息不对称不仅存在于保险合同中，其他类型的合同中亦存在同样问题。而约定行为义务的存在则是为了控制保险标的所面临的风险，该问题仅存在于保险合同中。

（二）约定行为义务与除外条款（exclusions/exceptions）

除外条款，又称责任免除条款，是指将特定事件或条件排除出保险赔付范围的保单条款。① 根据这一定义可知，若损失发生的原因属于除外条款规定的事项或条件，则保险人可据此免除对特定损失的保险责任，但保险人要对损失与除外风险之间的因果关系承担举证责任。② 除外条款以负面清单的形式界定了保险责任的范围，构成了保险人承担保险责任的条件之一，而条款中列出的事件或条件与保险事故具有因果关系，又使之与保单中的其他条件相区分，除外原因必须是符合保险事故定义且构成保险索赔基础的某一保险事故之实际原因。③ 某种特定危险之所以会被排除出承保范围，主要是由于该危险是不可保危险，或者是由于其他某种或多种原因所致，比如，大部分被保险人都不需要或不愿意拥有针对该危险的保险赔付，保险人出于降低保险费的考虑而将该危险排除，保险人因没有能力承保该危险而将之排除，该危险因赔付程序和处理方式过于繁杂而被排除，等等。④

约定行为义务与除外条款在功能上具有一定的相似性：均可产生限制保险人之保险赔付范围的作用。由于保险条款用语的多样性与模糊性，约定行为义务条款与除外条款的区分度可能不高，因而容易使人对某一条款的性质产生误判。比如，在火灾保险合同中，若某条款以"被保险人应当维持房屋内的消防设备处于功能正常状态"的形式措辞，一般会被认定为约定行为义务条款；而若某条款以"保险人对于消防设备处于失修状态时的房屋不承担保险责任"的形式措辞，则一般会被认定为除外条款。可见，

---

① Bryan A. Garner, *Black's Law Dictionary*, London: Thomson Reuters, 2009, 9th ed., p. 646.

② 罗俊玮、赖焕升：《百年变革——论英国海上保险担保条款之修正》，《东吴法律学报》2016年第3期。

③ See Edwin W. Patterson, "Warranties in Insurance Law", 34 Colum. L. Rev. 599 - 600 (1934).

④ See Mark E. Kinley, "The 'Implied Warranty' Exception in Comprehensive General Liability Insurance: Viewing the Insurer as Surety for the Workmanlike Performance of the Insured", 6 J. L. & Com. 472 (1986).

## 第二章 他山之石：作为理想事前风险防控手段的约定行为义务制度

仅仅根据条款的名称或语用结构，并不能准确辨别约定行为义务条款和除外条款，如若采用此种判断方式，得到的结果很可能与条款的实际性质南辕北辙。某一条款是约定行为义务条款还是除外条款，在法律适用上存在很大差别。因此，对约定行为义务与除外条款进行区分具有重大实益。

一方面，就举证责任而言，约定行为义务与除外条款存在明显区别。如果保险人以投保人或被保险人违反约定行为义务为由主张免除其保险责任，则须证明投保人或被保险人存在违反约定行为义务的客观事实。在德国法上，投保人或被保险人还须证明自己不具备可归责性，以及违反行为与保险事故之间不具有因果关系。[①] 尽管在订有除外条款的保险合同中，保险人也须承担除外条款所描述之客观事实存在的证明责任，但如果保险人以主观除外危险为由抗辩被保险人的保险金请求权，那么对于被保险人的主观归责事由[②]以及除外危险与保险事故之间的因果关系，[③] 此时须由保险人，而非投保人或被保险人承担证明责任。

另一方面，由于约定行为义务之法律规范通常具有半强制性规范的性质，如果保险合同就约定行为义务作出了比法律规范对投保人或被保险人更为不利的约定，此种约定应归于无效。而对于除外条款，法律则未作特别规定，属于当事人意思自治的范畴。此时，保险人便极有可能通过除外条款来规避法律针对约定行为义务所设置的规定。[④]

---

[①] Bruck-Möller, Kommentar zum Versicherungsvertragsgesetz, 8 Aufl., Erster Band 1961, S. 205；Pröss-Martin, Versicherungsvertragsgesetz 1980, S. 99. 转引自坂口光男《保険契約によって合意された責務と危険制限の限界づけ——ドイツ法理の整理を中心として》，《法律論叢》第54卷第6号，第13頁。

[②] 参见坂口光男《保険契約によって合意された責務と危険制限の限界づけ——ドイツ法理の整理を中心として》，《法律論叢》第54卷第6号，第14—15頁。

[③] H. Lötsch, Die Risikobeschraenkungen 1953, S. 63. 转引自坂口光男《保険契約によって合意された責務と危険制限の限界づけ——ドイツ法理の整理を中心として》，《法律論叢》第54卷第6号，第14頁。

[④] Möller, Verhuellte Obliegenheiten, Studi per Antigono Donati, S.358；Ders., a.a.O. Versicherungsrundschau, S.33；G.Voß, Die Abgrenzung zwischen Obliegenheit und Risikobeschränkung in der Ed-und Beraubungsversicherung, Versicherungsrecht 1961, S.867；K.Sieg, Obliegenheiten und sekundaere Risikobeschraenkungen im Versicherungsrecht, Der Betriebs-Berater 1970, S.109；H. Bishoff, Versichertes Risiko und matelielle Obliegenheiten, Versicherungsrecht 1972, S.799；N. Wilke, Die Grenzen des Risikoausschlusses im Privatversicherungsrecht 1976, S.44.转引自坂口光男《保険契約によって合意された責務と危険制限の限界づけ——ドイツ法理の整理を中心として》，《法律論叢》第54卷第6号，第23頁。

职是之故，为避免约定行为义务与除外条款的混淆所引发之混乱且不良的法律适用后果，有必要对二者进行细致区辨。约定行为义务条款和除外条款之间存在着明显的形式差异，但这种形式差异并不能为相关条款的性质提供可靠的判断标准。事实上，拨开芜杂，回到原点，摒弃形式区分这一做法，从法律效果、条款本质特征和功能这三个实质层面着手，方可收明辨条款性质之功。

首先，尽管约定行为义务条款与除外条款均具限缩保险承保范围之功能，但适用两种条款的法律后果却大相径庭。当被保险人违反约定行为义务时，保险人将永久地免除保险责任，[①] 即保险赔付终止；当除外条款得以适用时，保险人只是暂时地免除对特定损失的保险责任，即保险赔付中止。[②] 然而，在有些情况下，根据法律效果似乎也无法有效地对某项条款的性质作出判定，尤其是在违反约定行为义务会导致保险人免除特定保险责任或保险人中止承保的少数情形或法域。[③] 况且，在多数情形下，相关条款并不会规定违反条款的法律后果，之所以要对某项条款的性质作出认定，便是为了确定在条款被违反时应适用怎样的法律后果。若在此种情形下以法律效果作为判定保单条款性质的方法，无疑会犯倒果为因之误，问题自然无法得到有效解决。

其次，约定行为义务条款与除外条款具有不同的本质特征。尽管两种条款均具有于保险期间内控制保险标的风险变动之效用，但约定行为义务条款处理的是"承保风险的永久性或经常性变动，抑或引起该种变动的可能"，除外条款处理的则是"承保风险的暂时性变动"。[④] 比如，房屋用途的改变属于承保风险的永久性变动，[⑤] 不管火灾保险的保单条款如何措辞，是"被保险人应当保证被保房屋只能用于居住"，还是"保险人对房屋用途改变后发生的火灾不承担保险责任"，此项条款均应被认定为约定行为

---

[①] 因约定行为义务的违反后果多为保险人自动向后免责［英国《1906年海上保险法》第33条第3款］、保险人取得保险合同终止权（德国《2008年保险合同法》第28条第1款，澳大利亚《1984年保险合同法》（ICA 1984）第54款］或保险人取得保险合同解除权（我国台湾地区"保险法"第68条），在这些情况下，保险人的保险责任无一例外会得到永久免除。

[②] Malcolm A. Clarke, *The Law of Insurance Contracts*, 6th ed., London：LLP, 2009, p. 637.

[③] 如德国《2008年保险合同法》第28条第2款，英国《2015年保险法》第10条第2款。

[④] Malcolm A. Clarke, *The Law of Insurance Contracts*, 6th ed., London：LLP, 2009, p. 383.

[⑤] 如房屋从专用于居住转变为用于经营中餐厅，则其发生火灾的可能性明显提高，承保风险显然发生了持久性变动。

## 第二章 他山之石：作为理想事前风险防控手段的约定行为义务制度

义务条款。而被保车辆停放于无人看管之车库过夜则属于承保风险的暂时性变动，无论车辆盗抢险的保单条款表达为"被保险人应当保证被保车辆停放于相对安全之场所"，还是"保险人对被保车辆停放于不安全之场所被盗所致之保险事故不承担保险责任"，相关条款都应当被认定为除外条款。

最后，约定行为义务条款与除外条款的功能不同。根据 Möller 教授的观点，在投保人或被保险人的行为直接导致保险事故发生时，投保人或被保险人所应承担的义务不应被界定为约定行为义务，因为约定行为义务旨在防止保险标的所面临之风险的升高，但是在投保人或被保险人直接导致保险事故发生时，保险标的所面临的风险并未升高，此时投保人或被保险人的行为属于保险合同不会承保的主观除外危险。[1] 质言之，约定行为义务条款旨在控制保险标的所面临的风险，而除外条款则主要被用于将风险现实化之后所发生的损害排除在保险人的承保范围之外。约定行为义务与动态的风险变动过程相连，除外条款则着眼于保险事故发生后静态的损失结果。对于前者，投保人或被保险人由于负有义务，便会自发产生一种控制保险标的风险变动的主观意识，进而可以在很大程度上降低保险事故发生的概率。而对于后者，由于其规定的并非投保人或被保险人的行为，因而不会使投保人或被保险人产生控制风险的意识，自然也不会对保险事故发生率的降低有所助益，而只能简单地将某一保险事故所致损失从保险人的赔付范围中排除。

此外，对于约定行为义务与除外条款之间的关系，学界还存在许多其他不同的观点。[2] Bruck 教授认为，约定行为义务的目的在于使保险人知晓被保险人所面临的风险，防止保险合同缔结时的风险进一步恶化，在保险事故发生时防止损害的扩大，因此，约定行为义务同保险人所承担的危险之间具有紧密的关系。[3] 尽管除外条款也与危险相关，但除外条款所控

---

[1] H. Möller, *Bemerkungen zur Fuehrerscheinklausel*, Hanseatische Rechts und Gerichts-Zeitschrift, 1929, S. 353-354; Bruck-Möller, *Kommentar zum Versicherungsvertragsgesetz*, 8. Auflage, Erster Band 1961, S. 422; Bruck, *Das Privatversicherungsrecht*, S. 648. 转引自坂口光男《保険契約によって合意された責務と危険制限の限界づけ——ドイツ法理の整理を中心として》，《法律論叢》第54卷第6号，第26页。

[2] 参见坂口光男《保険契約によって合意された責務と危険制限の限界づけ——ドイツ法理の整理を中心として》，《法律論叢》第54卷第6号，第23—24页。

[3] E. Bruck, Das Privatversicherungsrecht 1930, S. 277; Ders., Die versicherungsrechtliche Obliegenheit, Zeitschrift für die gesamte Versicherungswissenschaft 1926, S. 184. 转引自坂口光男《保険契約によって合意された責務と危険制限の限界づけ——ドイツ法理の整理を中心として》，《法律論叢》第54卷第6号，第25页。

制的危险是保险合同缔结时保险合同当事人能够预知的危险,而约定行为义务所规范的危险则具有不可预知性。因而有学者指出,除外条款是从内部来对危险进行控制,而外部的危险控制机制则为约定行为义务。① 不过,亦有学者对此提出批评,认为内外部的区分不具有明确性。真正的区别在于:除外条款所规范的对象并非投保人或被保险人的行为,而约定行为义务的本质则正是在于投保人或被保险人为自己的利益为或不为一定行为。② 因此,涉及保险保护的对象、保险标的所处场所等的条款均不属于约定行为义务条款。③ 但是,此种区分标准也存在问题,因为除外条款亦可能同投保人或被保险人的行为存在关联。在投保人或被保险人因故意或重大过失导致保险事故发生时,从维护诚信原则的角度出发,应将投保人或被保险人因故意或重大过失导致的保险事故界定为除外条款,④ 投保人或被保险人的故意或重大过失行为属于主观除外危险。⑤ 在笔者看来,内外部的区分方式和是否与投保人或被保险人之行为存在关联的区分方式由于在学术上存在的争议过多,暂时不宜被认定为约定行为义务条款与除外条款的可靠区分标准,在判断相关保险条款的性质方面自然也难以有效发挥作用,而只能作为大致的参考依据。

---

① Bruck, Die versicherungsrechtliche Obliegenheit, Zeitschrift für die gesamte Versicherungwissenschaft, S. 194. 转引自坂口光男《保険契約によって合意された責務と危険制限の限界づけ——ドイツ法理の整理を中心として》,《法律論叢》第 54 卷第 6 号,第 25 页。

② H. Möller, Modellklausel und § 6 Abs. 2 VVG, Die Versicherungspraxis 1934, S. 6; Ders., a. a. O. Versicherungspraxis, 1935 S. 45; Ders., a. a. O. Versicherungsrundschau., S. 333; Bruck-Möller, Kommentar zum Versicherungsvertragsgesetz, 8 Aufl., Erster Band 1961, S. 190. 转引自坂口光男《保険契約によって合意された責務と危険制限の限界づけ——ドイツ法理の整理を中心として》,《法律論叢》第 54 卷第 6 号,第 25 页。

③ Vgl. Schmidt, R., Die Obliegenheiten, 1953, S. 241. 转引自石田满《保険契約法における Obliegenheit の法的性質に関する研究序説:ドイツ法を中心として》,《上智法学論集》第 10 卷第 1 号,第 74 页。

④ 参见大森忠夫《被保険者の保険事故招致》,载大森忠夫《保険契約の法的構造》,有斐閣 1952 年版,第 225 页。转引自石田满《保険契約法における Obliegenheit の法的性質に関する研究序説:ドイツ法を中心として》,《上智法学論集》第 10 卷第 1 号,第 75 页。

⑤ Vgl. Schmidt, R., Die Obliegenheiten, S. 243. 转引自石田满《保険契約法における Obliegenheit の法的性質に関する研究序説:ドイツ法を中心として》,《上智法学論集》第 10 卷第 1 号,第 75—76 页。

### (三) 约定行为义务与条件 (conditions)

条件,是指将来可能发生的不确定事实,若当事人对某一法律行为的效力约定了条件,则法律行为效力的发生或消灭取决于条件是否成就。[1] 条件也可被归入对危险进行限制的一种方法。[2] 对于保险法上条件的分类,并不存在一个统一的标准,但可以大致归纳为"停止条件"(conditions precedent) 和"单纯条件"(conditions) 两类。[3] 停止条件是指以其成就为合同相关事项发生之前提的条件,单纯条件是指其违反并不具有确定的法律后果且法律后果依违反行为的严重程度而确定的条件。由于合同中的单纯条件 (conditions) 大多为无名条款,而约定行为义务与无名条款之区别下文将有详述,故本部分略去不表,仅集中对停止条件与约定行为义务之间的关系进行阐释。

对约定行为义务和条件进行区分的重要原因之一是约定行为义务必须被严格遵守,而对于条件,若被保险人没有必要必须履行,比如若保险人已从其他途径获得相关信息,被保险人便不必严格遵守这一条件。[4] 常见的保险条件有被保险人在保险事故发生后及时通知保险人,窃盗险的被保险人安装防盗报警器,货物运输保险的被保险人采取预防货物损失的合理措施,雇员忠诚保险的雇主在发现雇员的不诚实行为后及时通知保险人等。[5]

保险法上的停止条件一般分为两种:保险合同履行的停止条件 (conditions precedent to enforceability) 和特定保险赔付的停止条件 (conditions precedent to recovery)。[6] 就保险合同履行的停止条件而言,若其未被满

---

[1] 参见石田满《保険契約法におけるObliegenheit の法的性質に関する研究序説:ドイツ法を中心として》,《上智法学論集》第10卷第1号,第71页。

[2] 参见坂口光男《保険契約によって合意された責務と危険制限の限界づけ——ドイツ法理の整理を中心として》,《法律論叢》第54卷第6号,第7页。

[3] 参见陈丰年《特约条款之检讨与重构》,博士学位论文,政治大学,2012年。

[4] John Birds, *Birds' Modern Insurance Law*, 10th ed., London: Sweet & Maxwell/Thomson Reuters, 2016, p. 183.

[5] Digby C. Jess, *The Insurance of Commercial Risks: Law and Practice*, 4th ed., London: Sweet & Maxwell/Thomson Reuters, 2011, pp. 48–49.

[6] Robert Merkin, *Insurance Law: An Introduction*, London: Routledge, 2013, p. 95. 许多德国学者亦持相似观点, H. Leibkutsch, Der Versicherungsort 1949, S. 17–18; H. Henke, Die Ausschluesse und Grenzfaelle in der Unfallversicherung 1950, S. 19; Bruck-Moeller, Kommentar zum Versicherungsvertragsgesetz, 8. Auflage, Erster Band 1961, S. 420 – 421; R. Schmidt, Die Obliegenheiten 1953, S. 236. 转引自坂口光男《保険契約によって合意された責務と危険制限の限界づけ——ドイツ法理の整理を中心として》,《法律論叢》第54卷第6号,第8页。

足，保险合同的存续基础会受到影响，保险人可主张撤销或终止保险合同。保险合同履行的停止条件大多以被保险人的特定行为为内容，主要有保险费的支付、安全措施的执行、对保险标的的检查和对检查建议遵守情况的确认等。① 被保险人的这些行为之所以可被约定为保险合同履行的停止条件，乃是因为这些行为对保险人意义重大，若其未被满足，保险人可能根本不会同意承保。一般而言，创设保险合同履行之停止条件的最稳妥方式是在相关条款之前注明其为"保险合同履行的停止条件"，或者直接约定，当被保险人不遵守这一条件时，保险人不承担保险责任。② 但是，在某些未直接采取这两种方式的场合，若当事人之间约定保险合同履行之停止条件的意图非常明显，法院通常也会将相关条款认定或解释为保险合同履行的停止条件。③ 一般而言，保险合同当事人很少会约定保险合同履行的停止条件。④

相较而言，特定保险赔付的停止条件未被遵守时，保险人仅可拒绝承担对特定保险事故的保险责任。详言之，该种类之停止条件是保险人借以划定其承担特定保险赔付责任之情形的工具，一般与保险事故发生后的事项有关，⑤ 如规定被保险人保险事故发生后的通知义务之条款，规定被保险人应在保险事故发生后的一定期限内提交赔偿申请之条款。仅在相关条件得到满足时，被保险人才有权获得保险赔付。当相关条件未获满足时，保险人可以被保险人违反了特定保险赔付的停止条件为由，拒绝承担对特定保险事故的理赔责任。同保险合同履行的停止条件相似，创设特定保险赔付停止条件的方式也有注明相关条款的名称为"保险人责任的停止条件"（condition precedent to the liability of the insurer）和明确约定条件未获满足时的法律后果两种。比如，在 Richardson v. Roylance 案中，保险合同当事人便是采用了后一种创设特定保险赔付停止条件的方式，其在保险合同中约定："除非本条件得到遵守，否则保险人不对特定保险事故承担赔

---

① Baris Soyer, *Warranties in Marine Insurance*, 3rd ed., London: Routledge - Cavendish, 2017, p. 109.
② Ibid., p. 110.
③ See Zeus Tradition Marine Ltd. v. Bell, [1999] 1 Lloyd's Rep. 703.
④ Bruck-Moeller, Kommentar zum Versicherungsvertragsgesetz, 8. Auflage, Erster Band 1961, S. 420. 转引自坂口光男《保险契約によって合意された責務と危険制限の限界づけ——ドイツ法理の整理を中心として》,《法律論叢》第 54 卷第 6 号, 第 8 页。
⑤ London Guarantee Co. v. Fearnley, (1880) 5 App. Cas. 915, per Lord Blackburn. 此外，值得注意的是，保险合同亦可约定以保险事故发生之前的某些事项作为保险赔付的条件。

付责任。"① 有学者认为，虽然约定行为义务同样可被设定为保险合同中的条件，但在法律规范的适用层面，有关约定行为义务的保险法规定具有特别法的性质，应排斥民法中有关条件之法律规范的适用。② 按照此种观点，约定行为义务与条件存在重合部分。此种观点有其可取之处，有的约定行为义务在性质上的确可被归为停止条件。但笔者认为，具体而言，约定行为义务与条件依然存在着显著的差异。如上文所述，由于保险法中的停止条件分为保险合同履行的停止条件与特定保险赔付的停止条件两类，约定行为义务与停止条件的区分亦应分述之。

约定行为义务与保险合同履行之停止条件的区别可进一步分为肯定性约定行为义务与保险合同履行之停止条件的区别和允诺性约定行为义务与保险合同履行之停止条件的区别。③ 违反保险合同履行之停止条件的法律后果不仅包括保险合同可被撤销或终止，由于保险人在此种情形下根本不会同意承保，支付保险费的对价已经完全不可能实现，故在保险费已经支付的场合，若被保险人无欺诈或违法情形，保险人应向被保险人退还全部保险费。④ 事实上，由于肯定性约定行为义务的履行时间为保险合同订立之时，被保险人履行肯定性约定行为义务时所作的陈述或对事实的确认通常会构成保险人的承保基础，因此，违反肯定性约定行为义务与违反保险合同履行之停止条件的法律后果相同。可以说，肯定性约定行为义务与保险合同履行之停止条件基本无异，前者可以作为后者的一种。而允诺性约定行为义务的履行时间为保险合同成立后，保险责任通常已经开始，违反允诺性约定行为义务的行为并不会产生保险合同自始不成立的法律后果，⑤ 因而没有从根本上破坏保险合同的成立基础，这一点与违反保险合同履行之停止条件的后果恰好相反。另外，因违反允诺性约定行为义务的时间一般发生于保险合同成立后的一段期间内，保险合同双方当事人已经

---

① 原文为：No claim shall attach to this policy unless the terms of this condition have been complied with. See Richardson v. Roylance (1933) 47 L1L. Rep. 173。

② R. Raiser, Kommentar der allgemeinen Feuerversicherungs-Bedingungen 1930, S. 186. 转引自坂口光男《保険契約によって合意された責務と危険制限の限界づけ——ドイツ法理の整理を中心として》，《法律論叢》第 54 卷第 6 号，第 26 页。

③ 肯定性约定行为义务与允诺性约定行为义务的分类详见本章第二节。

④ 《1906 年海上保险法》第 84 条 "对价未实现所致的保费返还"（return for failure of consideration）对不同情形下保险费的退还作出了详细规定，可资参考。

⑤ Baris Soyer, *Warranties in Marine Insurance*, 3rd ed., London: Routledge-Cavendish, 2017, p. 110.

部分履行了保险合同，故被保险人无权获得全部保险费的返还，而仅能根据保险合同的履行情况由保险人向其返还部分保险费。因此，这一点也与保险合同履行的停止条件有所差异。

由于特定保险赔付之停止条件的内容多与保险事故发生后的事项有关，而肯定性约定行为义务的履行时间为保险合同订立之时，与特定保险赔付之停止条件的履行在时间和阶段上明显有别，具有根本的性质差异，故对于肯定性约定行为义务与特定保险赔付之停止条件的差别，基本没有讨论必要。就允诺性约定行为义务与特定保险赔付之停止条件的差别而言，其主要集中在保险人可得免除保险责任的范围方面。首先，当被保险人违反允诺性约定行为义务时，其法律后果既可能为保险人自动向后免责，也可能为保险合同解除或终止，抑或保险合同效力中止，保险人对中止期内发生的保险事故不承担保险责任，但这些不同后果的共同之处在于，保险人均对不特定的保险事故免除保险责任。[①] 而在被保险人违反保险赔付停止条件的场合，如保险合同约定被保险人保险事故发生后的通知义务为保险赔付的停止条件，而被保险人在保险事故发生后未及时通知保险人，则保险人仅对该起保险事故免责，保险合同的效力并未因此受到影响，若此后再发生其他保险事故，且被保险人及时向保险人通知了保险事故，保险人依然要承担保险赔付责任。[②] 可见，对于前者，保险人可免除赔付责任的保险事故不特指某一起保险事故，即并不特定，且在数量上也具有不确定性，既可能不只一起，也可能为零；就后者而言，保险人则仅对特定的一起保险事故免除赔付责任，具有确定性。其次，在保险合同约定了特定保险赔付之停止条件的场合，如果保险人以停止条件未成就为由主张其不应承担保险责任，那么其只需证明条件未成就这一客观事实，而无须证明条件未成就与保险事故发生之间存在因果关系。[③] 而当投保人或被保险人违反约定行为义务时，往往还需证明其违反行为与保险事故之间的因果关系。尽管英国法中的约定行为义务规范不要求违反行为与保险事

---

① 保险人自动向后免责和保险合同解除或终止，均意味着保险人对此后可能发生的一切保险事故免责，而这些保险事故都是不特定的，无法预知其发生与否。而在保险合同效力中止的场合，中止期内发生的保险事故的数量同样也是不确定的，但保险人均可对之免除赔付责任。故此，在这些场合下，保险人保险责任的免除具有不特定性和不确定性。

② See Hood's Trustees v. Southern Union General Insurance Co. of Australasia Ltd., [1928] CH 806.

③ 参见石田満《保険契約法におけるObliegenheitの法的性質に関する研究序説：ドイツ法を中心として》，《上智法学論集》第10卷第1号，第71页。

## 第二章 他山之石：作为理想事前风险防控手段的约定行为义务制度　47

故之间存在因果关系，但是，此种规范模式实际已经背离了约定行为义务制度的发展趋势。在德国法中，自《1908年保险合同法》时起，因果关系便是保险人主张免责不可或缺的要件，[1] 只是保险人不负有因果关系的举证责任而已。再次，可构成条件的为任意事实，此种事实不一定与保险人所承担的风险相关，而约定行为义务旨在控制保险标的所面临的风险，因而约定行为义务须同风险存在联系，而且，能够构成约定行为义务的仅为同投保人或被保险人之行为有关的事实。[2] 此外，有学者指出，条件是指将来可能发生的不确定事实，而在被保险人请求保险人给付保险金时，约定行为义务则属于已经发生的确定事实。[3] 但笔者认为，这并非约定行为义务与条件之间的区别，因为在被保险人请求保险人给付保险金时，条件未得到履行亦属于已发生的确定事实，这与违反约定行为义务的情形并无本质差异。

　　保险合同中的允诺性约定行为义务，常常被归入商事合同中的一般停止条件（conditions precedent）之列。[4] 比如，Goff 法官曾在 The Good Luck 案[5]中指出，约定行为义务条款是"保险人承担责任或将来责任的停止条件"，而英国上议院于该案表达的意见是，保险人自被保险人违反约定行为义务之日起自动向后免责，但保险合同的效力不受影响。然而，若将约定行为义务认定为"保险人责任的停止条件"，则意味着被保险人对约定行为义务的违反仅导致保险人对违约期间内发生的特定保险事故免责，当违反行为被补正后，保险人仍须承担保险责任，而这显然与英国上议院的意见不符。而在约定行为义务的违反后果为保险人责任中止的规范之下，约定行为义务与保险责任的停止条件在本质上又的确没有太大差

---

[1] 参见坂口光男《責務違反にもとつく保険保護の喪失——責務違反要件の修正を中心として》，《法律論叢》第61卷第4·5号，第620页。

[2] F. Amthor, Die versicherungsrechtliche Obliegenheit 1923, S. 164. 转引自坂口光男《建物火災保険における再築条項の法的性質——務理論との関連における検討》，《法律論叢》第56卷第5号，第57页。

[3] K. Goralewski, Die rechtliche Natur der Wiederherstellungsklausel im Versicherungsrecht 1933, S. 51-52. 转引自坂口光男《建物火災保険における再築条項の法的性質——務理論との関連における検討》，《法律論叢》第56卷第5号，第57页。

[4] William R. Vance, "The History of the Development of the Warranty in Insurance Law", 20 Yale L. J. 532 (1910—1911).

[5] Bank of Nova Scotia Appellants v. Hellenic Mutual War Risks Association (Bermuda) Ltd. Respondents (The Good Luck), (1992) 1 AC 233.

别。为了便于向被保险人传递相关条款的重要性和违反后果，在政府和消费者组织的助力之下，现代的趋势是将过去被称为"约定行为义务"的条款称为"停止条件"。① 但是，根据以上分析，应当认识到，约定行为义务与停止条件是否具有同一性，关键取决于保险法对约定行为义务的违反后果作出了怎样的规定，以及所指称的停止条件究竟是以上何种停止条件。将约定行为义务作为保险人承担责任的停止条件，在大部分语境下可能是成立的，但并不总是如此。忽视保险法的相关成文法规范，将约定行为义务与停止条件粗暴地混为一谈，是不够审慎的行为。实务中某些与学术理论相悖的做法不应当得到推崇和提倡，如若任此局面发展，将导致不同制度之间的界限日渐消减，严重损害法律的秩序与权威。

（四）约定行为义务与风险描述条款（clauses delimiting the risk）

风险描述条款，是描述承保风险、说明保险人在何种情形下承担保险责任的条款。② 详言之，只有当条款规定的一切内容都得到满足时，保险合同才能真正发挥对被保险人的保障作用，保险事故发生时保险赔付才能真正实现。反之，当风险描述条款的规定未被遵守时，保险在此刻便会被视为"无效"（not attaching）③，保险人对条款被违反时发生的损失不承担保险理赔责任。④ 可以说，风险描述条款从正面界定了保险人承保风险的条件和范围，除外条款则是从反面描述了保险人承保风险的条件和范围，二者堪称承保范围这一事物的"一体两面"。Baris Soyer教授便将除外条款分成了两类：第一类是排除特定风险的除外条款（clauses that exclude the insurer from liability for particular risk），即前文所述的除外条款；第二类是界定风险的除外条款（clauses delimiting the risk），即本部分的风险描述条款。⑤

---

① Digby C. Jess, *The Insurance of Commercial Risks: Law and Practice*, 4th ed., London: Sweet & Maxwell/Thomson Reuters, 2011, p. 33.

② Baris Soyer, *Warranties in Marine Insurance*, 3rd ed., London: Routledge – Cavendish, 2017, p. 119.

③ 此种"无效"仅仅是保险合同效力的暂时停止，并非自始、确定无效。

④ Digby C. Jess, *The Insurance of Commercial Risks: Law and Practice*, 4th ed., London: Sweet & Maxwell/Thomson Reuters, 2011, p. 50.

⑤ Baris Soyer, *Warranties in Marine Insurance*, 3rd ed., London: Routledge – Cavendish, 2017, p. 119. 尽管Baris Soyer教授采用了此种分类，但笔者在书中论及除外条款之处，除特别说明外，所指均为"排除特定风险之除外条款"，而不包括"界定风险之除外条款"。

风险描述条款又称为"责任中止条款"(suspensory provisions),顾名思义,即违反风险描述条款的法律后果为保险人对发生于该期间内的保险事故不承担保险责任,但保险合同的效力不受影响,当风险描述条款规定的情形再一次得到满足时,保险之保障功能便会立即恢复正常。① 可见,风险描述条款与除外条款的法律后果一致。

值得注意的是,约定行为义务与风险描述条款的区分方法却与除外条款不同。事实上,由于风险描述条款所描述之内容的改变,承保风险很可能会发生持续性的变动,而这恰好与约定行为义务所处理的永久性风险变动相契合,从而导致二者可能根本无法区分。② 比如,在 Sillem v. Thornton 案③中,被保险人为其在旧金山的一栋两层房屋投保了火灾保险,"两层"和"旧金山"即为对该房屋的描述。在投保后的两个月内,被保险人将该房屋扩建至三层。该案的主审法官 Campbell 认为,对房屋的描述构成了被保险人的约定行为义务,即被保险人应当保证被保房屋在保险期间内始终为两层,否则即构成对约定行为义务的违反。他进一步指出,本案中对被保房屋的描述明显构成了保险合同的基础,对保险人是否同意承保以及以何种费率承保具有根本影响,它不仅是对保险合同生效时被保房屋的状态描述,由于房屋层数增加时承保风险也会相应增加,为了避免承保风险超出保险人订立保险合同时的估定范围,被保险人应当在整个保险期间内将被保房屋维持在两层状态。④ 一般而言,风险描述条款既可能与损失风险有关,也可能无关。当其与损失风险有关时,如前述 Sillem v. Thornton 案,通常会被认定为约定行为义务。⑤ 然而,当其与损失风险无关时,通常就会被作为纯粹的风险描述条款。⑥ 比如,同样以前

---

① Baris Soyer, *Warranties in Marine Insurance*, 3rd ed., London: Routledge – Cavendish, 2017, p. 119.

② 比如,很多保单条款中明确含有"warrant"或"warranted"的字样,可该条款依然会被法院判定为风险描述条款。See A. Cohen and Co. Ltd. v. Plaistow Transport Ltd. (Graham. Third Party), [1968] 2 Lloyd's Rep. 587; De Maurier (Jewels) Ltd. v. Bastion Insurance Co. Ltd. & Coronet Insurance Co. Ltd., [1967] 2 Lloyd's Rep. 550; C. T. N. Cash & Carry Ltd. v. General Accident Fire and Life Assurance Corp. Ltd., [1989] 1 Lloyd's Rep. 299.

③ (1854) 3 EI & BI 868 (fire). USA: 45 CJS, section 510.

④ (1854) 3 EI & BI 868 (fire). USA: 45 CJS, section 510, pp. 882–883.

⑤ See Yorkshire Ins. Co. Ltd. v. Campbell [1917] AC 224, per Lord Sumner (PC-cargo); Re Morgan and Provincial Ins. Co. Ltd. [1932] 2 KB 80, per Scrutton LJ (CA-motor).

⑥ See Malcolm A. Clarke, *The Law of Insurance Contracts*, 6th ed., London: LLP, 2009, p. 637.

揭 Sillem v. Thornton 案为例，若保险合同中对房屋的描述条款将房屋称为"Chez Moi"，但该名称导致被保房屋与其他房屋发生混淆，为了将该房屋特定化，被保险人将房屋更名为"Chez Nous"，这种行为不会增加保险事故的发生概率，显然不属于对约定行为义务的违反，因此包含该房屋名称描述的条款就仅仅是单纯的风险描述条款，而不能被认定为约定行为义务条款。[①]

（五）约定行为义务与合同基础条款（basis of the contract clauses）

约定行为义务与合同基础条款的区分并不困难。一般认为，合同基础条款是缔结肯定性约定行为义务[②]的最普遍、最简易之途径。[③] 合同基础条款可存在于多种保险单证中，它既可单独存在于投保单或保险单中，也可同时存在于投保单和保险单中，与基础条款之法律效果相同且可等同于基础条款之声明（比如，若投保单中的陈述为不实，则保险合同无效），亦可被视为合同基础条款。[④] 合同基础条款的最常见形式是，被保险人在回答完毕保险人在投保单上所提出的问题后，于投保单底部被要求签署之特定声明。此种声明的典型措辞为："本人在此声明以上所为之陈述和相关细节均为真实，并同意其构成本人与××公司签订之合同的基础。"[⑤] 该声明所具有的效力为：将被保险人就投保单所提问题作出的回答转化为肯定性约定行为义务条款。故此，约定行为义务与合同基础条款并非同一层级上之概念，事实上，二者是同一事物（即被保险人对投保单问题的回答）在声明前后两个阶段的不同表现形式，声明之前是被保险人在投保单中所为之陈述，声明之后即成为肯定性约定行为义务。同时，合同基础条款则是完成这一转化及创设肯定性约定行为义务的手段和途径。

---

[①] See Malcolm A. Clarke, *The Law of Insurance Contracts*, 6th ed., London：LLP, 2009, p. 637.

[②] 肯定性约定行为义务，是指在保险合同订立之时，被保险人对于某些过去或现在的事项，向保险人如实告知和陈述，并保证其为真实的约定行为义务。

[③] John Birds, *Birds' Modern Insurance Law*, 10th ed., London：Sweet & Maxwell/Thomson Reuters, 2016, p. 168.

[④] Digby C. Jess, *The Insurance of Commercial Risks：Law and Practice*, 4th ed., London：Sweet & Maxwell/Thomson Reuters, 2011, p. 52.

[⑤] 原文为："I declare that the particulars and statements made by me above are true, amd I agree that they shall be the basis of the contract between me and the ×× Company." See R. A. Hasson, "The 'Basis of the Contract Clause' in Insurance Law", 34 *Mod. L. Rev.* 29 (1971).

值得注意的是，前述做法在立法中并无明文依据，揆诸整部英国《1906年海上保险法》，皆不见有允许通过合同基础条款创设约定行为义务的规定。事实上，合同基础条款只是英国保险实务界自19世纪开始使用的保险合同条款，起初仅适用于人寿保险，后来才逐渐扩大适用至其他险种。① 由于约定行为义务必须被严格遵守，因此，只要被保险人对投保单问题的回答有不准确之处，且弗论该不准确之处的细微程度如何，保险人皆可主张被保险人违反了约定行为义务，进而主张免除自己的保险责任。显然，这样的法律后果于被保险人过分严苛。可以说，这是保险市场"异化"的体现，对被保险人非常不公。②

有鉴于此，英格兰法律委员会早在1980年就基于以下三项理由主张废除合同基础条款，并由披露义务和不为不实陈述义务取代肯定性约定行为义务：第一，即便被保险人的不准确回答无重要性，保险人也仍可基于此等条款拒绝保险赔付，这显然有失公平；第二，当被保险人不具有知悉或可能知悉相关事实的合理期待时，保险人仍然可以被保险人所作回答与客观事实不符为由拒绝保险赔付，进而规避对不实陈述所做之立法改革；第三，合同基础条款可将被保险人所为之一切回答转化为肯定性约定行为义务，由于此等条款并非保险合同条款，转化后的约定行为义务因而并不出现于保险单中而仅存在于投保单中，被保险人往往又难以理解投保单中晦涩难懂的文字，保险人也不必对其进行说明，故而为保险人提供了利用技术性手段拒绝保险赔付的可乘之机，极易使被保险人的投保目的落空，而保险人则可大肆攫取不合理的经济利益。③ 经过法律委员会的长期改革提议和努力，通过合同基础条款将被保险人在投保单上所为之回答转化为肯定性约定行为义务的做法，最终在立法层面被明确废除。④

（六）约定行为义务与无名条款（innominate clause）

无名条款等同于"一般或纯粹"条件。一般或纯粹条件是指不构成保险人承担保险责任之停止条件的条件，现代趋势是将所有不构成停止条

---

① Robert Merkin & Judith P. Summer, *Colinvaux's Law of Insurance*, 10th ed., London: Sweet & Maxwell, 2014, p. 403.

② 郑睿：《英国海上保险保证制度改革评析》，《中国海商法研究》2016年第2期。

③ Law Commissions, Insurance Contract Law: Issue Paper 2-Warranties, p. 66, available at https://www.scotlawcom.gov.uk/files/1912/7981/6153/cpinsurance_issue2.pdf.

④ 对于消费者保险合同基础条款的废除，参见英国《2012年消费者保险（披露与陈述）法》[*Consumer Insurance (Disclosure and Representations) Act 2012*] 第6条；对于非消费者保险合同基础条款的废除，参见英国《2015年保险法》第9条。

件或约定行为义务的条款认定为无名条款。①

约定行为义务制度是保险法上一项有效的风险控制机制，一般而言，保险人通过诉诸约定行为义务制度即可获取足够的救济和保护。因此，无名条款在保险合同中的出现频率不高，在保险合同中并不重要，多出现于预约保险合同和再保险合同中。② 在一般的保险合同中，规定被保险人保险事故发生后之通知义务的条款有时会被认定为无名条款。③ Alfred McAlpine Plc. v. BAI（Run-off）Ltd. 一案④的上诉法院即认为，索赔通知条款并非停止条件，保险人作为合同的起草者，如欲使该条款产生停止条件的效力，有义务通过清晰明确的用语加以表示。此案事实略为：保险人与被保险人在保险合同中约定，对于可能引起保险赔付的任何事故，被保险人都应当在其发生后尽快以书面形式将事故的完整细节通知保险人。嗣后，保险事故于1991年5月发生，被保险人于1992年3月解散，索赔人以被保险人法定受让人的身份，请求执行保险合同。由于事故通知直至1992年6月才向保险人作出，保险人遂以被保险人未及时提供充分和及时的通知为由拒绝理赔。撰写判决书的 Waller 法官认为，保险合同是可分的，如果对无名条款的违反表明被保险人不欲继续提出索赔，或者给保险人造成了严重后果，保险人将有权在不终止整个保险合同的情况下，仅对与违约有关的某起保险事故免责，否则便只能对被保险人主张损害赔偿请求权。本案事实显示，保险人最后已经获得了足够的信息来调查和处理索赔请求，且并未遭受严重损失，故其免责主张未得到上诉法院支持。此种情形下，保险人享有的救济仅限于对被保险人的损害赔偿请求权，但本案中的保险人放弃了该项权利。原因主要在于，此类损害赔偿的金额通常很低，保险人如向被保险人提起损害赔偿之诉，必然会耗费一定的诉讼费用和经济成本，这在很大程度上是得不偿失的。⑤

然而，在 Friends Provident Life & Pensions Ltd v. Sirius International In-

---

① Robert Merkin, *Insurance Law: An Introduction*, London: Routledge, 2013, p. 100.
② See Baris Soyer, *Warranties in Marine Insurance*, 3rd ed., London: Routledge-Cavendish, 2017, p. 112.
③ 虽然根据前文所述，保险事故发生后的通知义务属于特定保险赔付之停止条件的一种，但其仅限于保险合同当事人已有明确约定的场合，当合同双方未在保险合同中将该条款明定为特定保险赔付的停止条件时，该条款应当被认定为无名条款，不产生特定保险赔付之停止条件的效力。
④ [2000] Lloyd's Rep. IR 352.
⑤ See Robert Merkin, *Insurance Law: An Introduction*, London: Routledge, 2013, p. 101.

surance 一案①中，同一上诉法院却否定了 Waller 法官的前述分析。法院判决认为，像索赔通知条款这样的附属条款，是仅能引起被保险人对保险人之损害赔偿责任的单纯条件，其违反无论如何都不会导致保险人对特定保险事故免责。撰写判决书的 Mance 法官指出，Waller 法官的前述分析只是判决中的附带意见，对上诉法院审理本案不具有约束力，他进一步认为，保险合同是不可分的，因此，并不存在可以确立"被保险人违反无名条款可引起保险人部分免责（partial repudiatory breach）"这一新规则的法律基础。保险合同是否可分的问题，至今尚未形成定论。

根据以上分析，约定行为义务与无名条款之间的区别已较为明显。约定行为义务条款是保险合同中的一种特殊条款，根据不同时期和不同国家或地区的保险法规定，被保险人违反约定行为义务的法律后果一般直接体现为保险人永久或暂时地免除保险责任，是保险人用于保护自己的盾牌，同时兼具风险控制的功能。而无名条款仅仅是保险合同中的一般条款，对违反该条款的处理通常与对一般违约的处理相同：若被保险人对无名条款的违反构成根本违约，则保险人享有保险合同终止权；若仅构成轻微违约，则保险人仅享有对被保险人的损害赔偿请求权。但是，在违反无名条款给保险人造成严重后果但又不构成根本违约的特殊情况下，保险人有可能可以对特定保险事故免责。

## 第二节　约定行为义务的基本分类

### 一　明示约定行为义务（express warranties）与默示约定行为义务（implied warranties）

明示约定行为义务与默示约定行为义务是约定行为义务最根本的分类。英国《1906 年海上保险法》采用的即是此种分类标准，该法第 33 条第 2 款明确规定："约定行为义务可以明示或默示的方式创设。"②

所谓明示约定行为义务，是指当事人通过书面方式明确创设的约定行为义务。明示约定行为义务既可适用于海上保险，也可适用于非海上保险。约定行为义务条款应当被载明于保险合同或保险合同的附件，保险合

---

①　［2005］EWCA Civ. 601.

②　该款原文为：A warranty may be express or implied。

同当事人可以通过将约定行为义务条款并入或写入保险单的方式，或者将包含约定行为义务条款的保险合同附件并入保险单的方式创设约定行为义务。① 值得注意的是，根据英国《1906年海上保险法》第35条第1款的规定，② 对于任何合同条款，不论其中是否含有"warranty"等表示约定行为义务的字样，只要从其用语中能够推知当事人创设约定行为义务的意图，该条款即可构成约定行为义务条款。可见，对于约定行为义务条款的认定，英国保险法采纳的是"实质主义标准"，而非"形式主义标准"。采纳这种判定标准的好处在于，法官可以不拘泥于合同条款的用语，最大限度地探求当事人的内心真意，保证意思自治原则的贯彻实施。但其弊端也是显而易见的，由于法官并非全知全能者，其无法深入当事人内心一窥当事人在订立系争条款时的真实意图，故实质主义标准意味着法官可以突破合同条款的文义射程，根据自己的主观认知来确定合同条款的性质，这样的判定过程往往缺乏一定的方法论基础和规则约束，导致法官的自由裁量权膨胀，因此在很大程度上增加了裁判结果的不确定性，有损司法权威。

默示约定行为义务，是指即便保险合同当事人没有明确约定，被保险人也应当履行的约定行为义务。由于默示约定行为义务乃是源于法律的直接规定，故保险合同当事人应当遵守，且不得以明示约定行为义务条款将之排除。③ 明示约定行为义务条款的内容只要不与默示约定行为义务发生冲突，即可与默示约定行为义务共存于保险合同之中。④ 根据英国《1906年海上保险法》第39—41条的规定，默示约定行为义务主要有三种：船舶适航、船舶适货和航行适法。船舶适航，是指船舶应当在某一时点或阶段适于航行，能够抵御一般海上风险；船舶适货，是指船舶应当适于装载货物，可以将货物安全运往保险合同约定的目的地；航行适法，是指受保险保障的航程应当不违反法律的规定，以合法的方式进行。另外，第37条和第40条还特别指出了不构成默示约定行为义务的情形，分别是船舶

---

① 《1906年海上保险法》第35条第2款，原文为：An express warranty must be included in, or written upon, the policy, or must be contained in some document incorporated by reference into the policy。

② 原文为：An express warranty may be in any form of words from which the intention to warrant is to be inferred。

③ Sleigh v. Tyser, [1900] 2 QB 333.

④ 《1906年海上保险法》第35条第3款，原文为：An express warranty does not exclude an implied warranty, unless it be inconsistent therewith。

第二章 他山之石：作为理想事前风险防控手段的约定行为义务制度 55

国籍、船舶国籍在保险期间内不得改变和货物适航。需要注意的一点是，默示约定行为义务仅适用于海上保险，非海上保险无其适用余地。① 例如，人身保险中的健康保险，并无要求被保险人身体健康的默示约定行为义务；财产保险中的火灾保险，亦无要求保险标的物应使用防火建材的默示约定行为义务。②

虽然明示约定行为义务与默示约定行为义务之间存在显著的区别，但英国《1906 年海上保险法》关于约定行为义务违反后果的规定则对二者一体适用。明示约定行为义务与默示约定行为义务在保险实务中均能发挥一定的风险防控作用，然而，明示约定行为义务适用范围的广泛性与创设方式的自由性，决定了其发挥功能的空间较之默示约定行为义务显然更大。

## 二 肯定性约定行为义务（affirmative warranties）、允诺性约定行为义务（promissory warranties）与观点性约定行为义务（warranties of opinion）

此为约定行为义务极为重要的一种分类，需要注意的是，这是对明示约定行为义务的分类，分类标准是明示约定行为义务的内容。肯定性约定行为义务的内容是，被保险人确认特定事项过去或现在的状态；允诺性约定行为义务的内容是，被保险人在保险期间内承担特定事项之作为、不作为或特定条件之履行；观点性约定行为义务的内容是，被保险人对某事实之真实性（the truth of fact）所表达之观点。③

（一）肯定性约定行为义务

肯定性约定行为义务的履行时间为保险合同订立时，由于其履行时间仅仅是一个时点，并未延续为一段较长的期间，故又被称为一时性约定行为义务。英国《1906 年海上保险法》第 33 条第 1 款中规定的"确认特定事实存在与否"④，即为肯定性约定行为义务的成文法体现。肯定性约定

---

① See Trickett v. Queensland Insurance Co., [1936] AC 159; Euro–Daim Ltd. v. Bathurst, [1990] 1 QB 1.
② 罗俊玮、赖焕升：《百年变革——论英国海上保险担保条款之修正》，《东吴法律学报》2016 年第 3 期。
③ 参见陈丰年《特约条款之检讨与重构》，博士学位论文，政治大学，2012 年。
④ 该款原文中的相关语句为：A warranty, in the following sections relating to warranties, means a promissory warranty, that is to say, a warranty by which the assured..., or whereby he affirms or negatives the existence of a particular state of facts。

行为义务涉及的事项仅止于保险合同订立之时，而且这些事项均为已经发生且不可变更的事实，对于这些事实，被保险人仅须在保险合同订立之时如实向保险人告知即可。质言之，肯定性约定行为义务的履行无须被保险人持续性地实施某种行为或维持某种状态，被保险人的义务仅仅是一种一时性的陈述和确认义务。遵守肯定性约定行为义务被认为是"保险人承担风险的停止条件"（a condition precedent to the attaching of the risk），[①]当被保险人违反肯定性约定行为义务时，法律后果为保险人自始未承担风险（never coming on risk）。另外，由于被保险人自始未承担风险的后果意味着保险合同"对价完全未能实现"（total failure of consideration），根据英国《1906年海上保险法》第84条第1款的规定，除非存在被保险人或其代理人欺诈或违法的情形，保险人应当将保费完全退还给被保险人。[②]

肯定性约定行为义务多为被保险人在投保单中所为之陈述或对投保单上所列问题之回答，比如，被保险人在投保财产保险时于投保单中陈述投保住宅安装有警报器，被保险人在投保机动车保险时于投保单中陈述自己无违法违章驾驶记录，被保险人在投保火灾保险时于投保单中陈述投保建筑物有人居住，等等。这些陈述或回答本来只是投保单上的内容，并不属于保险合同的组成部分，而如前所述，约定行为义务必须要在保险合同中明确约定方为有效，因此保险实务中往往通过合同基础条款的方式将投保单中的陈述转化为肯定性约定行为义务，进而成为合同的一部分。但这种做法事实上对被保险人极其不利，故英国《2012年消费者保险（披露与陈述）法》第6条和《2015年保险法》第9条分别废止了消费者保险合同和非消费者保险合同中通过合同基础条款等其他方式将陈述转化为约定行为义务的做法。在这样的立法规制之下，肯定性约定行为义务在保险合同中实质已经失去了其立足之根基，学理上的探讨也随之偃旗息鼓。[③]

---

[①] Thomson v. Weems, (1884) 9 App Cas. 671.

[②] 原文为：Where the consideration for the payment of the premium totally fails, and there has been no fraud or illegality on the part of the assured or his agents, the premium is thereupon returnable to the assured。

[③] 如John Birds在其《现代保险法》（Birds' Modern Insurance Law）一书第9版的第9章第5节对合同基础条款作出了详细的介绍和探究，而在该书第10版的第9章第2节第1项则明确表示，由于立法对合同基础条款的废止，其不拟再对合同基础条款作出详细探讨。

### (二) 允诺性约定行为义务[①]

允诺性约定行为义务与持续性约定行为义务基本同义，其履行时间为保险合同成立后的保险期间内，具有一定的持续性。[②] 不同于被保险人对过去或现在的事实进行确认的肯定性约定行为义务，允诺性约定行为义务以被保险人承诺在保险期间内为或不为特定行为，或履行特定条件为内容，[③] 发生在保险人开始承担风险之后，是被保险人对未来行为的承诺。之所以说是被保险人对未来行为的承诺，是因为被保险人自保险期间起始之后才开始履行约定行为义务条款确立的义务，而该条款订立之时保险期间尚未开始，故称"未来行为"。常见的允诺性约定行为义务有：火灾保险合同中的被保险人承诺将警报器或消防喷淋设备维持在随时可使用的正常状态；各种财产保险合同中的被保险人承诺维持保险标的物处于风险水平合理的位置或状态；海上保险合同中的被保险人承诺按约定航线航行等。

允诺性约定行为义务的存在，赋予了被保险人在保险期间内的某种特

---

[①] 英国《1906年海上保险法》第33条第1款将肯定性约定行为义务和允诺性约定行为义务统称为"允诺性约定行为义务"（promissory warranty），但这种允诺性约定行为义务仅仅是一种具有承诺性质的义务，是各种约定行为义务的集合名称，在内涵上不同于此处与肯定性约定行为义务并列的允诺性约定行为义务。学理上除 Baris Soyer 在前一种意义上使用允诺性约定行为义务外（see Baris Soyer, *Warranties in Marine Insurance*, 3rd ed., London: Routledge-Cavendish, 2017, p.73），其他学者大都在后一种意义上使用允诺性约定行为义务（see John Birds, *Birds' Modern Insurance Law*, 10th ed., London: Sweet & Maxwell/Thomson Reuters, 2016, p.169; Malcolm A. Clarke, *The Law of Insurance Contracts*, 6th ed., London: LLP, 2009, p.649）。为了厘清不同概念的内涵与外延，避免概念之间的混淆，同时也为了便于学术交流与讨论，本书在后一种意义上使用允诺性约定行为义务。

[②] Malcolm A. Clarke, *The Law of Insurance Contracts*, 6th ed., London: LLP, 2009, p.649; Austin J. Buckley, *Buckley on Insurance Law*, 4th ed., London: Thomson Reuters, 2016, p.310. 两书均将持续性约定行为义务与允诺性约定行为义务置于一种并列的可以相互替代的地位，即"continuing or promissory warranty"，这意味着两位学者系将持续性约定行为义务与允诺性约定行为义务等同视之。但出于对明确概念内涵，厘清概念边界的考虑，笔者认为，允诺性约定行为义务的履行时间应被限制为保险合同订立后的保险期间内，不包括保险合同订立时，而持续性约定行为义务的履行时间则包括两者。

[③] 该定义对应于英国《1906年海上保险法》第33条第1款的规定，该款原文中的相关语句为：A warranty, in the following sections relating to warranties, means a promissory warranty, that is to say, a warranty by which the assured undertakes that some particular thing shall or shall not be done, or that some conditions shall be fulfilled...

定义务,其作用是通过令被保险人维持保险标的处于某种合理正常状态以达到控制风险变动的目的。若被保险人违反了允诺性约定行为义务,将会承担某种不利后果。因此,允诺性约定行为义务可以有效地规避被保险人在保险期间内可能产生的主观危险以及保险标的可能增加的客观危险。经过各国一系列的法律改革,可以说,肯定性约定行为义务在约定行为义务制度中几乎已经销声匿迹,约定行为义务制度的主体内容基本围绕允诺性约定行为义务展开,而约定行为义务防范及控制风险之本体功能也主要是依赖允诺性约定行为义务才得以有效发挥。①

(三) 观点性约定行为义务

观点性约定行为义务与肯定性约定行为义务的区别在于,后者是被保险人对某项事实之过去或现在状态的肯定和确认,只要被保险人向保险人确认的事实状态与客观真实情况不相符合,无论被保险人主观上是否有过错,均会构成对约定行为义务的违反;前者是被保险人出于自己的所知或所信对相关事实状态所作的确认,只有在被保险人不诚实(dishonestly)或出于重大过失(recklessly)对相关事实状态进行确认时,才会构成对约定行为义务的违反。② 当投保单要求投保人基于其所知或所信对投保单上之问题进行回答时,违反约定行为义务的问题就主要是一个主观诚实(subjective honesty)问题。③ 但是,这种主观诚实应建立在理性人标准之上,即如果处于投保人位置的任何一个理性人都能够意识到相关不利事实的存在,而投保人本人却没有意识到,则投保人向保险人所为之不存在不利事实的陈述,将构成对约定行为义务的违反。④

观点性约定行为义务在人寿保险中较为常见。在人寿保险合同的订立过程中,出于厘定保费的需要,保险公司通常会要求被保险人对自己的健康状况进行陈述,一般而言,被保险人比他人更为了解自己的身体情况,对于许多与被保险人身体健康有关的指标和因素,被保险人不可能一无所

---

① 故此,本书其他部分在提及约定行为义务时,如无特别说明,所指均为允诺性约定行为义务。

② John Birds, *Birds' Modern Insurance Law*, 10th ed., London: Sweet & Maxwell/Thomson Reuters, 2016, p. 169. 从观点性约定行为义务的内涵可知,观点性约定行为义务由于不具备"严格遵守原则"这一约定行为义务的重要特征,因而在严格意义上并不属于约定行为义务。

③ Austin J. Buckley, *Buckley on Insurance Law*, 4th ed., London: Thomson Reuters, 2016, p. 314.

④ Ibid.

知，若被保险人对此有任何不实陈述，将构成对保险人的欺诈行为。然而，被保险人毕竟不是拥有专业医疗知识的医生，由于专业知识的匮乏，被保险人不可能对自己的健康状况作出完全准确的评估和陈述。若保险公司未经体检径以被保险人之陈述作为保险合同之订立基础，嗣后再以被保险人陈述有误为由主张解除保险合同或免除保险责任，显然会对被保险人要求过于苛刻，有失公允。因此，当被保险人的陈述与其真实身体状况有所出入时，只要该错误陈述是被保险人基于对其本人身体状况的了解所作出的，无任何欺诈和故意隐瞒的情形，就不应被认定为违反约定行为义务。

除人寿保险外，财产保险中偶尔也会出现观点性约定行为义务，且多体现为被保险人对保险标的价值所作之评估。① 保险标的价值的判断有时被认为是一个观点性的问题，被保险人在保险合同中对保险标的价值的估定，仅是被保险人基于自身经验所作的估价，只要该估价是善意的，即便后来被鉴定专家证明该估价过度低于实际价格，也不构成对约定行为义务的违反，保险人不得据此主张免责。②

### 三 一时性约定行为义务（present warranties）、未来性约定行为义务（warranties as to future events）与持续性约定行为义务（continuing warranties）

明示约定行为义务根据履行时间的不同，还可被划分为一时性约定行为义务、未来性约定行为义务和持续性约定行为义务。据此，一时性约定行为义务是指在保险合同订立时履行的约定行为义务；未来性约定行为义务是指在保险合同成立后履行的约定行为义务；而持续性约定行为义务则是指在保险合同订立时以及保险合同成立后履行的约定行为义务。③

---

① See Farrell v. South East Lancashire Insurance Co., [1933] 1 I. R. 36, per Kennedy C. J.; Timms v. Fai Insurances Ltd., (1976) 12 ALR 506 (N Territorty-AR).

② Timms v. Fai Insurances Ltd., (1976) 12 ALR 506 (N Territorty-AR).

③ 此为 Baris Soyer 教授按照履行时间这一标准对约定行为义务所作的分类（see Baris Soyer, *Warranties in Marine Insurance*, 3rd ed., London: Routledge - Cavendish, 2017, pp. 73-74）。在该标准之下，其他学者多将约定行为义务分为"一时性约定行为义务"和"持续性约定行为义务"两种，未将履行时间仅为保险合同成立后的约定行为义务纳入其中（see Malcolm A. Clarke, *The Law of Insurance Contracts*, 6th ed., London: LLP, 2009, p. 649; Özlem Gürses, *Marine Insurance Law*, 2nd ed., London: Routledge, 2017, p. 104）。可见，这种分类在逻辑上不够周延，故从形式的严谨性层面考虑，笔者更赞同 Baris Soyer 教授的分类。

由于一时性约定行为义务和未来性约定行为义务的性质与特征，与肯定性约定行为义务和允诺性约定行为义务基本无差，故此处不再对二者进行赘述，仅讨论持续性约定行为义务的相关问题。根据持续性约定行为义务的内涵可知，其兼具了肯定性约定行为义务和允诺性约定行为义务的性质，而持续性约定行为义务的双重性质正是其对司法实务造成困扰的最主要原因。实务中，被保险人对投保单上所提问题如实回答并保证其回答为真实的约定行为义务通常是一种肯定性约定行为义务，且被保险人是否违反该义务仅取决于其回答在保险合同订立时是否属实，并不要求被保险人在保险期间内也应维持相关事实状态不变。然而，当被保险人于保险事故发生后请求保险人承担保险金时，保险人为了免于承担保险责任，便会主张被保险人的前揭义务是一种持续性约定行为义务，被保险人不仅要在保险合同订立时保证相关事实存在，还要在保险合同成立后维持相关事实一直存在，由于被保险人并未维持该事实始终存在，故而在保险合同成立后的阶段违反了约定行为义务，根据允诺性约定行为义务的违反后果，其可自动向后免除保险责任。在英国保险法上，违反允诺性约定行为义务的法律后果在先前是保险人自被保险人违反之日起自动向后免责，如前所述，这一后果于被保险人而言十分严苛，由于其能在不解除保险人与被保险人之间保险法律关系的情况下彻底免除保险人的保险责任，故其常常被保险人用于逃避自身责任，不当排除被保险人获取保险赔付的权利。正是由于这一因素的影响，法院在处理与持续性约定行为义务有关的争议时，为了合理保障被保险人利益，往往倾向于认定被保险人在投保单上所为之陈述不构成持续性约定行为义务，被保险人仅须保证其陈述在保险合同订立时为真实即可，即便相关情况在保险期间内发生了改变，被保险人也并未违反约定行为义务，保险人不能据此主张免除保险责任。[1] 一般认为，仅在约定行为义务条款根据其措辞只能被解释为持续性约定行为义务条款，[2]或者若不延续至保险期间内，约定行为义务条款将丧失其创设目的或难以

---

[1] See Woolfall & Rimmer Ltd. v. Moyle, [1942] 1 K. B. 66; Hussain v. Brown, [1996] 1 Lloyd's Rep. 627; Kumar v. AGF Insurance Ltd., [1998] 4 All E. R. 788; Manor Park Homebuilders Ltd. v. AIG (Ireland) Europe Ltd., [2008] IEHC 174.

[2] 比如，若约定行为义务条款约定，"该项约定行为义务在保险期间内依然具有效力"（see Hales v. Reliance Fire & Accident Ins. Corp. Ltd., [1960] 2 Lloyd's Rep. 391（fire）），说明保险合同双方当事人对此均有认识并达成了合意，故条款所涉之约定行为义务应当被认定为持续性约定行为义务。

发挥效能①的情形下，一项约定行为义务才可被认定为持续性约定行为义务。② 可见，保险人如欲获得持续性约定行为义务的法律保护，就应当提前明确表达出自己的此等意图，亦即在保险合同订立时与被保险人进行磋商，并在保险合同中作出极为明确的约定，以免违反被保险人的合理期待，不当剥夺被保险人本应获得的保险保障，破坏诚信原则和公平原则的基本道德观念与价值取向。

一时性约定行为义务、未来性约定行为义务与持续性约定行为义务的这种划分，不在于对各种约定行为义务的内涵作出细致描摹与解读，一时性约定行为义务与未来性约定行为义务因其自身性质的单一性，并不会对司法实践造成太大的干扰，而且二者一般以肯定性约定行为义务和允诺性约定行为义务的面貌出现于立法、司法与实务中，受到的关注相对不多，保险法学术著作中的相关篇幅安排对此也有所体现。相反，持续性约定行为义务由于其"肯定"与"允诺"的复合性质，在实务中常常被保险人作为"脱责"之工具，引发了较多的诉讼争议，并受到了法学学者的广泛关注，因而积累了众多的司法判例和学术观点，在学术上有一定的探讨和研析价值。

## 四 真正约定行为义务（true warranties）与合同约定行为义务（contractual warranties）

真正约定行为义务与合同约定行为义务的分类在保险实务中并不常见，学理上的相关探讨也非常有限。约定行为义务这一分类的标准是约定行为义务的内容对承保风险是否具有重要性。③ 真正约定行为义务是指其内容对承保风险具有重要性的约定行为义务，合同约定行为义务则是以被保险人承诺的形式出现于保险合同中的条款，被保险人违反该条款会使保险人取得保险合同终止权或自动免责权，但违反行为对承保风险是否具有

---

① 比如，在雇员忠诚保险中，若约定行为义务条款中涉及雇员执行工作的具体方式，那么其中的约定行为义务应当被认定为在保险期间内依然存续的持续性约定行为义务。因为雇员忠诚保险的保险标的就是雇员在保险期间内履行职务的行为，至于雇员在保险期间外如何履行则在所不问，如若将雇员对其履行职务方式的保证仅限于保险合同订立时，那么该约定行为义务本身将失去存在的意义，故此类约定行为义务应被解释为持续性约定行为义务。

② Austin J. Buckley, *Buckley on Insurance Law*, 4th ed., London: Thomson Reuters, 2016, p. 313.

③ 即与保险人决定是否承保或确定保险费率有关。

重要性则无关紧要。① 而且，合同约定行为义务条款的成立不以使用"约定行为义务"（warranty）这一词语为必要，任何条款只要能够表达出特定事实的存在是合同有效的前提条件，皆足以构成约定行为义务条款。② 合同约定行为义务条款的典型示例是合同基础条款。

根据以上定义可知，合同约定行为义务与约定行为义务"无重要性"这一传统特征相对应，完全符合英国《1906年海上保险法》第33条第3款的规定。但是，时移世易，随着社会的发展，保险消费者保护的理念逐渐深入人心，"无重要性"对被保险人的严苛性和不合理性日益凸显，合同约定行为义务在学术界遭到的批判更是不绝于耳。在这样的背景下，改革的声音逐渐汇拢、聚集，并生成一股强大的力量，最终得到了立法机关的采纳。比如，作为合同约定行为义务代表的合同基础条款制度，就分别被英国《2012年消费者保险（披露与陈述）法》和《2015年保险法》相继废止。

而真正约定行为义务由于其内容对承保风险具有重要性，故不存在以上弊端。Blackburn法官认为，在海上保险中，无论其在合同中的措辞和位置如何，将任何被纳入书面保险单中的与承保风险有关的事实陈述，均解释为约定行为义务条款的做法是十分妥适的。③ 然而，由于与承保风险具有实质关联的保险合同条款除约定行为义务条款外，还有除外条款，故Blackburn法官的观点显然失之偏颇。至于真正约定行为义务与除外条款应当如何区分，前文已经提供了十分详细的区辨方法，此处不再赘述。

## 五 正式约定行为义务（formal warranties）与非正式约定行为义务（informal warranties）

以保险条款是否明确使用了"约定行为义务"（warranty）这一词语，可将约定行为义务分为正式约定行为义务与非正式约定行为义务。正式约定行为义务条款中必须存在"warranty"或"warranted"等类似词语，而非正式约定行为义务条款中则不存在这些词语，只要其构成保险人承担保

---

① See Malcolm A. Clarke, *The Law of Insurance Contracts*, 6th ed., London: LLP, 2009, pp. 642-643.

② Malcolm A. Clarke, *The Law of Insurance Contracts*, 6th ed., London: LLP, 2009, p. 643. See Anderson v. Fitzgerald, (1853) 4 HLC 503, per Lord Cranworth LC (life); Farr v. Motor Traders Ins. Sy. Ltd., [1920] K. B. 673, per Bankes LJ (CA-motor); Dawsons Ltd v. Bonnin, [1922] 2 AC 428-429, per Viscount Finlay (fire).

③ See Thomson v. Weems, (1884) 9 App Cas 684 (life).

险责任的条件，即可被认定为约定行为义务条款。① 从该定义可知，正式约定行为义务条款的认定较为简便直接，而非正式约定行为义务条款的认定则相对复杂烦琐一些，通常需要诉诸保险条款的文义和体系解释方法，以及保险合同的特殊解释规则。

同样地，约定行为义务的这种分类在学理上也无太大研究价值，相关内容一般会被纳入其他保险法研究范畴之内，如对非正式约定行为义务的研究通常是在"约定行为义务的司法审查"之下展开。因此，笔者不拟在此对正式约定行为义务与非正式约定行为义务进行铺陈渲染，仅作一大略介绍，详细内容将在本书的其他相关部分展开叙述。

## 第三节 约定行为义务制度的建制考证

### 一 约定行为义务的制度流变

约定行为义务在英美法中对应"warranty"这一词语，该词的含义为"担保、保证或瑕疵担保"，其基本内涵为：一方当事人向他人所作的承诺，如果存在违约或瑕疵的，应当向被担保方承担赔偿责任。② 根据《元照英美法词典》的解释，warranty 是对现在或过去的事物或行为提供担保或保证，在民商法体系中多呈现为不同之形态：在财产法中，它是指一种担保合同，且一般是转让人或其继承人就转让地产向受让人所为之担保，若受让人遭到对该地产享有优先所有权（paramount title）者的驱逐，转让人或其继承人必须以价值相当的其他土地补偿受让人；在合同法中，它是指由出卖方所作的明示或默示的承诺，保证其交付的财产与合同描述相符，或为其所允诺交付的财产，包括明示担保（express warranty）和默示担保（implied warranty）两种，默示担保可分为可销售性担保（warranty of merchantability）、适用性担保（warranty of fitness）和所有权担保（warranty of title），合同法中的 warranty 在某些情况下会被推定为默示担保；在保险法中，它是指被保险人就其告知内容真实性向保险人所作之保证；在产品质量法中，则是指产品制造商对产品安全性所作的明示或默示担保，若产品因质量瑕疵造成消费者损害，产品制造商应根据严格责任

---

① See Edwin W. Patterson, "Warranties in Insurance Law", 34 *Colum. L. Rev.* 609 (1934).
② 薛波主编：《元照英美法词典》（缩印版），北京大学出版社2013年版，第1413页。

（strict liability）原则承担损害赔偿责任。① 另外，在英国合同法上，warranty 还可作为一种合同条款中的担保，且与合同条款中的条件（condition）相对。一般认为，合同条款根据其重要程度的不同，可被分为条件和担保：若条款与合同的基础相关，则为条件；若条款与合同的基础无关，则为担保，即附属于合同主要目的的条款。违反条件的，由于合同之成立基础不复存在，故当事人可主张撤销合同；违反担保的，因其并未达到破坏合同成立基础之严重程度，故当事人只能主张损害赔偿，而无权拒绝接收货物和撤销合同。英国 1893 年和 1979 年《货物买卖法》（*Sales of Goods Act*）均引入了此观点。②

可见，warranty 这一概念的含义十分丰富，在不同法律领域中往往蕴含不同的规范内涵。然而，这样的内涵多样性却也导致了 warranty 制度本体架构的模糊不清，给人造成理解与适用上的困惑，进而可能会引发对约定行为义务制度的认知误解。warranty 这一概念早在 13 世纪的封建时期即已出现于法律之中，后来逐渐被引入侵权责任法与合同法领域，直至 17 世纪才进入保险法领域，曼斯菲尔德法官经由一系列判例正式确立了 warranty 在海上保险中的存在，并且明确了其具体内涵与特征。③ 对 warranty 这一制度的历史渊源作出一番大致的轮廓勾勒，或许会对理解约定行为义务制度有所裨益。

（一）13 世纪之 warranty：土地担保（warranties of land）

如前所述，财产法中的 warranty 制度一般是指土地担保制度。尽管随着历史的推进和时代的发展，13 世纪的土地担保制度如今已不复存焉，但该制度一度被认为是"最稀奇和巧妙（curious and cunning）的法律制度，具有举足轻重的作用与效果"④。13 世纪，英国的封建经济正处于鼎盛时期，封建领主大多通过收取地租的方式将其土地提供给佃农耕种。在这样的关系之中，封建领主一般会通过"我们将会保证……（we will warrant...）"的条款，令自己和自己的继承人承担一项协助佃农占有土地并排除任何第三人干涉的义务，亦即对于佃农对土地之占有权的担保义务。⑤ 由于此种担保

---

① 薛波主编：《元照英美法词典》（缩印版），北京大学出版社 2013 年版，第 1413 页。
② *Sale of Goods Act 1893* 第 11 条第 1 款（b）项，*Sales of Goods Act 1979* 第 11 条第 3 款。
③ 陈丰年：《特约条款之检讨与重构》，博士学位论文，政治大学，2012 年，第 10 页。
④ S. J. Bailey, "Warranties of Land in the Thirteenth Century", 8 *Cambridge L. J.* 274 (1942—1944).
⑤ See S. J. Bailey, "Warranties of Land in the Thirteenth Century", 8 *Cambridge L. J.* 276 (1942—1944).

义务是在土地租约（charter of feoffment）中明文创设的，故属于明示土地担保（express warranties）。另外，因佃农在承租土地的同时，也对土地领主负有服务（service）与效忠（homage）义务，故法院通常认为，无论土地领主与佃农之间是否就土地担保有书面约定，只要土地领主接受了佃农的服务与效忠，其就自动对佃农负有土地担保的义务，① 此即默示土地担保（implied warranties）。土地担保制度的功能主要在于，当佃农因土地占有问题涉诉时，使领主负有出庭作证的义务以帮助佃农进行抗辩。

（二）14世纪之warranty：质量瑕疵担保

之所以说warranty在侵权责任法与合同法领域均有涉及，是因为14世纪英国买卖法对购买瑕疵商品之买受人的救济，系通过担保条款制度实现，而出卖人违反担保条款的行为，又可被归为当时的间接侵权（trespass on the case），故买受人在遭受瑕疵商品损害时，可向出卖人提起间接侵权之诉。后来，间接侵权之诉逐渐演化为违约之诉。故此，买卖法中的warranty，所指即为商品出卖人对买受人就商品质量所作的担保。出卖人违反担保的行为最初被认为是对买受人的间接侵权行为，需承担侵权损害赔偿责任；后来被认为是一种违约行为，须对买受人承担违约损害赔偿责任。

14世纪英国的侵权行为（trespass）以直接（direct）和暴力（forcible）为主要特征，② 故可称为"直接侵权行为"。直接侵权行为因以暴力为构成要件之一，可想而知侵权人的主观状态为故意。而间接侵权行为则不以侵害行为的直接性与暴力性为要件，在间接侵权行为中，侵权人的主观状态一般为过失。间接侵权之诉作为受害人之救济手段，始于英国的Bukton v. Townesende案③。此案中，原告是一匹马的所有人，被告是Humber河的摆渡人，原告与被告约定，由被告将原告之马匹运送过河。嗣后，运送马匹之船舶因超载致使马匹被挤出船舶并溺亡于Humber河中。马匹所有人遂向摆渡人提起诉讼。在14世纪之前，仅在双方当事人订有书面合同时，一方当事人才能对另一方当事人未履行合同的行为提起诉讼。而此案中的合同仅为口头合同，故马匹所有人不能通过诉讼

---

① S. J. Bailey, "Warranties of Land in the Thirteenth Century", 8 *Cambridge L. J.* 278 (1942—1944).

② 王泽鉴：《侵权行为》（第三版），北京大学出版社2016年版，第51页。

③ (1348) B. & M. 358.

获得救济。另外，当时的侵权行为以暴力为构成要件之一，不包括过失，但此案中摆渡人并未实施以暴力将马匹挤出船舶的行为，故马匹所有人也无法通过提起侵权之诉获得赔偿。受害人的的确确遭受了损失，其获取补偿与救济之诉求具有相当程度之合理性，然而当时的法律却无法为之提供行之有效的救济渠道。在如此尴尬的局面下，为保障受害人的利益，Bukton v. Townesende 案的法官独辟蹊径，创设出了间接侵权规则。在审理该案的法官看来，间接侵权行为是指侵权人在未实施暴力行为的情况下给他人造成损害，该案中作为被告的摆渡人的行为就可被归入"间接侵权行为"之列。间接侵权之诉后来又延伸至"欺诈"这一间接侵权类型之中，商品出卖人对商品质量所作的担保虚伪不实即属此类侵权行为。①

后来，到了 17 世纪初期，在出卖人违反质量瑕疵担保的情形下，买受人的救济方式逐渐从间接侵权之诉转变为违约之诉（assumpsit）。② 这一转变，系由曼斯菲尔德法官在 Stuart v. Wilkins 案③中所确立。由于违约之诉中不涉及对施害一方主观上是否知情或存在欺诈情形的证明，故相较于间接侵权之诉，其为受害人提供了更为便捷的救济途径。

（三）warranty 之内涵嬗变：保险法上约定行为义务制度（warranties）

经由对 warranty 这一概念的追本溯源可以发现，保险法上 warranty 制度之内涵与其他法律领域中 warranty 的内涵着实相去甚远。究其原因，乃是保险法上的 warranty 制度实系源自一个法律上的"错误"。事实上，约定行为义务所对应的"warranty"这一术语系由外行人而非法律专业人士引入保险合同之中。④ "warranty" 在当时是买卖法中的一个专业术语，它只是卖方作出的一项附属性承诺（promise），并不构成买方支付价金这一承诺的条件（condition）。⑤ 关于承诺与条件的区别，Corbin 教授作出了以下经典分析：⑥ 第一，承诺由当事人通过语言或其他明确表达本人意图的行为单方作出，条件则通过当事人双方约定或法律规定而产生，并由

---

① Thomas J. Schoenbaum, *Key Divergences Between English and American Law of Marine Insurance*, Exton: Schiffer Publishing, 1999, p. 133.
② Thomas J. Schoenbaum, "Warranties in the Law of Marine Insurance: Some Suggestions for Reform of English and American Law", 23 *Tul. Mar. L. J.* 270 (1998—1999).
③ 99 Eng. Rep. 15 (K. B. 1778).
④ Edwin W. Patterson, "Warranties in Insurance Law", 34 *Colum. L. Rev.* 595 (1934).
⑤ Ibid.
⑥ Arthur L. Corbin, "Conditions in the Law of Contract", 28 *Yale L. J.* 745 (1918—1919).

某种事实构成。第二，承诺的目的是为承诺人本人创设一项义务，将某事实作为条件的目的则是延缓相对人即时义务（instant duty）的履行（或其他特定法律关系的形成）。第三，承诺的履行会导致承诺人损害赔偿责任的免除，条件的成就则会导致相对人义务的履行。第四，未能履行承诺构成对合同的违反，相对人因而对承诺人取得损害赔偿请求权；条件未成就则阻却了相对人义务的履行，本人也不会因此负担损害赔偿责任，除非本人先前已经承诺条件必会成就。在买卖法中，若卖方履行了 warranty，便不必对买方承担损害赔偿责任；若卖方违反了 warranty，则须对买方承担损害赔偿责任。但二者中无论哪一种情形都不会对买方支付价金的义务产生直接影响。买卖法中的 warranty 大致相当于我国合同法上出卖人的瑕疵担保义务。故此，买卖法中 warranty 的性质是一种承诺，而非条件。相较而言，在保险法中，当被保险人履行了 warranty 时，若无其他免责事由，保险人须在保险事故发生时承担保险责任；当被保险人违反了 warranty 时，其无须向保险人承担损害赔偿责任，但保险人可据此免除保险责任的履行。可见，保险法中 warranty 的性质与承诺并不相同，但与条件类似，这一点恰好与买卖法中的 warranty 相反。由此不难看出，将 warranty 引入保险法中的人并未准确理解 warranty 的内涵及法律后果，保险法中的 warranty 已偏离了买卖法中担保制度的规范重心。然而，语词含义的误用并不能否定制度本体的实践价值。warranty 进入保险法后虽然发生了规范内涵上的嬗变，但却生发出了风险控制的新制度机能。

## 二 约定行为义务的建制基础

对约定行为义务制度的建制基础作出一番考察与梳理，可以一窥其确立之由来与必要，进而更好地理解其制度机能的发挥机制。约定行为义务制度的建制基础，主要分为现实基础和法理基础两个方面。

（一）建立约定行为义务制度的现实基础

约定行为义务制度的现实基础体现为保险人与被保险人之间的信息不对称性以及被保险人对保险标的在管理与控制上的优势与便利。

保险产品内容的纷繁复杂和用语的晦涩艰深，导致了保险的高度专业性和技术化。在保险人与被保险人的保险交易中，保险人享有充分的信息资源和技术优势，其所占据的结构性优势地位引发了保险交易市场中的结构性利益失衡。同其他商品或服务相比，保险产品存在许多不为被保险人所知的隐藏特性，进而为保险人某些策略行为的实施创造了空间，这样的交易架构决定了被保险人应当获得比其他消费者更多的保护。① 然而，这只是体现保险信息偏在的一个侧面，保险的特殊性远远不止于此，同样是由于保险产品的独特属性，保险人也需要获得一定程度的保护，这种保护的基础在于被保险人在保险交易中的信息优势。

商品的价格围绕价值上下波动是价值规律作用的表现形式。在一般的商品交易中，销售者一般对商品的成本和其本人的市场占有率都十分熟悉，并据此为其销售的商品定价。在传统的商品交易中，由于商品的生产成本与消费者的需求无关，可以说，商品的价格与商品购买者的行为并不具有太大关联。而在保险交易中，这种规律则很难成立。个人的隐藏特性（hidden characteristics）和策略行为（strategic behavior）作为风险分类的依据，不仅决定了保险产品的市场需求，同时也直接影响了保险产品的成本。② 比如，在汽车保险中，被保险人的驾驶习惯会影响保险事故的发生概率，进而影响保险人在保险期间内支付的保险金总额；而在健康保险中，保险产品的成本即保险人可能付出的保险金数额则取决于被保险人的生活方式和饮食偏好。对于被保险人的驾驶习惯、生活方式和饮食偏好等信息，被保险人的知悉程度显然要高于保险人。如此，便形成了保险信息偏在的另一个侧面——被保险人相对于保险人的信息优势。产品成本是产品价格的重要组成部分，保险人如欲对保险产品进行合理定价，即确定较为公正准确的保险费率，就必须计算出保险事故的发生概率，进而就必须了解影响保险事故发生概率和保险产品成本的上述要素。故此，被保险人应当向保险人进行一定的信息披露，以缓和保险人与被保险人之间的信息不对称性，实现保险机制的有效运转。另外，保险合同是一种典型的继续性合同。③ 一般而言，继续性合同尤其强调当事人之间的信任关系。④ 对于保险人一方而言，此种信任具体表现为：保险人在对被保险人所面临的风险予以承保之后，相信保险标的的风险等级会维持在保险合同订立之时

---

① Ronen Avraham, "The Economics of Insurance Law – A Primer", 19 *Conn. Ins. L. J.* 33 (2012—2013).

② See Liran Einav & Amy Finkelstein, "Selection in Insurance Markets: Theory and Empirics in Pictures", 25 *J. Econ. Perspectives* 115 (2011).

③ 参见遠山優治《重大事由解除の効力と保険者の免責について——保険事故についての虛僞申告を中心に》，《保険学雑誌》第606号，第113—114页。

④ 参见屈茂辉、张红《继续性合同：基于合同法理与立法技术的多重考量》，《中国法学》2010年第4期；李鸣《生命保险契约の重大事由解除に関する一考察》，《法学研究》第89卷第1号，第364页。

所处的风险等级范围之内。因此，为了避免因保险期间内保险标的风险变动，导致实际承保风险与订立保险合同时的承保风险相差过大，破坏保险人对被保险人的信任，有必要由被保险人根据合同双方的约定，履行一定的行为义务以保证保险标的的安全。保险人固然可以通过定期勘验、检查等方式确认保险标的的风险变动，但相比于通常是直接管理和控制保险标的的被保险人来说，前者所发挥的风险防范功能远远不及后者，所耗费的成本也明显更高。

约定行为义务制度勃兴于海上保险，Jeffries v. Legandra 案是英国最早的一起与约定行为义务有关的案件。[①] 该案发生于 1691 年，其事实略为：保险人对投保人自伦敦至威尼斯的航程中可能遭遇的航海、海盗、敌军等风险进行承保，而投保人则保证开航时有船只护送。最早的一批与约定行为义务有关的案件大都涉及被保险人的这一"护航"义务。[②] 17 世纪正值海上冒险盛行的时代，无论是船舶航行技术，还是远距离通信技术，其发达程度同现在相比均有天壤之别。保险人与投保人之间、被保险人与在海上航行的承保船舶或货物之间的通信方式极其有限，保险人通常无法得知保险标的的即时状况，而且海上事故变化多端且复杂，从而致使保险人无法确切掌握其所承担的危险是否处于先前估算的范围。[③] 再者，被保险人有时会凭借自己对保险标的管理和控制上的优势，故意制造保险事故以骗取保险金，保险人由于前揭客观因素的限制，对被保险人的此类不诚信行为一般防不胜防。在这样的现实背景下，被保险人对保险标的的了解程度一般高于保险人，且在管理和支配保险标的方面也更加方便，出于降低海上保险交易成本和控制保险期间内客观危险和主观危险的考虑，保险人通常会与被保险人在保险合同中约定，被保险人应当在保险期间内履行特定行为，以实现风险控制的目的，维持保险合同的给付均衡。

（二）建立约定行为义务制度的法理基础

约定行为义务制度的法理基础是契约自由原则和对价平衡原则。

由于约定行为义务系出自保险人与被保险人在保险合同中的约定，以

---

[①] Jeffries v. Legandra, 91 Eng. Rep. 384 (1691).

[②] See, e.g., Lethulier's Case, 91 Eng. Rep. 384 (K. B. 1692); Gordon. v. Morley, 93 Eng. Rep. 1171 (K. B. 1747).

[③] 江朝国：《保险法逐条释义 第二卷：保险契约》，元照出版公司 2013 年版，第 735 页。

合同当事人的意思自治为基础,契约自由原则为约定行为义务制度之法理基础自当不存疑问,故下文对约定行为义务制度法理基础的阐述主要围绕另一原则——对价平衡原则展开。

对价平衡原则是保险法上的一项基本原则,它与最大诚信原则和损失填补原则共同构成了保险法的三大基本原则。① 保险法上的很多制度均对该原则有所体现,如如实告知义务制度、危险增加通知义务制度等。

对价平衡原则系由德国学者 Wilhelm Lexis 所提出,故也被称为"Lexis 原则"。② 该原则可以用以下公式表示:$p=rP$,其中 $p$ 为纯保费,$P$ 为保险金,$r$ 为保险事故的发生概率(危险系数)。此即表示各被保险人按照自身的危险情况来支付保险费,其支付的保险费与保险人承担的危险之间毫不夹杂救济行善之关系。③ 根据该公式,$r$ 与 $P$ 的大小会影响 $p$ 的大小,亦即保险事故的发生概率 $r$ 越大,纯保费 $p$ 也越大;同样地,保险金 $P$ 越大,纯保费 $p$ 也越大。因此,被保险人支付的保险费,与保险事故的发生概率和保险人对每次保险事故赔付的保险金成正比。

对价平衡原则也被称为"给付反给付均等原则",是指个体层面上投保人与保险人之间给付与对待给付的均衡。此外,从保险精算角度而言,"收支相等原则"亦与之有所关联。收支相等原则是指投保人所负担的保险费须与保险人所承担的危险构成对价关系,并于保险期间内维系平衡,④ 即保险人赔付的保险金与危险共同团体支付的总保险费在数量上应当大体相等,⑤ 用公式可表示为 $Np=nP$。其中,$N$ 代表危险共同团体中的被保险人总数,$p$ 代表每个投保人应支付的保险费,$n$ 代表保险期间内保险事故的发生数量,$P$ 代表保险人对每起保险事故赔付的保险金数额。将该公式略加变形,即两边同除以 $N$,可得出 $p=n/N \cdot P$ 这一公式。通过将该公式与对价平衡原则公式相比较,可以发现,$r=n/N$。而 $n/N$ 则是保险事故的发生数与危险共同团体中个体总数的比值,也即保险事故的发生概率 $r$。根据大数法则,$N$ 越大,危险系数即保险事故的发生概率 $r$ 就越接近于现实情况,保险业才能保持长稳健康发展。由此可见,对价平衡原则

---

① 汪信君、廖世昌:《保险法理论与实务》,元照出版公司 2010 年版,第 5 页。
② 小川浩昭:《保险原理論—レクシスの原理と二大原則》,《西南学院大学商学論集》第 56 卷第 1 号,第 1 页。
③ 唐世银:《保险法上对价平衡原则的司法运用》,《法律适用》2015 年第 12 期。
④ 温世扬主编:《保险法》(第三版),法律出版社 2016 年版,第 124 页。
⑤ 舩津浩司:《給付反対給付均等原則の法的再定位》,《生命保険論集》第 189 号,第 99 页。

与收支相等原则是一体两面的关系,二者相互依存。① 如果个体层面的对价平衡无法维持,将意味着危险共同体成员之间的公平②无法得到保障,那么整个危险共同体所欲达到的收支相等的目标也将无法实现。若收支相等无法维持,整个危险共同体将面临解体的命运。所以,对价平衡原则并非仅仅单纯地追求投保人与保险人之间对价的均衡,而是维系危险共同体存续的根基,其在本质上并不简单地表现为投保人与保险人两方之间的合同关系,还关涉被保险人等第三人利益的实现。

对于对价平衡原则在约定行为义务制度上的应用,可分为肯定性约定行为义务和允诺性约定行为义务两个方面进行阐释。

就肯定性约定行为义务而言,其建制基础是实现对价平衡原则。肯定性约定行为义务以被保险人在保险合同订立阶段向保险人确认过去或现在的特定事实之状态为内容,这些内容一般构成保险合同的成立基础,若被保险人的确认内容与真实事实有所出入,很可能会导致被保险人根本不愿意承保或不愿意以原来约定的保险费率承保,此种情形下保险合同便不存在订立基础或订立基础发生了重大变更。而基于对价平衡原则的要求,保险人赔付的保险金和被保险人支付的保险费应当大体相等。当被保险人未适当履行肯定性约定行为义务,导致保险人承保的风险实际高于其在订立保险合同时预估的风险时,被保险人实际支付的保费事实上就低于其应当缴纳的保费,若保险人容忍被保险人的这一行为,就是容忍被保险人从危险共同团体成员共有的基金中不当获利。显然,由于被保险人的实际风险高于保险人的预估风险,其发生保险事故的概率自然更高,保险人赔付的保险金数额相应也会更高,此时便打破了保险人与危险共同团体之前的给付均衡状态,使对价平衡原则自始便难以实现。故此,出于对对价平衡原则这一保险法基本原则的遵循,保险市场在早期的保险交易中发展出了肯定性约定行为义务制度。

就允诺性约定行为义务而言,其建制基础是维持对价平衡原则。允诺性约定行为义务以被保险人依照保险合同约定,在保险期间内为或不为一

---

① 庭田範秋:《社会保障の理念と保険の原理》,《社会保障研究》第 2 卷第 3 号,第 13 页。
② 对价平衡原则对于维持风险共同体成员之间的公平发挥着重要作用。参见舩津浩司《給付反対給付均等原則の法的再定位》,《生命保険論集》第 189 号,第 104—106 页;宇野典明:《資産負債最適配分概念の下における保険契約者平等待遇原則のあり方について》,《商学論集》第 55 卷第 5·6 号,第 485 页。

定行为以维持保险标的安全为内容。允诺性约定行为义务条款同样于保险合同成立时订于保险合同之中，但与肯定性约定行为义务不同的是，后者针对的是保险合同订立之前或之时已经发生的不可变更的事实，而前者针对的则是保险合同订立之后被保险人应为或不为的某些行为。由此可以看出，肯定性约定行为义务构成保险合同的成立基础，但允诺性约定行为义务由于仅着眼于保险合同订立后的被保险人行为，因而与保险合同最初的成立基础并无关联。可以说，只要被保险人恰当履行了肯定性约定行为义务，且无其他影响保险合同成立的事由存在，保险合同就具备了成立基础，保险法的对价平衡原则就已经得到了实现和满足。而保险合同双方当事人之所以又在保险合同中约定允诺性约定行为义务条款，其出发点是维持保险合同成立之时的对价平衡。保险合同的期限长短不一，但无论是财产保险合同抑或是人身保险合同，其保险标的的危险在保险期限内都不可能一成不变。承保风险的变动既可能出自主观原因，也可能出自客观原因，原因的性质非为重要，关键的是作为结果的保险标的风险变动。若保险标的的实际风险经变动后明显超出保险合同订立时保险人估定的风险，将会打破保险合同订立时实现的给付均衡状态，违反保险法上的对价平衡原则。职是之故，保险业在实务中创设了允诺性约定行为义务制度，以维持保险法上之对价平衡原则。

综上所述，一方面，契约自由原则和对价平衡原则作为约定行为义务制度的法理基础，证明了约定行为义务制度在保险法上的必要性与正当性；另一方面，约定行为义务制度的存在，有利于更好地贯彻与落实契约自由原则和对价平衡原则，促进民法和保险法基本原则的实现。

## 第四节　约定行为义务的制度机能

### 一　制度机能阐释

Patterson 教授认为，保险法上的约定行为义务是保险合同中的一项条款，它构成了保险人承诺的条件，并且是一种先于保险事故发生或者与保险事故同时发生的事实，其存在有助于降低保险事故发生的可能性。[1] 从

---

[1] Edwin W. Patterson, "Warranties in Insurance Law", 34 *Colum. L. Rev.* 602 (1934).

这一对约定行为义务内涵的揭示中可以看出，约定行为义务的功能主要体现在两点：其一，维护保险标的的安全，降低保险事故的发生概率；其二，作为保险责任的停止条件，为保险人免责提供正当依据。[①] 但作为其核心功能的制度机能当为前者，即控制保险期间内保险标的的风险变动，后者仅仅是保障前者实现的必要手段。

当保险合同中存在一项有关约定行为义务的条款时，被保险人就需要在保险期间内履行该义务，而保险人承担保险责任与否，则取决于被保险人是否履行了该条款中的约定行为义务。若被保险人按约定在保险期间内履行了某项行为义务，则保险标的会因其照管和保护而处于相对安全的状态，同时可以预见保险事故发生的可能性将因此降低。比如，盗窃险合同中约定被保险人必须保证房屋在保险期间内有人居住这一行为义务，可以降低失窃的概率；火灾保险合同中约定被保险人于保险期间内不得在房屋内存放易燃易爆物这一行为义务，可以有效防止火灾事故的发生；海上保险合同中约定被保船舶不得航行至某一海上风险较大的危险区域，可以降低海难发生的可能性，等等。而且，由于约定行为义务的存在，承保风险现实化的概率相对较低，保险人也会相应降低所收取的保费数额。相较而言，如果保险合同中不存在约定行为义务条款，被保险人便不会有意识地去主动控制承保风险，甚至还可能会放任承保风险的提高，因而会大大提高承保风险现实化的概率，导致一些本不会发生的保险事故发生。这不仅破坏了个体意义上的对价平衡原则，也进一步破坏了整体意义上的收支相等原则，进而可能会动摇危险共同体的存续。由于保险人的赔付成本因此而增加，为了保持财务稳健，保险人通常会将这一增加的成本以提高保费的方式转嫁给全体风险共同体成员。最终，因约定行为义务缺失所致的保费提高，使危险共同体成员遭受了无谓的损失。因此，通过约定行为义务的创设，可以有效防控承保风险的增加，避免对价平衡原则遭到破坏，更好地维护危险共同体成员的利益。

另外，约定行为义务的违反会产生一定的法律后果，在不同的时期和法域中，这些法律后果也常常有着不同的表现形式，或为保险人取得保险

---

① 如前所述，在一定规范语境下，可以将约定行为义务视为保险责任的停止条件，尽管在其他某些规范语境下，二者的法律后果可能会存在些微的不相契合之处，但这在总体上无碍对于约定行为义务之制度机能的理解，故笔者在此处接受并引用了 Patterson 教授的观点。

合同终止权，① 或为保险人对特定保险事故免责，② 或为保险人自被保险人违反约定行为义务时起自动向后免责，③ 或为保险人取得保险合同解除权，④ 或为保险人的保险责任中止。⑤ 但无一例外的是，这些不同的法律后果全都有利于保险人而不利于被保险人。因此，保险人常常将约定行为义务作为自己免责的盾牌。⑥ 也正是如此，约定行为义务才能对被保险人产生一定的威慑力，促使被保险人自觉和认真地履行约定行为义务，以保证自己所追求的保险保障不会落空，同时也符合保险人的利益诉求，有助于在保险人和被保险人之间形成一种相对平衡的利益格局，降低保险交易成本，提高保险交易效率。在这样的制度架构下，约定行为义务得以有效发挥其控制风险的制度机能，而不至于沦为一种空洞无力的宣示性条款。

## 二 制度机能的无可替代性——基于与危险增加通知义务的比较

我国《保险法》第 52 条规定了被保险人的危险增加的通知义务，当保险标的的危险程度显著增加时，被保险人应当及时通知保险人，保险人则可以依照保险合同的约定增加保险费或者解除保险合同。而约定行为义务制度通常也与承保危险息息相关，其制度机能即在于控制保险标的的风险变动。从表面看，危险增加的通知义务与约定行为义务这两项制度似乎在某些方面有一定的重合之处。比如，保险标的用途、使用范围、所处环境、自身及其标的所有人或管理人的变化，常常被作为《保险法》第 52 条所称的保险标的"危险程度显著增加"的判断标准。⑦ 而在保险实践中，保险人与被保险人也大都围绕这几点作出约定，为被保险人创设某种

---

① 德国《2008 年保险合同法》第 28 条第 1 款。澳大利亚《1984 年保险合同法》（ICA 1984）虽未对违反约定行为义务的法律后果作出规定，但一般认为，被保险人违反约定行为义务的法律后果是保险人取得合同终止权，see Joseph C. Veneziano, *Insurance: The Laws of Australia*, 2nd ed., London: Thomson Reuters, 2014, p. 176。
② 德国《2008 年保险合同法》第 28 条第 2 款。
③ 英国《1906 年海上保险法》第 33 条第 3 款。
④ 我国台湾地区"保险法"第 68 条。
⑤ 英国《2015 年保险法》第 10 条第 2 款。美国司法裁判中采用此种法律后果的占大多数，但也有少量选择保险人免责或保险合同可撤销这种法律后果，see Thomas J. Schoenbaum, "Warranties in the Law of Marine Insurance: Some Suggestions for Reform of English and American Law", 23 *Tul. Mar. L. J.* 267, 289-290（1998—1999）。
⑥ Baris Soyer, *Warranties in Marine Insurance*, 3rd ed., London: Routledge - Cavendish, 2017, p. 68。
⑦ 《保险法司法解释四》第 4 条。

行为义务，以维护保险标的的安全，如被保险人应当保证保险标的在保险期间内的用途始终不变，[1] 被保险人应当保证被保房屋在保险期间内有人使用或居住，[2] 或者概括性地约定被保险人应当采取合理预防措施以避免保险事故的发生，[3] 等等。大陆法系各国均对危险增加有所规定，英国海上保险法则没有危险增加这一制度，[4] 但采纳了约定行为义务制度的美国却也同时存在危险增加制度。[5] 有学者主张我国现有法律制度中已经存在了一个健全的风险控制体系，《保险法》第 52 条关于危险增加的规定已经相当具体，可以有效保障保险人权利的实现，并且有保险法和合同法的基本原则作为支撑，还能避免约定行为义务制度下引起的法律冲突，因此我国保险法没有必要再引入约定行为义务制度，仅有危险增加通知义务制度即为足够。[6] 笔者认为，两种制度在内容和功能上看似有所重合，但在基本内涵、制度机能、法理基础等方面均存显著区别，危险增加通知义务无法替代约定行为义务发挥功用。下文将对约定行为义务制度的独立性和不可替代性一一进行证成。

首先，就基本内涵而言，约定行为义务是指被保险人应当在保险期间内为一定的作为或不作为，以维护保险标的的安全；危险增加的通知义务则是指被保险人应当在保险标的的危险显著增加后，向保险人作出通知。概而言之，前者是维护保险标的安全的义务，后者是通知义务。其次，就法理基础而言，约定行为义务的法理基础包括契约自由原则和对价平衡原则，危险增加的通知义务的法理基础则仅在于对价平衡原则。[7] 这决定了

---

[1] See Shaw v. Robberds, (1837) 6 Ad. & El. 75.

[2] See Marzouca v. Atlantic & British Commercial Ins. Co. Ltd., [1971] 1 Lloyd's Rep. 449; GE Frankona Re v. CMM Trust, [2006] EWHC 429; Westchester Fire Ins. Co. v. John Conlon Coal Co., 92 F. 2d 161 (1937).

[3] See Woolfall & Rimmer Ltd. v. Moyle, [1942] 1 KB 66.

[4] 参见罗俊玮、赖焕升《百年变革——论英国海上保险担保条款之修正》，《东吴法律学报》2016 年第 3 期。

[5] 美国纽约州制定的标准火灾保险单，就得到了绝大多数州的采纳。See "The Increase-of-Hazard Clause in the Standard Fire Insurance Policy", 76 Harv. L. Rev. 1472 (1962—1963). 此外，在我国《海商法》中的"海上保险合同"章节中，只是规定了被保险人按照合同约定所应该承担的保证义务，而并未对危险增加通知义务进行规定。

[6] 张金蕾、潘秀华：《中国海上保险法律制度修改的再审视——以〈2015 年英国保险法〉为背景》，《中国海商法研究》2015 年第 4 期。

[7] 参见叶启洲《保险法实例研习》，元照出版公司 2017 年版，第 173 页；邹海林《保险法》，社会科学文献出版社 2017 年版，第 341 页。

保险人可以与被保险人就约定行为义务的内容进行符合其实际需要的自由约定，因而可以更有针对性地实现风险控制，风险控制的实际效率显然更高。最后，就履行时间而言，约定行为义务的履行贯穿于整个保险期间，这也与其风险控制的制度机能相适应，而危险增加通知义务的履行时间则为保险标的的危险程度显著增加之后。可以认为，前者是一种持续性的义务，后者则只是一种一时性的义务。

事实上，约定行为义务与危险增加通知义务最重要的区别在于其制度机能的显著差异。约定行为义务是对风险的事前控制，通过为被保险人设定一项行为义务，以实现控制承保风险处于稳定范围的目的；而危险增加的通知义务则是对风险的事后回应，保险合同双方当事人对保险标的的危险变动往往是一种"听之任之"的态度，并不会主动在事前采取任何措施控制承保风险的变动，仅仅在保险标的的危险程度显著增加之后，双方才会进行交涉。除了控制风险的时段不同外，约定行为义务与危险增加通知义务之更重要的差别在于，前者是保险人对风险的主动控制手段，是一种直接的风险控制激励，通过令投保人或被保险人负担一项具体的风险控制义务，并规定违反该义务将产生的法律后果，可以使投保人或被保险人产生明确的控制风险的意识，进而促使风险控制更有针对性且更有效率。而后者则只是保险人对风险的被动控制手段，是一种间接的风险控制激励。虽然危险增加以及危险增加通知义务的违反，也会导致投保人或被保险人遭受保险合同解除或丧失保险金给付等不利益，但这毕竟只是对"危险已经增加"这一事态的应对，并不能向投保人或被保险人传递一种清晰的实施一定行为以控制风险变动的信号。此时，风险控制便只能寄希望于投保人或被保险人的敏锐与自觉，保险人不再拥有主动提示的机会，风险控制的效率因此便会大大减损。显然，约定行为义务侧重于对危险增加的预防，而危险增加通知义务则侧重于对危险增加这一结果本身的应对。若以亡羊补牢作比，前者可视为"亡羊前的补牢"，后者则可视为"亡羊后的补牢"。显然，约定行为义务制度更具未雨绸缪的效果，在风险防控方面当为较优。事实上，《保险法》的现行规定似乎也在有意无意地对危险增加通知义务与约定行为义务进行区分。《保险法》第52条是对危险增加通知义务的规定固无疑问，但对《保险法》第51条进行观察，则会发现《保险法》第51条第3款颇有约定行为义务制度的影子，该款规定，"投保人、被保险人未按照约定履行其对保险标的的安全尽责任，保险人有权要求增加保险费或者解除合同"。此种解释如果成立的话，则说明立法者其实也对这两种制度持区分立场。

有鉴于此，笔者认为，危险增加通知义务无法代替约定行为义务发挥风险控制的制度机能。仅借助危险增加通知义务制度，无法实现我国保险法风险控制机制的完满。因此，在我国未来《保险法》修法过程中，对于《保险法》第51条这一徒具形式意义的法律规范，宜将其改造为约定行为义务制度，以更好地发挥裁判指引作用。

## 三 小结

综上所述，约定行为义务与危险增加的通知义务之间存在着明显的差异，纵然二者可在对承保风险的处置和应对方面发挥协调与配合作用，但并不意味着它们彼此之间可以相互取代，二者的制度功能各有所长，基本不存在重合之处，仅仅是一种互补关系。这种互补关系证明了约定行为义务制度与现行保险法风险防控制度在规范衔接上的融洽性，不仅不会造成风险控制体系的紊乱，还可保持体系的自洽，实现体系的完善，恰好可以为我国约定行为义务制度的引入提供空间。危险增加的通知义务与约定行为义务应当是一种相互独立的并存关系，二者在规范功能上并未重合。在对保险标的危险的应对和处置上，二者协同发挥作用，产生的是一种补强效果。因此，约定行为义务制度在保险法上并非叠床架屋之设计。如前所述，我国保险法上的风险控制机制并不完善，该制度的引入，有助于矫正保险法上风险控制机制的缺陷，实现我国风险防控机制的完整和完善。两种制度迥然有别且相互独立，我国保险法仅规定了危险增加的通知义务，却未对约定行为义务作出明确规范，不可不谓为一大缺憾。

## 本章小结

域外许多国家和地区对约定行为义务制度均有规定，尽管采用的称谓不尽相同，但其创设该制度的目的均为防范保险标的的风险变动，维持保险合同的给付均衡。约定行为义务制度的内涵在于通过保险人与投保人的特别约定，为保险相对人设定某项行为义务，令保险相对人将保险标的维持在某种合理正常状态以达到控制风险变动的目的。约定行为义务的内容或法律后果与保险法上的某些制度或保险合同中的某些条款具有相似之处，如披露或陈述义务、除外条款、条件、风险描述条款、合同基础条款、无名条款等。当约定行为义务条款与其他保险合同条款发生混淆时，会引起法律适用的混乱，当事人之间的保险法律关系也极有可能因此受到破坏。从理论层面识别与辨明约定行为义务与此类概念的联系和区别，可以更深入地理解约定行为义务的含义，准确判别相关合同条款的性质，避免发生约定行为义务条款与其他保险合同条款的混淆，从而使当事人之间的保险法律关系免于遭受不利影响。

约定行为义务根据创设方式的不同可被分为明示约定行为义务和默示约定行为义务，此为约定行为义务最为根本和上位的分类。而义务内容、履行时间、义务内容的重要性和表现形式则是对明示约定行为义务进行进一步分类的标准。其中，前两种分类最为重要，即肯定性约定行为义务、允诺性约定行为义务和观点性约定行为义务，一时性约定行为义务和持续性约定行为义务。尽管约定行为义务的类别如此繁多，但由于立法的变革和实务的发展，允诺性约定行为义务，即被保险人以维持保险标的安全为目的，在保险期间内为特定作为或不作为，或履行特定条件的义务，是约定行为义务如今最为核心之内容。如无特别说明，本书对约定行为义务的讨论也均是围绕允诺性约定行为义务而展开。

约定行为义务所对应的英文单词"warranty"在不同时期和不同领域具有不同的含义，保险法中的 warranty 源于一个法律上的"错误"，系由非法律专业人士引入保险法领域，其在保险法中的内涵也与买卖法中的相去甚远。然而，这种语词含义上的误用并未妨碍 warranty 在保险法中的功能发挥，约定行为义务制度的本体实践价值仍应得到正视。约定行为义务制度的建制基础有二：现实基础与法理基础。现实基础为保险人与被保险人之间的信息不对称性，以及被保险人对保险标的在管理与控制上的优势与便利；法理基础为契约自由原则和对价平衡原则。

约定行为义务的制度机能主要体现在两点：其一，维护保险标的的安全，降低保险事故的发生概率；其二，作为保险责任的停止条件，为保险人免责提供正当依据。前者为其制度机能的核心，后者仅仅是保障前者实现的必要手段。约定行为义务制度与危险增加通知义务制度在某些方面具有重合之处，但二者的根本差异在于，约定行为义务制度是对风险的事前应对，危险增加通知义务制度则是对风险的事后回应。约定行为义务与危险增加通知义务之间存在着明显差异，二者可在承保风险的处置和应对方面发挥协调与配合作用，但无法相互替代。约定行为义务制度与危险增加通知义务制度的互补关系证明了约定行为义务制度与现行保险法风险防控制度在规范衔接上的融洽性。而且，通过两种制度的协同运作，可以在风险管控方面产生一种补强效果，从而促进我国保险法风险控制体系的完善。

约定行为义务制度丰富深邃的规范内涵与悠久稳固的建制基础决定了其在事前风险控制方面的强大机能。我国保险法体系中事前风险控制机制的缺陷在短时间内难以得到矫正，求诸我国保险法上其他现有制度以替代其功能也几无可能。他山之石，可以攻玉。对于保险法上风险控制机制的完善这一问题，引入约定行为义务制度当为最优之解。

# 第三章　实务射程：约定行为义务制度的适用范围

## 第一节　海上保险中的约定行为义务制度

### 一　海上保险适用约定行为义务制度的明确立法

海上保险是约定行为义务制度在保险中的最初适用领域。尽管约定行为义务制度系由曼斯菲尔德法官经由一系列海上保险判例所确立，但其后来还是以成文法的形式被固定在了保险法典之中，并成为一项十分重要的海上保险制度。关于海上保险法与一般保险法，国际上一般有两种立法模式：海上保险法与一般保险法分别立法，彼此之间属于并列关系；海上保险法不单独立法，而是被规定在一般保险法或海商法或商法的"海上保险"部分。前者的典型代表有英国、澳大利亚，[①] 后者如我国台湾地区、法国、日本、韩国。[②]

对于约定行为义务制度，最为显著且影响深远的海上保险立法当为英

---

① 同其他国家相比，英国的特殊之处在于，在作为一般保险法的《2015年保险法》中，有很多规定同样可以适用于海上保险，而《1906年海上保险法》则是除个别规定被《2015年保险法》删除或修改外，其他部分仍具有法律效力；在澳大利亚，海上保险由《1909年海上保险法》调整，一般保险由《1984年保险合同法》调整，且《1984年保险合同法》明确规定其不调整海上保险法律关系。

② 在我国台湾地区，"保险法"同样不适用于海上保险，海上保险由"海商法"中对"海上保险"的规定来调整；法国在2005年修订的《保险合同法》中也对海上保险作出了专门规定，而未制定单独的海上保险法；在日本，海上保险首先适用日本《商法典》第四编"海商"第六章"保险"的规定，若"海商"编没有规定，则适用《2008年保险法》的规定，但《2008年保险法》中的"单向强制性条款"（对保单持有人或被保险人不利的约定无效）不适用于海上保险；韩国对于海上保险的规定位于其《商法典》的第693—726条，其不仅没有制定专门的海上保险法，甚至连一般的单行保险法都未制定。

国《1906年海上保险法》，该法为约定行为义务制度开辟了专章"Warranties, &C.",在第33—41条分别规定了约定行为义务的性质、约定行为义务违反行为的豁免、明示约定行为义务与默示约定行为义务等，相关规定较为明确详细，在实务中具有相当程度的可操作性。澳大利亚《1909年海上保险法》第39—47条也对约定行为义务制度作出了规定，但其条文数量与内容基本是对英国《1906年海上保险法》的复制。加拿大《海上保险法》第32—39条是对约定行为义务制度所作的专门规定，具体条文同样系参照英国《1906年海上保险法》所制定。而在海上保险法并未单独立法的法域，海上保险中的约定行为义务制度通常会被规定在海商法之中。比如，我国《海商法》虽未直接对约定行为义务的内涵及其在海上保险中的适用作出明确规定，但其在第12章"海上保险合同"的第3节"被保险人的义务"中，于第235条规定了被保险人违反约定行为义务条款（保证条款）的法律后果，这可被认为是对海上保险适用约定行为义务制度的间接承认。

无论各国保险法制采纳的是何种立法例，实行的是对约定行为义务制度的直接规定抑或间接承认，皆可表明这些国家对约定行为义务可得适用于海上保险是持肯定与支持态度的。在这些国家的保险法制之下，海上保险合同当事人在保险合同中创设约定行为义务以防范保险标的的风险变动这一行为具有合法性，应当是毫无疑义的。

## 二　海上保险中约定行为义务的典型判例发展

约定行为义务制度发端于17世纪，是时正值英国称霸海上贸易之际，英国海上保险实践中发展出的交易习惯也因此被许多国家奉为圭臬，争相效仿。同时，被誉为"世界海上保险法之父"的英国，其《1906年海上保险法》也影响着世界3/4国家的国内海上保险立法。法律的生命力不只在于逻辑，更在于实践。尽管《1906年海上保险法》已对约定行为义务制度作出了详尽之规定，但英国是一个典型的判例法国家，相关判例对案件裁判具有极强的指导和约束作用。鉴于英国海上保险法对全球范围内海上保险立法的影响范围之大与影响程度之深，从英国法的视角对约定行为义务的相关典型判例进行梳理与分析，有助于从实证的角度认识约定行为义务的司法适用及演变进程，进而可对约定行为义务制度形成更加全面与深入的理解。

严格遵守原则是海上保险约定行为义务制度最为重要的特征。在约定行为义务制度的演进过程中，严格遵守原则经历了从逐步确立至逐步松动乃至瓦解的命运，笔者拟以此为线索，并沿着时间的前进轨迹，对相关重要案例加以介绍。

(一) 严格遵守原则的逐步确立

1. Woolmer v. Muilman 案①

曼斯菲尔德法官在英国保险法历史上具有举足轻重之地位，经过一系列的案件裁判，其确立了众多的海上保险法原则，如诚实信用原则（the duty of utmost good faith 或 uberrimae fidei）、严格遵守原则等。而 Woolmer v. Muilman 案，正是曼斯菲尔德法官创立约定行为义务之严格遵守原则的第一个判例。

此案事实略为：被保船舶于 1762 年 9 月 23 日自北卑尔根开往伦敦，保险合同中约定，被保船舶和财产应当属于中立国之财产。此即被保险人之约定行为义务。但事实上，针对保险单提起诉讼的被保险人是英国人，而且其对船舶所载货物享有利益。显然，英国并非中立国。嗣后，船舶于海上沉没，保险人以被保险人违反了约定行为义务为由，拒绝承担对船舶沉没这一事件的赔付责任。

原告在审判中主张，创设此项约定行为义务的目的仅仅是免除保险人对船舶遭遇敌军这一事件的保险赔付责任。因此，该项约定行为义务本身是等同于"保证不被俘获"（a warranty free from capture）这一约定行为义务的。而且，于本案所发生之损失而言，本案中的约定行为义务是否遭受违反，事实上并不具有重要性。

但在承审法官曼斯菲尔德看来，本案的事实及结果已经非常清晰，根本没有任何争议的必要。由于作为被保险人的原告所保证履行的内容与保险标的的实际状态有所不同，因此，保险合同不存在（it was no contract）。最终，曼斯菲尔德法官作出了支持被告保险人的判决。

曼斯菲尔德法官并未就判决结果作出充分详细的阐述，但自其简短的判决理由观之，似乎可以推测，曼斯菲尔德法官奉行的是契约严守原则（pacta sunt survanda），既然合同双方当事人在意思表示一致的情况下订立了合同，就应当严格遵守合同为之创设的义务，如有丝毫违反，即构成对合同成立之时双方当事人意思的背离，进而导致合同不复存在。

2. Pawson v. Watson 案②

在 Pawson v. Watson 一案的判决确立之前，陈述与约定行为义务不仅

---

① （1762）1 Blackstone W. 427；96 E. R. 243；（1763）3 Burr. 1419.

② （1778）2 Cowp. 785.

在实务中常常被混用,其各自的特征与区别在司法上也未臻明确,法院在对涉及二者的案件进行裁判时,往往推理逻辑不严密,论证思路不清晰,裁判理由也常常含糊其词,因而导致裁判结果并不十分具有说服力。此案的重大意义即在于,确立了"保险单中的约定行为义务必须被严格遵守;被保险人向保险人所为之陈述,则仅须被大致遵守,不实陈述的事实仅在具有重要性时才会导致保险合同撤销"这一规则。对于陈述与约定行为义务之区辨,该规则提供了一项十分重要的判断标准。此项规则后来也得到了许多案件的援引。[1]

本案事实如下:被保险人 Pawson 先后与四位保险人签订了保险合同,但其仅于 1776 年 6 月 28 日向第一位保险人提供了关于保险标的的详细说明,而未向后三位保险人提供,其向后三位保险人作出的仅仅是船舶配有护卫的概括陈述,Watson 正是后三位保险人之一。被保险人的说明内容如下:船舶载重 3500 磅,配有 12 支枪和 20 个人作为护卫。嗣后,船舶于 1776 年 7 月 23 日开航,在船舶开航之时,船舶上有 6 个四磅的旋轴,4 个三磅的旋轴,3 个一磅的旋轴,6 个半磅的旋轴,船员共 27 人,但其中只有 16 人是成年男性,其余 11 人是未成年男性。尽管这样的人员配备显然与说明中的 20 名护卫人员不相符合,但实际的船舶航行护卫条件是优于说明中的护卫条件的,即相较于原来约定的 12 支枪和 20 名成年男性船员,船舶实际的装备和船员可以更好地保障船舶的航行安全。后来,在航行途中,船舶不幸被一艘美国的私掠船捕押,被保险人据此向保险人请求保险赔偿,但遭到保险人拒绝。保险人认为,枪支指的就是用于运输的枪支(carriage guns),而不是旋轴,men 的意思是体力强健的成年男性(able men),不包括未成年男性(boys),船舶的装备与说明中描述的情况存在本质区别。尽管没有证据表明以上说明除提供给第一位保险人外还提供给了其他保险人,但此项说明也应被视为本案保险单中的约定行为义务条款,被保险人违反了约定行为义务,故保险人可主张免责。本案的争点即在于:被保险人提供给第一位保险人的书面说明,究竟应当被认定为保险单中的约定行为义务条款,还是如有欺诈则会导致保险合同被撤销的陈述。

曼斯菲尔德法官认为,约定行为义务与陈述存在两点重大区别:第

---

[1] See e.g., Fuller v. Elizabeth Wilson, (1842) 3 Q. B. 58; Smith v. Chadwick, (1882) 20 Ch. D. 27; Manifest Shipping Co. Ltd. v. Uni–Polaris Insurance Co. Ltd. (The Star Sea), (2001) UKHL 1.

一，二者的性质不同。约定行为义务是记载于保险单中的书面义务，而陈述则仅仅是被保险人在保险合同订立和磋商阶段作成的表述，并不一定会出现于保险单中。第二，二者的法律效果不同。约定行为义务系基于保险合同，故即便违反约定行为义务的行为不具有重要性，合同也可因此被撤销；陈述则非基于保险合同，而是基于欺诈，由于仅重要的陈述才会涉及欺诈，故陈述仅在具有重要性时才会导致保险合同可被撤销。就本案而言，被保险人作出的说明并未被并入或写入保险单之中，因而此项说明并非约定行为义务，而应当是陈述。根据本案事实，陈述内容与船舶护卫条件有关，船舶护卫条件显然对保险人决定承保具有重要性，且船舶的实际护卫条件优于说明中的条件，故陈述中并不存在欺诈，保险合同因而不可被撤销，保险人应当对本案发生的保险事故承担保险责任。

该案判决也为保险实务运作提供了指引。经由该案，法院明确表示，保险人如欲使书面说明有效，并且作为约定行为义务发挥拘束力，就必须将之并入保险单之中。另外，尽管此案的主要价值在于确立了约定行为义务与陈述的重要区别，但其也是对约定行为义务严格遵守原则的进一步丰富和发展，从曼斯菲尔德法官的推理中可以知晓，无论约定事项是否具有重要性，约定行为义务都必须按照其字面意思被严格遵守。

3. De Hahn v. Hartley 案[①]

对于约定行为义务严格遵守原则之系列案例而言，De Hahn v. Hartley 案堪称"终结者"。在该案中，法院对海上保险约定行为义务的几乎所有重要特征都作出了系统性总结。

本案事实大略如下：保险人与被保险人在保险合同中订立了一项约定行为义务为，被保船舶开航之时应当配备 50 名船员。然而，船舶在开航之时仅有 46 名船员，被保险人很快补齐了剩下 4 名船员，且该补齐行为发生在船舶被捕获之前，但其未将这一情况通知保险人。保险人对船舶遭到捕获这一保险事故向被保险人作出赔付后，得知了相关事实，故以被保险人违反了约定行为义务为由向法院提起诉讼，请求被保险人返还保险金。

被保险人主张，在之前的许多判例中，约定行为义务与保险保障的航程之间的确是有所关联的，但在本案中，违反约定行为义务的行为已经得到补正，其与保险事故的发生并无任何关联，本案发生的保险事故获得保险赔偿是完全正当合理的，故保险人不应当以违反约定行为义务为由要求

---

① (1786) 1 Term Rep. 343.

其返还保险金。

曼斯菲尔德法官在本案中的推理可谓十分经典,其不仅重申了约定行为义务必须被严格遵守这一规则,同时还揭示了约定行为义务的本质。其论证内容如下:

"约定行为义务与陈述存在显著之区别。陈述仅须公正且大致(equitably and substantially)遵守即可,而约定行为义务则须被严格遵守。假设约定行为义务条款规定船舶必须在8月1日开航,而船舶实际于8月2日开航,那么被保险人就违反了约定行为义务。保险单中的约定行为义务是一种条件或不确定事件(contingency),除非约定行为义务得到履行,否则合同不会存在。创设某项约定行为义务的目的为何并不重要,但只要约定行为义务被载于保险合同之中,就意味着仅在约定行为义务被按照字面意思严格遵守的情况下,保险合同才会存在。具体到本案而言,(保险合同成立的)条件是船舶开航时要配备特定数量之船员,但该项条件并未得到满足,故保险合同无效(void)。"

当法院在案件裁判中主张适用严格遵守原则时,De Hahn v. Hartley 案常常是其引用最多的权威判例之一。另外,当法院在裁判中主张违反约定行为义务的行为不可补正时,往往也会引用此案。但 Howard Bennett 教授认为,De Hahn v. Hartley 案作为约定行为义务违反行为具有不可补正性这一主张的支持判例得到援引多有不妥,因为审理该案的法官并未就保险人对违反行为被补正后发生的保险事故是否承担责任作出判决。[①]

然而,笔者对此却有不同意见。尽管 De Hahn v. Hartley 一案的审理法官未对约定行为义务的违反行为是否具有不可补正性从正面作出直接回答,但结合案件事实及判决结果得出约定行为义务违反行为具有不可补正性这一结论,应当是顺理成章和没有疑问的。不同于其他案件,本案不仅涉及被保险人对约定行为义务的违反,同时还涉及被保险人对违反行为的补正。虽然保险事故发生于补正行为作出之后,且保险事故发生时约定行为义务系处于得到履行和满足的状态,但从根本上而言,约定行为义务终究是遭到了被保险人的违反,基于严格遵守原则及约定行为义务的条件属性,保险合同当为无效,对于保险期间内发生的保险事故,保险人不承担任何保险责任。这样的判决结果从侧面说明,违反约定行为义务的行为即便在事后得到补正,恢复了之前的完满状态,该补正行为也不具有任何效

---

① Howard Bennett, *The Law of Marine Insurance*, Oxford: Oxford University Press, 1996, p. 286.

力,并不会改变被保险人违反了约定行为义务这一既成事实,保险人的保险责任及保险合同的效力依然会受到约定行为义务违反行为的影响。至此,约定行为义务违反行为具有不可补正性这一法律特征已经极为清晰。以 De Hahn v. Hartley 案的承审法官未在判决书中明确说明约定行为义务违反行为不可补正为由,否定该案可以作为约定行为义务违反行为具有不可补正性这一主张的支撑案例,是一种十分牵强附会的看法。对于法律的理解固然要从文义出发,但也不应过分纠结于文字的表层含义,理性严谨并非僵化迂腐的同义词,在语言文字的文义射程之内,最大限度地发掘其蕴含之深义,并对之进行不偏离正常含义之全方位多层次的合理解读,当为法律解释之必要。

(二) 严格遵守原则的不断松动

在曼斯菲尔德法官的推动下,约定行为义务的严格遵守原则得到了最终确立,并成为 18 世纪英国海上保险法中的一项举足轻重的规则。随着英国海上保险市场的繁荣与扩张,该项规则逐渐传播到其他国家,对其他国家和地区的海上保险实践产生了极大影响。在当时,许多国家或地区的海上保险合同当事人均会在保险合同中约定,以英国海上保险法作为准据法,与保险合同有关的一切法律关系均由英国法调整。尽管严格遵守原则的适用在一段时期内如火如荼,但随着时间的推移,其所固有的诸多不合理性也日益凸显,并得到了来自保险服务提供者、接受者、审理相关保险争议案件的法官,以及其他主体和机构的关注与思考。与此同时,为了在一定程度上减轻和消除这些不合理性,推动保险法律的现代化与公正性,司法机关也试图通过判例扭转严格遵守原则在海上保险法中根深蒂固的适用局面,约定行为义务之严格遵守原则出现了松动的迹象。

1. Muller v. Thompson 案[①]

此案之保险合同中存在一项声明:被保船舶装载 1031 桶葡萄酒,每桶价值 16 英镑。但在实际航程中,船舶不仅装载了这些葡萄酒,还装载了 8 箱英国货物,此外,船长又把自己的英文文件藏在了这些货物之中。嗣后,船舶被一艘法国私掠船捕押。起初,法国私掠船并未发现该船舶存在任何可疑之处,因此不仅未打算扣押该船舶,还打算放行该船舶。然而,当其发现船舶上的英国货物和文件时,便没收了船舶所装载的全部货物。被保险人据此向保险人请求赔偿,遭到了保险人的拒绝。保险人认为,保险合同中的声明等同于被保险人的一项约定行为义务,即船舶只能

---

① (1811) 2 Camp 610.

运载葡萄酒，不能运载葡萄酒以外的其他任何货物，由于船舶还另外装载了8箱英国货物，故被保险人违反了约定行为义务，保险人可以据此免责。

审理此案的 Ellenborough 法官认为，声明中的货物并不意味着全部货物，该项声明的意思仅仅是，船舶运载的货物中包括1031桶葡萄酒时，保险合同才会成立。而且，保险合同中也没有任何约定行为义务或陈述表明，这些葡萄酒只能是法国葡萄酒。因此，即便船舶运输了其他货物，也不会导致承保风险增加。而且，保险合同也并未对船舶的国籍作出特别要求。由此可知，船舶运输英国货物的行为既没有违反法律，也没有违反保单条款。故此，保险人不得主张免责。

同以上案件相比，可以清楚地看出，法院已不再像原来那样将严格遵守原则奉若圭臬，但凡被保险人有丝毫违反约定行为义务的行为，都会判决保险合同无效，或保险人对保险期间内发生的保险事故免责。相反，法院开始尝试在当事人可接受的合理范围之内，对约定行为义务条款进行一种限缩式的解释，并通过这种解释，使被保险人的相关行为可以不再被认定为违反约定行为义务，进而限制保险人免除保险责任或撤销保险合同之请求，支持被保险人的索赔主张。在司法机关的这一努力下，严格遵守原则的适用空间受到了一定程度的压缩，保险人恣意援引约定行为义务相关法律规范以不当免责的动机受到了抑制，被保险人之保险保障遭到不合理剥夺的情形也得到了有效遏止。总而言之，对约定行为义务条款的限缩解释，对于严格遵守原则严苛性的缓和，以及约定行为义务制度的合理建构，裨益匪浅。

2. Century Insurance Co. of Canada v. Case Existological Laboratories Ltd. (The Bamcell Ⅱ) 案[①]

The Bamcell Ⅱ 案是加拿大最高法院审理的一起案件，尽管其并不属于英国判例，但加拿大海上保险法乃基本仿照英国海上保险法制定，其海上保险实务运作和法律适用也与英国相差不大，故加拿大法院对海上保险约定行为义务之审判实践也可为我们观察约定行为义务的发展脉络提供参考。

此案事实大略如下：保险合同中存在一项条款为，被保险人应当保证船舶在每日夜间22点和次日早上6点之间，有看守人负责在紧急情况下指导设备的关闭。之后，恰好就在航行途中某一天的这一时段内，船舶上

---

① [1983] 2 SCR 47.

无人负责看守，而第二天白天，船舶上的一位雇员打开空气阀门后因过失没有关闭阀门，导致船舶在中午时分沉没。被保险人据此主张保险赔偿，但保险人认为上述条款属于约定行为义务条款，被保险人违反了该项条款，故其有权主张对船舶的沉没事故免责。

加拿大最高法院认为，保险合同中的该项条款并非真正的约定行为义务条款，其作用在于对保险事故的范围进行限制，即只有保险事故发生在夜间22点至次日6点之间，且船舶在这段时间内无看守人值班时，保险人才能以条款被违反为由免于承担保险赔付责任。本案相关事实显示，船舶沉没事故发生于白天，且系由船舶雇员的过失行为造成，而无看守人执行工作任务则发生于夜间，二者并非发生于同一时段。尽管在条款约定的这段时间内，船舶无人看守，但这与船舶在中午发生的沉没事故不具有丝毫因果联系，故保险人不得主张免责，被保险人有权就船舶沉没事故获得保险赔偿。

这一时期内，许多法院都会通过尽量改变系争约定行为义务条款的性质，来规避严格遵守原则的适用。比如，在本案中，加拿大最高法院就将系争条款的性质认定为责任范围限制条款，而非约定行为义务条款。一般而言，仅在被保险人非出于故意违反条款，或违反条款属于不可避免，且违反行为结束于保险事故发生之前的案件中，这种判决和论证方式才会得到法院的适用。

可见，"对于并未造成被保险人损失的约定行为义务违反行为，保险人也可主张免责"这一规则，Bamcell Ⅱ 案的审理法官是非常不乐意适用的。出于一种对更公正裁判结果的追求，他们突破了常规的审判逻辑，甚至推翻了当事人此前达成的合意，这种行为是否正当，是否构成了对"不告不理原则"的违背，存在争议。比如，Cooke and Arkwright v. Hayden 一案的 Hobhouse 法官就认为，通过解释的方式为当事人创造一份他们自己此前都未能订立的公平的合同，并非法院的职能。①

在笔者看来，Hobhouse 法官的观点具有可取之处，法官作为中立的裁判者，应当尊重当事人的意思自治，无论双方当事人所达成之合意可能对一方当事人造成何种不利后果，皆系由其自由意志所形成。作为具有完全民事行为能力的个人或组织，当事人理应为自己的行为埋单。即便是为了实现所谓的实体正义（且不论这种正义是否仅为法官个人主义下之正义，是否可得到社会之广泛认同，是否符合法学基础理论、法律原则与规

---

① [1987] 2 Lloyd's Rep. 582.

则等），审理案件的法官也不宜受父爱主义的驱使，逾越其职能范围，充当当事人之代理人，偏离其中立之形象地位。然而，若当事人在法律关系的形成过程中并未享有充分的意思自由，其所达成之合意乃是基于一方当事人凭借其优势地位实施的挟制或压迫，则另当别论。法官此时或可根据相关法律规定，判决撤销当事人之间的法律关系，以解除当事人因意思不自由而形成的法律状态。但值得注意的是，即便是在这种场合，法官保护当事人的手段也并非实际参与到当事人之法律关系当中，并改变当事人法律关系之具体内容，而是将当事人因意思不自由形成的法律关系依照法律明文规定而撤销，使之恢复到法律行为实施之前的状态。

3. Pratt v. Aigaion Insurance Co. SA（The Resolute）案①

如果说前揭 The Bamcell II 案的法官在缓和严格遵守原则严苛性方面走得太远，那么 The Resolute 案的法官对约定行为义务条款的处理方式则更显温和。不利解释规则（contra proferentem）② 的适用，使得对约定行为义务条款的限制既合乎法理，又符合情理，同时也兼顾了当事人之间的利益平衡。

此案中的约定行为义务条款为：船舶上应当始终有船舶所有人和/或经验丰富的船长负责照管，同时还应配备一名经验丰富的船员。保险合同成立后的某一天，被保险人及其三位船员驾驶船舶出海捕鱼。捕鱼归来，三名船员为第二天的捕鱼工作做好准备之后，便离开了船舶。嗣后，船舶因火灾而受到毁坏。被保险人请求保险人对此项事故承担赔付责任，但保险人认为被保险人违反了约定行为义务，故而拒绝承担保险责任。

本案中的 Anthony Clarke MR 法官认为，在保险合同中的约定行为义务是持续性约定行为义务的情况下，应当对传统的合同解释规则进行更加深入的审视。如果约定行为义务条款的字面意思，与对该条款进行合理和符合商业习惯的解释不同，那么其字面意思就应当受到限制。本案约定行为义务的内容是船舶所有人或经验丰富的船长应当始终在船舶上负责对船舶的照管。据此可知，此项约定行为义务的创设目的是避免船舶因遭遇航行风险而遇难，因为船舶所有人或船长的航行经验显然更为丰富，要求其在船舶出航时在船上对船舶进行照管，能够帮助船舶应对各种可能发生的

---

① [2009] Lloyd's Law Rep. 225.
② 所谓不利解释规则，是指当格式合同的语句有歧义或者模糊时，应采取对拟定条款一方或提供格式合同一方不利的解释。参见孙宏涛《保险法中的疑义利益解释原则》，《北方法学》2012 年第 5 期。

海上风险。当船舶处于停靠状态时，并无招致海上风险的可能，也就没有必要要求船舶所有人或船长还要时时刻刻对船舶进行照管。这就意味着，该条款中的"始终"应当仅限于船舶在海上航行之时。根据以上分析，对"始终"所作的此种解读，可以构成对本案约定行为义务条款的合理解释。然而，自另一分析维度而言，若仅从字面上对"始终"进行理解，则一般会认为该词既包括航行中，也包括停靠时，即"始终"是指整个保险期间。此时，本案中的约定行为义务条款便产生了与前述解释不同的另一种解释。由于此种解释是对约定行为义务条款用语最为直接的字面解释，显然，它同样也属于对约定行为义务条款的合理解释。两种合理解释的存在，造成了理解上的困惑与歧义。由于保险人在拟定保险条款时未对相关用语的含义加以明确，故根据不利解释规则，应当采纳对被保险人一方更为有利的解释，即应当认为，系争约定行为义务条款中的"始终"，所指乃为船舶航行中的"始终"，而非保险期间内的"始终"。相应地，本案约定行为义务条款的内涵是，船舶在海上航行期间应当始终有船舶所有人和/或经验丰富的船长负责照管，同时还应配备一位经验丰富的船员。

不利解释规则是保险法上一项特殊的保险合同解释规则。值得注意的是，不利解释规则的正当性源于效率原则，其本身并非探求真意的方法，而仅具有工具理性之目的与价值，是一种风险分配工具，它仅在探求真意规范无法确定争议条款的含义时方可采用，是可供依靠的第二位的解释工具。[①] 将不利解释规则纳入保险合同解释规则体系之中，有助于在现行法律规范的逻辑框架之内，合理实现法律规范的内在价值基础。不利解释规则的适用，可以有效削弱保险人在保险交易中具有的结构性优势，降低保险人凭借其优势地位给被保险人造成的不利影响，保障被保险人的正当利益免遭不当剥夺，因而可在一定程度上矫正保险市场的结构性利益失衡。

## 第二节 非海上保险中的约定行为义务制度

### 一 非海上保险中约定行为义务制度的存在理由

之前已经提到，建立约定行为义务制度的现实基础是，保险合同当事

---

① 马宁：《保险合同解释的逻辑演进》，《法学》2014年第9期。

人之间的信息偏在，以及被保险人在保险标的管理方面的便利性。约定行为义务制度确立之初正值海上冒险盛行的时代，船舶航行技术和远距离通信技术的发达程度同现在相比均有天壤之别，保险人往往无法亲自勘察保险标的，更无法对处于航行途中的保险标的的运行状况进行充分的了解与掌握。出于降低海上保险交易成本的考虑，保险人通过在保险合同中创设约定行为义务，要求被保险人对保险标的过去和现在的有关情况如实陈述，或者要求被保险人在保险期间内履行特定行为，以实现风险评估与控制的目的。尽管约定行为义务系建制于海上保险，但经过一番仔细分析与思考，以及对约定行为义务在非海上保险实践中适用情况的考察可以发现，约定行为义务适用于非海上保险不仅不会破坏约定行为义务制度的体系构成，反而还可激发约定行为义务制度更好地发挥其功能，进而促进保险市场的整体稳健发展。关于非海上保险领域同样可以适用约定行为义务制度的理由，主要有以下三点。

（一）非海上保险合同的缔约情状与海上保险合同并无本质差异

在早期阶段，部分非海上保险，如火灾保险、人寿保险，其保险标的在保险合同订立之时的现实情况与海上保险的保险标的往往无太大差别。[1] 甚至可以说，非海上保险合同中约定行为义务的建立基础，与海上保险合同中的建立基础基本无差。

比如，海上保险最为显著的一项特征即为，保险标的远离保险人，处于保险人无法亲自检查和勘验的海上或某一港口，保险人不仅在保险合同订立时无法直接接触保险标的，了解其基本状况和风险程度，进而决定是否承保以及以何种费率承保，其在保险合同成立后也无法定期检查保险标的的风险变动情况，以根据相关情状决定是否提高或降低保险费率，或者解除保险合同。总之，保险人对保险标的所拥有的一切信息，几乎全部依赖被保险人提供。

而在早期的火灾保险中，由于保险公司数量少、分布不均匀，被保财产有时又位于距离保险人很远的区域，因交通不便的缘故，保险人一般难以对保险标的的危险状况进行检查。同样地，在人寿保险中，若被保险人并非与保险人直接订立保险合同的人，而是投保人之外的第三人，那么当被保险人居住或工作在距离保险公司很远的区域，甚至是保险公司所在国以外的其他国家或地区时，保险人如欲对被保险人的健康状况进行检查，

---

[1] William R. Vance, "The History of the Development of the Warranty in Insurance Law", 20 *Yale L. J.* 533 (1910—1911).

也基本没有可能。退一步说，即便有可能，保险人为检查保险标的而耗费的成本也是十分巨大的，这对于保险人来说不仅不够经济，甚至还有很大的概率是得不偿失的。另外，即便是在现代，以上情况也并非全然不存在，尽管如今的交通更加便利发达，但令保险人对万里之外的保险标的进行检查，也是不大现实的。故此，在非海上保险中，保险人对于保险标的风险状况的了解与控制，在很大程度上同样要依靠被保险人提供的信息及被保险人在保险期间内的相关行为。海上保险的有关实践已然证明，约定行为义务制度可以担当"确保被保险人提供的信息属实，以及保证被保险人在保险期间内诚信实施维护保险标的安全之相关行为"这两项重要使命。就此而言，我们没有理由认为约定行为义务制度不可适用于非海上保险。

（二）约定行为义务制度在非海上保险中的实践已经相当成熟

随着经济社会的发展，保险逐渐从海上保险发展到非海上保险。虽然在非海上保险中，保险人有条件对保险标的进行勘察，且勘察成本较之海上保险也大为降低，但这并不能否认约定行为义务在陆上保险中的存在价值，非海上保险环境依然具备建立约定行为义务制度之现实基础的特征。

一般情况下，财产保险的保险标的物均处于被保险人的实际占有控制下，人身保险的被保险人对自身面临风险的变动也最为了解，无论经济社会如何发展，保险市场如何变迁，保险承保范围如何扩大，保险人对保险标的的了解和掌控程度都始终不及被保险人。因此，在非海上保险合同中为被保险人创设约定行为义务，由被保险人履行对保险标的的安全维护责任，可以有效控制保险标的的危险变动，降低承保风险现实化的概率。况且，在非海上保险业的实践中，创设约定行为义务的做法也已屡见不鲜，火灾保险、机动车保险、家庭财产综合保险以及商业经营者保险等险种均会在保险合同中为被保险人创设旨在控制承保风险的行为义务。[1] 早在20世纪初，海上保险中的约定行为义务法律规范在作为非海上保险的动产保险、不动产保险和人寿保险中就已经于英国得到了全面适用。[2]

---

[1] See, e.g., Merrimack Mutual Fire Insurance Co.v.Lanasa, 402 Va.562, 118 S.E.2d 450(1961); Mitchell v.Mississippi Home Ins.Co., 72 Miss.53, 18 So.86(1894); German American Ins.Co.v. Brown, 75 Ark.251, 87 S.W.135(1905); Aiple v.Boston Insurance Co., 92 Minn.337, 100 N.W.9 (1904); Pauli v.Saint Paul Mercury Indem.Co., 167 Misc.417, 4 N.Y.S.2d 41, aff'd, 255 App. Div.935(1938); State Farm Mut.Auto.Ins.Co.v.Cassmelli, 67 Nev.131, 216 P.2d 606(1950).

[2] William R. Vance, "The History of the Development of the Warranty in Insurance Law", 20 *Yale L. J.* 533 (1910—1911).

非海上保险中约定行为义务制度的实践经验证明，约定行为义务的适用范围并不仅限于海上保险。在非海上保险中，约定行为义务制度同样具有强大的生命力。

（三）将约定行为义务制度扩大适用于非海上保险符合保险市场的现实发展需求

随着现代化进程的加快，生产力呈指数式提升，危险和潜在威胁的释放也达到了我们未曾想象的地步，①人们对保险的需求有了极大提高，保险市场的规模因而也发生了明显扩大。保险市场的竞争日益激烈，使得保险人不再像以前那样处于绝对的垄断和支配地位。另外，随着国民教育水平的提高，投保人对保险产品的认知有了明显改善，所掌握的保险法律知识也更为丰富，保险人和被保险人双方之间的专业知识和交易地位的差距虽依旧存在但正在缩小，保险索赔欺诈的情形较之以前也更为常见和多发。通过在保险合同中创设约定行为义务，令被保险人负担维护保险标的安全的责任，可以在一定程度上抑制被保险人实施欺诈行为的动机，约束和减少被保险人的不诚信行为。另外，从更加长远和宏观的角度考虑，约定行为义务制度还有助于降低保险交易成本，提高保险交易效率，实现保险给付均衡，促进保险行业稳健发展，保障保险的风险分散和损失补偿两项基本功能得以正常发挥。在保险法上对约定行为义务制度进行明确肯认，并制定具体规范，已然成为保险业十分迫切的诉求之一。保险法应当承认这一诉求的合理性与正当性，并及时对之作出回应。

综上，约定行为义务制度可得适用于非海上保险的理由已然相当充分，故下文将具体介绍各个国家或地区非海上保险约定行为义务制度的立法及实践，以期将非海上保险约定行为义务制度的大体面貌呈现于读者眼前。

## 二　非海上保险适用约定行为义务制度的立法例参考

若论及约定行为义务制度在非海上保险中的立法，历史最为悠久且最为典型的当属德国《保险合同法》。早在1908年，德国就于当年制定的《保险合同法》的第6条中规定了约定行为义务。因该部保险合同法除不适用于再保险合同及海上保险合同外，对一切保险合同均得适用，故此，德国保险合同法所规定的约定行为义务可适用于非海上保险，当属无疑。

---

① 参见［德］乌尔里希·贝克《风险社会》，何博闻译，译林出版社2003年版，第15页。

约定行为义务制度的运作规范对投保人和被保险人的利益影响重大，但此时的该条规定较为粗糙，不合理之处颇多，尤其是其中保险人于投保人违反约定行为义务之时可解除保险合同的规定，对投保人相当不利。于是，为了缓和《1908年保险合同法》第6条规定的严苛性，修正其中的不合理之处，德国《保险合同法》分别于1939年11月、12月以及1942年12月经历了三次修订，此后其内容便保持稳定，一直施行至2008年1月1日。再后来，为适应保险行业的现实发展，追求现代化的保险法理念，德国《保险合同法》又经历了一次比此前三次都更加彻底且重大的大规模修订，2008年1月1日，修订后的新法，即《2008年保险合同法》正式开始实施。在此次修订中，有关约定行为义务的法律条文序号也发生了改变，即由原来的旧法第6条被调整至了新法第28条。无论是第6条还是第28条，针对约定行为义务，二者都规定了其违反后果包括保险人终止保险合同，以及对特定保险事故免责两种，只是具体的构成要件有别而已。第6条和第28条的内容分别由4款和5款规定构成，暂且弗论其规定之妥适性如何，但就完全法律规范的构成要件与法律效果此二项要素而言，两条文的规定均可谓完整详细。

英国虽然在海上保险领域所向披靡，相关保险法制影响甚巨，尤其是关于约定行为义务制度的规定，引发了各国海上保险立法的效仿。以加拿大、澳大利亚为例，其海上保险法中有关约定行为义务制度的条文，与英国《1906年海上保险法》几乎一字无差，但其非海上保险立法则稍显滞后。尽管约定行为义务在英国非海上保险实务中的应用已经非常普遍与成熟，相关判例也表明了司法机关允许约定行为义务制度适用于非海上保险的态度，但立法机关却迟迟未作表示。相比于早在20世纪初就已出台的英国《海上保险法》和德国《保险合同法》，直至2015年，英国才正式通过了包含非海上保险约定行为义务之重要规定的保险立法——《2015年保险法》。[①] 英国《2015年保险法》仅是个别规定对消费者保险与非消费者保险作出了区分适用，而未强调海上保险与非海上保险的区别。故可认为，《2015年保险法》既适用于海上保险，也适用于非海上保险。另外，《2015年保险法》不仅删除了《1906年海上保险法》第33条（约定

---

① 虽然英国《2012年消费者保险（披露与陈述）法》第6条也涉及约定行为义务，但其仅是规定不得通过合同基础条款的方式将被保险人投保时所作之陈述转化为约定行为义务条款，而未对约定行为义务作出系统规定，因而难被作为英国关于非海上保险之约定行为义务的首部正式立法。

行为义务的性质）第（3）款第2句和第34条（免除违反约定行为义务的责任），还在第10条重新规定了违反约定行为义务的法律后果与其他事项。总之，《2015年保险法》不仅明确承认了约定行为义务制度在非海上保险和海上保险中的一体适用，其对约定行为义务法律规范的修改也从立法层面破除了约定行为义务制度此前饱受诟病的沉疴痼疾，如严格遵守原则、保险人自被保险人违反约定行为义务之日起自动向后免责等，对于约定行为义务制度的现代转型大有助益。

德国与英国保险法对约定行为义务制度的规定，堪称约定行为义务制度在两大法系之立法典范。除德、英两国外，尚有其他国家及地区对约定行为义务制度作出了规定。

澳大利亚在其《1909年海上保险法》中，仿照英国《1906年海上保险法》对约定行为义务作出了规定，确立了约定行为义务在海上保险中的合法性，前文已有述及。另外，澳大利亚又于1984年通过了《保险合同法》，该法虽未像《1909年海上保险法》那样对约定行为义务制度作出直接规定，但其在第54条第2款中规定，当被保险人的行为导致或促成了保险事故发生时，保险人可拒绝承担保险责任。该条是澳大利亚为规范包括允诺性约定行为义务在内的被保险人缔约后行为的全新尝试。① 而且，其所作的因果关系要件的限制，丰富了约定行为义务制度的内涵，也使之更具合理性。② 根据澳大利亚《1984年保险合同法》第9条第1款，该法适用于除再保险合同、某些种类的私人保险人承保的保险合同、保险互助团体订立的保险合同、海上保险合同、政策性保险合同（如劳工补偿保险合同、机动车强制责任保险合同、雇主责任保险合同等）之外的一切保险合同。由此可知，除特殊情形外，该法中有关约定行为义务制度的规定在绝大多数非海上保险合同中均得适用。

另外，我国台湾地区"保险法"第66—69条则对约定行为义务制度作出了直接规定，且对约定行为义务的内涵、约定事项的范围、约定行为义务违反行为的豁免情形等均有明确规范。但需要注意的是，在我国台湾地区的"保险法"中，约定行为义务制度系以"特约条款"的面貌出现。

---

① 陈丰年：《特约条款之检讨与重构》，博士学位论文，政治大学，2012年。
② 澳大利亚《1984年保险合同法》第54条第2款原文为：Subject to the succeeding provisions of this section, where the act could reasonably be regarded as being capable of causing or contributing to a loss in respect of which insurance cover is provided by the contract, the insurer may refuse to pay the claim.

根据对约定行为义务制度在以上国家和地区非海上保险立法中的探寻与考察，约定行为义务制度适用于非海上保险不仅在理论上具有可行性，在立法实践中也已得到了广泛承认。故此，约定行为义务制度在非海上保险中的适用具有充分之正当性，已基本无疑。

## 三 非海上保险中约定行为义务的典型判例评述

非海上保险中约定行为义务的判例发展并不像海上保险中的那样具有明显的阶段性和条理性，尽管有关非海上保险约定行为义务的判例也十分繁多，但其并未像海上保险约定行为义务的判例那样引发广泛关注，代表性与典型性稍显不足。且非海上保险之约定行为义务制度的基本原理与海上保险之约定行为义务在本质上并无区别，其演进脉络自前揭海上保险之约定行为义务判例发展中已窥见一二。故此，本部分之判例安排不再以时间为顺序，笔者拟选取各种类之非海上保险判例若干，并辅以笔者个人之简要评述，以说明约定行为义务在非海上保险合同中的相关内容与具体操作，及其可能引发的诉讼争议与解决途径，使读者能够对约定行为义务在非海上保险中的适用环境，及其与海上保险适用环境之差异有所了解，且真正接受并信服约定行为义务制度可得适用于非海上保险这一观点。[①]

1. 火灾保险中的约定行为义务

（1） Shaw v. Robberds 案[②]

Shaw v. Robberds 一案的约定行为义务与保险标的物的用途有关。

此案发生于1837年，是一起因火灾保险事故的赔付而发生纠纷的案件，原告是被保险人，从事烘玉米生意，被告是保险人。保险人与被保险人于1830年订立了一份保险合同，保险标的为被保险人所有的一处建筑。该建筑中包含一间账房，和一个用于烘玉米的干燥炉。账房的墙壁由砖块和石板构成，干燥炉除顶部的圆材（spars）和内部的粉刷（plastering）外，均由砖块和铁板构成。保险单中记载了保险人与被保险人约定的一些条件，与本案关联最大的是第3条和第6条。第3条的内容是，为使保险人对所承保之风险进行恰当分类并收取合适之保费，被保建筑物及其容纳

---

① 需要说明的是，正如前文所述，约定行为义务与其他一些概念常常发生混淆，在有些案件中，某些条款可能并未使用"约定行为义务"，而是使用了其他概念，但其内容却与约定行为义务几近相同，由于此类案例极具参考价值，故笔者也将之作为包含约定行为义务的案例对待，下文的案例评述中将有涉及。

② (1837) 6 Ad. & E. 75.

物品的实际情况，以及被保险人在其中从事的经营活动，应当特定且被准确描述，相关财产的性质也应被正确陈述，否则被保险人将失去保险金请求权；除私人家庭中可能存在的一般火灾风险因素外，若被保建筑物内还有任何火炉、烤箱、干燥炉、熔炉、蒸汽机，或其他任何会产生火和热的装置，都应当在保险单中注明，否则保险合同无效。第6条的内容是，若被保建筑出现了任何危险变更或增加的情形，被保险人都应当及时通知保险人，并在保险单中批注，否则保险合同无效。保险合同成立后，被保险人除在被保建筑内从事有偿烘玉米这一经营活动外，并未进行其他经营活动。一次偶然情形下，一艘装载橡树皮的船舶在被保建筑附近沉没，树皮被浸湿，树皮所有人请求在被保险人处将树皮烘干，出于善意，被保险人同意了这一请求，且未收取任何费用。然而，被保险人并未将这一情况通知保险人。尽管干燥炉用于烘树皮的火焰并不比用于烘玉米的大，但在烘树皮后的第三天，包括干燥炉在内的所有被保建筑都着了火，并被全部焚毁。被保险人请求保险人对其遭受的损失进行赔偿，遭到保险人拒绝。作为原告的被保险人认为，其并未从事烘玉米之外的其他经营活动，烘树皮引发的火灾事故纯属偶然。但保险人则认为，烘树皮是一项与烘玉米截然不同的活动，而且危险程度更高，其对前者收取的保费也会高于后者。保险合同第3条和第6条的条件构成了约定行为义务，被保险人必须遵守，即被保险人不得在被保建筑内实施任何烘玉米之外的其他行为，但事实证明被保险人违反了这一义务，故其有权免除保险责任。

尽管保险人提出了看似极具说服力的论证理由，但本案最终的判决结果却是原告胜诉，即被保险人有权自保险人处获得保险赔付。Denman法官认为，第3项和第6项条件均不能适用于本案。因为，第3项条件旨在要求被保险人对保险合同订立时被保建筑的状态作出准确描述，而被保险人在当时的确恰当履行了此项义务，保险合同成立后无论发生何种情形，都不会对此产生影响，故被保险人并未违反第3项条件；第6项条件所指乃为被保险人经营事项的持续性和经常性（permanent and habitual）改变，如果原告停止了烘玉米的经营活动，转而从事烘树皮的经营活动，或在烘玉米的经营活动中增加了烘树皮的经营活动，该项条件便得适用。但本案事实并非如此，被保险人的行为仅仅是出于善意，其并未将烘树皮作为一种经营活动，故其未违反第6项条件。故此，原告被保险人的行为并不存在任何不当之处，亦未与保险合同之约定内容相抵触，被告保险人应当就此项火灾事故向被保险人作出赔付。

根据Denman法官的推理过程可知，对于本案中出现的"疑似"约定行为义务，法院的态度是将之作为一时性约定行为义务，即认为该义务的履行时间为保险合同订立时，保险合同成立后，被保险人便不再负有相关义务。这一点是值得肯定的，因为第 3 项条件已经清楚地表明，其目的是使保险人对所承保之风险进行恰当分类并收取合适之保费，并不包括控制保险标的在保险期间内的风险变动，故该项约定行为义务仅仅是一时性约定行为义务，而无法构成持续性约定行为义务。对于被保险人通知义务的履行条件，法院对危险变更或增加进行了限缩解释，因为保险条款中并未出现任何与"持续性"（permanent）或"经常性"（habitual）有关的字眼。尽管保险人通过这些条款的设置，本可将保险标的的危险控制在一个合理的范围之内，防止被保险人从事某些极有可能导致危险增加的行为，以维持保险合同的给付均衡，而法院为了保护被保险人一方的利益，则破坏了这一机制，使得保险合同中的此类条款难以发挥其应有的危险防控功能，因而削弱了约定行为义务的功效，但从现在的眼光看，法院的此种做法十分具有前瞻性。根据现代保险法理论，保险标的危险增加须满足三项要件：重要性、持续性、不可预见性。[①] 本案法院虽仅仅考虑到了持续性，而未顾及重要性和不可预见性，但已经足够将本案相关情况从危险增加中排除。虽然本案中保险人创设的约定行为义务未能发挥其危险控制功能，但这并不能归咎于法院。本案法院的判决，无论是在法律解释方面，还是在价值衡量与取舍方面都无可指摘。保险人如欲使保险合同相关条款发挥持续性约定行为义务的功效，获得持续性约定行为义务的保护，应当从本源着手，在条款拟定方面多作斟酌。

（2）Hales v. Reliance Fire and Accident Insurance Corp. Ltd. 案[②]

Hales v. Reliance Fire and Accident Insurance Corp. Ltd. 一案的约定行为义务与被保建筑物内不得使用或放置易燃油类或其他物品有关。

此案是一起与相关约定行为义务能否构成持续性约定行为义务有关的极富争议之案件。此案中，保险人于投保单中向保险人提出的问题中有一项为：被保建筑物是否使用或存放了易爆的油类或其他物品？被保险人作出了否定回答。嗣后，保险人发现，被保险人于保险期间内向被保建筑物内运送了一批易爆物品。故此，保险人认为，被保险人的行为违反了保险合同中的约定行为义务，其依法可以主张免除保险责任。被保险人则主

---

[①] 参见江朝国《危险增加之意义》，《月旦法学杂志》1997 年第 4 期；温世扬主编《保险法》（第三版），法律出版社 2016 年版，第 154—155 页。

[②] [1960] 2 Lloyd's Rep. 391.

张,被保建筑物是否使用或存放了易爆油类或物品这一问题,针对的仅仅是保险合同订立时被保建筑物的状态,与保险合同成立后的情形无关,只要被保建筑物在保险合同订立时未使用或存放易爆油类或物品,被保险人的该项约定行为义务就已经得到了遵守,此后无论发生何种情况,均与之无涉。因此,在本案中,尽管被保险人的确在保险合同成立后于被保建筑物内存放了一批易爆物品,但其行为并不构成对约定行为义务的违反。审理该案的法院认为,投保单中的这一问题并不局限于保险合同订立时,其针对的是整个保险期间,故当被保险人作出否定回答后,此项约定行为义务实际上构成了一项持续性约定行为义务,而非一时性约定行为义务。既然如此,被保建筑物未使用或存放易爆油类或其他物品这一状态,便不仅须在保险合同订立时得到满足,在整个保险期间内也应被始终保持。由于被保险人的原因,该项状态在保险期间内被打破,故被保险人违反了约定行为义务,保险人可主张免责。

该法院的此项判决因未遵循上诉法院之判决先例,[①]遭到了广泛的批评。在同类案件中,上诉法院的观点是,类似的约定行为义务并不构成持续性约定行为义务,其价值仅仅在于使保险人能够了解与之进行交易之相对方的情况,[②]由于问题系以现在时态被提出,且根据问题的内容,无法推知保险人与被保险人有意对被保险人保险期间内的行为进行约束,故保险人如欲获得持续性约定行为义务之法律保护,应当通过在保险合同中拟定意思明确的条款来实现。[③]

笔者赞同上诉法院的意见。由于案件所涉之约定行为义务仅仅是被保险人对保险人于投保单上所提问题之回答,且投保单中通常还会包含一项被保险人保证其回答为真实以及回答构成保险合同订立基础之声明,如第二章中所述,此种声明与合同基础条款具有相同之法律效力,因而可被视为合同基础条款,其效力为将被保险人就投保单所提问题作出的回答转化为肯定性约定行为义务条款,而肯定性约定行为义务的履行时间仅为保险合同订立时,与一时性约定行为义务基本同义,故此类案件中的此种约定行为义务仅仅是一时性约定行为义务,才符合理论与实践经验。将其认定

---

[①] 上诉法院在 Woolfall and Rimmer Ltd. v. Moyle 案中认为,被保险人对投保单上问题之回答仅仅与保险标的在保险合同成立时的状态有关,与其之后的状态无关,see [1942] 1 K. B. 66。

[②] [1941] 3 All E. R. 306-307.

[③] Hussain v. Brown, [1996] 1 Lloyd's Rep. 629.

为持续性约定行为义务，固然可以更好地防范保险标的的风险变动，为保险人提供更充分的保护，但在被保险人对此没有意识的情况下，这样的做法不仅不符合被保险人之期待，也不当加重了被保险人之负担。况且，保险人作为拟定保险条款的一方，自应为其模糊之条款用语承担不利后果，Hales 案的法院罔顾条款之直接含义而为保险人提供过于优越之法律保护，显然难谓公正。可以看出，此案法院之所以会作出与上诉法院判决意见如此不相一致且极其令人费解之不合理判决，主要是由于其对合同基础条款、肯定性约定行为义务、一时性约定行为义务、持续性约定行为义务这些法律概念之认知产生了严重的扭曲与错乱，在基本法律范畴的理解方面存在偏差。

（3）Foley v. Sonoma County Farmers' Mutual Fire Ins. Co. 案[①]

Foley v. Sonoma County Farmers' Mutual Fire Ins. Co. 一案的约定行为义务与保险标的物必须处于有人占有的状态有关。

此案的原告是被保险人，被告是保险人，因保险赔付纠纷，被保险人向保险人提起诉讼，请求保险人对本案中发生的保险事故支付保险金。初审法院作出了支持原告的判决，保险人上诉后，上诉法院作出了支持保险人的判决，但该案进入到最高法院后，最高法院又维持了初审法院的判决。此案事实大略如下：保险人与被保险人订立了一份标准火灾保险合同，保险标的为被保险人在索诺玛县的一处居所及其内部的家具、家庭商店、衣物和其他类似物品，保险期间为 1933 年 10 月 17 日至 1936 年 10 月 17 日。保险单中包含一项条款为：无论被保房屋是由所有人还是承租人使用，当其连续 10 天处于空着（vacant）或无人占有（unoccupied）之状态时，除非保险合同另有约定或增加了某一约定，否则保险人对房屋在此期间内发生的损失不承担保险责任。1934 年 4 月 20 日，经保险人同意，被保险人将房屋转让给了他人，但在房屋买卖合同中约定，被保险人在免付房租的情况下继续使用该房屋 3.5 年。后来，被保险人于 1934 年 10 月 15 日离开其住所，打算前往加州的匹兹堡市看望女儿三到四天，到达之后，其又打算顺便去斯托克顿市看望另一个女儿。10 月 28 日晚，当其在斯托克顿市之时，家中的房屋及财产因发生了原因不明之火灾而遭到毁坏。

需要明确的是，保险合同并未规定，被保险人离开被保居所时要通知保险人并得到保险人之同意。截至火灾发生之时，被保险人离开居所已经

---

[①] 115 P. 2d 1.

长达13天。保险人认为,根据"被保住所连续10天处于空着或无人占有之状态时,保险人可以免责"这一条款,被保险人的离开致使被保居所在13天的时间里处于无人占有之状态,故保险合同的效力因而中止。

对于此案,最高法院主要持以下观点:第一,"空着"(vacant)与"无人占有"(unoccupied)并非同义。即便房屋没有空着,也有可能属于无人占有之状态。二者在条款中是一种选择关系(alternatives),而非并列关系(in conjunction)。前者是指房屋中无生命物件的移除,后者指房屋作为一种惯常居所被其占有人抛弃。第二,案涉房屋并不存在空着或无人占有之情况。房屋中的家具等陈设原封不动,表明被保险人没有长期离开的意图,任何无生命物件都未被移走,说明房屋没有空着。但这并不意味着房屋也同时处于有人的状态。仅仅是物件的物理存在,或占有人的在场,并不构成房屋有人的特征。相反,是占有人对无生命物件的经常性使用,将一栋由四堵墙围成的屋子变成了家,使房屋焕发出生气,进而构成了房屋有人占有这一事实。在家中,房屋占有人可以随意进出,因而其对房屋的占有很少是连续性的。基于占有人与房屋之间的这样一种动态关系,占有人暂时的离开并不会导致房屋处于无人之状态,其可以在一段合理期间内因疾病、娱乐、商业交往等原因离开房屋,在这种情况下,房屋不会被认定为无人占有。而本案中的被保险人也只是暂时离开,且并未超过合理期限,故本案房屋不属于无人占有之状态。第三,保险人订定的"连续10天"之期限无效。正如保险人无法改变居所或个人财产的含义一样,保险人也无法改变无人占有的含义。保险人试图依据其单方意志,将无人占有之条件规定为连续10天无人居住的做法,是没有任何效力的,并不会对被保险人产生拘束力。故此,被保险人的行为并未违反保险条款,对于本案中被保房屋发生的火灾事故,其有权获得保险赔偿。

最高法院的以上观点十分有力,论证逻辑颇为顺畅严谨,对于"占有"含义之解读也极具说服力。然"瑜不掩瑕",在笔者看来,其中依然略有瑕疵存在。的确,被保险人在合理期间内的短暂外出不属于对房屋的抛弃,房屋也不会因此而转为无人占有之状态,但这一合理期间究竟是多久,立法乃至司法均未明确。既然如此,在实务中,保险人经被保险人同意后自行确定一个具体的合理期限,既可使这一规则在实践中具有可操作性,又不违反意思自治原则,而且该期限长达10天,于被保险人而言已属相当宽容,又有何可被指摘苛责之处呢?既然本案中有关此期限的条款是在充分的意思自由条件下订立的,被保险人之意志并未受到保险人之不当干涉，况且被保险人也未曾对此项条款提出异议，那么被保险人就理应承受该条款的拘束，即便此后发生任何不利后果，也不得主张推翻此项条款。然而，法院却忽视了这一事实，强行充当了被保险人利益之"代言人"，为了使被保险人获得保险赔偿，不惜扭曲当事人此前达成的意思合致。这种做法无疑是对私法自治原则在一定程度上的践踏，与法理有所抵牾。

2. 机动车保险中的约定行为义务：Roberts v. Anglo-Saxon Insurance Association 案[1]

Roberts v. Anglo-Saxon Insurance Association 一案的约定行为义务与被保车辆的用途和运输货物的性质有关。

此案之争点不在于相关条款是一时性约定行为义务条款还是持续性约定行为义务条款，而在于相关条款是约定行为义务条款还是风险描述条款。此案中的投保单被并入了保险单之内，其中同样包含一些重要问题，最为典型的两项及被保险人之回答分别为：（1）被保车辆的用途为何？答：商用。（2）被保车辆运输的是何种性质之物品？答：纺织品。另外，投保单中还有一项被保险人的声明，声明内容为，被保险人保证以上陈述为真实，且同意陈述内容具有允诺性，并构成保险合同之成立基础。后来，被保车辆在运输乘客时因火灾而受到损坏。保险人认为，根据被保险人之声明，被保险人在投保单中的陈述构成了一项约定行为义务，即被保车辆为运输纺织品的商用车辆是被保险人在保险期间内应当履行的约定行为义务。本案中，被保车辆除运输纺织品外，还从事运输乘客的业务，该事实表明被保险人违反了约定行为义务，故保险人对被保车辆因火灾发生的损失不承担保险责任。

审理该案的上诉法院虽然作出了支持保险人之判决，但其所采取之裁判进路却与保险人之免责主张大不相同。法院认为，尽管系争条款采用了与约定行为义务条款类似的措辞，但其并不是约定行为义务条款，而是一种描述或界定保险合同所承保之风险的条款，即风险描述条款。由于风险描述条款的违反后果为保险人对被保险人违反条款期间内发生的保险事故不承担保险责任，本案中被保险人未遵守"被保车辆为运输纺织品的商用车辆"这一描述，因而违反了该项条款，相应的法律后果为保险人对本案中被保车辆因火灾事故发生的损失不承担保险责任。尽管就被保险人无法得到该项保险赔偿而言，将系争条款认定为风险描述条款或约定行为

---

[1]　(1927) 27 Ll. L. Rep. 313.

义务条款并无区别，但在前者之情形，保险合同的效力并不会受到影响，而在后者之情形则可能反之。

显然，自被保险人之角度观之，将系争条款的性质认定为风险描述条款更为有利。但在笔者看来，法院的以上推理略显牵强。诚然，在条款性质难以认定的某些场合，尤其是根据条款内容和措辞无法推断保险合同当事人之内心真意的场合，相关条款究竟是风险描述条款还是约定行为义务条款，往往难以辨明。此时，无论将条款认定为两种条款中的何者，只要在解释时符合法理，便均可令人接受。然而，本案中的情况却与此种情况不符。既然被保险人保证其在投保单中之陈述为真实，且具有允诺性，并构成保险合同之成立基础，那么就可认为保险人已经与被保险人就陈述之内容构成允诺性约定行为义务达成了一致，相关陈述构成的是允诺性约定行为义务而非风险描述条款，便已至为显然。相关事实显示，本案不仅不存在条款性质难以认定这一情况，条款性质反而还非常明显地指向了允诺性约定行为义务。承审法院忽视案件事实呈现的客观情状，径自根据自己的主观认识，作出了系争条款属于风险描述条款之判断，也未在判决中阐明其判决理由。而且，在判决之外，能够支持法院这一决断的理由也更是无处探求。故此，对于如此之裁判，不信服者想必众多。

3. 责任保险中的约定行为义务：Beauchamp v. National Mutual Indemnity Insurance Co. Ltd. 案①

Beauchamp v. National Mutual Indemnity Insurance Co. Ltd. 一案的约定行为义务与被保险人在拆除磨坊时不得使用炸药有关。

此案中，作为原告的被保险人是一位建筑工人，尽管其之前从未从事过房屋拆除工作，但其在得到一座磨坊后，执意要亲自组织人员将之拆除。考虑到施工期间可能出现的各种风险和事故及其可能承担的责任，被保险人向作为本案被告的保险人投保了一份责任保险。投保单对工程本身进行了许多细节性描述，还包含一些对被保险人所提之问题，其中最为重要的是第三个问题。在第三个问题中，保险人向被保险人询问其施工过程中是否使用酸、汽油、化学药品、炸药或其他危险品，被保险人作出了否定回答。同时，被保险人还在投保单的声明处签了字，同意其回答构成保险合同之成立基础。投保单中还包含一项条件为，被保险人应当采取合理预防措施防止保险事故发生。嗣后，被保险人在磨坊拆除中使用了炸药，其雇用的三名工人被崩落的砖石砸中而不幸身

---

① （1937）57 Ll. L. Rep. 272.

亡。被保险人就此向保险人提出索赔，但遭到了保险人的拒绝。保险人拒绝承担保险责任，主要是基于以下四点理由：第一，被保险人关于不使用炸药的回答具有允诺性，构成了一项约定行为义务。第二，即便该回答无法构成约定行为义务，而仅仅是对风险的一种描述，本案发生的不幸事件也依然是使用炸药的行为造成的。第三，由于炸药的使用，承保风险发生了改变。第四，被保险人违反了投保单中的"被保险人应当采取合理预防措施"这一条件。

审理该案的 Finlay 法官认为，第三个问题指向的是将来，因为该保险承保的仅仅是被保险人的磨坊拆除工程，而被保险人只是一位建筑工人，此前从未从事过拆除类型的工作，故保险人提出此问题的目的，即为了解被保险人是否会在接下来的磨坊拆除中使用炸药等危险物品，否则该问题便根本没有意义。故此，被保险人对第三个问题的回答具有允诺性质，因而构成了一项约定行为义务。同时，该问题的提出也表明，保险人所承保的仅仅是非爆破性的拆除工程，而不包括爆破性的拆除工程，后者的危险程度显然远高于前者。被保险人在拆除过程中使用了炸药，导致承保风险大大提高，完全不同于保险人在保险合同订立时估定的风险。而且，最为重要的一点是，正是由于拆除工程中使用了炸药，砖石才会猛烈的崩落，因而导致三名工人死亡。可以说，炸药的使用，是本案事故发生的直接原因。基于这些理由，Finlay 法官作出了支持保险人的判决，即保险人对此项事故不承担保险责任。

对于 Finlay 法官的此件裁判，无论是裁判结果还是判决理由，笔者都十分赞同。就裁判结果而言，被保险人违反保险合同约定的行为直接导致了事故的发生，被保险人一方在主观方面具有严重过错，此时若仍令保险人承担赔付责任，显然不符合人们朴素的公平正义观，也严重破坏了保险合同的给付均衡。Finlay 法官作出的支持保险人一方的判决，是对保险对价平衡原则的尊重，也与社会的一般正义观相契合。就判决理由而言，Finlay 法官并非仅仅以被保险人之回答构成允诺性约定行为义务、被保险人违反了约定行为义务为由，判决免除保险人之赔付责任，为了增强判决之说服力，其不仅就被保险人之回答具有允诺性作出了详细解释，还就承保风险发生了重大变更，以及被保险人违反约定行为义务的行为构成事故发生的直接原因，进行了一番阐述。如此一来，保险人免除保险责任的判决结果便理据充分了许多，而不会像前揭 Roberts v. Anglo-Saxon Insurance Association 案那样理据不足，令人难以接受和信服。

4. 雇员忠诚保险中的约定行为义务：Ward v. Law Property Assurance and Trust Society 案[1]

Ward v. Law Property Assurance and Trust Society 一案的约定行为义务与被保险人发现其雇员的不忠诚行为时应当及时通知保险人有关。虽然在本案中，这一通知义务被作为保险责任的停止条件对待，但根据第二章的内容可知，约定行为义务在某些情形下与保险责任的停止条件是可以等同的，且保险人与被保险人在保险合同中约定这样的行为义务也是完全妥适可行的，故笔者将此案作为约定行为义务的相关案例加以介绍。

此案中，被保险人向保险人投保了一份雇员忠诚保险，以保障其因雇员不忠诚行为可能遭受的经济损失。保险单中存在一项合同效力的停止条件（a condition to the effect），其内容为，当保单项下的保险事故发生时（此即意味着被保险人的雇员实施了不忠诚行为），享有保险金请求权的被保险人应当在发现保险事故或收到保险事故发生的通知时起，以书面形式向保险人提供尽可能多的与所引发之保险责任有关的事故细节；若通知未在6日内提供给保险人，保险合同将自始无效。被保险人雇用了W从事每天的推销商品和收取货款工作，对于每天的销售款，W均须在当天及时存入被保险人的银行账户之中，若销售款发生在银行营业时间之外，W则须在第二天早上及时存入。在保险单效力中止（lapse）两个月后的5月17日，被保险人收到了一封W的来信，W在信中陈述了自己挪用部分销售款的事实，并承诺会尽快将这笔销售款退还。被保险人收到该通知后，立即对这笔短缺款展开了调查，以确定短缺是否发生在保险合同存续期间内。经查明，短缺确系发生于保险合同存续期间内，故被保险人于6月6日将该事实通知了保险人。然而，保险人却以被保险人违反了前述条件为由，主张保险合同无效。

此案承审法院并未支持保险人的主张，Erle 法官认为，如果保险合同中约定的条件是，被保险人在收到任何会增加其对雇员之怀疑，且经过调查可能属实的信息后，均应向保险人作出通知，那么本案被保险人的行为无疑违反了这一条件。然而，本案中的条件并未如此规定，其内容是被保险人在得知保险责任发生时起，应当及时通知保险人。本案中的保险合同终止于5月7日，仅仅根据W的信件，被保险人无法判断该笔短缺款究竟是发生在5月7日之前还是之后，即是否发生在保险期间内，保险责任是否已经发生，而这对于被保险人能否获得保险赔偿至关重要，故被保险

---

[1] (1856) 27 L. T. (o. s.) 155.

人收到了 W 的信件这一事实，并不意味着被保险人知道了保险责任已经发生，不符合本案条件规定的要件。因此，被保险人并未违反保险合同中的通知条件。由于被保险人在之后对短缺款的发生时间展开了及时的调查，在确定其确系保险合同终止前发生后，又毫不迟延地向保险人发出了通知，故被保险人的行为并无任何不当之处，保险人应当对被保险人的该项损失作出赔付。

此案中法院的裁判应当说也是客观公正，有理有据的，其独到之处主要体现在对合同条件内容的理解十分精准。得益于对条件内容的准确把握，法院对被保险人行为的性质作出了正确判定。如若承审法院未对条件措辞和用语进行仔细推敲琢磨，则被保险人的行为将有极大可能被认定为违反条件的行为，被保险人也将因此失去保险赔偿，这样的结果显然与法院的实际判决有着云泥之别。由此可知，对于作为保险人与被保险人之间之"法律"的保险合同，法院须在裁判时对之进行仔细分析与研读，并在此基础上作出客观准确的理解，切不可任由主观意识支配，作出既不符当事人之内心真意，也不合法理与情理的裁决。唯有如此，方能保证裁判的正确、公正与合理。

## 本章小结

约定行为义务制度发端于 17 世纪的海上保险。对于约定行为义务在海上保险中的适用，英国、澳大利亚、加拿大、中国等国家均以直接或间接的方式在海上保险立法或海商立法中作出了承认。作为英美法系国家海上保险中的一项重要制度，约定行为义务在海上保险实务中也得到了诸多实践和应用。自其确立以来的四个多世纪里，形成了诸多与约定行为义务有关的司法判例，其中的典型判例不仅反映了约定行为义务的司法适用及演变过程，也是对其中一些重要制度之形成与瓦解的淋漓尽致之体现。

严格遵守原则是海上保险约定行为义务制度最为重要的特征。曼斯菲尔德法官经由对 18 世纪之 Woolmer v. Muilman 案、Pawson v. Watson 案、De Hahn v. Hartley 案的裁判，逐步确立了严格遵守原则，该原则后来被英国《1906 年海上保险法》所采纳。但随着时间的推移，严格遵守原则内在的不合理性日益凸显，极度的严苛性使其受到了越来越多的质疑和诟病。为推进法律的现代化和公平性，司法机关试图通过判例扭转严格遵守原则根深蒂固的适用局面，严格遵守原则也因而不断松动和瓦解。Muller v. Thompson 案、Century Insurance Co of Canada v. Case Existological Laboratories Ltd. (The Bamcell II) 案、Pratt v. Aigaion Insurance Co. SA (The Resolute) 案等案件彰显了法官为缓和严格遵守原则的严苛性所作的努力。承审法官在其中采用的限缩解释约定行为义务条款的方法、改变约定行为义务条款之性质的方法，以及适用不利解释规则解释约定行为义务条款的方法，均在一定程度上减弱了严格遵守原则给被保险人带来的不合理的不利益，尽管其中可能存在一定瑕疵，但瑕不掩瑜，其进步意义值得肯定。

由于非海上保险合同的缔约情状与海上保险合同并无本质差异，约定行为义务在非海上保险中的适用已经积累了相当成熟的实践经验，而且，将约定行为义务制度扩大适用于非海上保险也符合保险市场的现实发展需求，故约定行为义务制度在非海上保险中也有适用之必要。

非海上保险适用约定行为义务的立法例十分多见，德国、英国、澳大利亚以及我国台湾地区的保险法对之均有体现。有关非海上之保险约定行为义务的判例也非常多，火灾保险中的约定行为义务有的与保险标的物的用途有关，有的与保险标的物内不得使用或放置某种物品有关，有的则与保险标的物必须有人占有有关……凡此种种，不一而足。另外，机动车保险、责任保险、雇员忠诚保险中也常常有约定行为义务的出现。可以说，同海上保险相比，非海上保险中的约定行为义务不仅适用的险种更加丰富，表现形式和具体内容也更加多样，这种实践极大地充盈了约定行为义务制度，并使之在更广泛的层次上发挥着风险控制功能，也为保险市场的高效稳健发展助力良多。

至此，有关约定行为义务的实务射程所得出的结论便为：约定行为义务既适用于海上保险，也适用于非海上保险。而且，通过对现实环境、比较法、法理、司法实务等要素的考察和分析可知，该项结论具有充分的必要性和正当性。

# 第四章　制度框架：约定行为义务制度的宏观建构

通过本书前三章的介绍已然知晓，在风险社会的大背景之下，保险固然可以发挥较其他制度更为优越的风险防控职能，但保险法上相关制度的缺失及疏漏，导致我国保险法上的风险控制机制并不完善，其中又以事前风险防控机制为甚。域外保险法制中的约定行为义务制度与风险防控息息相关，作为其最为典型之分类，肯定性约定行为义务旨在帮助保险人更充分地了解保险标的的相关状况，在准确估定承保风险的基础上进行保险费的厘定；而允诺性约定行为义务则旨在通过令被保险人负担一定的义务，尽可能将保险标的之风险维持在与保险合同订立时相同的水平，进而实现对承保风险的事前控制。约定行为义务制度不仅发端且盛行于海上保险，一系列的非海上保险立法及判例也从实证的角度证明，约定行为义务制度适用于非海上保险既具备充分之理论正当性，也具备完全之实践合理性。经由前揭内容之分析论证，于我国保险法上引入约定行为义务制度，可作为我国保险法风险控制机制之完善方案的一部分。职是之故，本部分将对约定行为义务制度的基本框架进行梳理，以从学理上明确约定行为义务制度的基本构成及相关性质，进而为约定行为义务法律规范的构建提供理论基础。

## 第一节　约定行为义务制度的体系构成

德国保险法上的约定行为义务制度包括保险事故发生前的约定行为义务和保险事故发生后的约定行为义务。① 由于引入约定行为义务制度的目

---

① 在德国法中，这两类义务均归属于"Obliegenheit"这一义务群之中。参见石田满《保险契约法におけるObliegenheitの法的性質に関する研究序説：ドイツ法を中心として》，《上智法学論集》第10卷第1号，第69页。

的在于完善我国保险法上的风险防控机制,而保险事故发生后,承保风险已然发生改变,再无防范之必要,即便是为了规制投保人一方在保险事故发生后的不诚信行为,我国保险法也已规定了投保人一方的出险通知义务(《保险法》第21条)、施救义务(《保险法》第57条第1款)和单证提供义务(《保险法》第22条第1款),相关规范之内容也较为妥适,这三类义务已基本涵盖了德国保险法中保险事故发生后的约定行为义务之类型,故我国保险法在引入约定行为义务制度时并无规范保险事故发生后的约定行为义务之必要,其内容应当仅以保险事故发生前的约定行为义务为限。根据相关立法和判例,英国的约定行为义务也大多表现为保险事故发生前的约定行为义务。在英国传统的约定行为义务制度中,约定行为义务根据不同标准可进行不同分类,最为重要的当属以义务内容为标准所作之分类。由此,约定行为义务被分为肯定性约定行为义务和允诺性约定行为义务。肯定性约定行为义务与允诺性约定行为义务不仅内容不同,在履行时间上也有区别,前者的履行时间是保险合同订立时,后者的履行时间是保险合同成立后的整个保险期间。肯定性约定行为义务与承保风险的估定有关,允诺性约定行为义务则与承保风险的控制有关。值得注意的是,在我国保险法上,为保险人提供相关信息以助其预估承保风险现实状况进而决定是否承保及确定保险费率的,是如实告知义务制度,其与肯定性约定行为义务制度在制度机能方面存在一定程度的重合。那么,在我国保险法体系中,约定行为义务制度与如实告知义务制度之间的关系如何,肯定性约定行为义务应当何去何从,如何安排约定行为义务制度的体系构成,才能在不产生价值冲突的前提下,使约定行为义务制度与如实告知义务制度并行不悖且最大化地发挥各自之功能,是约定行为义务制度的中国化过程中需要首先考虑的问题。

## 一 约定行为义务与如实告知义务之区辨协同

(一)肯定性约定行为义务与如实告知义务之区别

如实告知义务又称告知义务,是指投保人一方在订立保险合同时,应当将有关保险标的的信息向保险人作出如实陈述、说明的义务。它是诚信原则在保险法上的具体体现之一,诚信原则系由英国王座法院曼斯菲尔德法官于1766年在Carter v. Boehm案[1]中所确立。之后,英国《1906年海上保险法》第17—20条对诚信原则和如实告知义务进行了立法上的明确。

---

[1] (1766) 3 Burr 1909.

在该法规定中，被保险人的披露义务（disclosure）与陈述义务（representation）大致类似于如今的如实告知义务，但相关细部有所差异。在第二章中，笔者已对披露与陈述义务之间的差别，以及肯定性约定行为义务与披露或陈述义务的区别作出了归纳，但考虑到如实告知义务在不同时代、不同国家的具体制度安排方面存在一定差异，故笔者特就我国保险法上如实告知义务与肯定性约定行为义务之区别再作阐述，以为我国保险法上约定行为义务制度的体系安排提供思路。

我国保险法上的如实告知义务被规定于《保险法》第 16 条，第 16 条第 1 款规定："订立保险合同，保险人就保险标的或者被保险人的有关情况提出询问的，投保人应当如实告知。"我国保险法上的如实告知义务采"询问告知主义"，即投保人履行告知义务的方式是对保险人询问的问题作出如实回答，对保险人未作询问的事项则无须主动告知。与"询问告知主义"相对的是"自动申告主义"，其意涵为即便保险人未作询问，保险人也应将与保险有关的重要事项告知保险人。日本、意大利之保险立法，以及英国《1906 年海上保险法》所采均为"自动申告主义"模式。我国保险法上如实告知义务的主要特征有如下四个方面。[①]

第一，如实告知义务是先合同义务。由于如实告知义务的履行时间是保险合同订立之时，保险合同于斯时尚未成立，仍处于磋商阶段，在此阶段，投保人须就相关事项对保险人为告知，保险人是否同意承保，须以对投保人告知事项的评估考量为前提，故如实告知义务自然不得被作为合同义务对待。

第二，如实告知义务是法定义务。合同当事人的义务有法定义务与约定义务之分，法定义务系法律直接规定的义务，具有一般性；约定义务系当事人通过合意创设的义务，具有个别性。如实告知义务是我国保险法明文规定的义务，对于如实告知义务，所有保险合同的投保人均应遵守和履行，投保人不得以保险合同中未作约定为由拒绝履行告知义务。

第三，告知的内容是与保险标的有关的信息、情况，且仅限于具有重要性的信息、情况。重要性的判断标准是足以影响保险人决定是否承保以及如何确定保险费率。人身保险中被保险人的健康状况、财产保险中保险标的的用途等均可被认为具有重要性。

第四，告知的方式是陈述和说明。投保人一方履行如实告知义务，既包括对与保险标的有关之事实状态的陈述，也包括对相关信息的解释和说

---

① 参见温世扬主编《保险法》（第三版），法律出版社 2016 年版，第 101 页。

明。但应当注意的是，这些陈述、解释和说明始终建立在询问告知的基础之上，投保人不负有主动告知的义务。故此，在保险实务中，投保人一方通常是以填写投保单和风险询问表的方式履行告知义务。

由此，我国保险法上如实告知义务的内容已得到大体呈现。根据我们之前对肯定性约定行为义务的了解，可从以下三个方面对其与如实告知义务的区别作出总结。

首先，义务性质不同。一方面，肯定性约定行为义务是合同义务而非先合同义务。尽管很多情形下，肯定性约定行为义务是通过合同基础条款将投保人于投保单上所作之陈述进行转化而形成的，但由于经历了这一转化过程，投保人如实陈述的义务便成为一种合同义务，而非先合同义务。而如实告知义务却是一种实实在在的先合同义务。另一方面，肯定性约定行为义务是约定义务而非法定义务。肯定性约定行为义务并非所有保险合同投保人都须履行的合同义务，不同保险合同当事人可根据其需要创设不同的肯定性约定行为义务，若保险合同对肯定性约定行为义务未作约定，投保人自然可以此对抗保险人。然而，如实告知义务在我国保险法上则是投保人的一项法定义务。肯定性约定行为义务与如实告知义务在性质方面存在巨大差别，自不可同日而语。

其次，告知内容是否须具重要性不同。肯定性约定行为义务并不以投保人告知的事项须为与保险标的相关的重要性事项为要件，即便投保人陈述的事项不具有重要性，只要真实情况与其陈述情况有差，哪怕仅仅是极其微小的差异，保险人也可以此为由拒绝承担保险责任。而这一点恰好也与约定行为义务的严格遵守原则相对应。而在如实告知义务制度中，投保人须向保险人告知的则仅限于与保险标的有关的重要信息与情况，而且也不可能存在投保人违反不重要事实之如实告知义务的情形，因为我国保险法上的如实告知义务采询问告知主义，这就从源头上阻断了告知义务中不重要事项的出现。对于有关保险标的的不重要事项，投保人根本无须回答，自然不会因此而违反如实告知义务。

最后，违反义务的判断标准不同。由于肯定性约定行为义务以严格遵守为原则，故不考虑投保人的主观过错，只要投保人的陈述内容与保险标的的实际情况不同，无论其主观上是故意，还是重大过失、轻微过失，抑或根本无过失，均构成对肯定性约定行为义务的违反。对于投保人一方而言，肯定性约定行为义务是一项极其严苛的制度。而如实告知义务则缓和许多。当投保人的陈述与保险标的的实际情况有所出入时，保险人如欲免除责任或主张相关权利，须以证明投保人一方主观上具有故意或重大过失为前提。若投保人主观上不存在此类重大过错，便不构成对如实告知义务的违反，保险合同的效力不会受到任何影响，保险人也不得主张任何权利。

由此可知，肯定性约定行为义务与如实告知义务在诸多方面存在重大区别。这些区别也彰显出两种制度价值取向的不同，前者重在为保险人获得绝对正确之信息提供保障，后者虽也具备为保险人提供信息之目的，但其在对投保人一方的利益保护层面显然更进一步。肯定性约定行为义务与如实告知义务的规范意旨基本相同，但似乎可以认为，如实告知义务修正了肯定性约定行为义务中的许多不合理要素，对保险人与被保险人之间的利益平衡更有促进。

(二) 允诺性约定行为义务与如实告知义务之协同

肯定性约定行为义务是保险人承保前了解保险标的风险的手段，允诺性约定行为义务则是保险人承保后控制保险标的风险的机制，二者的协同配合可以尽量保证承保风险在整个保险期间内始终保持在保险人同意承保时的水平，进而维持保险的对价平衡。需要注意的是，保险标的的风险水平始终维持不变只是一种理想化的状态，由于保险标的所处的客观环境瞬息万变难以预料，故无论在保险合同中如何对相关风险识别和控制机制进行设计，承保风险都不可能如保险合同当事人所料想和期待的那般稳定。但刨除不可控因素，保险合同中约定行为义务的存在依然能在极大程度上降低承保风险的波动水平，使保险合同得以维持在一个给付相对均衡的状态。

如实告知义务与肯定性约定行为义务在功能上存在重叠之处，二者在保险人识别承保风险方面均可发挥效用。但肯定性约定行为义务因内容的严苛性和发展的滞后性，已久遭诟病。如实告知义务在制度理念的现代性和规范内容的合理性方面，显然更胜一筹。

其一，如实告知义务的法定性保障了承保风险保持初始水平的一般可靠性。如实告知义务是投保人的一项法定义务，所有保险合同的投保人都必须遵守。一方面，义务的法定性意味着义务人即便不知该义务，也不影响其违反义务时的责任承担。故对于保险合同投保人而言，法定义务往往比约定义务更具威慑力。相应地，其在保险合同磋商阶段不实告知的动机在一定程度上就会受到抑制，保险人获得与保险标的有关的真实信息的可能性也就越高。另一方面，肯定性约定行为义务毕竟只是一种约定义务，如若保险合同当事人对之未作约定，投保人一方便不必履行该义务，如此就形成了一种风险识别上的缺口，无法对投保人形成一种一般性的约束机制。这样的负面激励很可能会使投保人在此种情形下产生一种侥幸心理，从而极大提高了投保人一方作出不实告知的可能性，影响了保险人有关保险标的之真实信息的获取，降低了风险识别的一般可靠性。而如实告知义务由于是一种法定义务，刚好避免了肯定性约定行为义务的以上缺漏。

其二，如实告知事项的重要性有助于降低保险交易成本、提高保险交易效率。在肯定性约定行为义务中，保险人的询问事项或投保人的陈述事项并不必须满足重要性这一要件，这就导致保险人会为了尽可能多地获取保险标的的相关信息，而将一些与保险标的压根没有太大关联的事项纳入对投保人的询问范围之内，导致询问事项过多，而投保人又无法提出异议，便只能作出回答且必须为准确回答，但这些回答对保险人决定是否承保以及以何种保险费率承保往往又没有太大作用，故而在很大程度上造成了保险交易无效率的现象，保险交易的成本也因此而提高。长此以往，将严重损害保险市场的稳健发展。相比之下，如实告知义务将投保人的告知事项限定为与保险标的有关的重要事项，相应地也就限制了保险人可对投保人进行询问的事项范围，投保人一方也就不必回答过多的与保险合同能否缔结无关的问题，故而保障了保险交易的效率，降低了保险交易的成本。

其三，如实告知义务的主客观要件更符合保险消费者保护主义的现代思潮。根据我国《保险法》第16条的规定，保险人以违反如实告知义务为由主张免责的前提是投保人一方存在故意或者重大过失，而且，仅在投保人违反如实告知义务与保险事故发生之间存在因果关系时，保险人才可对所发生的保险事故拒绝承担保险责任，这体现了对于保险消费者保护的原则。而反观肯定性约定行为义务，只要被保险人违反这一义务，则导致保险人免于承担保险责任，这有悖于保险消费者保护的立法潮流。

故此，以如实告知义务实现对保险标的承保时风险水平的识别，以允诺性约定行为义务实现对保险标的承保后风险水平的控制，允诺性约定行为义务与如实告知义务相互配合协同，可以在现代保险法中更好地实现风险防控之目标。

## 二　肯定性约定行为义务存废之辨

肯定性约定行为义务于英美法系之约定行为义务制度诞生之初便已存在，其在实务中的运行也已达数个世纪之久。尽管对于肯定性约定行为义务的弊端，已从前揭其与如实告知义务的比较分析中窥知一二，但考虑到其建制根基之深，影响范围之广，能否仅因其前述劣势之存在，便将其从我国即将构建的约定行为义务制度体系中剥离出去，是一个值得思考和论证的问题。职是之故，笔者拟从以下两个角度对肯定性约定行为义务的利弊得失进行分析，并在此基础上为此十分纠结的问题提供答案。

（一）立法维度：肯定性约定行为义务之域外立法趋势

由于肯定性约定行为义务仅存在于英美法系约定行为义务制度之中，大陆法系如德国之约定行为义务制度中未见肯定性约定行为义务，故本部分所介绍的肯定性约定行为义务之域外立法趋势仅涉及英美法系。另外，因肯定性约定行为义务多以合同基础条款的方式创设，故本部分在介绍肯定性约定行为义务之立法趋势时，除关涉肯定性约定行为义务本身之立法改革外，还会涉及合同基础条款的相关立法趋势。

对于合同基础条款，英格兰法律委员会早在1980年就提倡对之予以废除，30多年后，终于得到了立法的回应，英国分别于2012年和2015年通过了专门调整消费者保险的《2012年消费者保险（披露与陈述）法》和主要调整非消费者保险的《2015年保险法》。在这两部法律中，英国就合同基础条款部分针对消费者保险和非消费者保险作出了完全相同的规定。在消费者保险合同中，根据英国《2012年消费者保险（披露与陈述）法》第6条[①]的规定，投保人在保险合同磋商或变更保险合同的磋商中对保险人所为之陈述，不能通过保险合同中的任何条款或任何变更保险合同的条款，或者任何其他合同被转化成约定行为义务。而且，该条还特别强调了通过基础条款将陈述转化为约定行为义务这一行为的无效性，由此直接否定了消费者保险合同中基础条款的效力。在非消费者保险合同中，英国对合同基础条款和肯定性约定行为义务的规定位于其《2015年

---

① 原文为：

(1) This section applies to representations made by a consumer—

(a) in connection with a proposed consumer insurance contract, or

(b) in connection with a proposed variation to a consumer insurance contract.

(2) Such a representation is not capable of being converted into a warranty by means of any provision of the consumer insurance contract (or of the terms of the variation), or of any other contract (and whether by declaring the representation to form the basis of the contract or otherwise).

保险法》第 10 条①，该条除合同名称部分与消费者保险合同相异外，其他内容均与消费者保险法中的以上规定相同。由于肯定性约定行为义务大多以合同基础条款的方式订立，故英国保险法中的上述规定已经在实质上废除了肯定性约定行为义务，导致肯定性约定行为义务在保险合同中的存在空间全然丧失，而相应的替代机制则是投保人的陈述义务。

美国因并未在联邦层面制定对各州统一适用的保险法，故其对肯定性约定行为义务的立法变革多以州法的形式体现。就合同基础条款而言，各州的处置方式主要有以下五种：（1）保险人提供复本时方可使合同基础条款有效；（2）投保单必须被贴附于保险单中；（3）合同基础条款须被载明于保险单或贴附文件内；（4）保险单或"保险单及投保单"应包含整份保险合同；（5）投保单须被并入保险单而成为其一部分。② 从这些应对方式可以看出，美国各州并未废除合同基础条款，只是将其有效要件规定得更加严格。通过强制要求投保单上的陈述必须被明确包含于保险合同之中，有利于提升投保人一方对合同基础条款的重视程度，使之真正理解合同基础条款的内容，以防投保人在未充分了解其参与订立的合同基础条款的情况下，遭受合法权益的不当损害。而对于肯定性约定行为义务的内容，美国各州也对传统英国法规定有所修正，相关规制模式可被归纳为以下三种：（1）要求肯定性约定行为义务中的事项必须具有重要性；（2）仅在投保人一方具有欺诈意图时才构成对肯定性约定行为义务的违反；（3）增加不可争条款以限制保险人的抗辩期间。③ 尽管美国并未废除肯定性约定行为义务，但其各州的立法因应已从实质上改变了肯定性约定行为义务此前的诸多不合理要素，使肯定性约定行为义务有了越来越多现代保险法中如实告知义务的色彩，与英国保险法的上述规定可谓具有异曲同工之妙。

---

① 原文为：

(1) This section applies to representations made by the insured in connection with—

(a) a proposed non-consumer insurance contract, or

(b) a proposed variation to a non-consumer insurance contract.

(2) Such a representation is not capable of being converted into a warranty by means of any provision of the non-consumer insurance contract (or of the terms of the variation), or of any other contract (and whether by declaring the representation to form the basis of the contract or otherwise).

② 参见陈丰年《特约条款之检讨与重构》，博士学位论文，政治大学，2012 年。

③ 同上。

澳大利亚和新西兰迄今为止最新的保险法修订中均未对合同基础条款有所提及。澳大利亚《1984年保险合同法》第24条规定，投保人一方对相关事物当前情况的任何说明均为其在保险合同磋商阶段对保险人所作之陈述，而不构成肯定性约定行为义务。① 新西兰《1977年保险法改革法》(Insurance Law Reform Act 1977, ILRA 1977)则根本就没有涉及肯定性约定行为义务，该法直接将投保人对相关事物当前情况的说明作为陈述对待，并规定了不实陈述的构成要件和法律效果。②

根据对以上实行了约定行为义务制度的主要英美法国家的立法考察可知，肯定性约定行为义务在现代保险法中的命运主要有两种：要么被直接废止并由陈述义务取代，要么继续存在但会被改造成与陈述义务具有基本相同之构成要件的制度。在后一种情形，肯定性约定行为义务实属名存实亡。

(二) 学理维度：肯定性约定行为义务之存废理由阐释

尽管肯定性约定行为义务的废除在立法上已是大势所趋且几乎已成定局，但学界对肯定性约定行为义务究竟是否废除依然存在争议。故笔者对学界的相关支持及反对意见进行了总结归纳，以供读者对废除肯定性约定行为义务的学理之争有一大致了解和深刻思考。

1. 肯定性约定行为义务存续理由阐释

支持肯定性约定行为义务存续的理由可被归为以下七点：

第一，肯定性约定行为义务令被保险人负担了收集有关保险标的风险的信息的义务，进而大幅降低了保险人的交易成本。③

第二，尽管肯定性约定行为义务的法律后果严苛，但其威慑效应显著，可以有效减少被保险人的欺诈行为，在海上保险中尤为如此。④

第三，作为肯定性约定行为义务创设方式之一的合同基础条款具有"教育"功能，即提请投保人注意保险人要求其提供的信息具有极高重要

---

① 原文为：A statement made in or in connection with a contract of insurance, being a statement made by or attributable to the insured, with respect to the existence of a state of affairs does not have effect as a warranty but has effect as though it were a statement made to the insurer by the insured during the negotiations for the contract but before it was entered into。
② 参见新西兰《1977年保险法改革法》第4—7条。
③ Kenneth S. Abraham, *Distributing Risk: Insurance, Legal Theory, and Public Policy*, New Haven: Yale University Press, 1986, p. 12.
④ Ibid.

性这一事实。① 对于法院而言，认定特定事实是否具有重要性是一项十分繁重和困难的任务，而合同基础条款则将法院从这一负担中解救了出来。②

第四，由于肯定性约定行为义务不以因果关系为要件，只要被保险人违反了肯定性约定行为义务，保险合同就将归于无效，故肯定性约定行为义务是一种较为经济的防范逆向选择和道德风险的手段。③

第五，非消费者保险领域中，保险合同双方当事人地位相对平等，资力差距不大，应赋予其尽可能多的创设合同内容的自由，法律不应干预非消费者保险中的合同自由。④

第六，以立法方式废除肯定性约定行为义务会使先前已形成的相对稳定的交易秩序发生巨大变动。保险合同双方当事人为了达成新法的预设结果，须理解、实践新法，并重新拟定保险条款，此过程势必需要当事人大量的投入，而这无疑会对保险交易的成本和效率造成不利影响。⑤

第七，相较于公平，后果的可预见性和为协商一致的后果而构建合同内容的自由更为重要。一般而言，企业被保险人更倾向于选择法律更具可预见性的法域进行投保，而非对被保险人更为"公平"的法域。⑥

可见，赞成肯定性约定行为义务存续的理由主要是基于对保险交易自由、成本和效率的追求，并认为这三项要素的重要性远远超过了公平。但笔者以为，以上理由在外观上看似正当，但却难以经受仔细推敲。

首先，肯定性约定行为义务制度的存在到底是降低还是提高了保险交易成本，目前尚无定论。但正如笔者之前所言，因肯定性约定行为义务不以重要性为特征，保险人会向被保险人提出许多与风险估定无关的问题，

---

① R. A. Hasson, "The 'Basis of the Contract Clause' in Insurance Law", 34 *Mod. L. Rev.* 38 (1971).

② Ibid.

③ Kenneth S. Abraham, *Distributing Risk: Insurance, Legal Theory, and Public Policy*, New Haven: Yale University Press, 1986, p. 12.

④ The Lloyd's Market Association (LMA), LMA response to Law Commission review of Issues Paper 2: Warranties, p. 2, available at http://www.lmalloyds.com/LMA/Legal/Materials/Issue_papers/Issue_Paper_2.aspx.

⑤ The Lloyd's Market Association (LMA), LMA response to Law Commission review of Issues Paper 2: Warranties, p. 3, available at http://www.lmalloyds.com/LMA/Legal/Materials/Issue_papers/Issue_Paper_2.aspx.

⑥ Ibid.

故而造成了保险交易的无效率现象,保险交易的整体成本也会因此而提高。笼统地说肯定性约定行为义务有降低保险交易成本的功能,似乎过于武断。即使承认由于保险标的物处于被保险人控制范围之内,由被保险人负担收集此类信息的义务更为合理,肯定性约定行为义务的创设因而降低了保险人的信息收集成本,但如实告知义务也同样具有此项功能。在我国《保险法》已规定如实告知义务的背景下,无须在制度设计层面叠床架屋地规定肯定性约定行为义务。

其次,某项法律制度的威慑效应显著并不足以作为论证该项制度应当存续的理由。若此观点成立,那么为了增强对法律主体的威慑力,防止其从事相关不正当行为,立法机关大可尽可能规定严苛的法律后果。但这样的做法是否妥适,能否实现相关规范目的,揆诸我国古代之法制实践即可知晓。事实上,这一做法不仅无法实现前述规范意旨,还会造成对人权的无视和践踏,是对现代法治理念的严重背离。具体到保险法领域,肯定性约定行为义务尽管具有威慑效应,但却有悖于保险消费者保护的现代立法潮流。虽然肯定论者强调,肯定性约定行为义务的威慑效应将有助于减少投保人一方的欺诈行为,但无论是投保欺诈还是索赔欺诈问题,均可诉诸我国保险法现行规范加以解决。比如,针对前者,有《保险法》第16条规定的如实告知义务制度进行规制;针对后者,《保险法》第27条提供了有效的应对方案。

再次,合同基础条款的以上功能并不存在。且不论合同基础条款提请被保险人注意其提供的信息具有重要性这一功能完全可通过其他方式实现,就现实而言,这一功能也是基本不存在的,合同基础条款充其量只是保险人为被保险人制造的"陷阱"而已。[①] 另外,由于肯定性约定行为义务不要求约定事项须具有重要性,合同基础条款可以帮助法院判断相关事实是否重要这一功能自然也无从谈起。

然后,肯定性约定行为义务防范逆向选择和道德风险的功能完全可由其他更好的制度代替。肯定性约定行为义务不以因果关系为要件本就是该制度的一项重大缺陷,同自负额等技术性手段相比,其防范逆向选择和道德风险的作用也着实有限。以某项制度固有的根本性缺陷能够产生或然之益处来论证该制度的合理性,在逻辑上实在过于牵强,令人难以接受。

复次,非消费者保险中的被保险人同样需要保险法的保护。非消费者

---

① R. A. Hasson, "The 'Basis of the Contract Clause' in Insurance Law", 34 *Mod. L. Rev.* 39 (1971).

被保险人之经济实力和地位固然高于消费者保险中的被保险人，有些甚至可以达到与保险公司相抗衡的地步。但保险终究是一项具有高度专业性的事业，如若没有专业保险经纪人的咨询协助，即便被保险人的企业规模极大，实力极其雄厚，也很难保证可以避免保险公司基于其专业优势对被保险人造成的不利影响。即便承认在非消费者保险领域，应该尽可能赋予保险合同当事人更多的创设合同内容的自由，但这一观点本身也间接否定了消费者保险领域内肯定性约定行为义务的创设。

最后，相关法律主体对修改后的法律进行理解、准备和遵守，实属常理，也是其应当履行的义务。如果这也可作为肯定性约定行为义务的存续理由，那么任何落后的、不合时宜的法律皆可以此为由免于被修改之命运，所有的法律修改都将因此而毫无正当性可言，这样的后果岂不荒谬？

因此，基于以上论证，笔者认为肯定性约定行为义务的支持理由实难成立。

2. 肯定性约定行为义务废除理由阐释

尽管肯定性约定行为义务制度本身蕴含着如此丰富广泛的"正面价值"，但与之有关的负面评价和批判之声却始终未曾中断和结束。Merkin Robert 教授就认为，肯定性约定行为义务已经造成了十分异常的后果，相关事实已经证明，它无论是在法律还是伦理层面，都不具有充分的正当性，将其废除的提议早该提出，而且大部分人都会衷心支持。[1] 支持废除肯定性约定行为义务的理由主要可概述为如下四点。

第一，肯定性约定行为义务的内容即便对保险人的危险估计不具有重要性，也可使保险人在被保险人一方违反肯定性约定行为义务时行使保险合同解除权，进而导致被保险人彻底地失去全部保险保障。在这样的架构下，肯定性约定行为义务无法有效发挥协助保险人估定风险的作用，保险合同的利益天平严重倾斜至了保险人的方向，对被保险人不够公平，因而严重背离了肯定性约定行为义务的规范意旨和保险的对价平衡原则。

第二，肯定性约定行为义务的违反不需要与被保险人遭受的损失具有因果关系，这样的规则设置会导致，当被保险人因发生了承保范围内的保险事故而遭受损失时，即便该损失与其行为没有实际关联，被保险人也无法得到保险人的赔付。但事实上，这一损失是应当得到赔付的，这样就构成了对保险对价平衡原则的破坏，使保险人获得了不正当的经济利益，被

---

[1] Merkin Robert, Reports of Committees: "The Law Commission Working Paper No. 73: Non-Disclosure and Breach of Warranty in Insurance Law", 42 *Mod. L. Rev.* 544 (1979).

保险人却丧失了应得之正当利益。

第三，肯定性约定行为义务不考虑被保险人的主观过错，仅注重客观事实，即只要发生了肯定性约定行为义务遭到违反的事实，保险人即可主张免责，无论被保险人的主观过错如何。尽管被保险人违反肯定性约定行为义务的行为是一种违约行为，我国合同法上违约责任的归责原则也是无过错责任原则，① 但保险合同并非合同法所调整的一般合同，保险法中的很多规定也都涉及投保人一方的主观过错，将主观过错作为相关法律后果的构成要件，是对人的意志与行为自由的承认和肯定，显然比结果归责更具正当性。

第四，肯定性约定行为义务的建制历史基础已日渐薄弱，肯定性约定行为义务的存在会与如实告知义务等其他具有相同法律效果的制度产生体系上的矛盾冲突，保险人极易通过创设大量肯定性约定行为义务条款来架空如实告知义务，② 大量使用肯定性约定行为义务条款将导致交易成本过高之无效率现象发生，肯定性约定行为义务制度可能会因违反比例原则而构成违宪等也是主张在保险法上废除肯定性约定行为义务的有力支撑理由。③ 正是基于上述种种理由，英国在《2012 年消费者保险（披露与陈述）法》与《2015 年保险法》中明确禁止通过肯定性约定行为义务来规避如实告知义务。④ 故此，我国在构建约定行为义务制度时，由于不存在肯定性约定行为义务的传统束缚，应放弃对肯定性约定行为义务制度的采纳。

尽管同支持肯定性约定行为义务存续的理由相对应，支持肯定性约定行为义务废除的理由主要是以公平作为基点，但其中也同时包含着对保险法乃至合同法上许多基本原则和基础理论的考量。法律的价值存在位阶性，当不同的价值之间产生冲突时，存在位序先后的问题。因此，当公平与效率的价值目标无法兼容时，何者优先就成了约定行为义务制度在构建时须首要考虑的问题。晚近以来，随着经济学向法律的渗透，

---

① 参见梁慧星《从过错责任到严格责任》，载梁慧星主编《民商法论丛》（第 8 卷），法律出版社 1997 年版，第 1—7 页。

② 参见中村信男《イギリス2012 年消费者保险（告知・表示）法の概要》，《比较法学》第 47 卷第 2 号，第 109 页；中村信男：《イギリス2012 年消费者保险（告知・表示）法の概观と比较法の示唆》，载《保险学杂志》第 622 号，第 26 页。

③ 参见陈丰年《特约条款之检讨与重构》，博士学位论文，政治大学，2012 年。

④ 参见中出哲《イギリス保险契约法の改正とわが国への示唆》，《保险学杂志》第 637 号。

法律经济学的兴起将效益这一目标导入了法律之中，从而使效率与正义等范畴共同构成了当代法律的基本价值目标。①但法律终究不同于以追求效益最大化为目标的经济学，公平与正义是法律亘古不变的主题。"良法是善治之前提"，良法意味着法律应当具有正当性，该正当性并不等同于法律的社会适应性，也非立法机关之立法具有实证法地位的依据，而是指法律与人们所持之"理""公义"或类似理想评判标准的一致性，符合这些标准的法即为具备正当性的法律。②故此，在法学语境中，应当优先追求的价值目标不是效率，而是公平。但这样的安排并不意味着法学会全然弃效率于不顾，其背后所遵循的价值取向应当是"公平优先，兼顾效率"。

## 三 结论

同如实告知义务相比，肯定性约定行为义务存在诸多与保险法、合同法乃至民法基本原则相悖的不合理之处，实践证明，其制度机能已经很难通过实践运行得到实现，而如实告知义务中的相关要件限制则彰显了其相较于肯定性约定行为义务的优越之处。如实告知义务制度对告知事项重要性、投保人一方主观过错的要求，有助于提高保险交易效率，降低保险交易成本，促进保险交易的公平性，能够在很大程度上平衡保险人与被保险人之间的利益天平。凡此种种，皆决定了允诺性约定行为义务与如实告知义务相配合，可以产生比同肯定性约定行为义务相配合更好的风险防控效果。支持肯定性约定行为义务存续的理由仅仅是在表面上迎合了效率、成本、契约自由等价值理念，细细研析会发现当中的绝大多数观点均似是而非，严重违反了法律的逻辑。这些观点如若得到采纳，完备健全的法治体系将不复存焉，良法的概念也将分崩离析全盘瓦解，危害不可谓不大矣。公平正义既是法律的主旋律，也是良法的内涵所在，法律的变更和修改应当以追求更深层次的公平为本旨，绝不能为了保证效率而牺牲公平，应当坚持在公平优先的前提下兼顾效率。故此，废除肯定性约定行为义务的正当性已远远超越了对其进行保留的正当性。为实现约定行为义务制度的优化，及其与我国保险法既有制度的融洽衔接，约定行为义务制度在体系构成上应当仅包含允诺性约定行为义务，即保险合同中约定的，投保人一方应当在保险期间内为或不为一定行为，或满足

---

① 顾培东：《效益：当代法律的一个基本价值目标——兼评西方法律经济学》，《中国法学》1992年第3期。

② 黄建武：《法律的价值目标与法律体系的构建》，《法治社会》2016年第2期。

特定条件以维护保险标的安全的义务。

## 第二节　约定行为义务的法律性质与履行主体

明确了约定行为义务制度的体系构成这一最根本的大前提之后，尚须进一步厘清约定行为义务的其他问题。职是，本部分将对约定行为义务的法律性质和履行主体这两个问题一一进行明辨。

### 一　约定行为义务的法律性质

（一）基于债之关系上之义务群视角的分析

保险合同属于意定之债，约定行为义务作为保险合同中的一项义务，对其性质的分析可从债之关系上之义务群理论展开。

1. 债之关系上的义务群

根据王泽鉴先生的观点，当事人在合同缔结、履行和终了后的过程中所发生的各种义务，组成了一种义务体系，此种义务体系的核心是主给付义务，由核心向外部逐渐发展产生从给付义务以及附随义务，而这样一种体系便构成了债之关系上的义务群。

债之关系上的义务群，包括三种义务：给付义务、附随义务、不真正义务，每种义务之下又可作出细分，以下将对三种义务分而述之。

（1）给付义务

给付义务，是指债务人基于特定之债的关系向债权人应负的义务。与给付义务相对应，债权人对债务人享有请求给付的权利。给付的形式有作为和不作为两种，支付价金、偿还费用、交付标的物、损害赔偿等均为作为的给付，而类似于夜晚不得鸣笛、不得损坏租赁物等则属于不作为的给付。给付原则上须具有财产价值，但不以有财产价格者为限，标的物的交付和价金的支付在交易中固然都有一定的价格，但赔礼道歉作为一种给付形式，虽然不具有财产价格，却依然不失其债法上之效力。另外，给付必须确定，或可得确定，适合在法律上以诉讼的方式主张，必要时还可依强制手段实现，约定赠与"某物"，或单纯的内心愿望，均不适宜作为给付义务以及债的关系的客体。[①]

---

[①] 参见王泽鉴《民法学说与判例研究》（重排合订本），北京大学出版社2015年版，第376页。

给付义务包括主给付义务和从给付义务。主给付义务，是指合同关系所固有、必备，并用以决定合同类型的基本义务。① 比如，买卖合同中出卖人移转标的物所有权的义务和买受人支付价款的义务（《合同法》第130条），租赁合同中出租人交付租赁物于承租人供其使用收益的义务和承租人支付租金的义务（《合同法》第212条），承揽合同中承揽人按照定作人的要求完成工作并交付工作成果的义务和定作人给付报酬的义务（《合同法》第251条第1款），建设工程合同中承包人建设工程的义务和发包人支付价款的义务（《合同法》第269条第1款），仓储合同中保管人储存仓储物的义务和存货人支付仓储费的义务（《合同法》第381条），等等。主给付义务在双务合同中构成了当事人的对待给付，当一方当事人不履行其合同项下的主给付义务时，另一方也可拒绝履行其主给付义务。

从给付义务，则是主给付义务以外，债权人可独立诉请履行的以完全满足给付上利益的义务。从给付义务有三种发生基础：法律规定、当事人约定、诚实信用原则及补充的合同解释。② 基于法律规定而产生的从给付义务，有委托合同中受托人报告委托事务处理情况和委托合同终止时报告委托事务结果的义务（《合同法》第401条），以及受托人将处理委托事务取得的财产转交委托人的义务（《合同法》第404条）；基于当事人约定产生的从给付义务，如甲企业兼并乙企业时乙企业应提供全部客户关系名单的义务；基于诚实信用原则及补充的合同解释产生的从给付义务，如名马的出卖人交付其马之血统证明书的义务，汽车出卖人交付必要文件的义务。

(2) 附随义务

附随义务是在债的发展过程中，依据诚实信用原则产生的照顾、告知、保护、协助、保密、忠实、注意等义务的总称。③ 附随义务包括当事人为缔结合同而接触、准备或磋商过程中的说明、告知、保密、保护等义务（先合同义务），实现给付结果的准备过程中的通知、协助、保密等义务（《合同法》第60条第2款），和实现给付结果后为了保持此一结果应有的合同终了后的通知、协助、保密等义务（《合同法》第92条，后合

---

① 崔建远：《合同法总论》（上卷）（第二版），中国人民大学出版社2011年版，第237页。

② 参见王泽鉴《民法学说与判例研究》（重排合订本），北京大学出版社2015年版，第377页。

③ 刘心稳：《债权法总论》（第二版），中国政法大学出版社2015年版，第133页。

同义务）。① 史尚宽先生则将附随义务分成两种：一为辅助的或非独立的附随义务，并无独立目的，唯保证主给付义务之履行；二为补充的或独立的附随义务，为达一定之附从目的而担保债之效果完全实现。前者如卖马者在交付其马之前负有不过劳其马之消极的附随义务，后者如买受人的受领义务。② 这种分类的标准是附随义务得否独立诉请履行，而其中独立的附随义务因可独立诉请履行，即为前述之从给付义务。为将附随义务与从给付义务区分开来，一般在前一种意义上使用附随义务。

就附随义务即非独立的附随义务而言，其又可分为两种：一种是辅助实现债权人之给付利益的附随义务，如瓷器出卖人的妥善包装义务（对给付标的的照顾义务）、热水器之出卖人应向买受人告知热水器的使用方法及注意事项（说明义务）、受雇的经理人不得将本公司的商业秘密泄露给其他竞争者（保密义务）以及前揭卖马者交付马匹之前不得过劳其马（不作为义务）等；另一种是避免侵害债权人之人身或财产利益（即保持利益）的附随义务，如油漆工人应注意不要污损定作人之地毯，裁缝师为顾客试穿衣服时应避免以不洁针头触及顾客的手术伤口，医生在手术结束后应避免将手术刀遗留在患者体内等。③ 可以说，前一附随义务是一种辅助义务，后一附随义务则是一种保护义务。保护型附随义务本质上属于侵权法意义上某一主体负担的对他人权益不得侵害的义务。④ 辅助性的附随义务在功能上与从给付义务存在一定相似之处，其区别主要有三点：前者通常由法律按照诚实信用原则加以概括规定，但也不排除当事人约定，后者一般根据约定或债的特点产生；前者不可独立诉请履行，后者则反之；前者的价值在于实现合同利益的最大化，后者则旨在使主给付义务得以满足。⑤

（3）不真正义务

不真正义务（Obliegenheit）是一种行为之要求，其赋予权利主体权利，但权利主体却不能请求负有不真正义务的一方作出相应的行为，若负担不真正义务者没有履行该义务，则应承担法律上的不利益。⑥ 同给付义

---

① 参见韩世远《合同法总论》（第三版），法律出版社 2011 年版，第 246 页。
② 参见史尚宽《债法总论》，中国政法大学出版社 2000 年版，第 341—342 页。
③ 参见王泽鉴《民法学说与判例研究》（重排合订本），北京大学出版社 2015 年版，第 378 页。
④ 参见叶林《违约责任及其比较研究》，中国人民大学出版社 1997 年版，第 171 页。
⑤ 马俊驹、余延满：《民法原论》（第四版），法律出版社 2010 年版，第 511 页。
⑥ 王洪亮：《债法总论》，北京大学出版社 2016 年版，第 27 页。

务和附随义务相比，不真正义务是一种强度较弱的义务，其特征在于相对人不得诉请义务人履行，义务人违反该义务也不会发生损害赔偿责任，仅仅会遭受权利减损或丧失的不利益而已。在性质上，不真正义务并非债务，亦不属于给付，但当事人可以约定将不真正义务转化为义务，从而属于给付义务。① 在私法领域内，不真正义务已经被广泛地接受为一类独立的义务类型，② 我国合同法上寄存人告知保管物性质或瑕疵的义务就是一种不真正义务。《合同法》第 370 条前段规定，寄存人交付的保管物有瑕疵或者按照保管物的性质需要采取特殊保管措施的，寄存人应当将有关情况告知保管人，寄存人未告知，致使保管物受损失的，保管人不承担损害赔偿责任。根据此项规定可知，寄存人的告知义务如未履行，并不会发生对保管人的损害赔偿责任，仅会使其遭受保管物损失时不得请求保管人赔偿的不利益而已。由于该项义务与保管人的利益并无太大关联，保管人自然不会也无必要诉请寄存人履行该义务，可见该项告知义务完全具备了不真正义务的特征。值得注意的是，不真正义务更多出现于保险法领域，如投保人违反如实告知义务时，无须对保险人为损害赔偿，仅会遭受保险金丧失或保险合同解除的不利后果；投保人一方违反保险事故发生后的通知义务时，无须对保险人承担损害赔偿责任，仅会遭受保险金减少或丧失的不利益；投保人一方违反危险增加的通知义务时，也同样无须对保险人承担损害赔偿责任，仅遭受丧失保险金的不利益，等等。保险法所规定的投保人一方的义务，其性质大多为不真正义务。

2. 约定行为义务的法律性质：不真正义务

笔者认为，如果要将约定行为义务与上述债法中的义务类型对号入座，那么约定行为义务的性质应属不真正义务。

首先，约定行为义务不应被认定为主给付义务。如前所述，主给付义务是合同关系固有且必备的、能够决定合同类型的义务。约定行为义务是保险合同中投保人一方的义务，而保险合同中投保人的主给付义务是支付保费，二者显然无法等同，故约定行为义务非为主给付义务当无任何争议。

其次，约定行为义务不应被认定为从给付义务。从给付义务的作用在

---

① 王洪亮：《债法总论》，北京大学出版社 2016 年版，第 27 页。
② 有其他学者将其称为"间接义务"。参见郑玉波《民法总则》，中国政法大学出版社 2003 年版，第 75 页。还有的学者将其译为"负担性义务"。参见［德］迪特尔·施瓦布《民法导论》，郑冲译，法律出版社 2006 年版，第 136 页。

于辅助主给付义务得以实现,并且在义务人不履行该项义务时,相对人可诉请履行。既然保险合同中投保人的主给付义务是支付保费,那么相应地,其从给付义务就应当是辅助保险人获得保费。然就约定行为义务而言,其内容是投保人一方为某种作为或不作为以维护保险标的的安全,显然与保费支付无关,遑论辅助保险人获得保费。故此,约定行为义务的性质也非从给付义务。

再次,约定行为义务的法律性质不应为附随义务。附随义务根据功能的不同可分为辅助义务和保护义务,前者旨在辅助实现义务相对人的给付利益,后者旨在保护义务相对人的人身或财产利益。[①] 揆诸约定行为义务,其目的仅是控制保险期间内保险标的的风险变动,既不在于使保险人获得保险费这一给付利益得到最大程度的满足,也不在于保护保险人的人身或财产利益。当其他保险金给付条件具备时,约定行为义务得到履行的后果是保险人须依保险合同约定承担保险责任,被保险人则因此顺利得到了保险保障。这与保险人实现给付利益,或人身财产安全免遭损害无关,显然不符合附随义务的任一旨趣。

最后,约定行为义务应被认定为不真正义务。当投保人和保险人在保险合同中创设约定行为义务后,投保人一方即负有履行该约定行为义务的义务,但由于投保人一方即便不履行也不会直接损害保险人的利益,相反,保险人还可因此免除赔付责任或取得保险合同解除或终止权,这样的后果于保险人而言似乎更加有利,故保险人并没有必要诉请投保人一方履行约定行为义务。另外,若投保人一方没有履行或没有适当履行约定行为义务,相应的法律后果也只是投保人一方丧失保险金或保险人取得保险合同解除权,并不涉及投保人一方对保险人的损害赔偿责任。可见,约定行为义务的内容设置与保险法上投保人一方的如实告知义务、危险增加通知义务、出险通知义务、提供事故证明资料等不真正义务基本没有区别,约定行为义务的特征与不真正义务的法律特征高度吻合。

综上,如果从债之关系上的义务类型角度观察,约定行为义务的法律性质为"不真正义务"当属无疑。

## (二) 基于概念主义法学理论视角的分析

上文从债法视角对约定行为义务的法律性质展开分析,所得出的结论为约定行为义务属于一类不真正义务。除此之外,德国学界还对约定行为

---

[①] 王泽鉴:《民法学说与判例研究》(重排合订本),北京大学出版社2015年版,第378页。

义务的法律性质存在其他解释学说，对这些深层次的理论学说进行分析，有助于进一步明辨约定行为义务的法律性质。关于约定行为义务的法律性质，三种学说分别为：前提说、真正义务说、不真正义务说。

1. 前提说

前提说发端于德国 1904 年的最高法院判决，[①] 并对之后的德国保险法理论产生了重要影响，[②] 依据前提说，只有在投保人或被保险人履行保险合同中的约定行为义务时，保险人才会承担保险给付责任，同时，投保人或被保险人亦无须对自己违反约定行为义务的行为承担损害赔偿责任。质言之，约定行为义务的履行系被保险人获得保险赔付的前提条件。[③] 前提说避免了将约定行为义务界定为真正义务所产生的悖论，当投保人以他人为被保险人订立保险合同，且保险合同约定被保险人须将保险标的物所面临的风险控制在一定范围内时，如果将被保险人应承担的约定行为义务界定为真正义务，所产生的结果则为当事人可通过合同为第三人设定负担，但这同合同法一般规则相冲突。[④] 反之，以前提说来解释约定行为义务，则不会产生这一问题。值得注意的是，此处的前提不同于温德沙伊德所提出的前提假设理论，该理论中的前提指的是当事人对实施某项法律行为所抱有的基本认识或预期，[⑤] 其主要用于为情事变更相关规则提供理论支撑。此处的前提则类似于第二章中提到的保险赔付之停止条件。

在德国的司法实践中，法院明确采纳了前提说这一理论。在一起有关盗窃险的案件中，原告与被告签订了盗窃险保险合同，保险合同约定被保

---

[①] RGZ. 58, 342 f. 转引自石田满《保険契約法における Obliegenheit の法的性質に関する研究序説：ドイツ法を中心として》，《上智法学論集》第 10 卷第 1 号，第 68 页。

[②] 参见辻博明《わが国における義務研究の到達点——オッブリーゲンハイト（Obliegenheit）を中心に》，《名城法学》第 53 卷第 4 期，第 7—8 页。

[③] Bruck, Das Privatversicherungsrecht 1930, S. 282; Ders., Die versicherungsrechtliche Obliegenheit, Zeitschrift für die gesamte Versicherungswissenschaft 1926, S. 194; Hagen, Handbuch des gesamten Handelsrecht, Bd 8, 1922, S. 526. 转引自坂口光男《他人のためにする保険契約と被保険者の責務》，《法律論叢》第 60 卷第 4·5 号，第 469 页。

[④] Bruck-Moeller, Kommentar zum Versicherungsvertargsgesetz 8. Aufl., Bd. 1, 1961, S. 187; Bühnemann, Schadenversicherung im allgemeinen: Versicherter, Erwerber Realgläubiger, Zessionar, Zeitschrift für die gesamte Versicherungswissenschaft 1970, S. 24. 转引自坂口光男《他人のためにする保険契約と被保険者の責務》，《法律論叢》第 60 卷第 4·5 号，第 471 页。

[⑤] 参见卡斯腾·海尔斯特尔、许德风《情事变更原则研究》，《中外法学》2004 年第 4 期；孙美兰《情事变动与契约理论》，法律出版社 2004 年版，第 90 页。

险人应在保险标的物所处场所设置守卫,后原告以其财产被盗为由请求保险人对其所遭受的损害进行赔付。保险人抗辩称,在盗窃案发生时,被保险人所设置的守卫不在场,因此其不应承担保险责任。法院最终做出了支持被保险人诉讼请求的判决,其理由为:由于守卫并非被保险人的履行辅助人,被保险人因此并不承担《德国民法典》第278条①所规定的责任。虽然被保险人应对守卫的行为尽到监督义务,但由于被保险人并未因故意或重大过失而违反保险合同中所约定的义务,故保险人仍应履行保险赔付责任。② 在此案中,法官实际上是将被保险人所应履行的保险合同中约定的义务认定为保险人承担保险赔付责任的前提,在被保险人未违反此一义务时,保险人仍应承担保险赔付责任。

许多学者对前提说提出了批评,认为前提说纯粹是概念主义法学的产物,③ 前提这一概念本身也具有不确定性,而且,保险人承担保险赔付责任的前提不仅仅是投保人或被保险人履行了约定行为义务,还包括投保人履行了保险费支付义务。在投保人未支付保险费时,保险人亦可以此对抗被保险人的保险金请求权。④ 笔者亦不赞同以前提说来界定约定行为义务的法律性质。首先,按照前提说,保险人承担保险赔付责任的前提是投保人或被保险人履行了约定行为义务,但这实际上也并未阐明约定行为义务的法律性质;其次,如果前提说得到支持的话,那么保险合同中的除外条款、保险赔付条件等亦均可被认定为保险人承担保险责任的前提,此时将无法对这些概念予以准确区分;再次,在投保人或被保险人未履行约定行为义务时,如果仅以前提说来判定保险人是否应承担保险责任,将会使约定行为义务完全沦为维护保险人利益的工具,这同英国法中约定行为义务

---

① 《德国民法典》第278条:"在与债务人自己的过错相同的范围内,债务人必须对其法定代理人和债务人为履行其债务而使用的人的过错负责任。不适用第276条第3款的规定。"参见《德国民法典》,陈卫佐译注,法律出版社2010年版,第93—94页。

② RG. 21. 12. 1905,RGZ. Bd. 62,S. 190f. 参见石田满《保険契約法におけるObliegenheitの法的性質に関する研究序説:ドイツ法を中心として》,《上智法学論集》第10卷第1号,第85—86页。

③ 参见石田满《保険契約法におけるObliegenheitの法的性質に関する研究序説:ドイツ法を中心として》,《上智法学論集》第10卷第1号,第87页。

④ Gottschalk, Der Begriff der Obliegenheit und die Haftung des Versicherungsnehmers für Hilfspersonen, zvw., Bd. 17, S. 191 ff. 转引自石田满《保険契約法におけるObliegenheitの法的性質に関する研究序説:ドイツ法を中心として》,《上智法学論集》第10卷第1号,第87页。

恪守"严格遵守原则"所带来的不良后果几乎是相同的;最后,前提说会混淆约定行为义务与保险赔付条件两者之间的区别,以德国法中的约定行为义务为例,前提说无法解释为何在投保人或被保险人违反约定行为义务后,保险人免责仍须以投保人或被保险人具有主观归责事由为要件。[1]

2. 真正义务说

由于以前提说来界定约定行为义务的法律性质存在上述缺陷,许多学者认为约定行为义务的法律属性为真正义务(echte Rechtpflicht)。真正义务的特征在于:真正义务旨在促进义务相对人的利益;义务人违反真正义务会产生对相对人的损害赔偿责任;真正义务具有强制执行力,当义务人不履行义务时,相对人可诉请义务人履行。

支持真正义务说的学者认为,由于投保人或被保险人对约定行为义务的履行旨在增进保险人的利益,故约定行为义务属于真正义务。[2] 而且,投保人或被保险人在违反约定行为义务时,须对保险人承担损害赔偿责任,只是由于保险人的损害赔偿请求权与投保人一方的保险金请求权发生抵销,因而使投保人一方未实际承担损害赔偿责任,但不能以此否定约定行为义务的真正义务属性。[3] 然而,真正义务说的观点存在以下两项难以自圆其说之纰漏:(1)约定行为义务的履行究竟促进了保险人的何种利益。当投保人一方违反约定行为义务时,保险人可从给付保险金的义务中解脱出来,而当投保人履行约定行为义务时,保险人反而须承担给付保险金的义务。可见,投保人或被保险人对约定行为义务的履行并未促进保险人的利益,这一点使得约定行为义务与一般的真正义务并不相同。(2)在约定行为义务被违反但保险事故并未发生的情形,投保人一方对保险人同样不负有损害赔偿责任。由于此时不存在保险人免责的问题,故不可能发生保险人的损害赔偿请求权与投保人一方的保险金请求权的抵销,故抵销不能作为损害赔偿责任不存在的解释理由。而且,即便是在发生了保险事故的场合,投保人一方因违反约定行为义务对保险人其实也并不享有保险金请求权,因为按照真正义务说的观点,此时仅存在保险人对

---

[1] 参见石田满"保険法上のObliegenheitについて",《保険契約法の諸問題》,一粒社1972年版,第62页。

[2] 参见石田满《保険契約法におけるObliegenheit の法的性質に関する研究序説:ドイツ法を中心として》,《上智法学論集》第10卷第1号,第91—92页。

[3] Proess/Martin, Versicherungsvertragsgesetz, 28. Aufl., 2010, § 28 Rn. 38. 转引自叶启洲《从"全有全无"到"或多或少"——以德国保险契约法上约定行为义务法制之改革为中心》,《政大法学评论》2015年第1期。

投保人一方的损害赔偿请求权。而在仅有一方享有请求权的情况下，抵销一说又如何能够成立呢？事实上，约定行为义务的违反并不会导致投保人一方承担损害赔偿责任，因此，约定行为义务同真正义务存在明显差异。

还有学者以约定行为义务不具备强制执行力来否定其真正义务属性，但反对观点认为其并不可取，因为自然债务同样不具备强制执行力，但却并不存在据此否定自然债务之真正义务属性[①]的观点。[②] 但在笔者看来，自然债务与约定行为义务之间具有本质区别，以自然债务为例来论证约定行为义务的真正义务属性并不可取。就自然债务而言，在诉讼时效未经过之前，其系一般债务，当然具备强制执行力，只是基于尽快确定当事人之间法律关系之法政策因素的考量，法律才规定诉讼时效经过之后债务丧失强制执行力。实质上，自然债务是具有强制执行力之一般债务因时间经过而发生的变形，其真正义务属性所指实为诉讼时效经过之前之一般债务的真正义务属性。而就约定行为义务而言，其不具备强制执行力主要是因为违反约定行为义务只会使被保险人丧失保险保障，并不会对保险人的利益造成不利影响，故而应当由被保险人自由选择是否履行或违反约定行为义务，以追求或放弃保险保障的利益。是否履行约定行为义务属于行为自由的范畴。与自然债务的不同之处在于，约定行为义务"自始"不具有强制执行力。因此，以上述逻辑来论证约定行为义务属于义务并不合理。

由于约定行为义务的履行无法促进保险人的利益，投保人或被保险人违反约定行为义务不会产生对保险人的损害赔偿责任，约定行为义务也不具有强制执行力，故约定行为义务不符合真正义务的基本特征，难以被归入真正义务之范畴，真正义务说对约定行为义务的解释无法成立。[③]

3. 不真正义务说

不真正义务说，是德国学界对于约定行为义务法律性质之认定的多数学说。不真正义务说中存在许多不同的次理论，如要件理论、拘束理论等，其中又以要件理论为学界及实务上的多数说，而且也是德国立法者在

---

[①] 自然债务属于一类典型的没有责任的义务。参见郑玉波《民法总则》，中国政法大学出版社2003年版，第75页。

[②] Ritter, Das Recht der Seeversicherung, 1. Bd., 1922, 11. Bd., 1924, S. 30 f. 转引自石田满《保険契約法におけるObliegenheitの法的性質に関する研究序説：ドイツ法を中心として》，《上智法学論集》第10卷第1号，第89页。

[③] v Thur, Der Allgemeine Teil des Deutschen Buergerlichen Rechts, Erster Band, 1910, S. 99. 转引自生田敏康《ドイツ法におけるオブリーゲンハイトについて——民法を中心に》，《早稲田法学会誌》第41卷，第17页。

新法上所采的基本立场。要件理论的内涵为,此等义务的履行,是投保人一方取得请求权的客观要件之一。①

关于不真正义务的理论解释,齐特尔曼曾从归责事由的角度来界定不真正义务。他认为,由于民法典规定了侵害自己利益的归责事由,因而事实上存在着针对他人的归责事由与针对自己的归责事由之区分。② 在存在针对他人的归责事由之下,行为人由于违反了法律义务,须承担对他人的损害赔偿责任;而在对自己存有归责事由时,行为人负担的则是不真正义务,若其违反了不真正义务,只会使得自身利益遭受减损。③

Buchka 教授则将法律规范分成了三类:第一类是规定直接义务的法律规范。根据此类规范,债权人可以诉讼的方式请求债务人履行直接义务、申请法院强制执行、以债务人不履行债务为由请求债务人对其承担损害赔偿责任。④ 第二类是规定间接义务的法律规范。此种情形下,针对间接义务,债权人对债务人不享有给付请求权,因而也不存在强制履行等保障给付请求权实现的手段。在债务人不履行间接义务时,后果仅是债务人须承受一定的不利益。⑤ 如《德国民法典》第 652 条规定的居间义务,如果居间人未能履行其居间义务导致合同未成立,则居间人不享有报酬请求权。⑥

---

① 参见叶启洲《从"全有全无"到"或多或少"——以德国保险契约法上约定行为义务法制之改革为中心》,《政大法学评论》2015 年第 1 期。

② E. Zitelmann, Das Recht des Bürgerlichen Gesetzbuches, Allgemeiner Teil 1900, S. 152-153, S. 166. 转引自坂口光男《保険契約法における責務の義務的性格——ドイツの学説史の概観を中心として》,《明治大学社会科学研究所紀要》第 29 卷第 2 号,第 208 页。我国亦有学者对过错采取此种分类,如程啸《受害人特殊体质与损害赔偿责任的减轻——最高人民法院第 24 号指导案例评析》,《法学研究》2018 年第 1 期。

③ E. Zitelmann, Das Recht des Buegerlichen Gesetzbuchs, Allgemeiner Teil 1900, S. 169-170. 转引自坂口光男《保険契約法における責務の義務的性格——ドイツの学説史の概観を中心として》,《明治大学社会科学研究所紀要》第 29 卷第 2 号,第 208 页。

④ V. Buchka, Die indierekte Verpflichtung zur Leistung 1904, S. 1. 转引自坂口光男《保険契約法における責務の義務的性格——ドイツの学説史の概観を中心として》,《明治大学社会科学研究所紀要》第 29 卷第 2 号,第 208 页。

⑤ V. Buchka, Die indierekte Verpflichtung zur Leistung 1904, S. 1-2. 转引自坂口光男《保険契約法における責務の義務的性格——ドイツの学説史の概観を中心として》,《明治大学社会科学研究所紀要》第 29 卷第 2 号,第 208 页。

⑥ V. Buchka, Die indierekte Verpflichtung zur Leistung 1904, S. 43-44. 转引自坂口光男《保険契約法における責務の義務的性格——ドイツの学説史の概観を中心として》,《明治大学社会科学研究所紀要》第 29 卷第 2 号,第 209 页。

第三类是规定类似诉讼时效等制度的法律规范。根据此类法律规范，当请求权罹于诉讼时效时，请求权人并不负有间接义务，而只是蒙受诉讼时效经过所造成的不利益。① Buchka 教授所提到的间接义务实质上等同于齐特尔曼所称的不真正义务。

德国学者 Schmidt 还从心理学的角度讨论了法律的强制力问题，并提出了法律强制理论来解释不真正义务，其认为：履行主体对义务的履行需要借助一定的强制手段来确保实现，而强制手段主要有两种，第一种是赋予某一主体特定利益来促使其履行义务，第二种则是让某一主体承受不利益来强制其履行义务，② 两者对应的法律规范分别被称为诱引要件与强制要件。③ 而根据规范目的的差异，法律规范又可分为机能强制规范与目的强制规范。前者是明确规定规范构成要件及法律效果的法律规范，后者是仅对人的行为要求作出规定的法律规范。④ 对以上分类进行组合，则可将法律规范归纳为四类：机能诱引要件、目的论诱引要件、机能强制要件、目的论强制要件。⑤ 其中，在目的论强制要件中，依据法律强制力程度的不同，存在最高强制力的真正义务与较弱强制力的不真正义务。⑥ 不真正义务的目的不仅仅在于实现权利人的利益，还包括实现义务人的利益。就此而言，不真正义务的义务属性有所削弱，因为其欠缺损害赔偿、强制执

---

① V. Buchka, Die indierekte Verpflichtung zur Leistung 1904, S. 46. 转引自坂口光男《保険契約法における責務の義務的性格——ドイツの学説史の概観を中心として》，《明治大学社会科学研究所紀要》第 29 卷第 2 号，第 209 页。

② Reimer Schmidt, Die Obliegenheiten 1953, S. 21-23. 转引自坂口光男《保険契約法における責務の義務的性格——ドイツの学説を中心として》，《法律論叢》第 64 卷第 1 号，第 79 页。

③ Reimer Schmidt, Die Obliegenheiten 1953, S. 53-56. 转引自坂口光男《保険契約法における責務の義務的性格——ドイツの学説を中心として》，《法律論叢》第 64 卷第 1 号，第 79 页。

④ Reimer Schmidt, Die Obliegenheiten 1953, S. 57. 转引自坂口光男《保険契約法における責務の義務的性格——ドイツの学説を中心として》，《法律論叢》第 64 卷第 1 号，第 80 页。

⑤ Reimer Schmidt, Die Obliegenheiten 1953, S. 67-104. 转引自坂口光男《保険契約法における責務の義務的性格——ドイツの学説を中心として》，《法律論叢》第 64 卷第 1 号，第 80 页。

⑥ Reimer Schmidt, Die Obliegenheiten 1953, S. 314-315. 转引自坂口光男《保険契約法における責務の義務的性格——ドイツの学説を中心として》，《法律論叢》第 64 卷第 1 号，第 81 页。

行等制裁手段来强制义务人履行义务，而只是通过既存权利的丧失及法律地位的变化等带来的不利益来保障其强制力。①

（三）结论

经过以上分析讨论可知，无论是从债之关系上的义务群视角，还是从概念主义法学的理论分析视角，约定行为义务的法律性质均应当被认定为不真正义务。而且，我国保险法立法者似乎也有意将真正义务与不真正义务区分开来。例如，《保险法》第 22 条规定了投保人一方保险事故发生后的证明资料提供义务，由于该条未规定投保人一方违反此项义务后须向保险人承担损害赔偿责任，故该义务亦属于不真正义务。而自体系解释的角度观察，就《保险法》第 23 条所规定的保险人理赔义务而言，该条则规定，保险人若违反这项义务，除应当支付保险金外，还应当赔偿被保险人或者受益人因此所受到的损失，故该义务属于真正义务。

保险法中存在众多的不真正义务，如如实告知义务、危险增加通知义务、保险事故发生后的通知义务等。不真正义务之所以多出现于保险法中，有其深厚的历史根源。据考证，不真正义务这一概念始现于 1820 年的哥达火灾保险合同中，②《瑞士保险合同法》则第一次在立法上采纳了不真正义务这一概念。③ 实际上，不真正义务最初即等同于保险法中的如实告知义务、危险增加通知义务、保险事故发生后的通知义务等区别于保险合同主给付义务的义务类型。④ 可见，不真正义务原本系保险法中的一个术语，之后才逐渐发展成为私法中的一个上位概念。将约定行为义务认定为不真正义务，完全可以实现理论之融洽与规范之和谐，该结论已至为显然，学界实在无须继续于前提说、真正义务说和不真正义务说的争论中

---

① 参见石田満《保険契約法におけるObliegenheit の法的性質に関する研究序説：ドイツ法を中心として》，《上智法学論集》第 10 卷第 1 号，第 92 页。

② R. Schmidt., Die Obliegenheit, 1953, S. 102. 转引自石田満《保険契約法におけるObliegenheit の法的性質に関する研究序説：ドイツ法を中心として》，《上智法学論集》第 10 卷第 1 号，第 67 页。

③ 参见石田満《保険契約法におけるObliegenheit の法的性質に関する研究序説：ドイツ法を中心として》，《上智法学論集》第 10 卷第 1 号，第 68 页。

④ 参见辻博明《わが国における義務研究の到達点——オップリーゲンハイト（Obliegenheit）を中心に》，《名城法学》第 53 卷第 4 期，第 8 页；生田敏康《ドイツ法におけるオプリーゲンハイトについて——民法を中心に》，《早稲田法学会誌》第 41 卷，第 22 页。

纠结。

## 二 约定行为义务的履行主体

约定行为义务是投保人一方应当履行的义务，但投保人一方包括投保人、被保险人和受益人，究竟是这三者都是约定行为义务的履行主体，还是仅限于其中的一者或两者，是一个需要明确的问题。英国的约定行为义务制度中，约定行为义务的履行主体是被保险人；德国的约定行为义务制度中，约定行为义务的履行主体是投保人。我国保险法上尚无约定行为义务制度，而且，保险法对投保人一方应履行的其他各种义务之履行主体的规定并不一贯，比如，在如实告知义务中，履行主体是投保人（《保险法》第16条第1款）；在保险标的转让的通知义务中，履行主体是被保险人（《保险法》第49条第2款）；① 在维护保险标的安全的义务中，《保险法》第51条第1款规定的履行主体是被保险人，第3款却又规定为投保人和被保险人；在危险增加的通知义务中，履行主体是被保险人（《保险法》第52条）；在出险通知义务中，履行主体是投保人、被保险人、受益人（《保险法》第21条）；在事故证明资料的提供义务中，履行主体是投保人、被保险人、受益人（《保险法》第22条第1款）。由于如实告知义务是一种先合同义务，发生于合同缔结的磋商过程，此时被保险人和受益人尚未产生，故不难理解如实告知义务的履行主体仅包括投保人。然而，其他义务均为保险合同存续期间内履行的义务，既非先合同义务，也非后合同义务，《保险法》对其履行主体的规定为何如此不一呢？这种差异的理由和依据何在，似乎无从探明。由于从法规体系脉络的角度无法推演出约定行为义务的履行主体究竟应为何者，故笔者接下来将从学理的角度对约定行为义务的履行主体进行界定。

（一）投保人

投保人是与保险人订立保险合同，并按照合同约定负有支付保险费义务的人。② 在英美法系，保险合同当事人为保险人和被保险人，一般不会特别涉及投保人这一主体。而在大陆法系，保险法则严格区分投保人和被保险人，并认为前者是保险合同当事人，后者仅为保险合同关系人。我国保险法基本沿袭了大陆法系的立法例，保险合同的基本架构也与大陆法系

---

① 该款规定的履行主体实际上是被保险人和保险标的的受让人，但由于此处仅讨论属于投保人一方的履行主体，故将保险标的的受让人略去。

② 《保险法》第10条第2款。

类似。故而，投保人是否属于约定行为履行主体这一问题在英美法系并无讨论必要，而在大陆法系以及我国，由于投保人是至关重要的保险合同当事人，该问题也就成了一个应被重点关注的问题。

笔者认为，约定行为义务的履行主体包括投保人，将投保人从履行主体中排除并无充分之正当性。一方面，投保人本来就是保险合同的一方当事人，自然要首先受到保险合同的约束。如若认为约定行为义务所约束的是投保人以外的其他主体，则意味着保险人和投保人在未经第三人同意的情况下，为第三人创设了合同义务，这显然违反了合同的相对性。约定行为义务首先指向的应当是作为保险合同当事人的投保人，仅在出于对其他因素的考量之下，才会延伸至其他保险合同关系人。另一方面，投保人负有支付保险费的义务，由于保险标的的风险变动与保险人是否同意继续承保以及保险费的增减有着千丝万缕的关系，因此，其与投保人利益之关联不可谓不大。将投保人作为履行主体后，这种利害关系可以成为一种激励机制，激励投保人谨慎履行约定行为义务，以避免其利益受到损害，保险标的的风险从而也可得到更好的控制。何况，尽管英国保险法和德国保险法所规定的约定行为履行主体分别为被保险人和投保人，但其均为各自法域之保险合同当事人。故此，在我国保险法上，将作为保险合同当事人的投保人纳入约定行为义务的履行主体，不仅在法理上有其正当性，也符合比较法上之立法通例。

（二）被保险人

被保险人是其财产或者人身受保险合同保障，享有保险金请求权的人。[1] 由于被保险人并非保险合同当事人，如果允许投保人与保险人在保险合同中约定，非合同当事人负有对保险标的物进行危险控制的义务，将与不得通过合同为第三人创设负担的一般规则相抵触。[2] 对于"负担"，一般有两种理解：一种观点认为，此种负担指第三人须承担的义务；另一种观点

---

[1] 《保险法》第12条第5款。参见菊池直人《生命保険契約における被保険者と第三者のためにする契約》，《生命保険論集》第168号，第89—90页；菊池直人《生命保険における被保険者の法的地位について——他人の生命の保険契約を中心に》，《生命保険論集》第159号，第154页。

[2] 参见坂口光男《他人のためにする保険契約と被保険者の責務》，《法律論叢》第60卷第4·5号，第457页。基于私法自治原则的要求，当事人通过合同为第三人创设负担的约定是无效的，还有学者提出，即使在利益第三人合同中，单纯为第三人创设利益亦可能有违私法自治原则。参见冈本裕樹《"契約は他人を害さない"ことの今日的意義（二）》，《名古屋大学法政論集》第203号，第205页。

则认为,所创设的负担实质上是将第三人置于一种不利的法律境地。[1] 例如,雇主在雇佣 A 的同时,B 被雇佣的机会被剥夺,但由于雇主享有同 A 缔结劳动合同的自由,因此并未侵害 B 的利益。[2] 但与此相反的是,在连带债务中,由于若承认某一连带债务人与债权人所作的责任免除的约定有效,将会使其他连带债务人陷入更为不利的法律境地,故此种约定对其他连带债务人不产生效力。[3]

尽管自合同法一般规则而言,合同当事人不能为第三人创设义务,亦不能单纯通过合同的订立而使第三人所处的法律地位更为恶化,但保险法中却并不一定如此,保险合同当事人可以在合同中为被保险人创设负担。一方面,在保险法律关系中,被保险人并非不能负担任何义务。例如,在保险事故发生后,被保险人就负有向保险人通知保险事故发生的义务。或许有观点认为,上述被保险人所负担的保险事故通知义务是一种法定义务而非约定义务,[4] 因此被保险人承担此种义务并未突破合同法一般规则。但需要注意的是,两种情形在被保险人承受负担这一点上其实并无本质差异,既然可以通过法定形式令被保险人承担相应义务,似乎也没有充分理由禁止当事人以约定形式为被保险人创设义务。另一方面,根据"如果某一合同赋予了第三人利益,则第三人可在所受利益范围内承受相应的负担"[5] 的观点,只要当事人对于被保险人所应承担之义务的约定不损害被保险人的利益,通过保险合同为被保险人创设义务也就并无不可。由于被保险人是直接接受保险保障的人,其在不存在受益人的情形下享有保险金请求权,因此,令被保险人负担约定行为义务基本不会损害其利益,故被

---

[1] F-J Saecker, Gesellschaftsvertragliche und erbrechtliche Nachfolge in Gesamthandsmitgliedschaften 1970, S. 51-53. 转引自坂口光男《他人のためにする保険契約と被保険者の責務》,《法律論叢》第 60 卷第 4·5 号,第 458 页。

[2] H. Schirmer, Zur Vereinbarung von Obliegenheiten zu Lasten Dritter, insbesondere in Vertraegen zu ihren gunsten, Festschrift fuer Reimer Schmidt 1976, S. 832. 转引自坂口光男《他人のためにする保険契約と被保険者の責務》,《法律論叢》第 60 卷第 4·5 号,第 458—459 页。

[3] 参见坂口光男《他人のためにする保険契約と被保険者の責務》,《法律論叢》第 60 卷第 4·5 号,第 459 页。

[4] 参见《保险法》第 21 条。

[5] H. Schirmer Zur Vereinbarung von Obliegenheiten zu Lasten Dritter, insbesondere in Vertraegen zu ihren gunsten, Festschrift fuer Reimer Schmidt 1976, S. 840-842. 转引自坂口光男《他人のためにする保険契約と被保険者の責務》,《法律論叢》第 60 卷第 4·5 号,第 468 页。

保险人可作为约定行为义务的履行主体。

因此，尽管被保险人是保险合同关系人，但其仍然可以受到约定行为义务的约束。除此之外，还存在被保险人应当作为约定行为义务之履行主体的理由：一方面，由于较投保人、保险人、受益人等主体而言，被保险人对保险标的的了解更为充分，管理更为便利，因而可以较好地维护保险标的之安全，令被保险人履行约定行为义务具有较高的现实可行性。另一方面，被保险人是人身或财产受保险合同直接保障的人，当不存在受益人时，根据我国保险法规定，享有保险金请求权的就是被保险人，亦即学理上的"法定受益人"。[1] 若被保险人无须承担约定行为义务，那么其对保险标的的注意和保护程度就会相对降低，当保险事故因此而发生时，根据法律规定被保险人仍可获得保险金，这样的安排显然有违公平。从自己行为自己负责的角度，也应当将被保险人纳入约定行为义务的履行主体范围之内。另外，被保险人作为距离保险标的"最近"的人，赋予其约定行为义务，可以在最大程度上降低保险当中的逆向选择和道德风险，从而更好地维护保险对价平衡原则。需要注意的是，根据《保险法》第39条第3款的规定，无民事行为能力人和限制民事行为能力人也可作为被保险人。同时，《民法总则》规定，无民事行为能力人只能由其法定代理人代理实施民事法律行为，限制民事行为能力人除由其法定代理人代理实施或经其法定代理人追认、同意实施民事法律行为外，仅能独立实施纯获利益的民事法律行为或者与其年龄、智力相适应的民事法律行为。由于履行约定行为义务显然不属于无民事行为能力人、限制民事行为能力人可以独立实施的民事法律行为，故此时应当由其法定代理人代为履行。

(三) 受益人

当一份保险合同中存在受益人时，该保险合同就成了一份为第三人利益的合同。受益人为人身保险合同中的特有概念。受益人固然也是保险合同关系人，但其与保险合同的结合并不像被保险人那样紧密，其人身或财产并未得到保险保障，而仅仅是投保人或被保险人指定的纯粹的利益享有者。笔者认为，受益人不能成为约定行为义务的履行主体。

首先，根据合同法基本理论，在涉他合同中，若未经第三人同意，合同当事人便只能为第三人创设权利，而不得创设义务。既然投保人或被保险人在指定受益人时，无须受益人本人之同意，那么投保人与保险人便不

---

[1] 关于被保险人的法定受益人地位，可参见尹中安《保险受益人论》，博士学位论文，中国政法大学，2007年。

得为受益人创设义务，即不应将受益人也作为约定行为义务的履行主体。

其次，同投保人相比，受益人由于无须承担支付保险费的义务，便不会受到保险费增减之激励的影响，也就没有动力去履行约定行为义务。同被保险人相比，受益人对保险标的的物理支配力较弱，即便想要维护保险标的之安全也是"心有余而力不足"，其对承保风险之防控的助益着实有限。虽然受益人作为保险事故发生后享有保险金请求权之主体，为了获得保险金，可能积极追求保险事故的发生，极端情形下还会实施犯罪行为以促成保险事故的发生，极易诱发道德风险，损害被保险人之人身财产安全，但对此种行为的规制通过规定受益人因此丧失保险金请求权便已足够，规定受益人的约定行为义务并无必要，实属画蛇添足。

另外，尽管我国保险法对投保人一方义务之履行主体的规定在体系脉络上较为参差不齐，但除保险事故发生后的义务外，相关履行主体均不包含受益人是有迹可循的，据此似可推知立法者实际上也不倾向于将受益人纳入投保人一方义务之履行主体的范围之内。而约定行为义务恰非保险事故发生后的义务，将受益人排除似乎也更符合立法者原意。

再者，当投保人或被保险人未放弃受益人的变更权时，被保险人在保险事故发生前可以随时变更受益人。此时，受益人所期待的利益甚至都不符合期待权的构成要件，而仅仅表现为一种事实层面的期待，[①] 由于这种利益极为不确定，故很难想象受益人会履行约定行为义务以将保险标的物所面临的风险控制在一定范围内。

最后，同被保险人一样，受益人也无须具备完全民事行为能力，无民事行为能力人和限制民事行为能力人均可作为受益人。但如前所述，履行约定行为义务并非无民事行为能力人或限制民事行为能力人所能独立实施之法律行为，故此时仅能由受益人的法定代理人代理其履行约定行为义务。而根据以上论述可知，受益人本人作为约定行为义务履行主体的理由都尚且不够充分，如若又将其代理人纳入履行主体范围之内，将会构成对民事主体行为自由的过度限制。而这种限制的正当性何在，不无疑问。

故此，将投保人和被保险人作为约定行为义务之履行主体已经可以基本保障约定行为义务之风险防控功能的实现。无论是从何种角度考虑，都不应将受益人纳入约定行为义务的履行主体范围之内。

综上，约定行为义务的履行主体应为投保人和被保险人。

---

① 参见温世扬《论保险受益人与受益权》，《河南财经政法大学学报》2002 年第 2 期。

## 第三节　约定行为义务的创设

### 一　形式要求：约定行为义务的创设方式

不要式合同已成为当代合同制度的普遍类型。为满足现代经济生活追求商事活动便捷和高效的需要，各国合同制度逐渐由早期的强调合同形式转向重视合同意思，不再对合同应采取的特定形式作出硬性规定。在英国，除了极少数情况外，法律并不要求保险合同以特殊的形式为要件。[①]就我国而言，《保险法》第13条第1款和第2款规定："投保人提出保险要求，经保险人同意承保，保险合同成立。保险人应当及时向投保人签发保险单或者其他保险凭证。保险单或者其他保险凭证应当载明当事人双方约定的合同内容。当事人也可以约定采用其他书面形式载明合同内容。"保险合同的非要式性不仅符合商事交易的便捷要求，也有利于保护保险消费者之权益。它一方面可以使被保险人在从双方达成合意到签发保险单这段时间内能够获得保险保障，实现公平；另一方面还可有效预防保险人可能的道德风险，即保险人故意拖延保险单证的签发，一旦出险，则以合同尚未成立为由，拒绝承担保险责任。[②]由此可知，保险合同为不要式合同，当事人意思表示一致合同即成立。只是合同内容应当以书面形式载明，以作为保险合同的证明文件。

同时，根据我国保险法规定，有资格经营保险业务的只能是经保监会批准设立的保险公司。实务中，作为资力雄厚并且专业的保险机构，保险公司与投保人订立保险合同时一般也都会采取书面形式。书面形式可以完整记载保险合同的原始内容，防止一方在合同成立后肆意对合同内容进行变更，以及防止保险合同双方当事人随时间的推移对合同内容发生自然遗忘，因此可以有效避免嗣后不必要的纠纷，而且在发生纠纷时其证明力也更强。约定行为义务条款属于保险合同内容的一部分，往往涉及保险人免责等重大法律后果，为了防范可能发生的前述风险并保护投保人的相对弱势地位，其订立自然应遵守保险法规定和保险实务交易习惯，采取书面形

---

[①] John Birds, *Birds' Modern Insurance Law*, 10th ed., London: Sweet & Maxwell/Thomson Reuters, 2016, p. 98.

[②] 温世扬主编：《保险法》（第三版），法律出版社2016年版，第36页。

式。而且，从前述各国对肯定性约定行为义务的改革措施来看，约定行为义务条款应被明文规定于保险合同的保险条款之中也为应然之理。是故，在我国，约定行为义务应当由保险人和投保人在保险合同中以保险条款的方式创设，由于保险合同的内容必须以书面形式载明，故约定行为义务条款也要以书面形式呈现。

那么，接下来需要考虑的问题即为，约定行为义务条款究竟是保险合同中的格式条款，还是非格式条款。明确约定行为义务条款的性质至关重要，因为这直接关系到保险法应当采取何种方式、以何种规范规制约定行为义务条款。

（一）格式条款

格式条款，是当事人为了重复使用而预先拟定，并在订立合同时未与对方协商的条款。① 格式条款又被称为定型化条款或标准合同条款，随着社会化大生产成为社会的主导生产方式后，格式条款开始出现于合同实务中并得到普遍使用，法国法将之称为附和合同（adhesion contract），德国法则称之为一般交易条件（Allgemeine Geschaeftsbedingung）。它由使用者事先拟定，突出的特点是"要么接受、要么走开"（take it or leave it）。② 格式条款具有如下特征：

1. 格式条款是一方为了反复使用而预先拟定的

格式条款的制订并非建立在当事人反复协商的基础上，而是在合同订立之前就已被一方当事人预先制订出来。拟定格式条款的一方一般为固定地提供某种商品和服务的公共事业部门、企业、有关社会团体或政府部门等。③ 由于格式条款具有可重复使用性，交易活动的时间和经济成本都在极大程度上得到降低，市场交易效率也实现了有效提高，故而促进了现代市场经济的高速发展。

2. 格式条款是一方与不特定相对人订立的

格式条款具有广泛性，针对的并非某一特定个体，而是广泛的不特定的相对人。需要注意的是，尽管承诺方是不特定的，但是当其实际进入缔约过程后，就会转变成特定的承诺人。由于格式条款的适用对象往往是广大的消费者群体，故法律需要对格式条款进行特别规范，以维护消费者这

---

① 《合同法》第39条第2款。
② 韩世远：《合同法总论》（第三版），法律出版社2011年版，第740页。
③ 参见王利明、房绍坤、王轶《合同法》（第四版），中国人民大学出版社2013年版，第85页。

一特殊且庞大群体的利益。

3. 格式条款的内容是定型化的

定型化，是指格式条款具有稳定性和不变性，将普遍适用于与条款拟定人订立合同的不特定相对人，而不因相对人的不同而有所区别，它包括两个方面的内容：第一，格式条款适用于不特定的相对人，相对人只能对合同内容表示完全的同意或拒绝，而不能修改、变更合同的内容；第二，在格式条款的适用过程中，要约人和承诺人双方的地位是固定的，而在一般合同中，要约人和承诺人的地位则可以随时改变。①

4. 相对人在合同订立中居于附从地位

之所以称相对人在合同订立中居于附从地位，是因为相对人并不参与条款的协商，只是对另一方拟定的条款予以概括地接受或拒绝。一般而言，这是由条款拟定一方在经济方面的优势地位所决定的。这种现象就是格式条款所表现出的法律或事实上的垄断。前者，是指当事人根据法律规定，对铁路、自来水、煤气、电力供应等所享有的经营垄断；后者，是指当事人对保险、海上运输等合同的某些条款在事实上所享有的垄断。② 尽管相对人无法拥有对合同条款进行磋商的自由，但其依然享有是否接受合同条款的自由，因此，格式条款中契约自由原则的生存空间并未被完全压缩，格式条款中依然存在一定程度的契约自由。

5. 格式条款以书面明示为原则

理论上认为，对格式条款的使用并不必须采用特定的方式，如以某种方式印刷出来。③ 实践中，格式条款多由提供商品或劳务的一方当事人印制成书面形式，如印刷于车船票、飞机票、保险单等文件之上，但非书面形式之格式条款也并非不存在，如某些理发美容合同、口头订立的合同告示等。④ 由于以书面文件为载体的格式条款在内容上更为明确，有利于当事人阅读了解，在发生纠纷时证明力更强，故书面形式的格式条款在实践中的应用更为普遍，格式条款也应当以书面明示为原则。

（二）非格式条款

非格式条款，即个别商议条款，是指双方当事人经过协商谈判订立的

---

① 参见王利明、房绍坤、王轶《合同法》（第四版），中国人民大学出版社 2013 年版，第 86 页。

② 崔建远主编：《合同法》（第五版），法律出版社 2010 年版，第 62 页。

③ ［德］卡尔·拉伦茨：《德国民法通论》（下册），王晓晔等译，法律出版社 2013 年版，第 769 页。

④ 崔建远主编：《合同法》（第五版），法律出版社 2010 年版，第 62 页。

合同条款。由非格式条款组成的合同被称为个别协议，即通常意义上的合同。个别协议，正是格式条款的对立物。①

（三）约定行为义务创设方式的应然选择

格式条款的优点在于，节省时间，有利于实现风险的事先分配，② 促进企业合理经营，避免消费者耗费心力对交易条件讨价还价，从而促进商品或服务之品质的提高和价格的降低，使消费者成为最终的受益者。

格式条款的缺点在于，提供商品或服务的一方在拟定格式条款时，经常利用其优越的经济地位，制定有利于己方而不利于消费者的条款。③

与格式条款的以上优缺点相对应，非格式条款的优点即在于，可以保障双方当事人在订立合同过程中最大程度的意思自由，保证合同条款的订立系建立在平等、自愿和公平的基础之上，较好地贯彻了契约自由原则。缺点则在于交易成本过高，不利于交易效率的提升，与现代社会高速发展的市场经济水平不相适应。

在各国保险市场上，格式化的保险合同被普遍适用，并形成了通用的保险经营惯例：即在订立保险合同的过程中，由保险人一方预先拟定保险合同的具体内容，保险人将该格式条款提供给投保人后，投保人只能就合同内容整体作同意与否的意思表示，而往往没有修改某项条款的权利。是故，保险合同也被称为附和合同。保险合同的附和性主要由三项因素决定：保险合同的技术性、保险业务运作的团体性和交易成本控制的需要。④ 出于对以上因素的考量，现代保险实务中，保险合同的订立普遍采用格式条款。非格式条款难以适应保险市场的发展，如果坚持双方必须以个别商议的方式订立约定行为义务条款，则很可能会产生约定行为义务条款根本无从订立的局面。因此，约定行为义务条款通常应当是格式条款，即由保险人在保险合同订立前单方拟定的定型化条款。⑤

---

① [德]迪特尔·梅迪库斯：《德国民法总论》，邵建东译，法律出版社 2013 年版，第 301 页。

② G. H. Treitel, *The Law of Contracts*, London: Sweet & Maxwell, 9th ed., 1995, p. 196.

③ 王泽鉴：《民法债编总论·基本理论·债之发生》（总第 1 册），三民书局 1993 年版，第 77 页。

④ 温世扬主编：《保险法》（第三版），法律出版社 2016 年版，第 37 页。

⑤ 需要说明的是，尽管笔者将格式条款作为约定行为义务的通常创设方式，但在实践中，若保险人与投保人在意思表示一致且不存在一方对另一方之意志压迫的情况下，通过非格式条款的方式创设了约定行为义务，则该约定行为义务条款也同样有效。

《保险法》第17条①和第19条②对保险合同中格式条款的订立方式、效力和免责条款的效力有所规定。由于格式条款和免责条款往往是作为保险人的保险公司在未与投保人协商的情况下预先订立的条款，考虑到保险公司的强势地位，此类条款免除保险人义务或加重投保人责任，以及排除投保人权利的可能性非常之大。因此，保险法为了防止双方之间的对价平衡状态被打破，以及投保人的利益遭受不当剥夺，针对格式条款和免责条款作出了相关规定。约定行为义务条款同样属于格式条款，其对保险金请求权的成立乃至保险合同的存续都有着重大影响，在创设约定行为义务条款时，投保人往往没有亲自参与磋商谈判的机会。因此，我国保险法在引入约定行为义务制度后，《保险法》第17条和第19条的规定应当同样适用于约定行为义务条款，以实现对保险人的合理约束，保障约定行为义务之机能的正常发挥。关于约定行为义务条款的规制架构，本书第六章有详细阐释。

## 二 内容要求：约定行为义务条款可得约定之事项范围

比较法上对约定行为义务条款可得约定的事项范围通常并无限制。比如，英国传统的约定行为义务制度以"无重要性"为其特征之一，自然，保险人可在约定行为义务条款中就任何事项与投保人进行约定。根据我国台湾地区"保险法"第66条和第67条的规定，除约定于基本条款中的事项外，对于与保险契约有关之一切事项，无论过去、现在或将来，保险人和投保人均可在约定行为义务条款中加以约定。德国保险合同法也同样未对保险合同当事人可以约定的事项范围作出任何限制，此即默许了保险人与投保人可在约定行为义务条款中就任何事项进行约定，无论此等事项是否具有重要性。③ 但这样的模式是否合理，不无疑问。约定行为义务条

---

① 《保险法》第17条："订立保险合同，采用保险人提供的格式条款的，保险人向投保人提供的投保单应当附格式条款，保险人应当向投保人说明合同的内容。对保险合同中免除保险人责任的条款，保险人在订立合同时应当在投保单、保险单或者其他保险凭证上作出足以引起投保人注意的提示，并对该条款的内容以书面或者口头形式向投保人作出明确说明；未作提示或者明确说明的，该条款不产生效力。"

② 《保险法》第19条："采用保险人提供的格式条款订立的保险合同中的下列条款无效：（一）免除保险人依法应承担的义务或者加重投保人、被保险人责任的；（二）排除投保人、被保险人或者受益人依法享有的权利的。"

③ Langheid/ Wandt, Münchener Kommentar zum VVG, München: C. H. Beck, 1. Aufl. 2010, § 28 Rn. 39.

款可得约定之事项是否有范围的限制，如有，此等范围具体为何，是一个需要审慎思考和明辨的问题。

首先需要回答的问题是约定事项应否有范围上的限制。笔者认为，答案是肯定的。尽管前揭立法例皆无有关约定行为义务条款可得约定事项之范围的限制性规定，但这并不意味着这样的限制性规定没有必要，且其必要程度之高，不可不察。这一主张的主要依据在于：

其一，从约定行为义务的创设目的观之，该制度意在为保险人提供一种控制保险期间内承保风险变动的手段，若允许保险人在约定行为义务条款中约定与保险标的之风险没有任何关系的事项，显然难以实现这一目的。[1] 与承保风险无关之事项如被作为约定事项，不仅无法发挥约定行为义务条款的风险控制作用，还会造成交易资源的浪费，降低交易效率。

其二，揆诸英国和德国的约定行为义务制度，英国《1906 年海上保险法》第 33 条第 3 款明确规定了，无论约定事项对承保风险是否具有重要性都必须被严格遵守，但司法实务中也认可法院通过法律解释的方式对"无重要性"进行修正，以矫正当事人之间不平衡的利益状态，实现个案正义；德国保险法同样也允许保险人与投保人约定任何投保人应对保险人承担的义务以达到控制风险的目的，无论其内容对承保风险是否具有重要性，但法院可对保险合同中约定行为义务条款的公平性进行审查。由此可见，两国虽然在立法上都承认了约定行为义务的"无重要性"这一要件，但基于对公平正义的考量，在实务中还是会通过司法机关对"无重要性"进行一定程度的个别修正。但应当注意到的是，此种做法的缺陷在于容易导致裁判结果不确定，破坏法律适用的安定性。因此，从制度设计的角度，我国宜在立法上将"重要性"这一要件加以明确，以避免前揭缺陷，并节约司法资源。

其三，英国约定行为义务条款的"无重要性"原则之所以会成为一般原则，是由当时的时代特征和保险行业运作实况所决定的。而随着时代的变迁和科技的发展，在当时具备合理性的原则，其规范价值在现代可能已经大有折损。现代保险行业的环境、生态和文化，已远非当时所能企及。实践也已证明，"无重要性"这一要件的负面价值如今已远远超过其正面价值，其对保险合同当事人之间的结构性利益失衡具有很大助推作用，若依然抱残守缺，坚持"无重要性"这一原则，势必会与当今之现实不相适应，不仅无法实现约定行为义务制度的风险防控功能，还会对保

---

[1] Edwin W. Patterson, "Warranties in Insurance Law", 34 *Colum. L. Rev.* 614 (1934).

险人与投保人之间的利益平衡造成破坏。

至此,"无重要性"已成为现代保险法约定行为义务制度中一项应被淘汰之落后规定的结论已经极其明显,从节约保险交易资源和司法资源,促进保险合同当事人利益平衡的角度观之,应当对约定行为义务条款可得约定之事项的范围作出立法上的限制。而应当作出怎样的立法范围限制,或者说重要性的内涵为何,则是接下来需要讨论的第二个问题。

约定行为义务制度既然是保险法上的一项制度,那么在保险法的体系内,观察相似制度对相关事项的范围限制,或许可以提供一些参考。我国保险法中涉及重要性的规定主要有投保人的如实告知义务和投保人、被保险人的危险增加通知义务。

对于投保人的如实告知义务,《保险法》第 16 条第 2 款规定了投保人违反该义务时的法律后果,即投保人故意或者因重大过失未履行如实告知义务,并足以影响保险人决定是否同意承保或者提高保险费率的,保险人有权解除合同。从该款可以得知,违反如实告知义务的行为如欲发生法律效果,必须达到"违反行为足以影响保险人决定是否同意承保或提高保险费率"的程度。① 是故,此处之重要性的内涵可被解读为"足以影响保险人决定是否同意承保或提高保险费率"。

而对于投保人、被保险人的危险增加通知义务,《保险法》第 52 条第 1 款前半段就危险增加的法律后果作出了规定,即在合同有效期内,保险标的的危险程度显著增加的,被保险人应当按照合同约定及时通知保险人,保险人可以按照合同约定增加保险费或者解除合同。该款对保险标的的危险增加程度作出了"显著"这一限定,学界通常认为,对"显著"的认定须同时满足三项要素:重要性、持续性和不可预见性(或未被估价性)。② 参照相应的法律后果,似乎也应将此处的"重要性"解读为达到"足以影响保险人决定是否同意承保或提高保险费率"的程度。此外,《保险法司法解释四》第 2 条还对"危险程度显著增加"提供了几项具体

---

① 在比较法上,许多国家的保险法对如实告知的事项均作出了这一限定。参见叶启洲《德国保险契约法之百年改革:要保人告知义务新制及其检讨》,《台大法学论丛》2012 年第 1 期;金子晓実《イギリスの告知義務について》,《保険学雑誌》第 572 号,第 265 页。

② 参见孙宏涛《我国〈保险法〉中危险增加通知义务完善之研究——以我国〈保险法〉第 52 条为中心》,《政治与法律》2016 年第 6 期。

的参考因素，① 可资约定行为义务借鉴。

通过归纳的方法可以发现，我国保险法对投保人一方应负义务之内容，并非不存在任何限制，这种限制不仅存在，而且几乎是一贯的，即相关事实应当达到足以影响保险人决定是否同意承保或提高保险费率之程度，才会产生一定的法律效果。如果相关事实或投保人一方的相关行为与保险人的承保和保险费厘定根本无关，或者虽有关但关联甚微，即对保险人决定是否同意承保或提高保险费率几乎没有影响，便不得适用相关法律规定而产生法律效果。约定行为义务并非法定义务，而是一种合同义务，其内容通常系由当事人根据具体需要，以意定的方式灵活创设，在不同的险种中往往体现为不同的内容，个性化程度较高。因此，法律有必要直接从源头上切断当事人对不重要事项之约定，以提请保险合同当事人注意谨慎订立约定行为义务条款，从而也可促进保险交易效率之提高。

综上，笔者认为，对约定行为义务条款可得约定的事项范围作出限制，具有充分的正当性与合理性。保险合同当事人仅能就重要事项在约定行为义务条款中作出约定，所谓重要事项，即足以影响保险人决定是否同意承保或提高保险费率的事项。比如，火灾保险合同中的约定行为义务条款规定，投保人、被保险人应当在被保房屋内安装消防设备并保证消防设备在保险期间内处于功能正常状态，就属于对重要事项的约定，因为若投保人、被保险人不履行该项义务，被保房屋失火的危险程度便极有可能提高，保险人因而便有可能拒绝承保或者虽同意承保但以较高的费率承保。然而，若火灾保险合同中的约定行为义务条款规定，投保人、被保险人应当在被保房屋内安装防盗报警器并保证其在保险期间内功能正常，则就不属于对重要事项的约定，因为其与火灾保险事故无关，自然不会对保险人决定是否同意承保或提高保险费率产生影响。保险人与投保人作出的此等约定，应当被认定为无效，或者不产生约定行为义务条款的法律效果。

在确定了约定行为义务条款可得约定之事项限于重要性事项之后，还需要明确的一个问题是：对重要性事项的认定应当采取何种标准。在如实告知义务制度中，告知事项限于对保险人决定是否同意承保或者以何种保

---

① 这些因素包括：保险标的用途的改变、保险标的使用范围的改变、保险标的所处环境的变化、保险标的因改装等原因引起的变化、保险标的使用人或者管理人的改变、危险程度增加持续的时间。

险费率承保产生影响的重要事项,且重要性的判断标准有主观与客观两种。[1] 主观标准立足于个别保险人的视角,系由个别保险人判定某一事项是否对其同意承保及保险费率高低产生影响。而客观标准则系基于市场中一般理性保险人的立场,判断某一事项是否属于重要事项。相应地,在约定行为义务制度中,重要性事项的判定标准也存在主观与客观两种。由于每个保险人的风险估定能力并不相同,基于对单个保险人与投保人一方之间对价平衡的追求,似应采取主观标准。但笔者认为,同一风险类别中的被保险人所面临的风险往往具有同质性,此种客观意义上的风险并不会因保险公司风险估定能力的差异而存在很大不同,为避免个别保险公司因其非专业性和恣意性而致使投保人遭受不利益,宜采取客观标准对重要性进行判定。

综上,约定行为义务条款可得约定的事项应当仅限于重要性事项,即足以影响保险人决定是否同意承保或者提高保险费率的事项。对于"重要性"的认定,应当采客观标准,即基于市场中一般理性保险人的角度,判断相关事项是否足以影响保险人决定是否同意承保或者提高保险费率。

## 第四节 约定行为义务之法律规范的属性

明辨约定行为义务制度相关规范之法律属性的价值在于,对保险合同当事人的法律行为作出准确该当的法律评价。比如,对于当事人违反任意性法律规范的行为,法律一般不会对之作出否定评价;而当事人违反强制性法律规范的行为,通常便会产生无效或应受处罚之法律效果。在当事人订立约定行为义务条款的过程中,会发生一系列的法律或事实行为,当这些行为与约定行为义务相关法律规范的规定不相一致时,其效力是该被一概否认还是有条件地承认呢?对于这一疑问的解决,须以明确约定行为义务制度的法律规范属性为前提。

---

[1] 参见马宁《保险法如实告知义务的制度重构》,《政治与法律》2014年第1期;李飞《保险法上如实告知义务之新检视》,《法学研究》2017年第1期;郑子薇《日本2008年新保险法告知义务新制及其检讨》,《东吴法律学报》2013年第1期;叶启洲《德国保险契约法之百年改革:要保人告知义务新制及其检讨》,《台大法学论丛》2012年第1期。

## 一 法律规范之分类

法律规范的分类方式不止一种：以规范针对的主体为标准，可分为一般规范与个别规范，以及行为规范与裁判规范；以规范是否附带明确具体的条件为标准，可分为无条件规范与条件性规范；以规范特征为标准，可分为积极义务型规范、消极义务型规范和允许型或授权型规范；以规范给予行为人的具体自由度为标准，可分为强制性规范、任意性规范和半强制性规范。[1] 最后一种分类，即为笔者于本部分所欲讨论之内容。

### （一）强制性规范

强制性规范，是指当事人必须遵守且不得约定排除适用的规范。强制性规范可分为强行性规范和禁止性规范，前者命令当事人为积极行为，后者禁止当事人为某种行为。由于民法领域奉行私法自治原则，是否实施以及如何实施某种行为，应当由行为人的自由意志决定，民法不宜过多干涉，故民法强制规范的作用并不在于指导当事人为某种行为，而仅仅在于为当事人划定行为边界，即不得为某种行为。苏永钦教授便认为，在大多数情况下，强制规范"只是从另一个角度去支撑私法自治而已"。[2] 故此，民法强制规范多表现为禁止性规范，强行性规范则较为罕见。

出于管制的需要，强行性规范主要出现于公法领域。民法中少量的强行性规范仅会对公权力机构（如登记机构）的行为进行规制，并不规制民事主体的行为，只是为民事主体确定自由行为之前提，比如关于主体资格和行为能力的规定，其他民法强制规范则大多为禁止性规范，主要集中于交易安全及公共利益等非意思自治领域。[3]

### （二）任意性规范

任意性规范，是指对当事人无拘束力并可由当事人通过合意排除或变通适用的规范。任意性规范的设置以"只有当事人才是自身利益之最佳判断者"这一假定为前提，赋予了行为人最大限度的意思自由，故此类规范主要出现于以私法自治为基本原则的私法部门中。基于私法自治的理

---

[1] 王莉君：《法律规范研究》，法律出版社 2012 年版，第 47—61 页；村田敏一：《絶対的強行規定・片面的強行規定・任意規定——新保険法の構造分析の視点》，《保険学雑誌》第 602 号。

[2] 苏永钦：《私法自治中的国家强制——从功能法的角度看民事规范的类型与立法释法方向》，载苏永钦《走入新世纪的私法自治》，中国政法大学出版社 2002 年版，第 17 页。

[3] 朱庆育：《民法总论》（第二版），法律出版社 2016 年版，第 55 页。

念，私人生活由自身规划，为己"立法"之情形当为常态，遵守他人设置的规范则属例外，故民法规范大多属于任意性规范，可为当事人意志排除。①

任意性规范可分为补充性的任意性规范和解释性的任意性规范，但以补充性的任意性规范为主。顾名思义，任意性规范的功能即在于，于当事人因约定不完整导致民事活动发生争议而难以寻求共同意志之时，以补充或解释的方式为当事人确定双方各自的权利义务，充当纠纷裁断的准据。补充性的任意性规范，是指可以通过当事人的特别约定，排除该项规范适用的规范；解释性的任意性规范，是指当事人在实施法律行为时所作出的意思表示不明确或不完全而引起纷争时，法官可依其确定该意思表示的内容，并将其作为确定双方当事人之间权利义务关系依据的规范。②但需要注意的是，无论是对当事人意思的"补充"还是"解释"，任意性规范的适用均须以尊重当事人意志为前提，如果只能以违背当事人意思为代价才能填补合同缺漏，那么一般宁可接受合同具有缺漏的事实。③

含有"当事人另有约定的除外"或类似表述的法律规范固然是任意性规范，但不含有此类表述的规范，也可能是任意性规范。基于对私法自治的尊重，当某一民事规范是否具有特殊公共政策目的不甚明确的时候，应将之朝单纯自治规范的方向去解释，法官应避免假设有特殊公共政策目的的存在，或对合目的性扩大解释。具体到强制性规范与任意性规范的判断上，即除非有坚实的依据，可认定立法者基于强化自治机制或衡平考量而有强制的意思，否则应在原则上将系争规范解释为任意性规范，即"有疑义，从任意"。④

（三）半强制性规范

半强制性规范赋予行为人的意思自由度介于强制性规范和任意性规范之间，具备强制性规范和任意性规范的双重性质。强制性规范和任意性规范在性质上是截然对立的，半强制性规范则将这种对立予以相对化，故半

---

① 朱庆育：《民法总论》（第二版），法律出版社2016年版，第51页。
② 参见钟瑞栋《民法中的强制性规范——公法与私法"接轨"的规范配置问题》，法律出版社2009年版，第23页。
③ ［德］迪特尔·梅迪库斯：《德国民法总论》，邵建东译，法律出版社2013年版，第260页。
④ 参见苏永钦《私法自治中的国家强制——从功能法的角度看民事规范的类型与立法释法方向》，载苏永钦《走入新世纪的私法自治》，中国政法大学出版社2002年版，第45页。

强制性规范也被称为相对强制规范。半强制性规范不像强制性规范那样僵硬,可以发挥当事人在维护和促进国家和社会公共利益方面的积极自主性,也不会产生任意性规范极易导致的交易不平等等交易外部性问题,有利于促进贯彻和实现公平正义的价值目标,是一种较为优位的法律规范设置。自规范所反映的立法目的观之,在民法中设置半强制性规范的目的是实现特定的社会公共政策,为当事人实施法律行为设定一个基准和底线,如果当事人的约定比法律规定更有利于特定公共政策目标的实现,该项规范就发挥任意性规范的作用,可由当事人以约定的方式排除适用;若当事人的约定与法律规定相比,更不利于特定公共政策目标的实现,该项规范就发挥强制性规范的作用,排除其适用余地的约定属于绝对无效的约定。[1]

根据强制对象的不同,半强制性规范包括三类:[2]

其一,仅强制一方当事人的主体半强制性规范,此类规范多旨在保护消费者、承租人等社会或经济弱者,为落实社会政策而设,如《合同法》第40条对格式条款无效情形的规定,[3]《消费者权益保护法》第26条第2款和第3款的规定,[4] 以及《保险法》第19条的规定。[5]

其二,只对法律关系的部分内容作出规制、其他则依当事人意志的内容半强制规范。如《合同法》第214条对房屋租赁期限的规定。[6] 据此,

---

[1] 参见钟瑞栋《民法中的强制性规范——公法与私法"接轨"的规范配置问题》,法律出版社2009年版,第43—44页。

[2] Reinhard Bork, Allgemeiner Teil des Bürgerlichen Gesetzbuchs, 3. Aufl., 2011, Rn. 97; Larenz/Wolf, Allgemeiner Teil des Bürgerlichen Rechts, 9. Aufl, 2004, § 3 Rn. 104 ff. 转引自朱庆育《民法总论》(第二版),法律出版社2016年版,第56页。

[3] 《合同法》第40条:"格式条款具有本法第五十二条和第五十三条规定情形的,或者提供格式条款一方免除其责任、加重对方责任、排除对方主要权利的,该条款无效。"

[4] 《消费者权益保护法》第26条:"(第2款)经营者不得以格式条款、通知、声明、店堂告示等方式,作出排除或者限制消费者权利、减轻或者免除经营者责任、加重消费者责任等对消费者不公平、不合理的规定,不得利用格式条款并借助技术手段强制交易。(第3款)格式条款、通知、声明、店堂告示等含有前款所列内容的,其内容无效。"

[5] 《保险法》第19条:"采用保险人提供的格式条款订立的保险合同中的下列条款无效:(一)免除保险人依法应承担的义务或者加重投保人、被保险人责任;(二)排除投保人、被保险人或者受益人依法享有的权利。"

[6] 《合同法》第214条:"租赁期限不得超过二十年。超过二十年的,超过部分无效。租赁期间届满,当事人可以续订租赁合同,但约定的租赁期限自续订之日起不得超过二十年。"

当事人在二十年的限度内可自由约定租赁期限。该期限的设置，是为了划定债权与用益物权的界限，因为不动产物权的设定形式及公示要求较为烦琐，若不区分不动产用益时间的长短，将较短期的不动产租赁也界定为物权，将会妨碍当事人对不动产的利用。①

其三，就行为事实的时间作出规制的时间半强制规范，如《合同法》第200条借款利息不得在本金中预先扣除的规定，②《物权法》第186条禁止流押的规定。③"此等强制性，意在防范假借自治之名的道德危险行为。"④

## 二 约定行为义务法律规范之属性释明

笔者认为，约定行为义务制度之法律规范应属半强制性规范。

首先，约定行为义务法律规范不是任意性法律规范。任意性规范对当事人无拘束力，当事人无须严格遵守，且可依其意志排除系争规定之适用或修正其内容。约定行为义务条款本是合同自治的产物，但由于保险人可能会滥用约定行为义务条款不当损害投保人和被保险人的利益，故极有必要对约定行为义务条款进行一般性的法律规制。如若承认关于约定行为义务制度的法律规定为任意性规范，则意味着保险人可任意创设约定行为义务的内容及法律后果，而不必考虑其是否符合保险法中约定行为义务的相关规定。如此，保险人的主观恣意性便难以被压制，其通过创设约定行为义务条款以限制投保人一方之权利，不当免除己方之责任的可能性将会大大提高，这显然违背了立法初衷，难以实现预设的立法效果。故此，约定行为义务制度相关法律规范的属性不应当是任意性规范。

其次，约定行为义务法律规范不是强制性法律规范。强制性规范不允许法律关系主体的一方或双方通过约定任意进行变更或排除，对当事人具有拘束力，当事人必须遵守。强制性规范包括强行性规范和禁止性规范，民法强制性规范更多地表现为禁止性规范而非强行性规范，此前已有述

---

① 张双根：《谈"买卖不破租赁规则"的客体适用范围问题》，载王洪亮等主编《中德私法研究》（第1卷），北京大学出版社2006年版，第11页。

② 《合同法》第200条："借款的利息不得预先在本金中扣除。利息预先在本金中扣除的，应当按照实际借款数额返还借款并计算利息。"

③ 《物权法》第186条："抵押权人在债务履行期届满前，不得与抵押人约定债务人不履行到期债务时抵押财产归债权人所有。"

④ 朱庆育：《民法总论》（第二版），法律出版社2016年版，第56页。

及。有关约定行为义务的法律规范中，最为核心的当属违反约定行为义务的法律后果及其相关构成要件之规范。当这些规范得到适用时，一般意味着被保险人会暂时（即保险人对特定损失免责）或永久（即保险合同终止）地丧失保险保障，对被保险人之利益影响重大。但民法领域终究以意思自治为基本原则，法律不应对当事人之意思自由作出过多限制和干涉。如果同约定行为义务之法律规定相比，保险合同双方当事人在保险合同中对约定行为义务条款的相关法律后果作出了对被保险人更为有利的安排，这种安排又显然没有对社会公共利益造成任何不利影响，那么就不应当否认这一行为的有效性。可见，约定行为义务制度之法律规范若被定位为强制性规范，将与民法基本原理有所抵牾，也不利于被保险人群体之福祉和社会公共利益的促进，故约定行为义务法律规范属于强制性规范的观点显然并不足取。

最后，约定行为义务法律规范属于半强制性规范。民法中设置半强制性规范的目的是实现特定的社会公共政策，为当事人实施法律行为设定一个基准和底线，如果当事人的约定比法律规定更有利于特定公共政策目标的实现，该项规范就发挥任意性规范的作用，可由当事人以约定的方式排除或修正适用，反之则发挥强制性规范的作用。《保险法》第16条对如实告知义务的规定，第21条对出险通知义务的规定，以及第52条对危险增加通知义务的规定等，皆为半强制性规定。这类规定是保险合同内容的最低标准，其规范目的是保持保险法的监督性质这一本质，以及防止保险人以附和合同的方式剥夺投保人和被保险人的权益。[①] 就约定行为义务法律规范而言，其规范意旨同样是为了避免保险人借助优势地位不当损害投保人一方的利益，所欲保护的社会公共群体则是不特定的投保人和被保险人。故此，对于约定行为义务之法律规范，保险人和投保人一方原则上不得合意排除或变更该等规范的适用，就有关事项作出与该规范不符的约定。但若同该规范相比，当事人之约定对该规范欲保护的群体（即投保人一方）更为有利，则约定有效，否则约定无效。这样的设置，既可以促进保险交易的平等，又有利于实现保护被保险人这一相对弱势群体之社会政策目标，十分契合公平正义的价值取向。是故，约定行为义务法律规范的属性宜被认定为半强制性规范。

---

① 江朝国：《保险法基础理论》，中国政法大学出版社2002年版，第304页。

## 本章小结

约定行为义务制度与保险标的的风险变动息息相关，将约定行为义务制度引入我国保险法，有助于完善我国保险法上的风险控制机制。在构建具体的约定行为义务法律规范之前，须对约定行为义务的制度框架进行搭建。约定行为义务的制度框架由约定行为义务的体系构成、约定行为义务的法律性质及履行主体、约定行为义务的创设和约定行为义务的规范属性四部分构成。

就体系构成而言，约定行为义务应当仅包含允诺性约定行为义务。约定行为义务与风险控制紧密相连，保险事故发生后，投保人一方已无维护保险标的安全的必要，通过保险法对投保人一方出险通知义务、施救义务和证明资料提供义务的规定，即足以实现对投保人一方保险事故发生后的道德危险行为的防范，故而无引入保险事故发生后的约定行为义务的必要，约定行为义务应当以保险事故发生前的义务为限。此外，废除肯定性约定行为义务并以如实告知义务代之，可以更好地实现对承保风险的识别和控制。为了优化约定行为义务制度，实现约定行为义务制度与我国保险法上既有制度的融洽衔接，我国保险法应当仅引入允诺性约定行为义务。

就法律性质而言，约定行为义务是一种不真正义务。约定行为义务的功能在于控制保险标的的风险变动，与辅助实现保险人获得保费这一给付利益无关，也与保险人人身和财产利益的保护无关，因而不属于给付义务或附随义务。保险人不得诉请投保人一方履行约定行为义务。当投保人一方违反约定行为义务时，仅会遭受保险金丧失或保险合同解除的不利益，而不负有对保险人的损害赔偿责任。因此，约定行为义务完全符合不真正义务的特征。就履行主体而言，约定行为义务的履行主体包括投保人和被保险人，受益人不宜作为约定行为义务的履行主体。

就约定行为义务的创设而言，其包括形式和内容两个层面，前者指约定行为义务的创设方式，后者指约定行为义务条款可得约定之事项范围。对于前者，约定行为义务通常系由保险人以格式条款的方式书面创设。但在投保人一方意思自治得到充分保障的情况下，非格式条款的创设方式也同样有效。对于后者，约定行为义务可得约定的事项应当以重要性事项为限，即仅限于足以影响保险人决定是否同意承保或提高保险费率的"重要"事项，重要性的判断标准应采一般理性保险人的客观标准。

就规范属性而言，约定行为义务的法律规范属于半强制性规范。约定行为义务法律规范内含的社会政策目标是保障投保人一方的利益免遭保险人的不当侵害。如果保险合同当事人就约定行为义务作出了比法律规定对投保人一方更为有利的约定，该约定显然既可以促进保险交易的平等，又有利于实现保护被保险人这一相对弱势群体之社会政策目标，十分契合公平正义的价值取向，因而应为有效，否则为无效。将约定行为义务法律规范的属性认定为半强制性规范，更有利于其规范意旨的实现。

经过本章，约定行为义务的制度框架已得到宏观和清晰的呈现，笔者将以此作为基础，在下一章中从微观层面对约定行为义务的法律规范进行构建。

# 第五章 制度表达：约定行为义务制度的微观构造

## 第一节 约定行为义务制度的体系定位

约定行为义务制度在保险法中的具体位置，决定了约定行为义务的适用范围。由于我国保险法采取的是人身保险与财产保险两分的立法模式，故此，在约定行为义务制度法律规范的建构中，约定行为义务制度是仅适用于人身保险合同，还是仅适用于财产保险合同，抑或是在两种保险合同中皆可适用，是一个必须最先得到检视的问题。

由于约定行为义务是投保人一方应当履行的义务，故对其体系定位的考量，可从检视其他投保人一方的义务在保险法上所处之位置展开。根据我国《保险法》的规定，投保人一方在保险合同订立以及履行的整个过程中，按时间顺序一般要履行以下义务：①如实告知义务（《保险法》第16条第1款）；②支付保险费的义务（《保险法》第10条第2款）；③保险标的转让的通知义务（《保险法》第49条第2款）；④维护保险标的安全的义务（《保险法》第51条第1款）；⑤复保险通知义务（《保险法》第56条第1款）；⑥危险增加通知义务（《保险法》第52条第1款）；⑦出险通知义务（《保险法》第21条第1款）；⑧施救义务（《保险法》第57条第1款）；⑨单证提供义务（《保险法》第22条第1款）。这些义务均被规定在《保险法》的第二章"保险合同"之中，该章包括"一般规定""人身保险合同"和"财产保险合同"三节，"一般规定"部分的法条序号是第10—30条，"人身保险合同"部分的法条序号是第31—47条，"财产保险合同"部分的法条序号是第48—66条。显见，以上义务分布于"保险合同"一章的不同位置，但主要集中在"一般规定"和"财产保险合同"两节之中，"人身保险合同"中没有针对投保人一方义务之特别规定。

"一般规定"中的内容针对的是所有的保险合同，人身保险合同和财产保险合同自然均可适用。在以上义务中，规定于"一般规定"一节的有如实告知义务、支付保险费的义务、出险通知义务和单证提供义务。不难理解，无论是人身保险合同还是财产保险合同，在保险合同订立之前，保险人均有了解保险标的的风险状况以决定是否承保及以何种费率承保的需求，而有关保险标的的信息偏在现象在两种保险中也都存在，投保人对保险标的的了解和熟悉程度远远高于保险人，即便是借助检查保险标的这一手段，保险人对保险标的的知悉程度在很多方面也很难企及投保人，故有必要课予投保人如实告知义务这项法定义务，以保障前揭目的的实现。而支付保险费作为保险合同的主给付义务之一，自然在一切保险合同中，均须得到投保人的履行。出险通知义务和单证提供义务是保险事故发生后的义务，前者意味着保险事故发生后，投保人一方应当及时通知保险人以使保险人知悉保险事故的发生，后者意味着投保人一方仅为通知尚且不足，还须提供相关的证明和资料以使保险人能够确认保险事故的性质、原因和损失程度。显然，人身保险合同和财产保险合同都存在保险事故这一概念，也都需要对投保人一方课予此等义务，以确保保险事故能够被保险人及时获知和查明，从而由保险人作出是否进行理赔的正确决定。

"人身保险合同"和"财产保险合同"两节中的内容作为"一般规定"以外的规定，自然仅得适用于各自之保险合同领域。前文列举的投保人一方的九项义务中，除以上四项义务外，均被规定于"财产保险合同"一节，这就意味着，剩下的五项义务都只能适用于财产保险合同，而不得适用于人身保险合同。然而，这五项义务在人身保险合同中是否真的全无适用余地，是一个存在争议的问题。笔者将对之逐一进行检视，以拨开法律条文的形式迷雾，从实质上探明这一问题，同时也为约定行为义务制度的体系定位奠定理论基础。

首先要讨论的是保险标的转让的通知义务，《保险法》第 49 条对该义务作出了规范。由于此项义务中明确涉及保险标的的"转让"，而人身保险合同中的保险标的是被保险人的生命或身体，具有高度的人格权属性，而基于人的"自在目的性"[1]，人的生命或身体是禁止作为客体被转

---

[1] 主要经由萨维尼的介绍，康德哲学被引入 19 世纪德国普通法学说，并对德国《民法典》的精神基础产生了决定性影响。参见 Larenz/Wolf, Allgemeiner Teil des Bürgerlichen Rechts, 2. Aufl., 2004, § 2 Rn. 2 ff. 康德的道德哲学认为，理性的人自在地作为目的而实存着，不单纯是某个意志所随意使用的工具，无论是对自己还是对其他有理性者，人的一切行为在任何时候都必须被当作目的。参见［德］康德《道德形而上学原理》，苗力田译，上海人民出版社 2002 年版，第 46 页。

让的,即便存在转让行为,该行为一般也属于违法犯罪行为,比如,出卖妇女、儿童的行为很可能会成立刑法上的拐卖妇女、儿童罪。因此,人身保险中不存在合法转让保险标的的情形,保险标的转让的通知义务之适用范围自然仅限于财产保险合同,《保险法》对该项义务所作的规定是没有问题的。

其次是《保险法》第 51 条所规定的维护保险标的安全的义务。《保险法》第 51 条第 1 款规定,被保险人应当遵守国家有关消防、安全、生产操作、劳动保护等方面的规定,维护保险标的的安全。对该款进行字面解读会发现,"国家有关消防、安全、生产操作、劳动保护等方面的规定"所针对的对象也基本均为财产,与第 51 条位于"财产保险合同"一节的事实相一致。然而,若对该条款的规范目的进行一番考究,则会发现这样的位置安排似乎不妥。结合保险交易的特征和第 51 条第 1 款的文义可知,该款的规范目的是督促被保险人更谨慎地照看和保护保险标的,以防因保险标的的危险增加而发生原本不会发生的保险事故。但是,对保险标的安全的维护并不限于财产保险,在人身保险中,若被保险人疏于注意自己的生命安全和身体健康,在投保之后长期工作或生活在极易引发疾病或意外伤害的高危环境中,或者将自己危险系数相对较低的职业转变为危险系数相对较高的职业,如从教师转为飞行员,从淘宝店主转为厨师等,同样也会引发保险标的的危险增加,导致实际危险与保险人承保之时的水平不相一致,从而影响或破坏保险合同的成立基础。故此,为防止人身保险合同可能出现的这些情形,同样有赋予人身保险合同被保险人维护保险标的安全义务的必要。然而,我国《保险法》将保险标的安全维护义务的适用范围限于财产保险合同,这一规定显然过于僵化,不符合保险业现实需求。

另外,重复保险的通知义务仅适用于财产保险合同的规定同样不具有足够的正当性,有关该项义务的规定位于《保险法》第 56 条。重复保险制度是基于损失填补原则而生的一项制度,我国保险法对重复保险采取的是狭义概念,即重复保险是指投保人对同一保险标的、同一保险利益、同一保险事故分别与两个以上保险人订立保险合同,且保险金额总和超过保险价值的保险。[①] 尽管保险价值的概念仅存在于财产保险合同中,但这并不意味着重复保险仅可适用于财产保险。由于重复保险制度的理论基础是损失填补原则,故对于所有的损失填补性保险,重复保险制度应当均可适用。财产保险是典型的损失填补性保险,但损失填补性保险的

---

① 《保险法》第 56 条第 4 款。

范围却远远不止于此，人身保险中的实支实付型健康保险和意外伤害保险，均旨在填补被保险人因保险事故发生而遭受的医疗费用损失，故亦属于损失填补性保险。① 事实上，损失填补性保险和定额给付性保险的分类要远远比人身保险和财产保险的分类更为科学合理，② 逻辑上更为周延，涵摄性也更加广泛，更有利于法律规范的设置。我国保险法由于采取的是人身保险和财产保险的分类方法，因而仅在财产保险部分规定了重复保险制度，忽略了重复保险制度在部分人身保险中的可适用性，导致重复保险制度的适用范围在现实中遭到不当限缩，这种立法方式不仅失之粗略，也在一定程度上削弱了损失填补原则的力度，不利于贯彻保险法的基本原则。

对于危险增加的通知义务，《保险法》第 52 条有所规定。同保险标的的安全维护义务相同，危险增加通知义务也会涉及保险标的的危险增加，自然在人身保险合同中也有规范的必要。而且，揆诸域外立法例，如德国③、法国④、意大利⑤、韩国⑥、日本⑦和我国台湾地区⑧，其保险法也都规定危险增加通知义务在人身保险和财产保险中可以一体适用。我国也有很多学者主张将危险增加通知义务的适用范围从财产保险扩展至人身保险。⑨ 另

---

① 江朝国：《保险法逐条释义 第一卷：总则》，元照出版公司 2013 年版，第 121 页。
② 我国台湾地区"保险法"所采亦为人身保险和财产保险的分类方式。江朝国教授就认为，人身保险和财产保险的分类无论是在契约法意义还是监理意义上均不足取，因而其更倾向于损害保险和定额保险的分类。参见江朝国《保险法逐条释义 第一卷：总则》，元照出版公司 2013 年版，第 455—465 页。《日本保险法》即采纳了此种思想，将保险分为损害保险、生命保险和伤害疾病定额保险三种，后两种均为定额保险。而且，《德国保险合同法》也并未单纯地采取人身和财产保险二分的立法模式，其将保险分为两大类：损害保险和特种保险。特种保险中又包括人寿保险、意外伤害保险、运输保险、建筑物火灾保险等险种。
③ 德国《保险合同法》第 23 条（总则部分）。
④ 法国《保险合同法》第 L113-4 条（适用于非海上损失保险和人寿保险的一般规则部分）。
⑤ 《意大利民法典》第 1898 条。
⑥ 《韩国商法典》第 652 条（"保险编"的通则部分）。
⑦ 日本《保险法》第 29 条（损害保险部分）、第 56 条（生命保险部分）、第 85 条（伤害疾病定额保险部分）。
⑧ 我国台湾地区"保险法"第 59 条第 1 款（保险契约部分）。
⑨ 参见温世扬主编《保险法》（第三版），法律出版社 2016 年版，第 155 页；孙宏涛《我国〈保险法〉中危险增加通知义务完善之研究——以我国〈保险法〉第 52 条为中心》，《政治与法律》2016 年第 6 期。

外需要注意的是,危险增加通知义务能够在一切保险合同中得到普遍适用的最根本依据是,维持和贯彻保险法上的诚信原则与对价平衡原则。可见,我国保险法对危险增加通知义务的体系位置设定无论是从何种角度进行考察,都不具有合理性。

最后要讨论的是投保人一方的施救义务。施救义务,又称减损义务,是指保险事故发生时,被保险人应当尽力采取必要的合理措施,防止或减少损失。[1] 施救既可以降低保险标的受损给被保险人造成的不便,又可以减少保险人的赔付金额,由于保险人的赔付责任得以减轻,投保人支付的保险费便会相应降低,危险共同体的其他成员也会从中间接获益。此外,施救还可以减少社会财富的净损失,具有相当明显的社会公益色彩。就此而言,施救既符合被保险人和保险人的利益,也符合社会公共利益。[2] 尽管我国《保险法》对施救义务的规定意味着其仅适用于财产保险,但人身保险中也并非没有施救义务的栖身之所。人身保险中的人寿保险一般以被保险人的生存或死亡作为保险事故,对于前者,由于被保险人并未遭受损失,故没有施救之必要;对于后者,被保险人既已死亡,故无施救之可能。故施救义务不适用于人寿保险应当是没有争议的。然而,意外伤害保险和健康保险也属于人身保险,相应的保险事故分别为被保险人遭受意外伤害和被保险人罹患疾病,二者皆可被视为被保险人遭受的损失。由于两种保险在某种程度上具有一定的损失填补性,故被保险人应当采取措施防止或减少损失,具体表现为防止伤害扩大或病情加重。但需要注意的是,由于被保险人是直接遭受身体痛苦的主体,且非具有专业医疗护理知识的医生等专业人士,这种施救义务的程度不宜过高,以免对被保险人过于严苛,不当剥夺其本应获得的保险赔偿。由此可见,我国保险法对施救义务的规定同样存在一些问题。

通过以上分析可以得出,除保险标的转让的通知义务外,保险法对其他投保人一方的义务仅适用于财产保险之安排并不具有充分的法理基础,极大忽视了各类保险之现实运行状态,正当性与合理性均为不足。那么,于这样的情势之下,约定行为义务在我国保险法上又该被规定于何处呢?笔者认为,约定行为义务应当被规定于"一般规定"部分,对人身保险合同和财产保险合同一体适用,理由如下:

第一,约定行为义务在人身保险和财产保险中均有植根基础。约定

---

[1] 任自力主编:《保险法学》,清华大学出版社2010年版,第120页。
[2] 参见伍坚《被保险人施救义务比较研究》,《法学杂志》2012年第4期。

行为义务的功能在于控制保险标的的风险变动,而人身保险和财产保险均存在保险标的风险变动的可能,这在之前已有提及。无论是将约定行为义务单独规定于何种保险中,都会面临因另一种保险的投保人和被保险人得不到有效的法律规制,而引发道德危险和保险事故发生频率提高、严重程度扩大的局面。这样的局面既不为立法者所乐见,也非保险人所追求,或许就特定的投保人或被保险人而言,其从中得到了一时的好处,即可以多获保险金赔付,但其因保险事故遭受的损失同时也更大,而且从长远意义上说,保险人会将其增加的成本以提高保险费的形式转嫁给危险共同体,进而损害危险共同体的整体利益。单个的投保人作为危险共同体的成员,其利益自然也会受到波及,需要为自己的疏忽或故意行为付出代价。尽管单个的投保人是在为自己的行为埋单,但危险共同体之内的其他无辜成员因此遭受的保费提高之不利益却无人埋单。由于社会财富的净损失增加,社会公共利益也会受到损害。因此,为避免这些不利后果的发生,不宜将约定行为义务单独规定于《保险法》的人身保险合同或财产保险合同部分,而应当将之规定于"一般规定"部分,使之在两种保险中均可适用。

第二,我国《保险法》将部分投保人一方的义务仅规定在财产保险部分的做法已充分显现出其不合理性。上文已经就此作出了十分细致的阐释,此处不再赘述。由于立法者在立法之时未能准确把握人身保险合同和财产保险合同,以及损失填补性保险合同和定额给付性保险合同各自的内涵与区别,也未能充分理解各种投保人一方义务之内涵、功能与目的,以致相关规定被置于错误位置,从而不当限缩了某些义务的适用范围,阻碍了其功能的普遍与正常发挥,极大提高了实务中各种不良状况的发生频率或概率。这不仅不利于保险市场的均衡健康发展,还会对诚信原则、损失填补原则和对价平衡原则等保险法基本原则造成破坏。立法机关在进行以上立法时既未对保险实务的现实运行状况进行全面考量,也在一定程度上忽视了保险法的基本理论基础。从这一角度出发,在将来约定行为义务法律规范的制定中,立法者应当弥补和修正以上失误,尽量在立法层面防范法规制定后可能发生的以上不利后果。而这给约定行为义务制度构建带来的启示即为,将约定行为义务的法律规范规定于《保险法》中可同时适用于人身保险合同和财产保险合同的"一般规定"部分。

第三,约定行为义务制度的比较法规范并未限制约定行为义务的适用范围。从前文对约定行为义务比较法上之成文法和判例法的介绍中已知,约定行为义务既适用于海上保险,也适用于非海上保险,而且,在非海上保险中,也并不存在对不同类别之保险区别适用约定行为义务的规定。另外,丰富的判例也从实践的角度证明了约定行为义务在人身保险和财产保险中均可适用。我国作为约定行为义务制度的继受国,并无任何有关约定行为义务的法治实践经验,而且我国的保险环境和域外实行约定行为义务制度的国家也没有本质区别,似乎并不存在特别的理由足以支撑我国保险法另起炉灶,规定出一套无论是在体系定位还是内容设置上都与域外截然不同的约定行为义务制度。就此而言,遵从比较法上的立法例并不表明我国的法律移植是建立在照抄照搬、全盘接收,未对相关制度的法理基础、规范体系和现实运行状态进行细致考量的基础之上,相反,这是在慎重考察和比较国内外相关立法与实务运作环境之后作出的最为优位的一种选择。所以,我国保险法上的约定行为义务制度应当适用于人身保险和财产保险。

综上,保险行业的现实环境、现行立法不妥适所致之不利后果及风险、域外立法例的既有规定这三者从立法、实务、比较法和保险法理等角度均证明了约定行为义务制度同时适用于人身保险和财产保险的必要性与应然性。故此,约定行为义务应当被规定于我国《保险法》"保险合同"一章的"一般规定"一节。

但至此解决的仅仅是约定行为义务的基本体系定位问题,约定行为义务在"一般规定"部分具体该被置于何处,可以从投保人一方义务履行的时间顺序这一角度进行安排,以实现保险法体系逻辑上的顺畅。

投保人一方应履行的九项义务中,支付保险费的义务、如实告知义务、出险通知义务和单证提供义务均位于"一般规定"部分,而且是按义务履行的时间先后顺序进行排列的,故无须对之进行调整。然而,在被规定于"财产保险合同"一节的五项义务中,除保险标的转让的通知义务可以仅适用于财产保险外,其他四项义务均应当被扩大适用至人身保险。故笔者主张在未来的保险法修订中,将有关此四项义务的规定移至"一般规定"一节。同时,笔者在本书的导论部分已经指出,《保险法》第51条对保险标的安全维护义务的规定不仅存在规范漏洞,在司法实践中也难以发挥其应有的作用,基本无法作为保险法上的事前风险控制机制有效运行,从而导致我国保险法上风险控制机制存在缺陷。而之所以要引入约定行为义务制度,就是因为其风险防控功能显著,有助于完善保险法上的风险防控机制。故此,约定行为义务制度的引入实际上可被视为对《保险法》第51条之改造。在引入约定行为义务制度并对其规范内容予以妥善构建后,《保险法》第 51 条实际已被改造成为约定行为义务制度,故而再无保留之必要。

在这样的基础上,对于以上义务的条文位置安排,笔者有以下构想:支付保险费的义务、如实告知义务、出险通知义务和单证提供义务这四项原本就被规定于"一般规定"部分的义务位置不变,将另外三项义务(即危险增加的通知义务、复保险通知义务、施救义务)和约定行为义务根据其履行时间分别插入至原来四项义务规定之前或之间的某些位置。首先,由于复保险通知义务的履行时间并不固定,既可能是保险合同订立时(即此前已订有保险合同的场合),也可能是保险合同成立后(即此后又订立保险合同的场合),具有很大的灵活和随机性,但其履行时间无论如何都不会早于如实告知义务,故宜将之规定于《保险法》第 16 条规定的如实告知义务之后。同时又考虑到其履行时间同其他义务相比较不固定的这一特殊性,可以将之特别规定于如实告知以外的其他义务之前。对于余下的其他义务,一般而言,投保人首先在保险合同订立之时履行如实告知义务,接着在保险期间起始之时旋即开始履行约定行为义务,而保险标的危险的显著增加,一般发生于保险期间起始后的一段时间里,故危险增加的通知义务的履行时间一般会晚于约定行为义务的最初履行时间,而保险事故通常又发生于保险标的危险增加之后,投保人保险事故发生后的施救义务、通知义务和单证提供义务显然都会在最后履行。在这三项义务中,施救义务显然是最为紧迫的义务,需要投保人一方在保险事故发生之时就开始履行,《保险法》第 21 条规定的通知义务和第 22 条规定的单证提供义务则应当发生在此之后。职是,从规范脉络的角度,应当将复保险通知义务、约定行为义务、危险增加通知义务和施救义务依次规定于《保险法》第 16 条和第 21 条之间,如此安排方能在保险法中构建与危险相关之规范的清晰体系结构。

## 第二节　约定行为义务制度的具体设计

### 一　约定行为义务的内涵重述

在前一章"约定行为义务的制度框架"中,笔者已明确指出,约定行为义务制度在体系构成上应当仅包含允诺性约定行为义务,而不包括肯定性约定行为义务,因而我国保险法上约定行为义务的内涵会与传统的约定行为义务有所区别。为了给保险人和投保人在保险合同中合理创设约定行为义务，以及法院在审判相关纠纷争议时正确适用法律提供指导，应当在立法上对约定行为义务的内涵进行明确，以避免在制度移植中出现认识和理解上的谬误，进而使制度移植原初之美好目的丧失，导致约定行为义务制度的引入成为一场盛大而无用的活动。同时，第四章还指出约定行为义务一般是由保险人一方以格式条款的方式创设，所约定的事项应当以重要性事项为限，履行主体为投保人和被保险人。

故此，我国保险法在引入约定行为义务后，应将之定义为：

约定行为义务是通常由保险人以格式条款方式创设的，投保人、被保险人在保险期间内应当为或不为一定行为以维护保险标的安全的合同义务。

约定行为义务的内容应当具有重要性，足以影响保险人决定是否同意承保或者提高保险费率。

## 二 约定行为义务的违反后果及相关构成要件

（一）约定行为义务违反后果的比较法规范

实行了约定行为义务制度的国家和地区主要有英国、德国、美国、我国台湾地区，以及作为英联邦成员国的加拿大、澳大利亚、新西兰等国家。其中，立法较具代表性的是英国与德国，故本部分对约定行为义务违反后果之比较法规范的介绍系以英德两国为主体内容，同时辅以美国、我国台湾地区等国家和地区的相关规定，以期对违反约定行为义务的法律效果作出较为全面的呈现。

1. 英国法规范释评

（1）立法沿革：约定行为义务的法律渊源及适用范围

英国《1906年海上保险法》记载了有关约定行为义务的最早成文法规范，该法第33条第3款规定，无论约定事项对承保风险是否具有重要性，约定行为义务都是一项必须被严格遵守的条件，当被保险人违反约定行为义务时，根据保险合同的明示条款，保险人自被保险人违反之日起自动向后免责，但违反之前的保险责任不受任何影响。[①] 据此，英国《1906

---

① 该款原文为：A warranty, as above defined, is a condition which must be exactly complied with, whether it be material to the risk or not. If it be not so complied with, then, subject to any express provision, the insurer is discharged from liability as from the date of the breach of warranty, but without prejudice to any liability incurred by him before that date.

年海上保险法》所规定的约定行为义务违反后果一般被称为"保险人自动向后免责"。该项法律后果作为英国传统约定行为义务制度的一项重要规定，与本书在第一章提到的严格遵守原则、无重要性、无因果关系、无可补正性这些传统约定行为义务制度的基本特征相适应。然而，这些基本特征对被保险人的极度严苛性，以及与现代保险法理念的背离，导致《1906年海上保险法》中有关约定行为义务的部分法律规范被英国《2015年保险法》所废除或修改。《2015年保险法》不仅在第10条第1款明文废止了所有规定被保险人违反保险合同中的约定行为义务（明示或默示），将免除保险人全部合同责任的法律规则，[1] 还在第10条第7款明确规定，删除《1906年保险法》第33条（保证的性质）第3款第2句，以及第34条（免除违反保证的责任）。[2]

值得注意的是，由于英国区分消费者保险和非消费者保险，而消费者被保险人在经济实力和信息甄别能力方面一般会弱于非消费者被保险人，故《2015年保险法》中的约定行为义务规范在两种保险的适用中存在一些细微差别。对于消费者保险而言，该法中有关约定行为义务的规定属于相对强制规范，若相关合同条款使得被保险人的法律地位劣于该法规定的法律地位，则条款在违反范围内绝对无效。[3] 而对于非消费者保险而言，该法中有关约定行为义务的规定则属于任意性规范，为了更好地保障保险合同当事人的意思自治，即便当事人在保险合同中就约定行为义务所作的安排，导致被保险人的法律地位劣于该法规定的法律地位，[4] 只要"透明性"（transparency）这一要求得到满足，相关合同条款也是有效的。"透明性"要求有两层含义：一是在合同订立或合意变更前，保险人必须采

---

[1] 该款原文为：Any rule of law that breach of a warranty (express or implied) in a contract of insurance results in the discharge of the insurer's liability under the contract is abolished。

[2] 该款原文为：
In the Marine Insurance Act 1906—
(a) in section 33 (nature of warranty), in subsection (3), the second sentence is omitted,
(b) section 34 (when breach of warranty excused) is omitted。

[3] 《2015年保险法》第15条第1款、第2款，原文为：(1) A term of a consumer insurance contract, or of any other contract, which would put the consumer in a worse position as respects any of the matters provided for in Part 3 or 4 of this Act than the consumer would be in by virtue of the provisions of those Parts (so far as relating to consumer insurance contracts) is to that extent of no effect. (2) In subsection (1) references to a contract include a variation。

[4] 此即《2015年保险法》第17条所称的"不利条款"（the disadvantaged term）。

取有效措施提请被保险人注意到不利条款；二是不利条款必须达到清晰明了、毫不含混的程度。① 故此，在这样的规则设置下，"保险人自动向后免责"的约定行为义务违反后果并未被彻底否定，在某些特殊情况下，其适用空间依然存在。只是，这种适用从之前的原则变成了如今的例外。

（2）与时俱进：《2015年保险法》之规范超越

英国《2015年保险法》对约定行为义务的违反作出了与《1906年海上保险法》完全不同的规定，相关规范主要集中在第10条。其中，第10条第2款明文规定了违反约定行为义务的法律效果，其内容为："在保险合同中的约定行为义务（明示或默示）被违反后至被补正前的期间内，对于该期间内发生的任何保险标的的损失，或可归因于该期间内发生的某事而产生的保险标的损失，保险人得免除其赔付责任。"② 此种法律后果可被称为"保险人责任中止"。其与"保险人自动向后免责"的区别，或者说相较于"保险人自动向后免责"的合理和优越之处，主要有以下两点：

第一，免责期间不同。"保险人责任中止"只是保险人责任的暂时性免除，免责的时间段为约定行为义务违反后补正前的这段时间，当违反约定行为义务的行为得到补正后，保险人的保险责任便会恢复。质言之，对于约定行为义务被违反之前和补正之后发生的保险事故，保险人均须承担保险责任。但是，也存在两种例外情况：①违反行为根本无法补正；②损失虽发生于违反行为被补正之后，但却可归因于违反后补正前这段时间内发生的某事。③ 在前一情形下，保险人并非暂时地免除保险责任，而是永久地免除保险责任，直至保险合同终止。在后一情形下，对于"中止期"

---

① 《2015年保险法》第17条第2款、第3款。第2款的原文为：The insurer must take sufficient steps to draw the disadvantageous term to the insured's attention before the contract is entered into or the variation agreed. 第3款的原文为：The disadvantageous term must be clear and unambiguous as to its effect。

② 该款原文为：An insurer has no liability under a contract of insurance in respect of any loss occurring, or attributable to something happening, after a warranty (express or implied) in the contract has been breached but before the breach has been remedied。

③ 《2015年保险法》第10条第2款所规定的"可归因于该期间内发生的某事而产生的损失"是指这样一种情形：损失源于在责任中止期间发生的某一事件，但仅在违反被补正后才实际发生。参见《2015年保险法释义》（*Explanatory Notes of Insurance Act 2015*）第89条，第14页，2017年11月11日，http: //www. legislation. gov. uk/ukpga/2015/4/notes/data. xht? view=snippet&wrap=true。

内的某一事件造成的"中止期"外才发生的损失，保险人仍可免除保险责任。而"保险人自动向后免责"则是保险人责任的永久性、终局性免除，免责时间段为自约定行为义务违反之日至保险合同终止，即使被保险人嗣后又对违反行为进行了补正，也不会产生任何法律效果，保险人的保险责任不存在任何恢复的可能。而且，保险责任的此种永久性免除基本不存在任何例外。

第二，约定行为义务违反行为可否补正不同。在"保险人责任中止"的法律效果中，违反约定行为义务的行为明显是具有可补正性的，因为保险人的免责期间就是约定行为义务违反后补正前的这段时间。而在"保险人自动向后免责"的法律效果中，违反约定行为义务的行为并不具有可补正性，因为《1906年海上保险法》第34条第2款明确规定，被保险人不得以损失发生前违反约定行为义务的行为已经被补正，约定行为义务重新得到遵守为由，使自己免于承担违反约定行为义务本应承受的不利后果。[①] 而且，无可补正性本来也就是英国传统约定行为义务制度的基本特征之一。

（3）以史为鉴：《2015年保险法》之规范缺失

尽管英国《2015年保险法》对约定行为义务制度的变革，体现出了立法机关在缓和约定行为义务严苛性方面所作的巨大努力，相关规定也的确在一定程度上弥补了约定行为义务此前的诸多内在缺陷，可称道之处不止一二。但不可否认的是，《2015年保险法》对约定行为义务的改革并非尽善尽美，约定行为义务制度中依然存在需要通过立法加以明确的事项。

① "无重要性"特征的保留

《1906年海上保险法》第33条第1款定义了海上保险中的约定行为义务，普通法将之并行扩展到其他类型的保险当中，[②] 第3款第1句规定了约定事项对承保风险无论是否具有重要性，都必须被严格遵守。《2015年保险法》既未废除以上规定，也未对约定行为义务重新进行定义，或者对约定事项的范围作出规定或限制。故此，在英国的保险实务中，保险人与被保险人依然可以将任何事项作为约定行为义务的内容，而无论该事

---

① 该款原文为：Where a warranty is broken, the assured cannot avail himself of the defense that the breach has been remedied, and the warranty complied with, before loss.

② 参见《2015年保险法释义》(*Explanatory Notes of Insurance Act 2015*) 第86条，第13页，2017年11月11日，http://www.legislation.gov.uk/ukpga/2015/4/notes/data.xht?view=snippet&wrap=true。

项对承保风险的变动及保险人承保保险标的是否具有重要性。此即意味着，传统约定行为义务制度中的"无重要性"特征被保留了下来，并未得到立法的修正或剔除。根据之前提到的"无重要性"的弊端可知，无论这是立法者的有意为之还是无心之失，都不具有足够的合理性。

②主观构成要件规定的缺漏

就被保险人对约定行为义务的违反是否须具有主观过错这一点，《1906年海上保险法》和《2015年保险法》均未作出任何规定。尽管约定行为义务仅是一种不真正义务，被保险人违反约定行为义务并不会产生对保险人的损害赔偿责任，仅会使自己遭受彻底或暂时失去保险保障的不利益，但这对被保险人的影响同样重大，因为其购买保险的根本目的就是获得保险保障。令被保险人在主观上没有任何可归责性的情况下承担如此重大的不利后果，无论如何都不符合私法上过错责任的基本观念。尽管根据我国《合同法》第107条，一般认为我国违约责任的归责原则采取的是无过错责任原则，但这一立法模式在大陆法系立法例上实属首例。对此，学界持质疑意见者较多，其多认为，无过错责任原则存在诸多弊端，违约责任的归责原则采过错责任原则更为妥适。[1] 另一方面，保险合同和一般的民商事合同在性质上存在诸多差异，这决定了对于保险合同法律问题的处理，不宜简单套取合同法的规定。事实上，域外各国家和地区大都针对保险合同单独进行了立法，我国亦不例外。《德国保险合同法》《韩国商法典》《日本保险法》以及我国《保险法》等多数国家之保险立法在保险人取得保险合同解除权或免除特定保险责任的情形，大都规定了投保人一方的主观过错要件。英国保险法一直以来对主观构成要件付之阙如的做法，实在令人费解。不可否认，其在很大程度上减弱了对投保人一方的利益保障。

③"无因果关系"特征的延续

《2015年保险法》忽视了适用约定行为义务违反后果时应当具备的因果关系要件。在"保险人责任中止"这一法律效果中，对于中止期内发生的任何保险标的之损失，保险人均可免除责任。此种情形下的责任免除不以损失与违反约定行为义务之间存在因果关系为要件。对于中止期内的某一事件导致的中止期结束后才发生的任何保险标的之损失，保险人也均

---

[1] 参见崔建远《严格责任？过错责任——中国合同法归责原则的立法论》，载梁慧星主编《民商法论丛》（第11卷），法律出版社1999年版，第190页以下；韩世远《合同法总论》（第三版），法律出版社2011年版，第593页以下。

可免除保险责任。该情形下的责任免除同样不以损失与违反约定行为义务之间存在因果关系为要件，此处所涉之因果关系仅仅是损失与中止期内发生的某一事件之间的因果关系。质言之，对于中止期内发生之事件所导致的一切损失，无论是直接发生于中止期内，还是间接发生于中止期外，也无论违反约定行为义务之行为与该事件之间是否具有因果关系，保险人均可免责。所以，根据《2015年保险法》第10条第2款，在"保险人责任中止"的法律效果中，保险人责任的免除并不以损失与违反约定行为义务之间存在因果关系为要件，传统约定行为义务制度中的"无因果关系"这一基本特征在《2015年保险法》中得到延续。

无重要性、无因果关系、无可补正性这三大要素既是传统约定行为义务制度的基本特征，也是其显著弊端之所在。《2015年保险法》以改革约定行为义务制度作为重要目标之一，却只对三大弊端中的一项进行了修正，严格遵守原则基本得到了保留。故此，其改革目标能否真正实现，改革效果是否符合预期，恐怕要打上一个大大的问号了。

（4）制度优化：《2015年保险法》第11条对第10条第2款的规范补充

①基本优化机理阐释

基于英国《2015年保险法》第11条第4款[1]的规定，从立法技术的角度来说，第11条是第10条的重要补充，如果没有第11条，保险人仍然有理由对与违反约定行为义务无任何关联的损失拒绝赔偿，第10条只有和第11条结合使用，才能确保保险人赔偿责任中止的效力仅及于保险人创设约定行为义务时所针对的风险。[2] 第11条相当于间接规定了约定行为义务违反中的因果关系要件，将保险人可得免除责任的损失，限制在被保险人违反约定行为义务导致损失风险提高而发生的损失范围之内，若被保险人的违约行为并未导致损失发生的风险提高，即便此后真正发生了损失，保险人也不得主张免除保险责任。

②第11条规定的局限性

然而，需要说明的是，第11条的规定并不能否定在保险法中明文规定因果关系要件的必要性。尽管第11条在一定程度上挽救和纾解了约定行为义务因果关系规定缺失所引发的困局，但该条的局限性也相当明显，

---

[1] 该款规定："本条可与第10条同时适用。"原文为：This section may apply in addition to section 10。

[2] 参见郑睿《英国海上保险保证制度改革评析》，《中国海商法研究》2016年第2期。

并且在理论与实务上引发了不少争议。

其一，第11条的适用范围具有不确定性。根据第11条第1款的规定，第11条适用于除定义整体风险条款以外的、用于减少以下一项或多项特定损失风险的（明示或默示）条款：(a) 特定种类的损失；(b) 特定地点的损失；(c) 特定时间的损失。① 据此可知，第11条仅适用于特定风险条款，而不适用于整体风险条款。然而，第11条却没有提供区分特定风险条款和整体风险条款的标准，二者的区分并非易事。在实践中，某一条款很可能既可被认定为整体风险条款，也可被认定为特定风险条款，且两种判定在理论上均有充分理由。比如，劳合社市场协会（Lloyd's Market Association，LMA）和伦敦国际保险人协会（International Underwriting Association of London，IUA）在向议会提交的立法建议中，就举例对认定"整体风险条款"的难度进行了说明：被保险人为一家炼油厂投保了火灾保险，保险合同中的约定行为义务条款规定，被保险人必须确保在工厂炼油设备运行时有合格的消防员在场。对于此项约定行为义务条款，一方面，保险人可以主张，由于该保险承保的是火灾风险，所以要求消防员在场的条款对风险有整体上的影响，故该条款是"整体风险条款"，不适用第11条；另一方面，被保险人又可以主张，该条款的目的是减少火灾这一特定种类的损失，或炼油厂这一特定地点的损失，符合第11条的规定，故而可以适用第11条。② 一旦无法适用第11条，就意味着保险责任的免除脱离了因果关系的束缚，即便违反条款的行为与损失之间没有因果关系，保险人也可拒绝承担保险责任。尽管第11条既可适用于约定行为义务条款，也可适用于其他保险人责任免除条款，适用范围相对广泛，但仅仅就约定行为义务条款而言，第11条之适用范围的不确定性导致因果关系要件无法得到普遍适用，故而难以对保险人形成一般性的约束机制。

其二，第11条第2款和第3款的含义具有不确定性。根据第11条第

---

① 第11条第1款的原文为：This section applies to a term (express or implied) of a contract of insurance, other than a term defining the risk as a whole, if compliance with it would tend to reduce the risk of one or more of the following—
(a) loss of a particular kind,
(b) loss at a particular location,
(c) loss at a particular time。

② Special Public Bill Committee, Insurance Bill [HL], https://publications.parliament.uk/pa/ld201415/ldselect/ldinsur/81/81.pdf, p. 37.

2款和第3款，对于"减少某一特定种类、地点或时间之损失风险"的特定风险条款，只要被保险人能够在发生损失的情况下，证明违反条款的行为并未增加损失实际发生的风险，保险人就不能以被保险人违反条款为由，排除、限制或免除其赔付责任。质言之，即在被保险人能够证明其违反约定行为义务的行为与实际发生的损失没有关联的情况下，保险人应当对被保险人的损失承担保险责任。英格兰法律委员会和苏格兰法律委员会通过举例解释了第2款和第3款的理解与适用方法，其中一个例子是：被保险人为其车辆投保了机动车保险，保险单中的约定行为义务条款规定，被保险人应当保证投保车辆适于道路行驶。嗣后，车辆左前灯发生故障，被保险人未予修缮，因而违反了约定行为义务。夜间，车辆因在薄冰路面上打滑而侧翻发生损毁。在此情形下，尽管被保险人的损失并非由故障车灯直接导致，但由于损失系发生于夜间，故障车灯会影响被保险人的视线，进而提高损失的发生风险，故而保险人无须赔偿。然而，若是其他因素皆保持不变，仅事故发生时间改变，即投保车辆在白天与一辆卡车相撞，由于白天一般无须使用车灯，故即便车灯发生故障，也并不会增加损失发生的风险，保险人不能以被保险人违反条款为由拒绝承担保险责任。① 但是，劳合社市场协会和伦敦国际保险人协会却从另一视角对此例进行了分析：在夜间发生事故的情形，被保险人可以主张薄冰处于自己的视觉盲区，即便车灯正常事故也无法避免，故车灯故障并未提高损失的发生风险，保险人仍须赔偿；在白天发生事故的情形，保险人可以主张白天天气状况不佳，若车灯正常，被保险人便可早些看见卡车进而避免碰撞，因此车灯故障提高了损失的发生风险，保险人无须赔偿。② 可见，第11条第2款和第3款在司法适用中将会引发极大的不确定性，仅仅对条文进行字面解读，并不能化解可能产生的争议。这些争议将会很快呈现于法庭之上，③ 或许直至法院通过判例对这两款的理解及适用作出类型化的清晰解读之时，这种不确定性才能得到消除，实务中的争议才能真正得以解决。

---

① Special Public Bill Committee, Insurance Bill ［HL］, https：//publications.parliament.uk/pa/ld201415/ldselect/ldinsur/81/81.pdf, p. 36.

② Ibid.

③ John Birds, *Birds' Modern Insurance Law*, 10th ed., London：Sweet & Maxwell/Thomson Reuters, 2016, p. 182.

(5) 小结

综上，英国有关约定行为义务违反后果的法律规范虽同之前相比，更具合理性和现代性，但并未从整体上根本破除传统约定行为制度中的沉疴痼疾。《2015年保险法》第11条尽管相对弥补了约定行为义务"因果关系要件"规定缺失这一缺陷，但其适用范围和内涵的不确定性，致使因果关系要件难以在约定行为义务制度中发挥一般性的限制作用，从而导致被保险人无法获得普遍和足够的保障。为实现结构与内容上的完善，英国约定行为义务制度仍有改革空间。

2. 德国法规范释评

约定行为义务最初被规定于德国《1908年保险合同法》第6条。该条规定对投保人和被保险人的利益影响重大，但当时的该条规定却过于简陋，尤其是其中保险人于投保人违反约定行为义务时可解除保险合同的规定，对投保人相当不利。于是，该条于1939年11月、12月以及1942年12月分别经历了三次修订，此后其内容便保持稳定，一直施行至2008年1月1日。下文所称的"旧法"，即指1942年修正后施行至2008年1月1日的《德国保险合同法》。后来，为适应保险行业的现实发展，该法又一次经历了重大修订，2008年1月1日，修订后的新法即《2008年保险合同法》正式开始实施。在新法中，约定行为义务被规定于第28条。此次修法的主要目的在于更新此部法规中过于陈旧而无法适应社会现实的条文，同时，许多不利于投保人的条文被废止，与投保人利益有关的条文得到了强化，有关保险人提示说明义务的内容也得到了进一步规范与明确。总之，此次修法在很大程度上提高了对保险消费者的保护力度。尽管本部分主要是对各国保险法上约定行为义务违反后果的介绍，但德国作为历史悠久的成文法国家，其很多制度或规定并非孤立存在，往往是配套发挥作用。有关违反约定行为义务之法律效果的规定同样如此，如欲了解此项法律效果的适用条件，还须将目光投射到同条其他款项的规定之中。故此，笔者将对德国新旧保险合同法中有关约定行为义务的规定及其利弊得失作出通盘介绍，以详细说明德国保险法上约定行为义务违反后果的规范构造。

(1) 旧法的内在缺陷

在本书第二章第一节"约定行为义务的内涵描述"部分，笔者已从约定行为义务的内容、主观构成要件、因果关系和违反约定行为义务的法律效果四个方面，对德国旧法中有关约定行为义务的规定进行了详细介绍。尽管同英国对约定行为义务的规定相比，德国约定行为义务的相关配套制度相对更为完善合理,从投保人和被保险人的角度,其法律后果也相对较为缓和,但不可否认的是,德国旧法上之约定行为义务制度依然存在着诸多明显缺陷,这些缺陷不仅降低了保险实务的运作效率,也抑制了保险行业的发展。具体而言,德国旧法中的约定行为义务制度主要存在以下三项缺陷:

① "全有全无原则"的法律后果过于严苛

"全有全无原则"(All or Nothing Principle)是旧法第6条对约定行为义务的规定中颇受指摘的一点。其主要内涵是,投保人一方即使只是轻微地违反约定行为义务,或即使其违反义务的行为并未实际加重保险人的负担或对保险人造成重大损害,被保险人仍可能会因此丧失全部的保险保障。纵然该原则的贯彻可以有效提高投保人一方的注意程度,对保险事故产生一定的预防作用,但其对投保人和被保险人实在过于严苛,给投保人和被保险人造成了严重的负担。在保险人通过合同条款广泛创设约定行为义务的情况下,对于"全有全无原则"的适用是否违背诚实信用原则的基本要求,是否使投保人一方遭受了过重的不利益,在过去的数十年里,德国学术界与实务界一直存在广泛的质疑之声。[1] 在实务中,为了缓和这一原则带来的严苛后果,德国联邦最高法院在部分案件中创设了保险人的通知义务,认为在投保人一方违反保险事故发生后的通知义务或提供相关证明资料的义务时,保险人若未通知其违反该义务的法律后果,便不得主张免责;[2] 并以诚实信用原则为基础,通过判决创设了"重要性理论"(Relevanzrechtsprechung),[3] 认为投保人即使是故意违反了保险事故发生后的约定行为义务,若其违反行为并未真正加重保险人的负担,保险人便不得主张免责;而且仅仅在投保人的行为确实已经严重损害保险人利益的情况下,才能将其行为认定为违反约定行为义务的行为。[4] 经由法院的作为,保险人主张免除给付责任或解除保险合同的空间受到了压缩。但尽管

---

[1] 参见叶启洲《从"全有全无"到"或多或少"——以德国保险契约法上约定行为义务法制之改革为中心》,《政大法学评论》2015年第1期。

[2] BGH VersR 1967, 441; BGH VersR 1967, 593; BGH VersR 1971, 142.

[3] BGH VersR 1969, 651; BGH VersR 1970, 241; BGH VersR 1984, 228; BGH VersR 1998, 447. 关于重要性理论在德国保险实务的进一步发展,参见 Steinbeck, Die Sanktionierung von Obliegenheitsverletzungen nach dem Alles - oder - Nichts - Prinzip, 2007, S. 151ff.

[4] 参见叶启洲《从"全有全无"到"或多或少"——以德国保险契约法上约定行为义务法制之改革为中心》,《政大法学评论》2015年第1期。

如此，立法所承认的依然是"全有全无原则"，前揭实务修正并不足以充分维护投保人一方的利益，当投保人一方因为一般过失而违反约定行为义务时，其丧失全部保险保障的可能性依然很大，且"一般过失"这一归责标准，对于不具保险专业知识的投保人一方而言，似乎过于苛刻，故多数学者依然认为约定行为义务制度仍有进一步立法修正的必要。

②因果关系要件的适用范围过窄

虽然旧法第6条第2款和第3款都规定了因果关系要件，利用约定行为义务违反与损失之间的因果关系对保险人的免责主张进行限制，但应当注意到的是，因果关系要件适用于且仅适用于该两款规定的情形，即"违反危险防止义务"（第2款）和"因重大过失违反保险事故发生后的义务"（第3款）这两种情形。显而易见，除此之外的其他违反约定行为义务的情形无法适用因果关系要件，保险人在这些其他情形下的责任免除相应地也无须受到因果关系要件的限制。比如，在投保人一方故意违反保险事故发生后提供证明资料的义务的场合，无论违反行为与保险事故及保险人责任的确定是否存在因果关系，保险人均可主张免责。旧法之所以在投保人或被保险人故意违反特定约定行为义务时未设置因果关系这一限定性要件，其理由主要为：第一，降低诉讼成本，同时确保法律关系的明确与稳定；①第二，以法律后果的严苛性督促投保人或被保险人履行约定行为义务。②不过，有学者对此提出批评，诉讼成本的降低仅仅对保险人一方有利，而忽略了被保险人一方的利益。③这种仅在部分情形下适用因果关系要件的法律规范，使因果关系要件无法发挥其一般性的限制作用，十分不利于维

---

① Vgl. L. Raiser, Entwicklungslinien im Recht des Versicherungsvertrages, Zeitschrift fuer die gesamte Versicherungswissenschaft 1978, S. 383; R. Sacher Rechtsfolgen der Verletzung versicherungsrechtlicher Obliegenheiten 1972, S. 145. 转引自坂口光男《責務違反にもとつく保険保護の喪失——責務違反要件の修正を中心として》，《法律論叢》第61卷第4·5号，第644页。

② F. Baumgaertel, 1st das Alles – oder – Nichtsprinzip des § 6 111 VVG rechtspolitisch unerünscht?, Versicherungsrecht 1968, S. 811 ff. 转引自坂口光男《責務違反にもとつく保険保護の喪失——責務違反要件の修正を中心として》，《法律論叢》第61卷第4·5号，第644页。

③ P. Schwerdtner, Der Verlust des Versicherungsschutzes bei vorsaetzlicher Obliegenheitverletzung nach Eintritt des Versicherungsfalles in der Kraftfahrtversicherung, Zeitschrift fuer Verkehrs- und Ordnungswidrigkeitenrecht 1972, S. 221. 转引自坂口光男《責務違反にもとつく保険保護の喪失——責務違反要件の修正を中心として》，《法律論叢》第61卷第4·5号，第644页。

护投保人的利益，导致投保人处于一种风险极高的境地。

③法官自由裁量空间过大

司法实务创设的重要性理论在极大程度上保障了投保人的利益，但"重要性"的认定标准可能相当灵活，弹性极大，会因险种以及约定行为义务的种类和内容而异，给法官对个案的审判造成了很大困难。① 同时，重要性理论赋予了法官过大的自由裁量空间，在很大程度上增加了裁判结果的不确定性，有损法律适用的安定性。因此，将重要性理论加以确定化和明文化，成为改革旧法的支持理由之一。为了解决这一问题，学界提出了诸多改革提议，比如将保险人完全免责的情形限缩于投保人因"重大过失"违反约定行为义务的情形②、在对不同险种对投保人生计的影响程度（社会重要性）加以区分的基础上设计不同的免责要件③、仿照瑞士保险法采取"比例原则（proportionality）"④、扩大因果关系要件的适用范围⑤，将之规定为保险人免责的一般构成要件等。

(2) 新法规范及特色

旧法经修订后，约定行为义务制度对应于《2008年保险合同法》第28条，该条规定："①投保人违反对保险人应尽的保险事故发生前的约定行为义务的，保险人在知道违反事实起1个月内，无须事先通知投保人即可终止合同，但投保人非出于故意或重大过失而违反的除外。②保险合同约定投保人违反约定行为义务时保险人可以免除给付责任的，该免责约定仅在投保人故意违反的情形下才为有效。若投保人出于重大过失而违反约定行为义务，则保险人仅能根据投保人的过失程度相应降低保险金给付；投保人对重大过失负举证责任。③约定行为义务的违反与保险事故的发生

---

① 参见叶启洲《从"全有全无"到"或多或少"——以德国保险契约法上约定行为义务法制之改革为中心》，《政大法学评论》2015年第1期。

② Armbrüster, Das Alles-oder-nichts-Prinzip im Privatversicherungsrecht-Zugleich ein Beitrag zur Reform des VVG, Verlag Versicherungswirtschaft, 2003, S. 35ff.

③ Hübner, Differenzierung nach der sozialen Sensibilität in den, Jedermannversicherungszweigen "Tendenzen und rechtspolitische Konsequenzen, VersR 1989, S. 989, 993f.; Katzwinkel, Alles-oder-Nichts-Prinzip und soziale Sensibilität von Versicherungen, Verlag Versicherungswirtschaft, 1994, S.146ff., 192ff.und 223f.

④ Römer, Reformbedarf des Versicherungsvertragsrechts aus höchstrichterlicher Sicht, VersR 2000, S. 661, 663f.

⑤ Armbrüster, Das Alles-oder-nichts-Prinzip im Privatversicherungsrecht-Zugleich ein Beitrag zur Reform des VVG, 2003, S. 64ff.

或确定,抑或保险人给付责任的确定或范围无关的,保险人仍应承担给付责任,不适用第 2 款的规定。但投保人出于欺诈意图违反的除外。④投保人违反保险事故发生后的披露义务或提供信息义务的,保险人只有在以书面方式记载相关法律后果并特别通知投保人或被保险人后,才能依据第 2 款主张免除全部或部分保险责任。⑤约定保险人有权因投保人违反约定行为义务而解除保险合同的,该约定无效。"① 经过对旧法的改革,新法规范的主要特色有:将投保人出于重大过失违反约定行为义务情形下的保险人给付责任由"全有全无原则"改为"比例原则",明确了保险人的免责条件,扩大了因果关系要件的适用范围,增加了保险人对投保人的法律后果通知义务。② 申言之,主要有以下六点:

①维持保险人的法定合同终止权

当投保人违反保险事故发生前的约定行为义务时,《2008 年保险合同法》第 28 条第 1 款依然赋予了保险人合同终止权,行使合同终止权的除斥期间和旧法相同,依然是自保险人知道投保人一方违反约定行为义务事实起的 1 个月之内。然而,考虑到投保人的合理诉求,为维持投保人与保

---

① 原文为:(1) Bei Verletzung einer vertraglichen Obliegenheit, die vom Versicherungsnehmer vor Eintritt des Versicherungsfalles gegenüber dem Versicherer zu erfüllen ist, kann der Versicherer den Vertrag innerhalb eines Monats, nachdem er von der Verletzung Kenntnis erlangt hat, ohne Einhaltung einer Frist kündigen, es sei denn, die Verletzung beruht nicht auf Vorsatz oder auf grober Fahrlässigkeit.
(2) Bestimmt der Vertrag, dass der Versicherer bei Verletzung einer vom Versicherungsnehmer zu erfüllenden vertraglichen Obliegenheit nicht zur Leistung verpflichtet ist, ist er leistungsfrei, wenn der Versicherungsnehmer die Obliegenheit vorsätzlich verletzt hat. Im Fall einer grob fahrlässigen Verletzung der Obliegenheit ist der Versicherer berechtigt, seine Leistung in einem der Schwere des Verschuldens des Versicherungsnehmers entsprechenden Verhältnis zu kürzen; die Beweislast für das Nichtvorliegen einer groben Fahrlässigkeit trägt der Versicherungsnehmer.
(3) Abweichend von Absatz 2 ist der Versicherer zur Leistung verpflichtet, soweit die Verletzung der Obliegenheit weder für den Eintritt oder die Feststellung des Versicherungsfalles noch für die Feststellung oder den Umfang der Leistungspflicht des Versicherers ursächlich ist. Satz 1 gilt nicht, wenn der Versicherungsnehmer die Obliegenheit arglistig verletzt hat.
(4) Die vollständige oder teilweise Leistungsfreiheit des Versicherers nach Absatz 2 hat bei Verletzung einer nach Eintritt des Versicherungsfalles bestehenden Auskunfts- oder Aufklärungsobliegenheit zur Voraussetzung, dass der Versicherer den Versicherungsnehmer durch gesonderte Mitteilung in Textform auf diese Rechtsfolge hingewiesen hat.
(5) Eine Vereinbarung, nach welcher der Versicherer bei Verletzung einer vertraglichen Obliegenheit zum Rücktritt berechtigt ist, ist unwirksam。
② 需要再次申明的是,我国保险法拟构建的约定行为义务制度所指仅为保险事故发生前的约定行为义务,虽然下文会对德国《2008 年保险合同法》第 28 条有关保险事故发生后的约定行为义务之相关规定有所着墨,但这仅仅是出于全面分析比较法规范的考虑,并无他意。

险人之间相对平衡的利益状态，该款对保险人行使合同终止权的条件作出了限制，即规定保险人只能在投保人出于故意或重大过失而违反约定行为义务的情形下，才能终止保险合同。相比之下，当投保人违反保险事故发生前对保险人应尽的约定行为义务时，旧法第6条第1款的规定是，只要约定行为义务的违反可归责于投保人，即投保人主观上具有故意或过失，保险人便可在知道约定行为义务违反事实起的1个月内终止保险合同。旧法将一般过失的情形也包含在终止权的行使范围内，对投保人一方着实不利。

②明确规定保险人的免责条件

第28条第2款规定，保险合同约定投保人违反约定行为义务时保险人可以免除给付责任的，该免责约定仅在投保人故意违反的情形下才为有效。投保人因重大过失违反约定行为义务的，保险人只能根据投保人的过失程度相应地降低保险金给付。从该款规定中显然可以看出，保险合同中的保险人免责约定仅适用于投保人故意违反约定行为义务的情形。且投保人故意违反约定行为义务时保险人并不当然免责，还须存在双方当事人的事先约定，即"免责约定"和"故意"是保险人免除给付责任的必备要件，二者缺一不可。

旧法第6条第1款规定，免除给付责任的约定是以投保人违反保险事故发生前对保险人应尽的义务为由的，若该违约行为是因不可归责于投保人的事由所致，则不发生该约定的法律后果。经过对比不难看出，在旧法中，保险人免责的约定仅适用于投保人违反保险事故发生前的约定行为义务的情形，而新法则不再作此区分，在新法的规定下，免责约定可适用于所有的投保人违反约定行为义务的情形，无论该义务是保险事故发生前还是发生后的，这一举措有效避免了法律规范适用的复杂性。

同时，新法也对免责事由作出了明确，规定保险人仅在投保人具有故意或重大过失时才可免除全部或部分责任。对于重大过失的举证责任，由投保人承担。而旧法中的免责事由除投保人的故意和重大过失外，还包括一般过失，且保险人只要能够免责，免除的便是全部责任。

③明定因果关系要件的适用情形

根据旧法第6条第2款和第3款的规定，因果关系要件仅适用于"违反危险防止义务"（第2款）和"因重大过失违反保险事故发生后的义务"（第3款）这两种情形，无法对保险人免责产生一般性的约束。《2008年保险合同法》第28条第3款对此作出了改进，将因果关系要件扩大适用于所有违反约定行为义务的情形。即便保险合同中约定保险人可因投保人故意违反约定行为义务而免责,也仍须具备"义务违反与保险事故或保险人给付责任之间存在因果关系"这一要件。只有在投保人出于欺诈意图违反约定行为义务时,才不要求必须存在因果关系,从而允许保险人完全免责。所谓的欺诈,包括但不限于投保人伪造、变造有关证明、资料或者其他证据,编造虚假的事故原因或者夸大损失程度以欺骗保险人的情形。这里的欺诈主要发生在投保人一方违反保险事故发生后之约定行为义务的情形。但保险事故发生前之约定行为义务的违反也有欺诈情形存在,如投保人一方不遵守约定行为义务且故意制造保险事故,积极追求保险事故的发生等。当投保人违反约定行为义务时,通常推定其违反行为与保险事故的发生或确定,抑或保险人给付责任的确定或范围存在因果关系。投保人若想推翻这一推定,否定保险人的免责主张,则须举证证明二者之间不存在因果关系。[1] 但保险人若想通过主张投保人是出于欺诈意图而违反约定行为义务进而不适用因果关系要件时,则须证明投保人主观上具有欺诈意图。[2] 至于因果关系的判断标准,则采用民法上普遍认同的相当因果关系理论。[3]

④新增比例原则及其适用情形

"全有全无原则"由于法律后果过于严苛遭到了学界的一致批判,众多学者主张对之进行改革,最终新法在投保人出于重大过失违反约定行为义务的情形采纳了"比例原则"。《2008年保险合同法》第28条第2款明确规定,当投保人故意违反约定行为义务时,保险人可主张免除全部的给付责任;当投保人出于重大过失违反约定行为义务时,保险人仅可根据投保人的过失程度相应降低保险金给付,减轻自己的给付责任。举一例以明之:投保人对其自行车投保了财产险,保险合同中存在一项约定行为义务为:投保人应在自行车处于停靠状态时为其上锁。某日,投保人骑车去一家超市购物,考虑到购物时间不长,便未上锁而将自行车停在了超市门前,嗣后该自行车遭窃。显而易见,此例中的投保人主观上具有重大过失。若依据旧法,保险人可以主张免除全部的给付责任;若依据新法,保

---

[1] 旧法时期,德国保险实务中就已经采取了此种做法,参见 BGH VersR 2001, S. 756-757。

[2] Beckmann/Matusche-Beckmann/Marlow, Versicherungsrechts-Handbuch, 2. Aufl., 2010, § 13 Rn. 148.

[3] Beckmann/Matusche-Beckmann/Marlow, Versicherungsrechts-Handbuch, 2. Aufl., 2010, § 13 Rn. 129.

险人仅能根据投保人的过失程度相应减轻自己的给付责任，即仍须承担部分保险责任。

至于给付责任的减轻比例该如何确定，新法仅规定根据投保人的过失程度确定，其标准以及应考量的因素很不明确，在实务中较不具备可操作性。《2008年保险合同法》的立法理由明确表示，合同当事人可以事先约定减轻给付责任比例的方法。[1] 这种事先约定固然可以减少当事人嗣后不必要的争议，但其是否符合具有相对强制规范性质的第28条以及是否违反诚实信用原则及公平原则，对此又该如何评判，显然是不确定的。目前德国学说上认为，在确定给付责任减轻比例时应考量的因素包括但不限于该约定行为义务以及投保人违反义务行为的重要性、投保人对该约定行为义务的可认识性、投保人对其行为可能违反约定行为义务的认识、约定行为义务违反状态的持续时间、发生损失的概率、可能的损失程度、避免损失发生的可能性以及投保人违反约定行为义务的动机。[2]

⑤新增保险人书面通知法律后果的义务

《2008年保险合同法》第28条第4款是一项全新的规定。该款规定，投保人违反保险事故发生后的通知义务或提供信息义务的，保险人只有在以书面方式记载相关法律后果并特别通知投保人或被保险人后，才能依据第2款主张免除全部或部分给付责任。该通知义务承接了旧法时期司法实务上根据重要性理论发展出的原则，[3] 但并不适用于第30条、第104条规定的通知义务，以及事故发生后因具体情况发生的保险人无须事先通知其违反后果的约定行为义务。[4]

在旧法施行时期，实务界认为，当投保人已经确切知道违反约定行为义务的后果，或者投保人出于欺诈意图故意提供虚假的保险事故信息和证明时，保险人事实上已经没有必要再向投保人履行违反后果的通知义务。故此，这两种情形可被视为保险人通知义务的例外。新法虽然未对此作出

---

[1] BT-Drucks. 16/3945, S. 69.

[2] 参见叶启洲《从"全有全无"到"或多或少"——以德国保险契约法上约定行为义务法制之改革为中心》，《政大法学评论》2015年第1期。

[3] BT-Drucks, 16/3965, S. 69; BGH VersR 1969, S. 651; Beckmann/Matusche-Beckmann/Marlow, Versicherungsrechts-Handbuch, 2. Aufl., 2010, § 13 Rn. 151; Schwintowski/Brömmelmeyer, Praxiskommentar zum Versicherungsvertragsrecht, 2. Aufl., 2010, § 28 Rn. 106.

[4] BT-Drucks. 16/3965, S. 69.

特别说明，但学说上认为应作与旧法时期相同的解释。①

该款赋予了保险人对投保人的法律后果通知义务，若保险人未履行该义务，则不发生免除全部或部分给付责任的法律后果，显著提高了对投保人的保护程度。

⑥维持保险人解除权约定的无效

旧法第6条第4款规定，约定保险人有权因投保人违反义务而解除合同的，该约定无效。考虑到投保人和保险人地位不对等，在专业知识和议价能力方面，保险人具有相当程度的优势，解除保险合同这一法律后果过于苛刻，不仅会使被保险人丧失全部的保险保障，保险合同还会溯及既往地失去效力。因此，《2008年保险合同法》第28条第5款保留了这一规定，维持了保险人解除权约定的无效。

概言之，德国现行保险合同法对违反约定行为义务的行为规定了两种法律后果：保险人取得保险合同终止权和保险人对特定保险事故免责。前者对主观构成要件的要求为投保人一方主观上具有故意或重大过失，对客观构成要件无要求。后者对主观构成要件的要求同样为投保人一方主观上具有故意或重大过失，在故意的场合，保险人可对特定保险事故免除全部责任；在重大过失的场合，保险人仅得根据投保人一方的过错程度按比例免除部分保险责任。而且，后者对客观构成要件的要求有二：一是保险合同对保险人因约定行为义务被违反可得免责有所约定，二是投保人一方违反约定行为义务的行为与保险事故发生具有因果关系。

3. 美国法规范释评

美国作为一个联邦制国家，并未制定在全国范围内统一适用的保险法，法院在审理相关保险纠纷案件时往往引用相应州的法律和判例作为裁判依据。最初，由于英美两国之间的语言共通，英国保险市场在全球范围内的影响力和支配力，以及两国共有的持续数个世纪的普通法传统这三项特殊原因，美国海上保险法与英国海上保险法之间是基本协调一致的。②美国最高法院审理的 Hazard's Administrator v. New England Marine Insurance Company 案，③被认为是美国早期海事法采纳英国约定行为义务制度中严

---

① Beckmann/Matusche-Beckmann/Marlow, Versicherungsrechts-Handbuch, 2. Aufl., 2010, § 13 Rn. 164.

② Steven E. Goldman, "Breach of Warranty in American Marine Insurance", 52 *Ins. Counsel J.* 60, 60 (1985).

③ 33 US (8 Pet.) 553 (1834).

格遵守原则的例证。然而，美国立法与司法系统对严格遵守原则的严苛性也并非视而不见，为了缓和这一规则给被保险人造成的严重不利后果，联邦法院和各州立法机关纷纷开始寻求保护被保险人免遭严格遵守原则侵害的方法。一些联邦法院后来逐渐发现或创制了一种新的规则：当被保险人违反约定行为义务时，保险人的赔付责任仅仅是暂时停止，当违反状态被补正之后，保险责任便即刻恢复。但是，仍有许多联邦法院为追求法律的确定性，依然坚持适用严格遵守原则。① 后来，随着时间的推移和判例的积累，违反约定行为义务的法律后果逐渐固化为两种形态：保险责任中止和保险人取得合同撤销权，且前者处于多数地位。②

美国司法实践中的多数派做法似乎与英国《2015年保险法》对约定行为义务违反后果的规定不谋而合，均是保险人对发生于约定行为义务被违反之后至被补正之前这段时间发生的损失免除补偿责任，此种模式显然是对传统约定行为义务制度中"无可补正性"特征的彻底否定与突破，值得肯定。

4. 我国台湾地区法规范释评

我国台湾地区"保险法"之"保险契约"一章的第三节"特约条款"，是对约定行为义务所作的专门规定。根据学者考究，我国台湾"保险法"有关"特约条款"的规定，是参照美国加州保险法所制定；③ 而美

---

① Steven E. Goldman, "Breach of Warranty in American Marine Insurance", 52 *Ins. Counsel J.* 60, 61 (1985).

② See Thomson J. Schoenbaum, "Warranties in the Law of Marine Insurance: Some Suggestions for Reform of English and American Law", 23 *Tul. Mar. L. J.* 267, 289-290 (1998—1999).

③ 根据黄正宗教授的考察，我国台湾"保险法"第66—69条对特约条款所作的规定，是对美国加州《1935年保险法》第一编"保险总则"的第一部分"契约"第四章"保险单"第四节"约定行为义务"（warranty）规定的直接翻译。参见黄正宗《我国保险法的比较研析——法、德、日、美诸国对我国保险契约法影响的探讨》，"中华民国"产物保险公会研讨会，台北，2001年，第152—154页。

美国加州《1935年保险法》相关条文如下：

第444条：A warranty may relate to the past, the present, the future, or to any or all of these.（对应我国台湾地区"保险法"第67条。）

第446条：When, before the time arrives for the performance of a warranty relating to the future, a loss insured against happens, or performance becomes unlawful at the place of the contract, or impossible, the omission to fulfill the warranty does not avoid the policy.（对应我国台湾地区"保险法"第69条。）

第447条：The violation of a material warranty or other material provision of a policy, on the part of either party thereto, entitles the other to rescind.（对应我国台湾地区"保险法"第68条第1款。）

国加州保险法的规定,又是源自英国海上保险法。故我国台湾"保险法"中特约条款的规定,也间接受到了英国海上保险法的影响。① 特约条款可分为两类:肯定特约条款和允诺特约条款。前者是对过去和现在事项所为之约定,② 即前文所介绍之肯定性约定行为义务;后者是对未来事项所为之约定,即允诺性约定行为义务。对于投保人一方违反特约条款的法律后果,我国台湾地区"保险法"在第 68 条③作出了规定,即保险人一方可以解除保险合同,即便是在保险事故发生之后,保险人也依然享有合同解除权。但是,该解除权的行使应当参照适用第 64 条第 3 款④的规定,即保险人应当在知道解除原因后的 30 日内行使解除权,且解除权要受到两年的不可抗辩期间的限制。此与我国大陆地区保险法上保险人于投保人违反如实告知义务之场合的解除权行使规则相同。

根据我国台湾地区"保险法"第 68 条的规定,在适用投保人一方违反约定行为义务的法律后果时,有以下三点需要注意:

第一,台湾之约定行为义务的违反同样不要求违反行为与保险事故的发生具有因果关系,以及投保人一方对于违反行为具有主观过错。因此一旦投保人一方违约,无论其主观状态如何,或者其违约有无增加危险或导致损失,保险人均得解除保险合同。⑤ 这一规定极大放宽了适用约定行为义务违反后果的条件,使得保险人在投保人一方违反约定行为义务之场合可以极其轻易地终止保险法律关系。

第二,违反约定行为义务的法律效果是保险人取得保险合同解除权。这是一种溯及既往的合同效力消灭,同英国《1906 年海上保险法》所规定

---

① 施文森:《保险法论文 第三集》,元照出版公司 2013 年版,第 115 页;江朝国:《保险法逐条释义 第二卷:保险契约》,元照出版公司 2013 年版,第 640—642 页;饶瑞正:《论保险契约之特约条款及其内容之控制》,《月旦法学杂志》2003 年第 3 期;陈丰年:《英国保险法上担保条款之变革——由效率迈向公平之路》,《法学新论》2009 年第 8 期。

② 林勋发、柯泽东、梁宇贤、刘兴善:《商事法精论》(第六版),三民书局 2009 年版,第 680 页;桂裕:《保险法》(第五版),三民书局 1992 年版,第 159 页。

③ 我国台湾地区"保险法"第 68 条:"保险契约当事人之一方违背特约条款时,他方得解除契约;其危险发生后亦同。第六十四条第三项之规定,于前项情形准用之。"

④ 我国台湾地区"保险法"第 64 条第 3 款:"前项解除契约权,自保险人知有解除之原因后,经过一个月不行使而消灭;或契约订立后经过二年,即有可以解除之原因,亦不得解除契约。"

⑤ 林勋发:《保险契约效力论》,政治大学法律学系法学丛书(41),台北,1996 年,第 280 页。

之"保险人自被保险人违反约定行为义务之日起自动向后免责"这一不具有溯及力的法律后果相比，该规定对投保人一方更为严苛。根据我国台湾地区"民法"第259条的规定，合同解除时，双方当事人互负回复原状的义务。故此，当保险人行使合同解除权解除保险合同时，保险人应当将其收取的保费及自收取之日起产生的利息退还给投保人；① 如若此前已经发生过保险事故，且保险人对此保险事故作出了赔付，则保险人有权要求被保险人或受益人返还保险金。如若此前虽已发生过保险事故，但保险人尚未赔付的，保险人可以拒绝赔付。对于保险合同这样一种继续性合同而言，这一法律后果过于严苛，对投保人、被保险人和受益人都极其不利。

第三，违反约定行为义务的法律效果并未涉及保险人对特定保险事故是否免责。但是，由于保险人所行使的解除权具有使合同关系溯及既往地消灭之法律效果，故如若投保人一方违约时恰好发生了保险事故，由于合同效力的消灭具有溯及力，故保险人可在解除合同时一并主张免除对特定保险事故的责任。

在各国均已对约定行为义务制度之传统缺陷进行修补矫正之时，我国台湾地区"保险法"却仍然固守其继受自他国之"古老"法制，逡巡不前，导致其约定行为义务制度未能跟上时代步伐，在构成要素上未能实现现代化，不符合现代保险法的精神理念和价值取向。如欲使约定行为义务制度重新焕发生机，我国台湾地区"保险法"有关特约条款之规定势必要作出大规模修改。②

（二）我国保险法的应然立法模式

由于规则设置的不同，在约定行为义务制度中，英国、德国、美国和我国台湾地区之现行保险法制对投保人一方之保护呈现出一种强度不同的差序格局。在这一差序格局中，若以投保人一方所受保护或保险人一方行

---

① 由于肯定特约条款与如实告知义务有很大的相似之处，故有学者认为，在投保人违反肯定特约条款的场合，若要求保险人退还保费，将与"保险法"第25条和第64条的规定有落差，这是"保险法"规定疏漏所致。故此，应当类推适用"保险法"第25条的规定，以填补法律漏洞，"保险法"未来修法时则应增加相关规定。参见罗俊玮、赖焕升《百年变革——论英国海上保险担保条款之修正》，《东吴法律学报》2016年第3期。

② 目前已有学者意识到了这一问题，并提出了或宏观或具体的改革方案。参见叶启洲《从"全有全无"到"或多或少"——以德国保险契约法上约定行为义务法制之改革为中心》，《政大法学评论》2015年第1期；饶瑞正《论保险契约之特约条款及其内容之控制》，《月旦法学杂志》2003年第3期；陈丰年《特约条款之检讨与重构》，博士学位论文，政治大学，2012年。

使权利所受限制从高到低进行排列,相应次序分别为:德国>英国/美国>我国台湾地区。可见,在约定行为义务制度中,德国对保险消费者保护理念的贯彻力度最大,英美次之,我国台湾地区则居于最末。

接下来,笔者将以此作为构建我国保险法上约定行为义务制度的基本原则和导向,对违反约定行为义务的法律效果及其具体构成要件一一进行阐释。①

对于违反约定行为义务的法律效果,应当实行双轨制,即规定两种约定行为义务的违反后果。具体而言,这两种法律效果分别为保险人取得保险合同解除权和保险人对特定损失免责。毋庸置疑,当投保人一方之违约行为达到足以使保险人拒绝承保的地步时,应当为保险人提供解除保险法律关系这一救济手段。另外,实务中保险人与被保险人的争议一般围绕就相关保险事故,保险人是否应当理赔展开,此种情形下,保险合同双方当事人可能并不希望终止保险法律关系,故有必要对保险合同不终止情况下保险人对特定损失可否免责,以及免责的条件作出规定。鉴于本书导论部分所述之《保险法》第51条第3款的规范缺陷和司法运行状态,对约定行为义务的违反后果实行双轨制,有利于实现立法与实务的良性互动。

1. 法律后果一:保险人取得保险合同解除权

(1) 解除权模式的正当性分析

合同终止和合同解除的区别主要是:前者适用于继续性合同,不具有溯及力;而后者主要适用于非继续性合同,具有溯及力,并产生恢复原状的法律后果。将合同终止和合同解除进行这种区分是大陆法系的传统做法,② 我国

---

① 约定行为义务本质上是保险法中的一种风险控制机制,其建制基础主要为对价平衡原则。而保险法中贯彻此原则的制度并非只有约定行为义务,还存在如实告知义务、危险增加通知义务等其他制度。由于这些制度之建制基础的相似性,故笔者在讨论某类共通性的问题时将参考其他相关制度,以资借鉴。

② 如《德国民法典》第314条规定了"因重大事由而为继续性债之关系终止",第346条规定了"解除的效力",第346条第1款规定,契约当事人之一方解除契约时应返还其所受领之给付及收益。参见台湾大学法律学院、台大法学基金会编译《德国民法典》,北京大学出版社2017年版,第305、323页。有学者认为,日本存在着"解约"与"解除"的区分,根据《日本民法典》第545条的规定,合同的解除具有溯及力,而根据第620条,解约并无溯及力,只能向将来发生效力。而《日本商法典》第645条第1项规定的解除实际上应被界定为解约。不过,围绕着《日本商法典》第645条关于保险合同解除有无溯及力这一问题,日本理论界素来存在争议,在此不做详细介绍。具体参见仲宗根京子《告知義務違反解除の法の構成について(平成20年改正保険法をふまえて)》,《沖縄大学法経学部紀要》第11号,第45页;仲宗根京子《告知義務違反解除をめぐる法律構成について——保険契約の特質をふまえて》,《沖縄大学法経学部紀要》第16号,第3页。

《合同法》并未采取此种立法例。根据《合同法》第91条可知，合同解除仅仅是合同终止的事由之一。质言之，合同终止与合同解除之间并非并列关系，合同终止是合同解除的上位概念，二者属于包含关系。因此，在我国合同法上，合同解除并非只有"溯及既往地使合同关系消灭"这一种法律后果。

一般认为，非继续性合同的解除原则上有溯及力，继续性合同的解除原则上无溯及力。① 保险合同的合同内容并非一次给付即可完成，而是继续地实现，因此是典型的继续性合同。保险合同的解除，原则上不具有溯及力，但在例外情况下具有溯及既往的效力。② 解除保险合同所产生的溯及效力，主要体现在保费和保险金的退还上。然而，若对《保险法》中有关保险人解除保险合同的规定进行逐条检视则会发现，其中没有一条规定对保险金的退还有所涉及。在保费退还上，相关条文之间也多有扞格之处。比如，财产保险合同一节中，在保险标的转让导致危险显著增加（《保险法》第49条）、保险标的危险显著增加（《保险法》第52条）、保险标的发生部分损失（《保险法》第58条）的场合，保险人解除保险合同的，都应当将已收取的保险费，按照合同约定扣除自保险责任开始之日起至合同解除之日止应收的部分后，退还投保人。此处便体现了保险合同不溯及既往的解除后果。而人身保险合同一节中，在被保险人年龄不真实（《保险法》第32条）、合同中止未复效（《保险法》第37条）、投保人或受益人故意制造保险事故（《保险法》第43条）的场合，《保险法》所规定的一律是"保险人解除合同的，应当退还保险单的现金价值"。"保险单的现金价值"专指带有储蓄性质的长期人寿保险合同中因"平准保费制"所产生的前期多缴保费，其性质是一种责任准备金。③ 但在同属人身保险的意外伤害保险和健康保险中，除了死亡、伤残的赔付具有定额给付的性质外，医疗费用、失能收入、护理费用等方面的赔付，均具有突出的损失填补性特征，不具储蓄性，并不存在保险单的现金价值，④ 因此根本无法适用"退还保险单现金价值"的规定。这些险种既属于人身保险，又和财产保险类似，有关其合同解除时的保险费退还问题，保险法并未规定，那么是否可以类推适用财产保险中的规定，就产生了疑问。笔者

---

① 樊启荣：《论保险合同的解除与溯及力》，《保险研究》1997年第8期。
② 温世扬主编：《保险法》（第三版），法律出版社2016年版，第142页。
③ 郑云瑞：《保险法论》，北京大学出版社2009年版，第137页。
④ 温世扬主编：《保险法》（第三版），法律出版社2016年版，第179页。

认为，人身保险合同的解除，遵循的依然是继续性合同解除不具有溯及力的一般规则。在人寿保险合同中，现行法之所以规定保险人应退还保单现金价值，是因为保单现金价值是由人寿保险采取平准保费制的保费收取方式而产生的，相当于保险人对未来应收保费的提前收取。① 当保险合同被解除后，保险人所持有的此部分保费便丧失了法律上的依据，构成不当得利，因而保险人应将保单现金价值返还予投保人。基于继续性合同解除不具有溯及力这一规则，保险人无须返还其已经承担的风险期间内的保险费，这同财产保险合同解除之保险费返还的一般规则也是一致的。在财产保险中，投保人通常一次性支付保费，在保险合同解除时，保险人所持有的自解除之日起的保险费同样为未经过期间内的预收保费，合同的解除使得这一部分保费对保险人而言构成不当得利，保险人应当在扣除已经承担的保险责任期间内的保险费之后，将剩余部分的保险费返还给投保人。而在人寿保险以外的健康保险、意外伤害保险等人身保险中，虽然不存在保单现金价值返还的问题，但保险合同解除后保险费返还所应遵循的原理与财产保险合同是一致的。通过对《保险法》相关条文的以上分析可知，尽管我国保险法上保险合同解除的法律后果往往十分多样，似乎并不存在一项统一的规则可资适用，但这些规定所折射出的一般原理均为，保险合同解除不具有溯及既往消灭合同效力的效果。

我国法律语境中的合同解除权与大陆法系中的合同终止权之间并非泾渭分明，对违反约定行为义务的法律后果的规范选择，因而也就不再是一个非黑即白的问题。从体系的一致协调和规范的实质意义这两个层面加以考虑，赋予保险人合同解除权当为逻辑上的必然选择，这种选择既可发挥德国保险法上合同终止权的规范功能，又可避免在我国法上产生法律体系裂缝，实为一种妥适完满的做法。

（2）义务主体的主观过错

投保人购买保险的根本目的就是使被保险人获得保险保障。保险的功能不仅在于保障被保险人个人的经济生活，还在于促进整个社会的和谐安定及人性发展。② 为了充分发挥保险在个体与社会层面的这两种功能，保险法通常会通过为保险人取得保险合同解除权在规则上设置重重障碍和限

---

① 参见田口城《被保険者のために積み立てた金額と解約返戻金》，《生命保険論集》第162号，第272页。

② 参见江朝国《保险法逐条释义 第一卷：总则》，元照出版公司2013年版，第17—18页。

制,以尽力维持保险合同的效力。比如,规定投保人一方在主观方面应当具有故意或重大过失,投保人的违反行为应当足以影响保险人决定是否同意承保及以何种费率承保等。

尽管约定行为义务仅是一种不真正义务,被保险人违反约定行为义务并不会产生对保险人的损害赔偿责任,仅会使自己遭受彻底或暂时失去保险保障的不利益,但这对被保险人的影响同样重大。当投保人或被保险人违反约定行为义务后,保险人合同解除权的行使,会导致被保险人直接丧失保险保障。鉴于此种法律后果的严苛性,有必要对其相关构成要件加以严格限制,以免在保险合同当事人之间造成显失公平的局面。一般而言,在投保人一方因一般过失而违反约定行为义务时,其主观恶性较小,若允许保险人在此种情况下行使合同解除权,会对投保人一方的利益造成极大损害,不符合比例原则,亦违背了保险消费者保护的立法趋势。存在疑问的是,在保险人因重大过失而违反约定行为义务时,是否应该赋予保险人解除保险合同的权利?从我国现行法观察,《保险法》一般将被保险人丧失保险保障或保险金赔付时的主观过错限于故意或重大过失,在比较法上,也大都采此种立法模式。①

那么在约定行为义务制度中,是否也应根据投保人或被保险人不同的主观状态而规定相异的法律后果呢?

由于我国《保险法》并未规定约定行为义务制度,故对于投保人或被保险人因重大过失违反约定行为义务时应否承认保险人的合同解除权这一问题,学界尚未有所讨论。但笔者认为,重大过失同一般过失之间还是存在着不小差异。目前,在投保人或被保险人因重大过失违反义务之情形下保险人取得合同解除权的立法,无论是在我国还是域外保险法上均属常态,在上述学理上的理由未得到充分证实和一致认可的情况下,不宜贸然突破这一常态。因此,当投保人或被保险人因重大过失违反约定行为义务时,应当赋予保险人合同解除权。但基于上述反对理由也有一定的可采性,故有必要对保险人合同解除权的行使进行一定限制。采取这种立法设计的具体理由如下:

首先,就目前而言,投保人或被保险人重大过失违反义务情形下保险人取得合同解除权的立法,无论是在我国还是域外保险法上均属常态,不

---

① 如德国《2008年保险合同法》第19条第3款、第26条、第28条第1款,韩国《商法典》第653条、第659条、第692条,日本《保险法》第17条第1款、第28条第1款、第29条第1款、第55条第1款、第56条第1款等。

宜被贸然突破。而且，投保人一方出于重大过失对约定行为义务的违反同样会破坏保险的对价平衡，在无法采取其他措施恢复当事人之间的对价平衡关系时，理应赋予保险人一方合同解除权。如果仅在被保险人故意违反约定行为义务时保险人方得解除保险合同，显然无法充分贯彻对价平衡原则。因此，当投保人或被保险人因重大过失违反约定行为义务时，也应赋予保险人合同解除权。

其次，重大过失毕竟不同于故意，故有必要对保险人合同解除权的行使进行一定限制，以尽量维持保险合同的存续，并实现对二者的区别对待。① 质言之，如果通过不解除合同的方法也能够恢复保险合同的对价平衡，那么保险人便不得解除保险合同。比如，在被保险人出于重大过失违反约定行为义务致使保险标的物所面临的风险增加，但并未达到拒保程度时，保险人只能请求将保险费提高到与增加后的风险相适应的水平，或者要求投保人或被保险人对其违反约定行为义务的行为进行补正，以将风险降低到与原来保费相适应的水平，而不得解除保险合同。

存在疑问的是，如果立法明确规定保险人应优先行使保险费增加请求权，则此种权利的性质是什么？由于保险费增加请求权是与保险合同解除权相并列的一类权利，而合同解除权为形成权，因而应将保险费增加请求权解释为形成权，只要保险人单方面主张增加保险费，投保人就应按照保险人的主张交付保险费。② 或有论者认为，赋予保险人单方面变更保险合同的权利，同保险人单方面解除保险合同而给被保险人所造成的不利局面在本质上是一致的，因而此时莫不如直接赋予保险人合同解除权，这样也更为合理。而且，增加保险费属于对保险合同的变更，而合同的变更原则上需要当事人协商一致，如果赋予保险人单方面变更保险合同的权利，有违私法自治原则。③ 不过，在笔者看来，这一论点并不成立。一方面，增加保险费仅仅会使投保人支付的对价提高，并不会像解除保险合同那样使被保险人完全丧失保险保障，就一般观念而言，增加保费给投保人造成的

---

① 与此类似，对于投保人因重大过失违反如实告知义务情形下的保险人合同解除权，也有学者提出应当对解除权的行使作出一定限制。参见李飞《保险法上如实告知义务之新检视》，《法学研究》2017年第1期。

② 相似问题为危险增加情形中保险费调整方式，具体参见萩本修编《一问一答 保险法》，商事法务2009年版，第95页；江頭憲治郎《商取引法》，弘文堂2009年版，第440页。

③ 参见山本哲生《損害保険における課題——因果関係不存在則、危険変動の問題を中心として》，《保険学雜誌》第608号，第32页。

不利益也远远低于解除保险合同，二者给投保人或被保险人造成的不利局面存在实质差异。另一方面，当保险人主张增加保险费时，即使投保人不同意增加保险费，其亦可行使自己所享有的保险合同任意解除权来解除保险合同，违反私法自治原则的问题因而并不存在。事实上，其中的关键问题是，当投保人不同意增加保费并行使任意解除权解除保险合同时，若保险人请求投保人支付危险增加时起至保险合同解除时止这段时间内的保险费，投保人是否负有支付该笔保险费的义务？① 笔者对此持肯定回答。因为当保险人行使保险费增加请求权时，如果投保人对此表示不同意并解除保险合同，保险合同应自投保人行使保险合同解除权之时才发生合同解除的效果，在此之前，保险合同仍然是有效的。而在保险合同有效期间内，保险人所承担的风险高于合同订立时的风险，基于对对价平衡原则的尊重，投保人自然有义务支付自危险增加至保险合同终止这一时段所增加的保险费。

最后，在被保险人因重大过失违反约定行为义务时，不赋予保险人合同解除权也并不可采。按照对价平衡原则，当被保险人因重大过失违反约定行为义务导致保险人所承担之风险升高时，保险人与投保人之间的对价平衡状态将被打破，在无法采取其他措施恢复当事人之间的对价平衡关系时，理应赋予保险人一方合同解除权。如果仅在被保险人故意违反约定行为义务时保险人方得解除保险合同，显然会导致对保险法上的对价平衡原则贯彻得不够彻底。

故此，笔者主张，仅在投保人或被保险人出于"故意或重大过失"违反约定行为义务时，保险人才有权解除保险合同。但在投保人或被保险人出于重大过失违反约定行为义务时，应对保险人合同解除权的行使施加一定限制，亦即，在能够通过调整保险费或对约定行为义务违反行为进行补正，而使得失衡的法律关系得以恢复时，保险人不得直接选择解除保险合同。而在投保人或被保险人故意违反约定行为义务时，保险人则可自由选择行使上述权利。

（3）因果关系要件之内涵及判定标准

①因果关系要件的内涵

保险人保险合同解除权的行使，与保险事故是否发生并无直接关联，促使保险人解除保险合同的根本动因在于，投保人一方对约定行为义务的

---

① 参见山本哲生《損害保険における課題——因果関係不存在则，危険変動の問題を中心として》，《保険学雑誌》第608号，第32页。

违反已经使承保风险发生了根本性改变,进而导致保险合同的成立基础丧失,保险人无法再继续承担危险负担的义务,即影响了保险人的承保意愿。事实上,"影响保险人决定是否继续承保或提高保险费率"这一表述,正是违约行为与保险标的危险显著增加之间具有因果关系的抽象表达。因此,就保险人取得保险合同解除权这一法律后果的因果要件而言,其内涵理论上应当是投保人一方之违约行为与保险标的危险增加之间具有因果关系。

首先,根据我国《保险法》第16条对如实告知义务规范的考察,可以发现,如果投保人违反如实告知义务,保险人享有合同解除权的前提是违反义务的行为对保险人决定是否承保及保险费率高低产生影响。因此,如实告知义务制度中因果关系的考察范围限于违反如实告知义务的行为与保险人危险评估之间的因果关系。如果在将来构建的约定行为义务制度中,保险人合同解除权的行使条件是约定行为义务违反与保险事故发生之间的因果关系的话,将会造成体系评价上的矛盾。尽管约定行为义务与如实告知义务存在诸多不同点,但不可忽视的是,两者均是保险法对价平衡原则的具体体现。在此意义上而言,对于两者的因果关系这项构成要件,不宜做不同类型的设计。

其次,对于违反约定行为义务是否导致危险增加也并不存在难以判定的问题。例如,如果投保人对其所有的一栋房屋投保了火灾保险,且保险合同约定,投保人应保证房屋在保险责任期间内安装有干粉灭火器,但投保人并未履行此项约定行为义务,那么便足以认定投保人未履行约定行为义务的行为导致了保险标的面临之风险的增加。此时,违反约定行为义务的行为与危险增加之间符合因果关系的要求。

②因果关系要件的判定标准

就因果关系的判定标准而言,笔者主张采纳"条件说",即如果没有被保险人违反约定行为义务的行为,危险便不会增加时,被保险人违反约定行为义务的行为便与危险增加之间存在因果关系。所谓的"相当因果关系规则"和"近因规则"都不宜被作为因果关系的判定标准。

首先,以商法是民法的特别法为理由而主张适用民法中的相当因果关系规则,实际上是对相当因果关系适用范围的混淆。保险人违反约定行为义务的行为本质上是对合同约定义务的违反,属于一类违约行为,在某种意义上甚至构成《合同法》第94条第4项所规定的根本违约行为。所谓根本违约,指的是一方的违约行为使得合同目的无法实现。而当合同当事人一方存在根本违约行为时,合同相对方则享有合同解除权。是故,此处所讨论的因果关系其实是违约行为与合同目的不能实现之间的因果关系。① 而所谓的相当因果关系，其适用范围应限于损害赔偿领域之内，《合同法》第 113 条的可预见性规则即为其体现。相当因果关系本质上是通过概率论来判断行为与损害之间的因果关联，其体现了对责任范围进行限制的思想。② 而在判断违反约定行为义务与危险增加之间的因果关系时，并不存在对责任范围进行限制的考量。有鉴于此，笔者认为，不应当将相当因果关系规则作为违反约定行为义务与危险增加之间的因果关系判定标准。

其次，所谓的近因规则在此也不能得到适用。近因规则原本就是法律因果关系的代称，本质上与相当因果关系不具有本质差异，既然相当因果关系于此无法得到适用，近因规则亦不应被作为因果关系的判定标准。在采纳近因这一概念的美国法中，近来亦有较多反对近因这一因果关系判定规则的声音。例如，美国法律研究会就曾指出，"近因"这一概念更多地同"责任范围"相联系，意在说明侵权人不会对其行为所产生的全部损害承担责任。③

综上所述，因果关系要件的内涵应当是违反约定行为义务与危险增加之间存在因果关系，且因果关系的判定标准应当采"条件说"。

（4）保险合同解除效力的发生时点

《最高人民法院关于审理海上保险纠纷案件若干问题的规定》（以下简称《海上保险纠纷司法解释》）第 6 条规定："保险人以被保险人违反合同约定的保证条款未立即书面通知保险人为由，要求从违反保证条款之日起解除保险合同的，人民法院应予支持。"依据该条，在保险人解除保

---

① 即使否认投保人或被保险人的行为构成根本违约，但由于此处所讨论的是违反约定行为义务与危险增加之间的因果关系，并不存在对责任范围进行限制的考量，因而也无须借助相当性来判定约定行为义务违反与危险增加之间的因果关系。

② 详细参见叶名怡《违约与侵权竞合实益之反思》，《法学家》2015 年第 3 期；潘玮璘《构建损害赔偿法中统一的可预见性规则》，《法学家》2017 年第 4 期；[德] 克雷斯蒂安·冯·巴尔《欧洲比较侵权行为法》（下卷），焦美华译，法律出版社 2001 年版，第 526 页；叶金强《相当因果关系理论的展开》，《中国法学》2008 年第 1 期。德国学说亦认为相当因果关系并非是事实因果关系问题，而是在规范意义上对责任进行限制的问题。参见陈聪富《侵权行为法上之因果关系》，《台大法学论丛》1999 年第 2 期。

③ 参见刘海安《法律上因果关系的反思与重构》，《华东政法大学学报》2010 年第 4 期。关于近因规则与相当因果关系的联系，参见李中原《论侵权法上因果关系与过错的竞合及其解决路径》，《法律科学》（西北政法大学学报）2013 年第 6 期。

险合同时，保险人可主张保险合同溯及自约定行为义务条款被违反之日起发生解除的效果。但是，笔者认为，此种法律规范不具有合理性。首先，前文已经阐明，由于保险合同是典型的继续性合同，合同的解除并不具有溯及力，《海上保险纠纷司法解释》第6条存在突破继续性合同解除不具有溯及力规则的嫌疑。其次，投保人或被保险人违反约定行为义务的法律效果并非只有解除保险合同一种，根据笔者对约定行为义务制度的规范构建，保险人还可以约定行为义务的违反为由主张对所发生的保险事故免于承担保险责任，此时便无须再通过"保险合同自约定行为义务被违反之日起解除"来对保险人的利益加以保护。再次，在立法规定合同溯及至约定行为义务被违反时起解除的情形下，如果在保险人行使解除权时保险事故已经发生，将会导致的结果是，即使投保人或被保险人违反约定行为义务与该起保险事故发生之间并不存在因果关系，保险人也依然可以免于承担对保险事故的责任。而在不存在该项规定的情况下，由于无因果关系存在，保险人将不得免责。由此可见，这样的规定将使保险人不当免责，使被保险人完全丧失保险保障，在权利义务关系配置方面显然不够公平。因而，笔者认为，保险合同不应溯及至违反约定行为义务条款时解除，而应自保险人解除保险合同的通知到达投保人时发生解除的效力。

（5）保险费的退还/保单现金价值的退还

从比较法视角观察，我国台湾地区"保险法"在约定行为义务部分未明确规定保险合同解除后的法律效果，而根据我国台湾地区"民法"第259条的规定，保险合同双方当事人应负回复原状的义务，因此保险人应将所收取的保险费返还给投保人。① 此种解读实质上突破了继续性合同解除不具有溯及力的规则，因而有学者主张，对于特约条款规定中所存在的这一漏洞，应类推适用"保险法"第25条的规定，即保险人不返还保险费。② 事实上，上述两类处理方式中的任何一种均与继续性合同解除的一般规则存在冲突，因而并不可取。在我国未来构建约定行为义务制度时，就保险合同解除后的保费退还问题，可参考《保险法》现行相关规定，设计出如下的具体方案：在财产保险中，当保险人因投保人一方故意违反约定行为义务而行使合同解除权解除保险合同时，由于投保人一方主

---

① 参见罗俊玮、赖焕升《百年变革——论英国海上保险担保条款之修正》，《东吴法律学报》2016年第3期。

② 同上。

观恶性极大，不值得保护，故保险人无须向其退还保费；① 当保险人因投保人一方基于重大过失违反约定行为义务而解除保险合同时，主观恶性相对较小，完全不退还保费对其过于苛刻，故需要对投保人一方进行一定程度的保护，向其退还一定保费。由于保险人在保险合同中的主给付义务是危险承担，投保人支付的保费正是保险人承担危险的对价，考虑到在保险合同成立后至解除前，保险人实际履行了其危险承担义务，故投保人理应支付相应的对价。《保险法》对财产保险合同解除时保费退还问题的处理基本体现了这一思想，故不妨沿袭此规定，即保险人应当将已收取的保险费，按照合同约定扣除自保险责任开始之日起至合同解除之日止应收的部分后，退还投保人。② 另外，就人身保险而言，在具有储蓄或投资属性的人寿保险合同中，合同解除时投保人已交的保费体现为保险单的现金价值，故当投保人已交足两年以上保险费时，保险人应当退还保险单的现金价值，且不考虑投保人或被保险人违反约定行为义务的主观状态；③ 而在投保人未交足两年以上保险费时，由于此时尚未积累形成保险单的现金价值，故保险人应当将已收取的保险费，按照合同约定扣除自保险责任开始之日起至合同解除之日止应收的部分后，退还投保人。而在其他不存在保单现金价值的人身保险合同中，保费的退还应当按照财产保险合同的以上规范设置进行操作。

（6）解除权的行使期间

虽然在投保人一方违反约定行为义务时，保险人可以取得保险合同解除权，但出于尽快安定保险合同当事人之间法律关系的考虑，保险人合同解除权的行使并非不受任何限制。申言之，保险法应当对保险人合同解除权的行使期间作出规定。我国保险法对保险人合同解除权行使期间的规定一般是自知道解除事由之日起的30日内。④ 基于对保险法体系一贯性的维持，不妨将违反约定行为义务情形下保险人合同解除权的行使期间规定为"保险人知道投保人一方违反约定行为义务的事实之日起30日内"。30日的期间长度较为适宜，可尽快安定违反事实发生后当事人之间不稳定的法律关系，防止双方当事人陷入无休止的争议纠纷之中，有利于提高保险交易的效率。另外，我国《保险法》第16条第3款还对保险人的解

---

① 参见《保险法》第16条第4款、第27条第2款。
② 参见《保险法》第49条第3款、第52条第1款、第54条、第58条第2款。
③ 参见《保险法》第43条第1款、第44条第2款、第45条。
④ 如《保险法》第16条第3款、第49条第3款。

除权规定了一个两年的除斥期间,即自合同成立之日起超过两年的,保险人不得解除保险合同。该期间也被称为"不可抗辩期间"。① 自该两年期间经过后,保险人丧失其解除权,即便发生了保险人取得合同解除权的事由,保险人也无法取得解除权,即保险人的合同解除权将确定、终局地归于消灭。根据我国台湾地区"保险法"第68条第2款,约定行为义务违反情形下,保险人的合同解除权也要受到该两年期间的限制。

笔者认为,当保险人于投保人一方违反约定行为义务而取得保险合同解除权时,不应受到不可抗辩期间的限制。《保险法》第16条第3款规定针对的是投保人的如实告知义务,其履行时间为保险合同订立时,若保险人作为专业的核保机构,在保险合同成立后的两年内都没发现投保人对如实告知义务的违反,为了维护投保人一方的合理信赖、确保法律关系的安定性,否认保险人在合同成立两年后还可取得保险合同解除权,是可以被理解的。② 而且,这一规定还有利于防范保险人的道德风险,即为了持有保费故意不提出其已知的投保人违反如实告知义务的事实,在保险事故发生时再以投保人违反了如实告知义务为由拒绝赔付。③ 然而,约定行为义务与如实告知义务之内在性质的显著差异,决定了在保险人合同解除权的行使方面,绝不能将二者等量齐观。由于约定行为义务是一种持续性而非一时性的义务,投保人一方须在保险期间内持续地履行义务,其违反约定行为义务的时刻与保险合同的成立时间无关,故保险人的合同解除权就不应受到"合同成立之日起"的牵绊,否则将无法发挥约定行为义务的风险防控功能。我国台湾地区"保险法"之所以对两年期间有所规定,或许是因为其特约条款中包含了类似于肯定性约定行为义务或如实告知义务的肯定特约条款。而我国将要构建的约定行为义务制度并不包含肯定性

---

① 温世扬主编:《保险法》(第三版),法律出版社2016年版,第108页。日本《保险法》规定的不可抗辩期间为自保险合同成立之日起五年,参见日本《保险法》第28条第4款、第55条第4款、第84条第4款。德国《保险合同法》则规定,在投保人故意违反告知义务时,不可抗辩期间为自保险合同成立之日起十年;在投保人出于重大过失违反告知义务时,不可抗辩期间为自保险合同成立之日起五年,参见德国《保险合同法》第21条第3款。

② 有关不可抗辩条款的制度功能,参见张怡超《论我国〈保险法〉中的不可抗辩条款及其适用》,《河北法学》2012年第11期;孙宏涛《我国〈保险法〉中危险增加通知义务完善之研究——以我国〈保险法〉第52条为中心》,《政治与法律》2016年第6期;王萍《以形成权限制法理研究不可抗辩条款》,《中国政法大学学报》2015年第1期。

③ 江朝国:《保险法逐条释义 第一卷:总则》,元照出版公司2013年版,第593—594页。

约定行为义务，故两年不可抗辩期间的规定实无必要。可见，为避免受到域外法制的误导，须正确理解各种制度背后的理论与价值基础。概言之，对约定行为义务违反情形下保险人合同解除权行使期间的限制，只能从"保险人知道违反事实之日起"这一时点着手，而以这一时点为基准的限制期间，前已规定为 30 日。

故此，对约定行为义务违反情形下保险人合同解除权行使时间的规范设置，并不涉及两年的"不可抗辩期间"，相应规范应仅为"保险人应当在知道投保人一方违反约定行为义务的事实之日起 30 日内解除保险合同"。

存在疑问的是，保险人合同解除权的行使期间应自何时起算？对此存在两种观点，第一种观点认为：解除权行使期间应自保险人知道约定行为义务被违反这一客观事实时起算；[1] 第二种观点则认为，行使期间的起算不仅要求保险人知晓约定行为义务被违反的客观事实，同时保险人还应知道投保人或被保险人具有主观归责事由，若不作此限定，将会导致在保险人向投保人主张解除保险合同时，投保人或被保险人可以自己不具有主观归责事由来对保险人的解除行为进行抗辩。[2] 如果按照后一种观点，解除权行使期间须自保险人知道投保人或被保险人存在故意或重大过失时起算。但是，笔者认为，当投保人或被保险人主张其对约定行为义务的违反不具有主观可归责性时，所产生的争议实为保险人是否取得了合同解除权，而与解除权行使期间的起算无关。若投保人或被保险人对保险人的解除权存有异议，可以请求人民法院或仲裁机构确认解除合同的效力。[3] 关于投保人或被保险人是否具有主观可归责性，产生争议的，应当由法院或仲裁机构认定。而在此之前，只要存在违反约定行为义务的事实，即推定保险人取得保险合同解除权，投保人或被保险人提出抗辩的，应当在纠纷解决程序中举证证明。因此，在讨论保险人合同解除权的行使期间应自何时起算时，不应将保险人对投保人或被保险人主观可归责性的知悉作为考

---

[1] O. Krebs, Neuere Rechtssprechung zur Verletzung vertraglicher Obliegenheiten bei Kenntnis des Versicheres vom Verletzungstatbestand（§6 VVG），Versicherungsrecht 1964, S. 467. 转引自坂口光男《自動車保険における自動車の用途条項——責務理論との関連における検討》，《法律論叢》第 59 卷第 3 号，第 24 页。

[2] H. G. Rohde, Die Verwendungsklausel in der Kraftverkehrsversicherung 1968, S. 58-59. 转引自坂口光男《自動車保険における自動車の用途条項——責務理論との関連における検討》，《法律論叢》第 59 卷第 3 号，第 24 页。

[3] 参见《合同法》第 96 条。

量因素。保险人合同解除权的行使期间，应当自其知道约定行为义务被违反的事实时起算。

2. 法律后果二：保险人对特定损失免责

保险人取得保险合同解除权这一法律后果固然得到了普遍承认，但其缺陷也甚为明显。由于保险合同的解除一般不具有溯及力，故当投保人一方因故意或重大过失违反约定行为义务并导致损失发生时，保险人如欲行使合同解除权以终结合同关系，还需要对合同解除前发生的保险事故承担赔付责任；若保险人不欲行使合同解除权，则不仅要对该保险事故承担赔付责任，还要对投保人违约行为导致的危险增加的保险标的以原来的保险费率继续承保。这样的安排对保险人明显不公。而通过对《保险法》第51条第3款的实证考察已知，规定保险人对特定损失免责这一法律后果可以有效解决我国保险案件裁判目前所面临的困境。因此，极为有必要将该法律后果纳入约定行为义务法律规范之中。它一方面可以有效惩治投保人或被保险人的特定违约行为，另一方面避免了合同解除这一导致合同关系彻底归于消灭的严重后果，给不愿意终止合同关系的双方当事人留下了回旋的余地，符合当事人的利益诉求，在保险实务中具有相当程度的可采性。

（1）义务主体的主观过错

尽管保险人对特定损失免责这一法律后果的严苛性不及保险人解除保险合同，在此种情形下，保险合同关系仍可存续。但应当注意到的是，很多财产保险的保险期间都相对较短，保险事故一旦发生，保险标的物就会遭到损毁，若保险人对该保险事故免责，其后果着实无异于保险合同解除。而且，在一些保险标的物价值很高的保险当中，一次保险事故得不到赔付，往往就会使被保险人在财务上遭受毁灭性的打击。可见，保险人对特定损失免责这一法律后果对被保险人的"杀伤力"，在很多情形下可能并不亚于保险人解除保险合同。故此，笔者认为，在该法律后果下，不宜轻易放宽对投保人一方主观过错的限制，即不应将一般过失纳入投保人一方违反约定行为义务的主观过错范围之内，投保人一方的主观状态应当和保险人取得保险合同解除权时一样，仅包括故意和重大过失两种。德国《2008年保险合同法》第28条对重大过失情形下保险人的责任免除规定的是"比例原则"，即按照投保人一方违反约定行为义务时的主观过错程度相应减少保险金给付。于投保人一方而言，这种做法自然比"全有全无原则"对其更加有利。然而，不容忽视的一点是，即便是在德国，确定责任减轻比例的具体标准和方法在立法上也都尚未得到明确，仅仅是学界提出了一些看法,且并未形成通说。所以,"比例原则"的规定究竟能否产生很好的实施效果,可能并不确定。那么,这是不是就意味着我国暂时还不宜贸然引入"比例原则"呢?

在回答这一问题之前,笔者将首先厘清保险法中的重大过失这一概念,接着在此基础之上,探讨投保人或被保险人存在重大过失时保险人的责任承担问题。

在界定民法中的过失时,通常会考虑行为人对所发生的损害结果是否具有预见的可能性,[1]以及行为人预见到损害结果后是否采取了必要措施防止损害结果的产生。质言之,过失指的是行为人未能预见到损害结果的发生或者虽然预见到某一损害结果的产生但怠于尽到避免损害发生的义务。[2]根据是否将注意义务的违反纳入过失判断的考量因素范围之内,存在两种界定重大过失的方法:第一,重大过失是指接近于故意的一类主观心理状态,此时并未考虑到行为人所应尽到的注意义务;第二,重大过失是指未尽到一般人应尽的注意义务。[3]

就保险法领域而言,《日本商法典》"保险编"第641条曾对重大过失情形下保险人的免责问题有所规定。围绕重大过失的解释问题,日本学界存在以下几种观点:第一种观点主张从严把握重大过失这一概念,在每个案件中,保险人要举证证明投保人或被保险人故意造成保险事故是很困难的,为了对保险人的举证困难进行救济,保险人只需证明投保人或被保险人主观状态表现为重大过失,即完成举证责任并可主张免责。[4]而第二种观点则主张对保险法和民法中的重大过失概念作相同解释,重大过失即意味着欠缺一般人所应尽的注意义务。[5]第一种解释意味着重大过失等同

---

[1] 東京地判昭和53年8月3日判時899号48頁,参见道垣内弘人《重過失》,《法学教室》第290号,第36页。转引自冈田豊基《災害関係特約における重過失の概念——判例の検討を中心として》,《神戸学院法学》第39巻第3·4号,第119页。

[2] 参见内田貴《民法Ⅱ債権各論》,東京大学出版社2007年版,第320页;曾世雄《损害赔偿法原理》,中国政法大学出版社2001年版,第79—80页;郑永宽《论侵权过失判定标准的构造与适用》,《法律科学》(西北政法大学学报)2013年第2期。

[3] 参见道垣内弘人《"重過失"概念についての覚書》,载能见善久、瀬川信久、佐藤岩昭、森田修编《民法学における法と政策(平井宜雄先生古稀記念論文集)》,有斐閣2007年版,第561页。

[4] 参见田辺康平《新版現代保険法》,文真堂1995年版,第113页;石田満《商法Ⅳ(保険法)(改訂版)》,青林書院1997年版,第194页。

[5] 参见山下友信《保険法》,有斐閣2005年版,第368页;中西正明《生命保険契約の災害関係特約における重過失——判例を中心として》,《保険学雑誌》第538号,第13页。

于故意，①保险人可以投保人或被保险人主观上具有重大过失为由主张免除保险给付责任。若采取第二种解释方案，则无法推导出保险人可以投保人或被保险人存在重大过失为由而免除其保险给付责任。

事实上，"对于投保人或被保险人的重大过失行为，是应继续坚持保险人全部免责的做法还是转向比例原则"这一问题，不仅存在于投保人或被保险人因重大过失违反约定行为义务的场合，在投保人或被保险人出于重大过失导致保险事故发生的情形，类似问题也同样存在。②由于此处讨论的问题为，在投保人或被保险人因重大过失违反约定行为义务而导致保险事故发生时，保险人应否全部免责，其最终落脚点实质上转向了投保人或被保险人出于重大过失导致保险事故发生时保险人的责任承担问题，可以说，前者只是后者的一种特殊情形，因此，下文的论证过程将围绕具有实质性的一般情形展开，并在此基础上揭晓重大过失违反约定行为义务时保险人应否全部免责这一问题的答案。③

自比较法视角观察，日本针对重大过失免责提出了以下理由：④ ①责

---

① 参见永松裕幹《告知義務違反における故意又は重過失に関する裁判例の分析と検討》，《保険学雑誌》第626号，第111页。

② 在日本法中讨论较多的问题是投保人出于重大过失导致保险事故发生时，保险人是否仍应承担保险责任。根据日本《保险法》第17条第1款规定，保险人对投保人或被保险人因故意或重大过失而导致的保险事故不承担保险赔付责任。不过，有学者认为，该条规定仅仅为一项任意性规范。参见天野康弘《重過失免責の認定と分析》，《保険学雑誌》第622号，第142页。

③ 自修改后的德国《2008年保险合同法》观察，第81条专门规定了投保人在故意或重大过失造成保险事故时保险人的责任承担问题，而约定行为义务违反效果规范则对应于新法第28条，第28条与第81条形成了呼应关系，均规定了投保人重大过失情形下保险人按照过失程度减轻责任。实质上，两者所解决的问题并无本质差异。参见叶启洲《从"全有全无"到"或多或少"——以德国保险契约法上约定行为义务法制之改革为中心》，《政大法学评论》2015年第1期。

④ 参见岡田豊基《災害関係特約における重過失の概念——判例の検討を中心として》，《神戸学院法学》第39卷第3·4号，第114—115页；坂口光男《保険事故の招致》，《法律論叢》第43卷第4·5号，第199页—218页。日本的人寿保险公司在灾害关系特约条款中明确约定保险人对于投保人或被保险人重大过失行为所发生的损害不承担保险责任，但在损害保险公司的伤害保险约款中并没有此类约定。不过，损害保险公司也曾在伤害保险约款中对重大过失免责的问题进行了规定，但在1975年修订约款时，鉴于不存在判定重大过失等免责事由的明确标准，因而将重大过失免责的条款予以删除。参见佐野誠《新保険法における傷害保険約款規定》，《生命保険論集》第166号，第17页。

任自负说,按照此种观点,每个人都应当对可归责于自己的行为承担责任,投保人一方因重大过失导致的损失不能转由保险人承担;②损害回避义务说,该说认为投保人因保险合同的缔结而负有避免损害发生的法定义务;③偶然性要件欠缺说,由于保险事故的发生需要满足偶然性这一要件,此种学说认为投保人或被保险人因重大过失而导致保险事故发生时,所发生的保险事故不满足偶然性要件;①④诚实信用原则说,依此观点,因条件成就而受有利益的当事人不得通过违反诚实信用原则的方式促成条件的成就,投保人或被保险人因重大过失导致保险事故发生有违诚实信用原则,故保险人不应承担保险责任;⑤公序良俗原则说,②投保人因重大过失而促成发生的保险事故具有社会危害性,从公序良俗原则出发,保险人不应承担保险金赔付责任;⑥除外危险说,由于投保人或被保险人的重大过失属于一类很高的风险,由此而发生的保险事故通常不属于保险人的承保范围,故应将此类保险事故产生的损害排除在保险人责任范围之外,③再者,保险法中的危险可分为主观危险与客观危险,投保人或被保险人的重大过失属于一类主观危险,而根据通说,主观危险属于除外危险,因此,保险人不应对投保人或被保险人重大过失行为所造成的损失承担保险责任;④⑦不真正义务违反说,此种观点认为,投保人或被保险人所负担的不真正义务是被保险人获得保险赔付的前提,如果投保人或被保险人违反了不真正义务,则被保险人将丧失保险给付请求权。⑤

笔者认为,上述针对重大过失免责所提出的解释均不可采。首先,如

---

① 不过,亦有学者认为,在被保险人因重大过失违反约定行为义务进而导致保险事故发生时,将重大过失行为纳入保险责任范围之内并不违背保险事故的偶发性。参见蔡大顺《论重大过失行为之法律责任体系于保险法上的重构》,《政治与法律》2016 年第 3 期。
② 参见石田满《商法Ⅳ(保险法)》,青林書院 1997 年版,第 194 页。
③ 参见竹濱修《保険事故招致免責規定の法的性質と第三者の保険事故招致(二)・完》,《立命館法学》第 171 号,第 682—683 页。
④ Ascan Pinckernelle, Die Herbeifuehrung des Versicherungsfalls 1966, S. 10-12; Pröss, Versicherungsvertragsgesetz, (17. Aufl.), S. 283; Bruck, Reichsgesetz ueber den Versicherungsvertrag, S. 228; Bruck - Moeller, Kommentar zum Versicherungsvertragsgesetz, 8 Aufl. (1958), S. 189; Ehrenzweig, Deutsches (Österreichisches) Versicherungsvertragsrecht, S. 264; Siebeck, Die Schadenabwendungs – und – minderungspflicht des Versicherungnehmers 1963 S. 17-18; Karl-Heiz Hellwig, Der Schaden 4 Aufl. (1968), H17. 转引自坂口光男《保険事故の招致》,《法律論叢》第 43 卷第 4·5 号,第 214 页。
⑤ 参见坂口光男《保険事故の招致》,《法律論叢》第 43 卷第 4·5 号,第 202 页。

果按照责任自负说,则投保人或被保险人因轻微过失违反约定行为义务时,保险人亦可通过主张投保人或被保险人应对自己的过失行为承担责任而免责,但现实情况却并非如此,在投保人或被保险人主观状态仅为一般或轻微过失时,保险人仍应承担保险责任。[1] 其次,损害回避义务说主张投保人或被保险人负有避免损害发生的法定义务,但是,并无成文法规定投保人或被保险人因保险合同的缔结而负有避免损害发生的法定义务,而最多只是明确了在保险事故发生后被保险人负有损害防阻义务。再次,根据保险法一般理论,可承保的危险应当满足偶然性这一要件,[2] 偶然性要件说的确为保险人针对投保人或被保险人的重大过失行为主张免责提供了有说服力的理由,在保险业发展早期,保险人不仅可以投保人或被保险人的重大过失作为免责的抗辩理由,在轻微过失情形下也能以此主张免责,因为偶然性要件将一切可归因于投保人或被保险人行为导致的损害都排除在保险责任范围之外。但是,如果认为因投保人或被保险人重大过失行为所导致的保险事故不符合偶然性要件,因而将其排除在保险责任范围之外,由此推导出来的结论将是:因投保人或被保险人一般或轻微过失行为所发生的保险事故也不具备偶然性,保险人也可主张免责,而这与现实显然不符。可见,偶然性要件说与责任自负说面临着相同的质疑。复次,根据诚实信用原则说,投保人或被保险人因重大过失造成保险事故发生是以违背诚实信用原则的方式促成条件的成就,但投保人或被保险人此时并不存在促成条件成就的行为。而且,将投保人或被保险人故意导致保险事故发生的行为界定为有违诚实信用原则固无疑义,但重大过失并不能等同于违反诚实信用原则。[3] 此外,保险人对投保人或被保险人因重大过失引发的保险事故承担保险赔付责任,与公共秩序和善良风俗无关,因而并不违反公序良俗原则。最后,尽管投保人或被保险人的重大过失行为是一类较高的风险,但这并不意味着此类高风险就绝对不得获得保险保障。因此,

---

[1] 虽然德国早期将因投保人或被保险人轻微过失导致的保险事故排除在保险责任范围之外,但之后为了贯彻保险消费者保护这一目标,可归责于投保人或被保险人的行为所造成的损害也被纳入承保范围之内。Pinckernelle, Die Herbeifuehrung des Versicherungsfalls 1966, (Fn.5), S.73; Bruck-Moeller-Sieg, Kommentar zum Versicherungsvertragsgesetz, 8.Aufl., Ⅱ Band., (Fn.5), Anm.3 zum §61.转引自潘阿宪《重過失による保険事故招致と保険者免責の再検討(二・完)》,《法学会雑誌》第48卷第1号,第69页。

[2] 参见温世扬主编《保险法》(第三版),法律出版社2016年版,第7页。

[3] 参见坂口光男《保険事故の招致》,《法律論叢》第43卷第4·5号,第210页。

除外危险说亦不能提供合理解释。

综上表明，重大过失情形下保险人的免责并无充分的理论支撑依据。这就在某种程度上证实了重大过失情形下保险人免责的规则本身即具有不合理性，采纳保险人部分免责的"比例原则"或许是一种更好的规范选择。

首先，当被保险人的主观状态表现为重大过失时，若保险人在保险事故发生后可以主张免责，将使法律对故意与重大过失的评价相同。在保险法中，所遵从的一般规则是故意行为所致损害不予赔偿，而重大过失同故意则具有明显区别。"故意"意味着行为人对某一损害后果持积极追求态度，但在重大过失情形下，行为人并不希望损害后果发生。故而相较于重大过失，故意的可责难程度更高。[1] 而且，重大过失同一般过失之间其实并无明晰边界，当投保人或被保险人的某一行为被认定为重大过失时，发生保险人免责的法律效果，而在一般过失情形下，保险人却不得免责。[2] 针对性质类似的行为作出具有天壤之别的法律评价，着实有违相似事物相同处理的公平原则。自比较法视角而言，虽然许多国家曾经认为保险法上的重大过失等同于故意，但如今已基本舍弃将二者等同处理的立场。以法国法为例，1930年《法国保险法》通过之前，在海上保险领域，保险人能够承保的风险应当是基于偶然事故或者不可抗力所致的风险，而与船长或船员过错相关的风险则不具有可保性，在陆上保险领域亦是如此。[3] 这里的过错明显包含故意和重大过失，也即意味着将故意和重大过失等同对待。Trouillot 提出的"1904年保险法草案"的第20条也规定："保险人对因偶然事故或者被保险人过失所造成的损害承担保险责任。此外，即使保险合同中存在相反的约定，保险人对被保险人因故意或重大过失所造成的损害也不承担保险责任。"[4] 可见，"1904年保险法草案"仍然维持了

---

[1] 参见叶名怡《重大过失理论的构建》，《法学研究》2009年第6期。

[2] Abschlussbericht der Kommission zur Reform des Versicherungsvertragsrecht vom 19. April 2004, Vorschlaege fuer ein neues Versicherungsvertragsrechts 1.2.2.10, S. 37. 转引自潘阿宪《重過失による保険事故招致と保険者免責の再検討（二・完）》，《法学会雑誌》第48卷第1号，第74页。

[3] DE LA PRUGNE（CH.），Traité théorique et pratique de l'assurance en general, 1895, p. 50. 转引自松田真治《フランス保険法におけるfaute dolosive（1）》，《関西大学法学論集》第63卷第1号，第171页。

[4] 参见松田真治《フランス保険法におけるfaute dolosive（1）》，《関西大学法学論集》第63卷第1号，第173页。

## 第五章 制度表达：约定行为义务制度的微观构造

"故意等同于重大过失"的立场。而且，该草案立法理由书同时也指出："若损害的发生是因被保险人的过失行为所致，保险人应承担保险赔付责任，此时对偶然事故与被保险人过失行为所造成的损害不应作区别对待。然而，在被保险人因故意或重大过失导致保险事故发生时，保险合同当事人不能约定由保险人承担保险责任，因为此种约定有悖于公序良俗原则。"[①] 但 1930 年通过的《法国保险法》则改变了这一规定，该法的起草委员长 Henri Capitant 认为，本法之所以改变"1904 年保险法草案"禁止对重大过失提供保险保障的做法，原因在于："重大过失等同于故意"这一古老的法谚存在重大问题，在被保险人故意致损时，被保险人意图从保险人处获取保险赔付的行为具有反道德性，但在重大过失情形下则不存在这一问题。[②] 最终的《法国保险法》第 L113-1 条采纳了这一观点，改变了之前禁止对重大过失提供保险保障的做法。[③]

其次，尽管确定责任减轻比例的具体标准和方法尚未明确，但这在本质上属于法官自由裁量的范围，不宜设定统一的标准和方法，应由法官在个案中根据当事人过错程度、参酌诚实信用原则进行判断。损害赔偿领域中的"与有过失规则"[④] 也常常被用于界定损害赔偿的范围，尽管针对双方的过失程度，立法上并不存在明晰的判断标准，但这并未妨碍

---

① J. O. 1904, Doc. Parl. Chambre, annexe n° 1918, p. 922; Projet de loi relative au contrat d'assurance, Renvoyé à la Commission relative aux societies d'assurances, de rentes viagères et de capitalization, présenté LOUBET (É), par TROUILLOT (G.), 1904, p. 19. 转引自松田真治《フランス保険法における faute dolosive (1)》，《関西大学法学論集》第 63 卷第 1 号，第 174 页。

② CAPITANT (H.),《La Loi du 13 juill. 1930 relative aux contrats d'assurance》, RGAT 1930, p. 755. 转引自松田真治《フランス保険法における faute dolosive (1)》，《関西大学法学論集》第 63 卷第 1 号，第 183 页。

③ 《法国保险法》第 L113-1 条：除了保险合同中存在明确的免责条款外，保险人对于因偶发性事故或者被保险人过错导致的损害承担保险责任。但是，保险人对于被保险人故意或欺诈所导致的损害不承担保险责任。参见松田真治《フランス保険法における faute dolosive (1)》，《関西大学法学論集》第 63 卷第 1 号，第 156 页；松田真治《フランス保険法における保険事故招致に関する故意の拡張論》，《生命保険論集》第 186 号，第 180 页；叶名怡《法国法上的重大过错——兼论对中国法的参照意义》，《北方法学》2013 年第 4 期。

④ 所谓与有过失，指的是赔偿权利人就损害的发生或扩大存在过失时，赔偿义务人所应承担的赔偿义务范围可根据赔偿权利人的过失程度进行相应缩减。参见韩世远《合同法总论》（第三版），法律出版社 2011 年版，第 634 页。

该规则在损害赔偿领域的广泛适用,①而且理论界也普遍认可法官自由裁量的正当性。②

最后,如果说早期将重大过失作为保险人的免责事由尚具合理性的话,那么,时至今日,由于投保人或被保险人因重大过失导致保险事故发生时,"全有—全无"原则已经丧失了其存在基础,坚持这一原则有悖于保险消费者保护的立法潮流,③这种做法的合理性已经不复存焉。

有鉴于此,在投保人或被保险人因重大过失(违反约定行为义务)导致保险事故发生的场合,应当摒弃保险人免责的规定。但是,也不能因此走向另一个极端,要求保险人对此种情形下发生的保险事故承担全部的保险责任,因为重大过失情形下被保险人的主观过错程度显然高于一般过失和轻微过失,这样的做法将对保险人过于不公,而且保险人因此遭受的损失最终将会以保费的形式转由全体被保险人承担。故此,此种情形下最为妥适的做法当为采取比例规则,根据投保人或被保险人违反约定行为义务时的过失程度相应降低保险人的保险金赔付数额。④

(2) 因果关系要件之内涵及判定标准

保险人对特定损失免责这一法律效果下的因果关系要件,与保险人取得保险合同解除权之法律效果下的因果关系要件有所不同。合同解除权的目的是赋予保险人决定双方合同关系是否存续的权利,当投保人一方对约定行为义务的违反仅导致承保危险增加,而保险事故并未直接发生时,若投保人一方未对违反行为进行补正,保险人便可取得合同解除权。在这种情形下,因果关系的判断标准是"违反行为与保险标的的危险增加之间具有因果关系"。而在"保险人对特定损失免责"这一法律后果之下,很

---

① Roemer, Reformbedarf des Versicherungsvertragsrechts Hoechstrichterlicher Sicht, VersR 2000, (Fn. 52), S. 663. 转引自潘阿憲《重過失による保険事故招致と保険者免責の再検討(二・完)》,《法学会雑誌》第 48 卷第 1 号,第 73 页。

② 关于与有过失规则与法官自由裁量权的问题,具体参见韩世远《合同法总论》(第三版),法律出版社 2011 年版,第 639—640 页。

③ Roemer, Reformbedarf des Versicherungsvertragsrechts Hoechstrichterlicher Sicht, VersR 2000, 661ff.; ders., Alles-oder-Nichts-Prinzip?, NVersZ 2000, 259, S. 261f. 转引自潘阿憲《重過失による保険事故招致と保険者免責の再検討(二・完)》,《法学会雑誌》第 48 卷第 1 号,第 71—72 页。

④ "对于投保人或被保险人因重大过失导致的保险事故,保险人不应全部免责"这一结论亦适用于投保人或被保险人因重大过失违反约定行为义务而导致保险事故发生的情形,因为重大过失导致保险事故发生只是一种概括、笼统的说法,事实上,重大过失违反约定行为义务进而致使保险事故发生是"重大过失导致保险事故发生"的一种具体情形。

明显只有在"损失已经发生"的前提下，保险人才能对该特定损失主张免责。倘若损失并未发生，投保人一方的违约行为仅仅导致保险标的的危险增加，那么保险人的免责主张就根本不具备事实依据，自然无法成立。职是之故，在该场合下，因果关系要件的内涵应当且只能被解读为"投保人一方对约定行为义务的违反与所发生的损失之间具有因果关系"。有学者认为，如果保险事故发生于约定行为义务违反期间内，则约定行为义务的违反与保险事故之间即存在因果关系。[1] 此种观点明显失之偏颇，因为即使是在投保人或被保险人违反约定行为义务期间，保险事故亦有可能是基于其他原因而发生。此外，因果关系的判定标准也不应采纳相当因果关系说。尽管此处所讨论的是保险人是否应对被保险人遭受的损害承担保险金给付责任，但此处的"损害赔偿"并不同于民法中的损害赔偿。民法中的损害赔偿具有因义务违反而承担责任的性质，由于建立在条件说基础之上的事实因果关系将会导致责任的漫无边界，因此需要其他标准对因果关系链予以切割以实现对责任范围的合理限制。但是，在保险法中，由于保险人的责任范围已经在保险合同中作出了明确的约定，故无须借助相当性来对责任范围进行限制。因此，笔者认为，在判断约定行为义务违反与保险事故发生之间的因果关系时，同样应以"条件说"作为标准。

至于在故意违反约定行为义务的场合，投保人一方之主观可归责性极大，但这并不意味着投保人一方因此便不值得受到因果关系要件的保护。在笔者看来，投保人一方故意违反约定行为义务的行为并不等同于故意制造保险事故，比如，在约定了投保人一方应保证车辆适于道路行驶之行为义务的机动车保险合同中，若车灯发生故障，被保险人因修理费用过高而不欲修理，车辆此后便一直处于车灯故障的状态，那么被保险人的行为便属于故意违反约定行为义务。若车辆后来在一天气晴朗的白天与另一车辆发生碰撞，保险人以被保险人故意违反约定行为义务为由主张免除保险责任，便不应得到支持。因为被保险人实施故意违约行为的动机仅仅是经济上的因素，与积极追求保险事故发生无关，如若因此便令被保险人对与其

---

[1] D. Spielberger, Zum Kausalitaetsbegriff des §6 Abs. 2 VVG insbesondere bei Verstoessen gegen die Fuehrerschein-und die Verwendungsklausel in der Kraftverkehrsversicherung, Versicherungsrecht 1962, S. 927; H. G. Rohde, Die Verwendungsklausel in der Kraftverkehrsversicherung, 1968, S. 74-75. 转引自坂口光男《自動車保險における自動車の用途条項——責務理論との関連における検討》，《法律論叢》第59卷第3号，第25页。

违约行为无关的保险事故承担丧失保险赔付的不利益,显然过于苛刻。故此,即便是投保人一方故意违反了约定行为义务,保险人的免责条件也依然需要将违约行为与损失发生之间的因果关系涵括在内。

3. 保险人取得保险合同解除权与保险人对特定损失免责两种法律后果之间的关系

在我国保险法上,保险合同的解除原则上无溯及力。故此,从理论上说,当保险人行使合同解除权解除保险合同时,若已经发生了保险事故,保险人仍须对该事故作出赔付。在投保人一方出于故意或重大过失违反约定行为义务,并因此直接导致保险事故发生的场合,就直接体现为保险人即便解除了保险合同,也依然须对被保险人因保险事故遭受的损失进行补偿。这样的情形对保险人而言难谓公平。本部分便是专门针对这一不合理情形所设,所要讨论的问题即为,当投保人一方违反约定行为义务的行为同时符合保险人取得合同解除权和保险人对特定损失免责的条件时,保险人取得保险合同解除权与保险人对特定损失免责两种法律后果之间的关系如何。

第一重关系是,保险人可否同时主张两种法律效果。根据德国旧保险合同法第6条第1款的规定,在此种情形下,保险人若未在知道约定行为义务被违反之日起的30日内终止保险合同,便不得再主张免除赔付责任。而德国《2008年保险合同法》第28条却未作出此等限制。可见,在德国保险法上,是允许两种法律效果同时适用的。而根据我国《保险法》第16条的规定也可看出,在投保人因故意或重大过失违反如实告知义务的场合,当保险人行使合同解除权解除保险合同时,对于合同解除前发生的保险事故,也可以不承担赔偿或给付保险金的责任。[①] 所以,在我国保险法上,也并非不存在允许保险合同解除和保险责任免除两种法律效果并举的立法先例。既有域外相同制度之立法例的支持,又有本国相似制度之规范的参考,那么,在法定的构成要件具备时,又有何理由禁止保险人在约定行为义务违反情形下主张同时适用两种法律效果呢?故此,笔者认为,当投保人或被保险人违反约定行为义务的行为同时符合保险人取得合同解除权和保险人对特定损失免责的条件时,保险人可以同时主张两种法律效果。然而,同如实告知义务之规定不同的一点是,即便是在投保人一方故

---

[①] 具体而言,当投保人故意不履行如实告知义务时,对于保险合同解除前发生的保险事故,保险人一律不承担赔付责任;当投保人因重大过失未履行如实告知义务时,保险人仅对与投保人未履行告知义务有因果关系的保险事故不承担赔付责任。

意违反约定行为义务的场合,保险人对合同解除前发生的保险事故的免责,也依然要以同约定行为义务之违反具有因果关系者为限,理由已如前述。

第二重关系是,保险人免责是否须以解除合同为前提。有观点认为,若允许保险人在不解除保险合同的前提下免除保险责任,将会出现这样一种结果:保险人在知道投保人或被保险人违反约定行为义务后,为持有或继续获得保险费,不行使保险合同解除权,而在保险事故发生时,则主张对所发生的保险事故不承担保险责任。由于这种行为是一种有悖诚实信用原则的投机行为,因此,应当规定,保险事故发生后,保险人主张免责的前提是解除保险合同。① 德国旧保险合同法第 6 条第 1 款也规定,保险人若未在知道约定行为义务被违反之日起的 30 日内终止保险合同,便不得再主张免除赔付责任。但德国《2008 年保险合同法》第 28 条并未作出此等限制。笔者认为,不应当将保险合同的解除作为保险人免责的前提。尽管针对如实告知义务制度,我国《最高人民法院关于适用〈中华人民共和国保险法〉若干问题的解释(二)》(以下简称《保险法司法解释二》)有此规定,② 但这并不意味着约定行为义务制度也须适用相同规则。③

《保险法司法解释二》之所以规定保险人免责须以解除保险合同为前提,是因为《保险法》第 16 条第 4 款规定,当投保人故意违反如实告知义务时,保险人保险责任的免除不以保险事故与违反行为之间存在因果关系为要件。故此,若不存在此一前提,对于投保人故意不履行如实告知义务的行为,保险人便可在不解除合同并继续收取保费的情况下,对保险期间内发生的一切保险事故免除保险责任,从而导致投保人丧失及时另行缔

---

① Bruck Moeller, Kommentar zum Versicherungsvertragsgesetz, Bd. 1, 1961, S. 200 – 201; K. Sieg, Obliegenheiten und sekundaere Risikobeschraenkungen im Versicherungsrecht, Der Betriebs-Berater 1970, S. 107. 转引自坂口光男《自動車保険における自動車の用途条項——責務理論との関連における検討》,《法律論叢》第 59 卷第 3 号,第 27 页。

② 《保险法司法解释二》第 8 条:"保险人未行使合同解除权,直接以存在保险法第十六条第四款、第五款规定的情形为由拒绝赔偿的,人民法院不予支持。但当事人就拒绝赔偿事宜及保险合同存续另行达成一致的情况除外。"

③ 尽管第 8 条也适用于投保人因重大过失违反如实告知义务的场合,但由于根据《保险法》第 16 条第 5 款的规定,保险人此种场合下的免责须以保险事故的发生与投保人违反告知义务的行为之间存在因果关系为条件,如此就很难诱发保险人的投机行为,因而使得此种场合在事实上并没有适用该条的必要。

约的机会。为了防止投保人陷于此种过于被动和不利的地位，有必要作出此等限制。

就约定行为义务制度而言，如果保险责任的免除不以保险事故的发生与约定行为义务违反之间存在因果关系为要件，那么就需要将解除保险合同作为保险人的免责前提。理由在于，此时，投保人或被保险人会因与自己违约行为完全无关的事实遭受丧失保险赔付的不利益。若不将解除保险合同作为保险人免责的限制条件，便会为保险人不诚信的投机行为提供可乘之机，可能导致投保人或被保险人因"一次"或"一时"违反约定行为义务的行为永远处于被动状态、遭受"永久"的不利益，而保险人却可在不承担任何对待给付义务的情况下继续获得保费。然而，在前文对约定行为义务所作的制度设计中，因果关系要件普遍适用于所有违反约定行为义务的情形，其在本质上的客观性以及不以主观意志为转移性完全阻却了保险人实施投机行为的可能。具言之，由于保险人可得主张免责的任何一起保险事故，均须与投保人或被保险人约定行为义务的违反存在关联，这种关联性具有客观性，须以事实为依据，非保险人一方能够决断，因此，保险人即便不解除保险合同，也并不能对所有保险事故均免除保险责任。由于此时，投保人一方的利益并不会遭到保险人之不诚信行为的不当损害，因而并无必要将解除保险合同作为免除保险责任的前提条件。

是故，当投保人或被保险人违反约定行为义务的行为同时符合保险人取得合同解除权和保险人对特定损失免责的条件时，保险人既可以同时主张两种法律效果，也可以仅主张其中任何一种法律效果，且主张免责时无须以行使合同解除权解除保险合同为要件。事实上，由于这种规范设计更有助于维持保险合同关系的存续，因而可在一定程度上避免被保险人因一时或一次违反约定行为义务的行为而永久地丧失保险保障，其对被保险人的利益保护也更为周全。

## 三 约定行为义务违反行为的豁免

约定行为义务违反行为的豁免，是指由于某种原因的存在，投保人一方即使违反了约定行为义务，也不会因此而遭受不利益，保险人不得据此主张实现违反约定行为义务的法律效果。英国《1906年海上保险法》《2015年保险法》，我国台湾地区"保险法"，以及上文提到的美国加州《1935年保险法》对此均有规定。

首先，英国《1906年海上保险法》第34条通过3款内容对约定行为义务违反行为的豁免作出了规定。① 第 1 款规定,因情况变化导致约定行为义务不再适用于合同的新情事,或者后来制定的法律将履行约定行为义务的行为规定为违法行为时,违反约定行为义务的行为可以得到豁免。第 2 款规定,被保险人在其违反约定行为义务时,不得以违反行为在损失发生之前已被补正,约定行为义务已重新得到遵守为由,主张免于适用违反约定行为义务的法律效果。第 3 款则规定,对于被保险人违反约定行为义务的行为,保险人可以弃权。明显可以看出,此三款并非全是对违反约定行为义务的豁免情形的规定,只有第 1 款和第 3 款对相关情形进行了直接描述,第 2 款则是通过明示违反约定行为义务的无可补正性,从反面释明了约定行为义务违反行为不得豁免的特殊情形。但需要注意的是,《1906 年海上保险法》第 34 条由于与《2015 年海上保险法》对约定行为义务制度的改革内容存在部分冲突,已被后者删除。

在《1906 年海上保险法》第 34 条的原有基础上,英国《2015 年保险法》将约定行为义务违反行为可得豁免的情形重新进行整合与编排,于第 10 条第 3 款规定了三种情形:一是由于情况变化,相关约定行为义务不再适用于合同所处的新情况;二是遵守约定行为义务的行为被后续制定的法律视为违法行为;三是保险人放弃其因被保险人违反约定行为义务而获得的权利。很明显,《2015 年保险法》仅仅是废除了"补正行为不得作为豁免依据"的《1906 年海上保险法》第 34 条第 2 款之规定,并将第 34 条第 1 款分解成了两种情形,同时也保留了第 34 条第 3 款规定的一种情形,借此组合成了第 10 条第 3 款中的三种情形,其本身并未对豁免情形有任何创新。

观诸我国台湾地区"保险法"第 69 条以及作为其法规移植母版的美国加州《1935 年保险法》第 446 条,二者就违反约定行为义务的豁免情形,或者说不会导致合同解除的情形,同样规定了三种,但与上述英国规定有些微差异,三种情形分别是:①约定行为义务履行之前保险事故已经发生;②约定行为义务的履行在合同履行地成为违法行为;③约定行为义

---

① 该款原文为:

(1) Non-compliance with a warranty is excused when, by reason of a change of circumstances, the warranty ceases to be applicable to the circumstances of the contract, or when compliance with the warranty is rendered unlawful by any subsequent law.

(2) Where a warranty is broken, the assured cannot avail himself of thedefence that the breach has been remedied, and the warranty complied with, before loss.

(3) A breach of warranty may be waived by the insurer。

务的履行成为不可能。此三种情形中，仅第二种与英国法之规定相同。

综合起来，所谓的违反约定行为义务的豁免便总共包含五种情形。在这五种情形中，除保险人弃权情形下的违约行为外，其他四种情形下的违约行为均不以投保人一方之主观意志为转移，亦即在这些情形下，投保人一方对其违反约定行为义务的行为并不具有可归责性。在这四种场合，投保人一方得以豁免其违约行为的根源在于无法预见、改变或控制的客观情况。而保险人弃权这一情形则较为特殊，因为此时投保人对其违约行为很可能是具有过错的，但无论投保人之主观状态如何，只要保险人通过某种方式表明其放弃了对投保人之违约行为的追究，便不得再主张行使解除保险合同或免除保险责任的权利。在此种场合，投保人一方得以豁免其违约行为的根源在于保险人。可以认为，是保险人以弃权的方式授予了投保人一方一项"豁免权"。英美法在实务和判例中发展出了许多不同的保险人弃权形态，下文将对此简要作出介绍。

德国《2008年保险合同法》中并不存在任何与约定行为义务违反行为之豁免有关的规定。之所以如此，或是因为德国保险法对违反约定行为义务中的主观过错和因果关系有所规定。① 比如，因果关系要件可以在约定行为义务履行之前保险事故已发生的场合发挥作用。在此种场合下，由于保险事故已经发生，故投保人一方违反约定行为义务的行为同保险事故之间并不存在任何因果关系，保险人当然不得主张解除合同或免除保险责任。而在约定行为义务的履行成为不可能这一情形下，发挥同等豁免作用的便是主观过错要件，笔者试举一例以作说明：窃盗险的保险合同中约定一项行为义务为，被保险人必须为投保房屋安装防盗报警设备，但保险合同成立后，由于某一原因，全国范围内所有销售防盗报警设备的店铺都紧急关停，被保险人无论通过何种渠道都无法购买并安装防盗报警设备。在这种情况下，被保险人之约定行为义务的履行显然已为不可能，构成了对约定行为义务的违反，其违约行为显然会在一定程度上影响承保危险的增加或保险事故的发生，但是，由于被保险人对其违约行为并不存在任何主观过错，其无法履行约定行为义务的后果系由无法控制的客观情状所致，主观构成要件未得到满足，故保险人不得主张相关权利。同样地，对于以上五种情形中的另外两种情形，主观过错要件或因果关系要件同样能够替

---

① 前文已经提到，在保险人弃权的情形下，投保人一方之违约行为得以豁免的依据在于保险人的"授权"，这种行为既然是源自保险人的自由意思，其效力的发生自然为不言自明之理，根本无须法律作出特别规定，故此处不再讨论保险人弃权这一情形。

代豁免规定而发挥作用。

所以，在德国保险法之约定行为义务的制度架构中，通过因果关系和主观过错这两项要件的设定，即可在特定情形下实现豁免投保人一方之违约行为的效果，根本无须作出专门规定豁免情形这一叠床架屋之设计。而且，德国保险法的这种概括式规定更具包容性，能够容纳更多可能导致投保人一方之违约行为得到豁免的情形，同以上英美两国和我国台湾地区的列举式与类型化规定相比，其制度弹性更大，内部张力更强，可以更灵活地适应经济社会的发展变化。而在我国约定行为义务制度的构建设想中，因果关系要件和主观过错要件已经被纳入，故我国保险法着实无须再浪费立法资源，对投保人一方违反约定行为义务的豁免作出无谓且多余的专门规定。

## 四 保险人的弃权

如上所述，保险人弃权是英国保险法对约定行为义务违反行为之一种豁免情形的规定，但保险人具体可通过哪些方式弃权，法律并未作出明文规定。而在保险实务和司法判例中，则发展出了许多不同的保险人弃权形态。根据弃权的时间不同，保险人的弃权又可分为约定行为义务违反前的弃权和约定行为义务违反后的弃权。

就前者而言，其主要通过行为、明示条款、"仍予承保条款"（held covered clauses）和"殷琪玛瑞条款"（Inchmaree Clause）四种方式来实现。在通过行为弃权的情形下，不仅保险人本人表明其不欲主张相关权利的确定无疑的（unequivocal）行为可被视为弃权，只要保险人在投保单上就授予代理人代理权的行为进行了有效签字，使被保险人形成了合理信赖，保险人代理人的确定无疑的弃权行为同样可被视为保险人的弃权。[1] 在通过明示条款弃权的情形，如欲实现保险合同双方当事人预期的法律效果，合同中有关保险人弃权的明示条款所使用的语言必须是"明确（express）、恰当（pertinent）和贴切（apposite）的"，[2] 能够清楚表明保险人的弃权意图。[3] 另外，对于明示弃权条款的解释，还要结合合同订立的背景为之。[4] 仍予承保条款的目的是使被保险人免于遭受因航程偏离或变

---

[1] Fellas v. Continental Insurance Co., [1973] ILR 713.
[2] Quebec Marine Ins. Co. v. Commercial Bank of Canada, (1870) LR 3 PC 243.
[3] See McDermott v. National Benefit Life Assurance Co., (1921) 7 L1L Rep. 97.
[4] See Investors Compensation Scheme Ltd. v. West Bromwich Building Society, [1999] Lloyd's Rep. IR 153.

更，和违反约定行为义务所致的不利后果，合同中存在该条款，即意味着保险人放弃了其由此可能取得的合同解除权，仍然愿意对被保险人的损失予以补偿。① 相较于明示弃权条款对各类约定行为义务的普遍适用，仍予承保条款仅适用于两类保险合同中特定的约定行为义务：定期船体保险（hull time policies）中有关货物（cargo）、贸易（trade）、位置（locality）、拖航（towage）、海上救助（salvage）和开航日期（date of sailing）的约定行为义务，航次船体保险（hull voyage policies）中有关拖航和海上救助的约定行为义务。② 现代保险法中，仍予承保条款的适用条件有二：一是被保险人在知道或者应当知道相当于违反约定行为义务的相关事实起立即通知保险人；③ 二是保险人与被保险人就增加保费或变更保单条款达成合意。④ 在殷琪玛瑞条款⑤之下，被保险人因其本人或辅助人缺乏应有注意而发生的损失，不在保险赔偿范围之内，而对于船舶、机器的隐蔽瑕疵对被保财产造成的损害，被保险人则可以得到保险补偿。⑥ 在某些场合，殷琪玛瑞条款同样具有豁免被保险人违反约定行为义务之行为的作用。

就后者而言，其具体形态可划分为两个阶段——《2015年保险法》施行前和《2015年保险法》施行后。在前一阶段，尽管《1906年海上保险法》规定了约定行为义务的违反后果是保险人自动向后免责，但直至英国上议院就 The Good Luck 案作出判决，该法律后果在实务中才真正得以确立。⑦ 据此，对于保险人在约定行为义务违反之后的弃权，许多学者基于不同理由得出了相同结果。他们或认为，由于被保险人对约定行为义

---

① Stanley B. Long, "'Held Covered' Clauses in Marine Insurance Policies", 24 *Ins. Counsel J.* 402 (1957).
② See Baris Soyer, *Warranties in Marine Insurance*, 3rd ed., London: Routledge-Cavendish, 2017, p. 300.
③ See P. T. Buana Samudra Pratama v. Maritime Mutual Insurance Association, (NZ) Ltd., [2011] EWHC 2413 (Comm).
④ Özlem Gürses, *Marine Insurance Law*, 2nd ed., London: Routledge, 2017, p. 120.
⑤ 该条款来源于 Thames & Mersey Marine Insurance Co. v. Hamilton, Fraser & Co. (The Inchmaree) 案，系与该案中的一艘船舶同名，See (1887) 12 AC 484。在海上保险实务中，殷琪玛瑞条款有时也被称为"班轮条款"（Liner Clause）或"过失条款"（Negligence Clause）。
⑥ See Baris Soyer, *Warranties in Marine Insurance*, 3rd ed., London: Routledge-Cavendish, 2017, p. 306.
⑦ 陈丰年：《特约条款之检讨与重构》，博士学位论文，政治大学，2012年。

务的违反致使保险合同自动终止,故保险人通过选择而为的弃权不可能存在,① 或认为,由于被保险人违反约定行为义务使得保险人自动免责,保险人从而没有任何选择的余地,故通过选择而为的弃权无法得到适用。② 这些观点也得到了许多法院的认同。③ 在这样的共识基础上,于传统约定行为义务体制下,保险人在被保险人违反约定行为义务后的弃权,所指并非是以选择而为的弃权,而是以明示条款表明的弃权或禁反言形式的弃权。前者的条件于前一部分已有叙述。后者的条件则主要有三:保险人以确定无疑的行为或声明放弃其自动免责的权利;④ 被保险人对此行为或说明产生了合理信赖;⑤ 保险人对其弃权行为的反悔会对被保险造成人不公(inequitable)。⑥ 在后一阶段,由于《2015年保险法》对约定行为义务违反后果的规定是保险人保险责任中止,这种责任中止同样是非依保险人选择而自动发生的结果,故此种情形下保险人的弃权仍然是禁反言形式的弃权。⑦

以上之不同形式的保险人弃权均系英国保险立法及实践的产物,于我国之约定行为义务法律规范的构建是否具有借鉴和参考价值,殊值思考。同英美法系国家"由个案到个案,由个别规定到个别规定而摸索出来的"法秩序不同,在概念法学长期熏陶下的大陆法系,法学研究更讲求体系性的思想,法秩序也更多系经由演绎而形成。所谓法学体系,即以较特殊的概念应隶属于适用范围较广、表达内容较少的概念之下为原则而构成的抽

---

① Malcolm A. Clarke, *The Law of Insurance Contracts*, 6th ed., London: LLP, 2009, p. 663.

② Nicholas Legh-Jones, John Birds & David Owen, *MacGillivray on Insurance Law: Relating to All Risks other than Marine*, 11th ed., London: Sweet & Maxwell/Thomson Reuters, 2008, p. 281.

③ See HIH Casualty & General Insurance Ltd. v. Axa Corporate Solutions, [2002] EWCA Civ. 1253; Kosmar Villa Holidays Plc v. Trustees of Syndicate, [2008] EWCA Civ. 147.

④ See Woodhouse AC Israel CoCoa Ltd v. Nigerian Produce Marketing Co. Ltd., [1972] AC 741; The Scaptrade, [1983] 2 AC 694.

⑤ See The Kanchenjunga, [1990] 1 Lloyd's Rep. 399; The Milasan, [2000] 2 Lloyd's Rep. 467; Seechurn v. Ace Insurance SA-NV, 2002 WL 45323; HIH Casualty & General Insurance Ltd. v. Axa Corporate Solutions, [2002] EWCA Civ. 1253.

⑥ See Tool Metal Manufacturing Co. Ltd. v. Tungsten Electric Co. Ltd., [1955] 1 WLR 764; Societe Italo-Belge pour Le Commerce et l'Industrie SA v. Palm and Vegetable Oils (Malaysia) sdn Bdh (The Post Chaser), [1981] 1 All ER 27.

⑦ See Baris Soyer, *Warranties in Marine Insurance*, 3rd ed., London: Routledge-Cavendish, 2017, p. 317.

象概念体系。① 尽管判例法目前正处于形成并巩固原则的阶段，并已开始构筑体系，而成文法则正处在松解体系，重新转向问题思考的阶段，两种思想方式有相互接近的趋势，但这并不意味着两大法系之法学体系的区别已然达到了可以被完全忽略不计的地步。在迥然有别的法制传统和法学研究思想的长期影响之下，对两大法系现有制度规范的检视主要还是应当在传统视角下展开。德国法学家拉德布鲁赫将法教义学称为一种"体系化"和"解释性"的法学，② 在我国，法教义学研究也长期居于主导地位。通过解释和体系化来推动法律的自我更新与自我发展，可以有效减少动辄制定"例外规定"的做法，防止法律沦为无数个"例外"的杂烩，失去体系本身的生命力，甚至无法就特定问题给出一贯的、有说服力的回答。③ 法教义学尊重体系与逻辑，其目标就在于在层次不同的抽象层面上，将法律构造为一种因相互支持关系而联结在一起的规范的融贯性网络，法教义学不仅要将法律体系呈现为内部融贯的集合，而且也应当使它与背后的正当化脉络（道德和政治哲学）相协调，④ 以此达到法律作为实践理性和法学作为实践科学之效果。⑤ 私法是法教义学发挥作用的代表领域，⑥ 保险合同法作为私法领域的一部分，有关其相关规则建立与否的探讨自然可以在法教义学的理论框架下展开。

如拉伦茨所论，民法体系分为"外部体系"和"内部体系"，"'外部体系'是指对法律事实和法律制度所作的概念上的整理和阐明；而'内部体系'则是指支配整个民法的基本原则以及这些原则之间的实质联系"。⑦ 那么对于是否须在约定行为义务法律规范中制定保险人弃权及弃权形态之规定这一问题，就可以从以下方面进行分析。首先，就是否制定保险人弃权之规定而言，根据"内部体系"理论，私法自治原则作为私法领域的一项根本性原则，自然属于保险法"内部体系"的一部分，由于保险人弃权的行为系出自其本人自愿，且对处于相对弱势一方的被保险

---

① 参见［德］卡尔·拉伦茨《法学方法论》，陈爱娥译，商务印书馆2003年版，第43页。
② 参见［德］拉德布鲁赫《法哲学》，王朴译，法律出版社2013年版，第127页。
③ 参见许德风《法教义学的应用》，《中外法学》2013年第5期。
④ Alexander Peczenik, "A Theory of Legal Doctrine", 14 *Ratio Juris* 79（2001）.
⑤ 雷磊：《法教义学的基本立场》，《中外法学》2015年第1期。
⑥ 许德风：《法教义学的应用》，《中外法学》2013年第5期。
⑦ 参见［德］卡尔·拉伦茨《法学方法论》，陈爱娥译，商务印书馆2003年版，第316—336、348—362页。

人有利，那么，毫无疑问地，该行为的效力就应当得到法律之认可，因而根本无须在保险法中作出专门规定。其次，就是否规定保险人弃权之具体情形而言，由于法律承认保险人弃权行为的合法性，那么保险人具体可以何种方式弃权，相关行为在符合怎样的条件时才能产生弃权的效果，不过就是法律解释的问题而已。何况，即便是在保险人弃权形态和相关争议如此繁多的英国，其保险立法也都尚且未对具体的保险人弃权形态进行一一列举，而仅是保险实务和司法实践对之进行了丰富和发展。而在我国保险法这样一个体系性的立法框架下，根据"法律—习惯（法）—依基本原则确立的规则"这一实际法源体系，[①] 基本就可以对相关情状是否属于保险人弃权作出认定，自然更无必要对之作出规定。这种规定仅是徒增法律的繁复性而已，因此并不可采。

## 本章小结

约定行为义务制度的微观构造须从体系定位和具体设计两个层面着手。

在体系定位层面，一方面，基于约定行为义务在人身保险和财产保险中的共同存在基础、我国现行保险法之不合理规定的警示、比较法上的立法及实践传统这三项主要原因，我国保险法应当承认约定行为义务一体适用于人身保险和财产保险的应然性，因此应当将约定行为义务的法律规范置于《保险法》第二章"保险合同"的"一般规定"一节。

另一方面，应当按照义务履行的时间顺序，将约定行为义务与其他原本就被规定于"一般规定"部分和应当被移至该部分的投保人一方义务的条文进行排列。具体而言，支付保险费的义务、如实告知义务、出险通

---

[①] 尽管《民法总则》第10条确立的是"法律—习惯"的二位阶法源体系，但是通过以下法技术上的解释路径，可以将之扩张为三位阶：第一，本条肯认了法律、习惯（法）二种法源，但并没有明文禁止其他法源，故仍存解释空间；第二，基于无可反驳的现实需要，可以进行"超越法律的法的续造"，为法官提供实证法规则不备时的补充性法源，故即便这对立法计划有所超越，也具有正当性；第三，为了妥善实现《民法总则》"调整民事关系"的立法目的，就不能造成调整漏洞，为不造成漏洞，为法官提供实证法规则之外的补充就是必需。参见陈甦主编《民法总则评注》，法律出版社2017年版，第77页。

知义务和单证提供义务这四项原本就被规定于"一般规定"部分的义务条文位置不变,将复保险通知义务、约定行为义务、危险增加通知义务、施救义务依次规定于如实告知义务之后,通知义务和单证提供义务之前,即《保险法》第16条和第21条之间。如此安排,有助于在保险法中构建与危险相关之规范的清晰体系结构。

具体设计层面包括两大板块。其一是约定行为义务的内涵重述。在约定行为义务的法规制定中,应当明确履行约定行为义务的主体是投保人和被保险人,约定行为义务通常系以格式条款的方式创设,且可约定的事项仅限于重要性事项,履行约定行为义务的方式是通过为或不为一定的具体行为来维护保险标的的安全。

其二是约定行为义务的违反后果及其构成要件。约定行为义务的违反后果为保险人取得保险合同解除权和保险人对特定损失免责两种。于前者,主观构成要件是投保人或被保险人对约定行为义务的违反具有故意或重大过失,但在投保人或被保险人因重大过失违反约定行为义务的情形中,应当对保险人所享有的解除权施加一定的限制,保险人应优先行使保险费增加请求权,或者请求投保人或被保险人对其违反约定行为义务的行为予以补正,遭到拒绝之后才能够行使合同解除权。客观构成要件是违反约定行为义务的行为与保险标的的危险显著增加具有因果关系。保险人的解除权应当在知道违反约定行为义务之事实起30日内行使。于后者,主观构成要件同样是投保人或被保险人对约定行为义务的违反具有故意或重大过失,客观构成要件是约定行为义务的违反与保险事故发生之间具有因果关系。两种法律后果之因果关系要件的判定标准均应采"条件说"。而且,当投保人或被保险人因重大过失违反约定行为义务时,对于因此发生的保险事故,保险人不得主张免除全部保险责任,仅得主张部分免责,即根据投保人或被保险人的过失程度相应降低其保险金赔付。另外,只要具备相关的构成要件,保险人便既可同时主张保险合同的解除和特定保险责任的免除,而且,主张免除特定保险责任不以解除保险合同为前提。另外,尽管英美及我国台湾地区对违反约定行为义务的豁免在立法上有所规定,但在我国未来之保险法上,通过约定行为义务违反后果的主客观构成要件就能实现相同的法律效果,故无须对此作出特别规定。对于在英美保险法上极为重要并引发了许多争议和讨论的保险人弃权,在我国私法体系之下,通过法律解释等手段即可加以解决,故而同样无须对之予以专门规定。

综上,约定行为义务法律规范的条文可基本拟定如下:

**第一条** 约定行为义务是通常由保险人以格式条款方式创设的，投保人、被保险人在保险期间内应当为或不为一定行为以维护保险标的安全的合同义务。

约定行为义务的内容应当具有重要性，足以影响保险人决定是否同意承保或者提高保险费率。

**第二条** 投保人、被保险人出于故意或重大过失违反约定行为义务，导致保险标的的危险程度显著增加的，保险人享有下列权利：

（一）在知道违反事实起 30 日内催告投保人、被保险人对其违约行为加以补正以消除增加的危险；

（二）请求投保人支付危险增加部分的保险费以继续维持保险合同的效力；

（三）解除保险合同。

但在重大过失情形下，仅在满足如下条件之一时，保险人才可解除保险合同：

（一）投保人、被保险人拒绝对其违反约定行为义务的行为加以补正；

（二）投保人、被保险人在收到补正通知后的 30 日内未加补正；

（三）投保人拒绝支付危险增加部分的保险费。

**第三条** 投保人、被保险人故意违反约定行为义务，导致保险事故发生的，对于所发生的保险事故，保险人不承担赔偿或给付保险金的责任；投保人、被保险人出于重大过失违反约定行为义务，导致保险事故发生的，对于所发生的保险事故，保险人可根据投保人、被保险人的过失程度相应减轻其赔偿或给付保险金的责任。

保险人解除保险合同与免除保险责任两项法律后果的构成要件同时具备时，保险人可同时主张两种法律后果，也可只主张其中一种法律后果，且主张免除保险责任不以解除保险合同为前提。

**第四条** 非人寿保险中，投保人、被保险人故意违反约定行为义务的，保险人解除保险合同时不退还保险费；投保人、被保险人出于重大过失违反约定行为义务的，保险人应当将已收取的保险费，按照合同约定扣除自保险责任开始之日起至合同解除之日止应收的部分后，退还投保人。人寿保险中，投保人已交足两年以上保险费的，保险人解除保险合同时，应当按照合同约定将保险单的现金价值退还给投保人，无论投保人、被保险人违反约定行为义务的主观状态如何；投保人未交足两年以上保险费的，保费退还参照非人寿保险的规定。

# 第六章 利益衡平：约定行为义务条款的合理规制

约定行为义务条款是一种理想的风险防控工具，在维护保险标的安全、维持保险法对价平衡原则等方面发挥了良好效果。约定行为义务条款通常由保险人以格式条款的形式拟定，投保人一般没有磋商余地，只能被动地全盘接受或拒绝。正因如此，保险人为了从保险交易中攫取尽可能多的商业利润，很可能会在约定行为义务条款中为投保人一方设置许多过于严苛且不成比例的义务，以不当免除自身本应承担的保险责任，排除投保人一方的主要权利。晚近以来，保险消费者保护的理念在各个国家日益得到重视，许多国家和地区都制定了专门的法律来保护在保险交易中处于劣势地位的保险消费者，保险消费者保护原则现已成为现代保险法上的重要原则之一，引领着各国注重保护投保人一方之保险立法的潮流。有鉴于此，为避免保险人滥用约定行为义务条款，以及充分贯彻保险消费者保护的保险法理念，应当对约定行为义务条款进行合理规制。本章将首先对作为规制基础的保险消费者保护原则的理论与实践加以介绍，接着从保险业法和保险合同法两个维度对约定行为义务条款的规制展开论述。

## 第一节 规制之基础：保险消费者保护原则

### 一 保险消费者的概念

与一般消费者概念相比，"保险消费者"概念有着独特的内涵与外延。由于金融混业经营和监管体制不同等原因，各个国家和地区未对保险消费者作出明确定义，但相关立法均对金融消费者的概念作出了规定。保险属于金融业的一种，对保险消费者概念的理解可以参照金融消费者的定义。考察有关国家和地区的立法，对金融消费者的定义大致可以分为两类：一是以日本、我国台湾地区为代表，金融消费者包括自然人、法人和其他组织。① 二是以英国、美国为代表，金融消费者仅限于自然人（个人）。② 据此可知，对于金融消费者是否仅限于自然人，比较法上没有统一观点。

我国《保险法》并未直接使用保险消费者这一概念，亦未明确其内涵。那么，于我国保险法上，保险消费者的概念究竟为何呢？对此，宜结合我国保险业的实际运行状态进行回答。首先，在保险消费关系中，保险相对人包括投保人、被保险人和受益人，三者通过保险合同与保险人结成保险服务消费关系。③ 无论是自然人还是法人或者其他组织，其法定权益的内容都是基本一致和平等的，均处于保险法的保护范围之内。而且，自然人、法人和其他组织有时会作为不同法律主体同时出现在同一保险合同之中，例如团体保险中，投保人是法人或其他组织，被保险人和受益人则一般是自然人。在此种情形下，识别保险消费者究竟是自然人还是法人或其他组织就变得异常困难。其次，由于我国商业保险业务起步较晚、发展时间不长，社会公众对保险知识的掌握程度不高，对保险产品和服务的辨识能力有限，再加上保险产品是由保险公司开发和提供的，保险公司占有的信息明显多于保险相对人，因此即便是法人和其他组织作为投保人，相对于保险公司而言，其在保险交易中也多处于弱势地位，实践中保险公司侵害作为投保人的法人和其他组织合法权益的现象也并不鲜见。最后，我国存在着大量的个体工商户、合伙制企业和农村生产经营户，这些群体也

---

① 日本2001年4月开始实施的《金融商品销售法》规定，本法保护的对象为资讯弱势之一方当事人。参见方平《我国金融消费者权益保护立法相关问题研究》，《上海金融》2010年第7期。我国台湾地区"金融消费者保护法"第4条规定："本法所称金融消费者，指接受金融服务业提供金融商品或服务者。但不包括下列对象：一、专业投资机构；二、符合一定财力或专业能力之自然人或法人。"可见，在此种立法模式下，无论是自然人还是法人或者其他组织，只要其处于资讯弱势之地位，就都属于金融消费者的范畴。

② 英国《2012年消费者保险（披露与陈述）法》第1条规定，消费者保险合同，是指由个人之间非基于商业、经营等目的签订的保险合同。美国《多德—弗兰克华尔街改革与消费者保护法案》同样将金融消费者规定为个人或其代理人、受托人或代表人，适用的领域包括各类金融产品或服务。参见刘士余、周学东、刘向民《美国金融监管改革概论——〈多德—弗兰克华尔街改革与消费者保护法案〉导读》，中国金融出版社2011年版，第160—161页。

③ 参见温世扬、范庆荣《"保险消费者"概念辨析》，《现代法学》2017年第2期。

有保险需求，也需要法律认可其保险消费者的地位，以获得相应的法律保护。①

基于对以上因素的考量，中国保监会保险消费者权益保护局课题组认为我国的"保险消费者"应被定义为："已经或者正在准备与合法的保险经营者建立保险合同关系、购买保险产品、接受保险服务的自然人、法人和其他组织，包括投保人、被保险人和受益人。但能够与保险经营者议定单独的保险合同内容及价格（不包括通过批改或保全等方式变更保险合同条款）的法人和其他组织除外。"② 笔者赞同原保监会对"保险消费者"的这一定义，并在此意义上使用保险消费者的概念。

## 二 保险消费者保护原则的建立基础

（一）实践基础

1. 保险市场交易主体之间的信息不对称③

保险产品定价基于大数法则，④ 保险资产负债结构也较为复杂，保险相对一般消费服务而言，是一种技术含量高、专业性强的金融服务，其信息不对称和不完全的现象更为突出。保险消费者由于保险专业知识的欠缺和保险交易技能的不足，很难了解保险产品和保险服务以及保险经营者的实际运行状况。此外，了解这些信息所需耗费的成本极高，也在很大程度上影响了保险消费者的信息获取。对于保险产品定价的合理性、保险人与投保人之间权利义务配置的公平性等问题，一般保险消费者通常难以获知其答案。

2. 保险市场交易主体之间的地位不对等

保险服务的提供者通常是经济实力强大的保险公司，较高的行业准入标准使得保险经营者在设立之初就具备了强势的市场地位。无论是在经济实力、专业性还是技术性方面，投保人都难以同保险人比肩抗衡。保险合同双方当事人之间的这种地位差异是由保险风险管理的本质属性所决定的。保险就是通过将多个个体风险集中到保险人之处，以实现风险的分散

---

① 参见中国保监会保险消费者权益保护局课题组《保险消费者权益问题的思考》，《保险研究》2012年第9期。

② 同上。

③ 参见落合诚一《消费者法の進展の中での保险契约の諸問题》，《生命保险论集》第171号，第15页。

④ 参见田中隆《消费者のリスク认知の性质と保险选择行动》，《生命保险论集》第144号，第140页。

和转移，进行风险管理。集中风险的保险公司具有强大的经济实力，是保险的本质要求，但同时也为保险人利用自身地位优势损害保险消费者利益提供了机会。同时，保险合同的给付系以发生保险合同约定的保险事故为前提，而保险事故的鉴定和损失的判断在实践中又存在多种复杂因素，不确定性较高，这也导致了作为投保人的保险消费者通常处于弱势地位。

3. 保险运作机制的"反循环"特性

国际保险监督官协会根据二十国集团和金融稳定委员会要求提交的报告《系统性风险与保险》认为，保险区别于其他金融服务部门的特殊性在于其"反循环"（Inverted Cycle of Production）的商业模式，即保费收入产生于保险合同开始时期，而赔偿或给付所引起的现金流出则是在未来以特定损失的发生或满足合同约定为条件。[①] 前者发生在前，具有确定性；后者则发生在后，因风险的不确定性而具有或然性。由于保险人的义务承担具有滞后性和不确定性，就主观层面而言，若保险人诚信意识不强，只注重保险资金的获取而忽视保险保障的提供，便极有可能在保险销售、理赔等环节为实现自身利益最大化，而侵害保险消费者的利益。就客观层面而言，从保险人收取保费到保险理赔的过程中，保险人经营管理欠佳、保险资金运用不当等非主观因素，也会使保险消费者的利益实现面临巨大风险，从而可能导致保险消费者寻求保险保障的预期目的落空。

（二）理论基础

1. 消费者主权理论

"消费者主权"这一概念最早见诸亚当·斯密的著作，后经马歇尔加以发展，被认为是经济学理论中不可动摇的原则。奥地利学派、剑桥学派以及哈耶克、费里德曼等更是把消费者主权看作市场经济中最重要的原则。[②] 英国经济学家哈特在其1934年发表的一篇文章中首次提出了"消费者主权"（Consumers' Sovereignty）的概念，[③] 他认为在自由经济市场环境下，占据市场变化主导地位的是消费者而非生产者，生产者需要根据消费需求的不断变化而适时组织和调整生产。哈特的消费者主权理论阐释了

---

[①] 焦扬：《保险消费者保护：保险监管的定位与职能》，《保险研究》2012年第7期。保险业的"反循环"商业模式根源于保险合同的特性，有学者认为保险合同构造了一种顺序型的特殊架构，投保人负有先交付保险费的义务，而保险人对其义务的履行通常在投保人履行合同义务之后。参见黄丽娟《保险人恶意不当理赔的法律规制——从违约责任到侵权责任》，《法商研究》2016年第5期。

[②] 赖德胜、李哲：《消费者主权的现实与实现》，《经济问题探索》1996年第1期。

[③] W. H. Hutt, "The Concept of Consumers' Sovereignty", 50 *The Economic Journal* 66（1940）.

在自由市场经济体系的发展过程中，应由消费者决定市场走向，消费者主权理论是市场经济运行中供需双方共同遵守的基本准则。① 而对消费者施以保护的目的，正是推动消费者主权理论的实施，或者说保障消费者的有效自主选择。②

在保险领域中，消费者主权理论同样适用。保险是一种由众多保险消费者共同参与的互助型风险分担机制。如果没有众多的保险消费者参与并缴纳保费，就无法建立充足的保险基金，因而就难以应对社会生活中各种不可预见的风险，无法为被保险人提供足够的保障，最终将无法发挥保险应有的风险转移和分散功能。因此，保险事业的发展以保险消费者的参与为前提，如若没有保险消费者，保险将无以为继。在该层面上，为了保险经营者的利益，更为了保险这一公共性事业能得到永久存续和良好发展，自然应为保险消费者提供充分的保护。

2. 公共利益理论

保险以多数人的互助共济为基础，这一点决定了其不同于一般的商业活动。一般的商业活动通常仅涉及参与交易的当事人的利益，而保险除了影响保险合同当事人的利益外，对社会公共利益也有重大影响。在民众财富逐渐积累、社会风险日益加剧的现代社会背景下，保险的社会需求越来越大，并开始深入社会各个阶层和团体，渗透到民众生活的各个方面，具有典型的社会性和公共物品属性。③ 因此，保险业经营的好坏直接关系到众多民众和企业的利益，进而直接影响社会稳定。

保险业具有明显的社会性和公共性，保险公司的经营成败将直接影响到社会稳定和国家金融秩序的安定，因而使得公权力的介入具有合理性和紧迫性，保险业也因此成为一个需要受到国家高度监管的金融行业。④ 政府出于维护公共利益的考量，在遵循合法、高效和公开透明原则的前提下，对保险业实施监管，以维护保险市场秩序，确保保险业务的稳健运

---

① 闫寒、纪亚楠：《消费者主权理论和消费多元理念下流通模式创新》，《商业经济研究》2016 年第 23 期。

② Neil W. Averitt & Robert H. Lande, "Consumer Sovereignty: A Unified Theory of Antitrust and Consumer Protection Law", 65 *Antitrust L. J.* 713 (1997).

③ 参见李芝妍《普通保険約款に対する規制と解釈原理（1）》，《上智法学論集》第 49 卷第 1 号，第 342 页。

④ 参见姚飞《中国保险消费者保护法律制度研究》，博士学位论文，中国政法大学，2006 年。

行，并最终保证保险消费者获得其依照保险合同应当享有的保险保障。[①]

3. 契约自由与实质正义

契约自由和绝对所有权、过错责任共同构成了近代私法的三大原则。契约自由是自由经济不可或缺的特征之一，使私人企业成为可能，并鼓励人们负责任地建立经济关系，在整个私法领域具有核心作用。[②] 契约自由以交易主体的平等性与自主性为经济基础，[③] 然而在现代交易中，市场参与者之间平等性的渐次消解，专业化分工的日益精细、商品流通环节的根本性改变，以及格式合同的大量使用，使得消费者逐渐丧失了讨价还价的余地，在众多交易中完全处于接受或者拒绝（take it or leave it）的附和地位。在契约自由原则之下，经济弱者的利益受到了损害，经济强者的利益则得到了不合理的增强。故此，为实现合同订立中的实质正义，有必要对契约自由原则进行一定程度的限制。为保护消费者的缔约自由，各国纷纷制定了保护消费者的法律。这些法律对契约的传统订立过程进行干预，以消除消费者与商品经营者之间关系上的种种不平衡，在其适用的范围内，以强制性规范不容置疑地改变合同的传统概念，促进了合同制度的某些基本组成部分的发展变化，并在不同程度上否定了意思自治的基本观念，限制了契约自由的适用范围。[④]

保险领域中，保险消费者与保险经营者之间的信息不对称、地位不对等的结构性利益失衡局面，以及保险交易通常采取的格式条款的缔约方式，致使保险消费者在保险合同的订立中同样居于被动的弱势地位，从而无法真正实现缔约自由和意思自治。当保险经营者有意利用此种地位优势和交易方式来不当免除其保险责任、排除保险消费者一方主要权利时，就会对保险消费者的利益造成损害，进而破坏公平原则。是故，为矫正保险交易中扭曲的契约自由，实现法律的实质公平正义，有必要对保险消费者施以特别保护。

## 三 比较法上的金融及保险消费者保护实践

英国经济学家迈克·泰勒（Michael Taylor）在 1995 年提出了"双

---

[①] 参见白彦、张怡超《保险消费者权利保护研究》，中国法制出版社 2016 年版，第 44 页。

[②] ［德］罗伯特·霍恩、海因·科茨、汉斯·G. 莱塞：《德国民商法导论》（第一版），楚建译，中国大百科全书出版社 1995 年版，第 90 页。

[③] 参见李永军《从契约自由原则的基础看其在现代合同法上的地位》，《比较法研究》2002 年第 4 期。

[④] 尹田编著：《法国现代合同法》（第一版），法律出版社 1995 年版，第 29 页。

峰"（twin peaks）理论，认为金融监管的目标应当是"双峰"的：一是实施审慎监管，旨在维护金融机构的稳健经营和金融体系的稳定，防范系统性风险；二是实施行为监管，旨在纠正金融机构的机会主义行为，防止欺诈和不公正交易，保护消费者和投资者利益。[1]亦即，将消费者权益保护和审慎监管共同作为金融监管的目标。该理论提出之后，许多国家纷纷响应，不仅澳大利亚已践行多年，英国也于2013年4月将"双峰金融监管"作为其金融监管目标。随着保险法现代理念的发展，对保险消费者保护原则的追求目前已成为各国保险法改革的动因之一。无论是英美法系还是大陆法系，其保险合同法要么是已经改革完成，要么是正处于改革议程之上。[2]本部分将对域外各国家和地区的金融或保险消费者保护举措进行简单介绍，以期对我国有所启发。

（一）英国

2000年6月，英国颁布了《金融服务与市场法》（Financial Services and Markets Act，FSMA），专门设立了金融服务监管局（Financial Services Authority，FSA）[3]以保护金融消费者的权益。根据该法，英国还成立了一个独立的、非官方的"一站式"金融投诉处理机构——英国金融申诉署（Financial Ombudsman Service，FOS），负责中立地解决消费者与证券、银行、保险等金融机构之间的争端，并有权进行调解或作出裁定。作为一种替代性纠纷解决机制，英国的FOS在各个方面都体现了力求低成本、高效率、非正式解决争议的目标和理念，并在纠纷解决程序的设计上充分体现了对金融消费者进行倾斜保护的原则。[4]具体到保险法领域，2012年3月，英国颁布了《消费者保险（披露与陈述）法》，该法就保险消费者的披露与陈述义务制度进行了完善，以询问告知主义取代了无限告知主义，同时对投保人履行义务的繁杂规定进行了极大程度的简化，同时还废

---

[1] 钟镇、董小君：《双峰型监管模式的现状、思路和挑战——基于系统重要性金融机构监管视角》，《宏观经济研究》2013年第2期。

[2] Robert Koch, "German Reform of Insurance Contract Law", 3 *European Journal of Commercial Contract Law* 163（2010）.

[3] 该机构的前身是由英国财务大臣于1985年发起设立的证券与投资委员会（Securities and Investments Board Ltd，SIB）。该机构诞生于2001年，存续至2013年，在此期间一直是负责金融监管的准司法机构。后于2013年被拆分为金融行为监管局（Financial Conduct Authority，FCA）和审慎监管局（PRA）。2018年2月5日，https://en.m.wikipedia.org/wiki/Financial_ Services_ Authority。

[4] 贾小雷、刘媛：《英国金融申诉专员服务制度之述评》，《河北法学》2011年第9期。

除了通过合同基础条款创设肯定性约定行为义务的实践做法，从多方面提升了对保险消费者的保护。

(二) 美国

美国自20世纪60年代起就出台了一系列金融法律制度来保护金融消费者，如《消费者信贷保护法》《贷款真实法案》《平等信贷机会法》等法案。21世纪以来，美国政府先后颁布了《现代化金融监管框架蓝图》《信用卡履责、责任和公开法》《金融监管改革——新基石：重建金融监管》等法规，力图实现金融改革，加强对金融消费者的权益保护。其中，最为典型的是2010年颁布的《多德—弗兰克华尔街改革与消费者保护法案》。根据该法，美国在美联储内部设立了新的金融消费者保护局（Consumer Financial Protection Bureau，CFPB）来统一执行过去分散在各州监管机构的金融消费者保护权能。[①] 由于实行的是双隔绝制度，CFPB可以免受国会和行政机构的干预，独立执行保护金融消费者的职责，这有利于增强CFPB的权威性，为金融消费者提供更加充分的保障。保险消费者作为金融消费者的一种，同样能够得到来自以上立法和行政机制的保障。

(三) 德国

德国保险监管部门将保险消费者的利益保护作为保险监管的目标之一。[②] 在保险法领域中，德国新修改的《2008年保险合同法》对保险消费者的保护主要体现为以下几点：①合同订立由保险单模式改采申请或邀请模式，并赋予投保人撤回权；②改进保险人与中间人的指导义务和信息提供义务，全面提高保险透明度；③将保险赔付的全有全无原则改为比例原则。[③]

(四) 日本

日本早在1968年就出台了《消费者保护基本法》，确立了保护消费者的政策目标，制定了政府、经营者以及公共团体在消费者保护方面的职责等保护消费者权益的基本政策，该法后于2004年被修订为《消费者基本法》，并在消费者理念方面作了较大转变，具体体现为：该法认为消费

---

① 参见奥山裕之《米国における金融消費者保護局の設立と展開》，《レファレンス》第66卷第1号，第111页。
② 参见小山明宏、手塚公登《ドイツ生命保険業における規制と規制緩和：議論と現状（1）》，《学習院大学経済論集》第36卷第1号，第70页。
③ 参见王战涛《中德保险法中的消费者保护比较研究》，《保险研究》2010年第10期。

者问题出现的主要原因在于消费者和经营者之间的信息不对称以及交易能力的不对等，并确立了尊重消费者权利等基本理念。① 2000 年颁布、2017 年修改的《消费者合同法》在第 1 条对该法的目的作了类似规定："鉴于消费者和经营者之间信息的不对称以及交易能力的不对等，消费者在对经营者的行为发生误认时，可对其发出的要约或承诺予以撤销，全部或部分免除经营者损害赔偿责任的条款以及其他损害消费者利益的条款是无效的。此外，为了防止消费者损害的发生或扩大，适格的消费者团体可请求经营者停止侵害行为，以实现对消费者利益的保护、稳定国民生活、促进经济的健康发展。"②

具体到金融或保险领域，2001 年 4 月，日本颁布《金融商品销售法》，强调破除传统金融行业壁垒，强化对所有金融消费者权利的一体化保护，该法强化了金融商品销售者的说明义务，并对金融劝诱销售行为作出了更为详细的规范。③ 2006 年，日本又出台了《金融商品交易法》，旨在通过建立公正透明的资本市场，以加强对金融消费者的权利保护。就保险领域而言，日本于 2004 年修订了《保险业法》，据此建立了统一的保险纠纷非诉讼解决机制，规定各个具有纠纷解决功能的保险行业协会须经金融监管部门的批准，方能成为"指定纠纷解决机构"，并依据《保险业

---

① 参见高野雄史《消费者契約における不当条項規制の法的枠組み——消费者契約法 8 条、9 条、10 条の横断的分析》，《国士舘法研論集》第 18 号，第 74 页。日本《消费者基本法》第 1 条："この法律は、消费者と事業者との間の情報の質及び量並びに交渉力等の格差にかんがみ、消费者の利益の擁護及び増進に関し、消费者の権利の尊重及びその自立の支援その他の基本理念を定め、国、地方公共団体及び事業者の責務等を明らかにするとともに、その施策の基本となる事項を定めることにより、消费者の利益の擁護及び増進に関する総合的な施策の推進を図り、もって国民の消费生活の安定及び向上を確保することを目的とする。"

② 日本《消费者契約法》第 1 条："この法律は、消费者と事業者との間の情報の質及び量並びに交渉力の格差に鑑み、事業者の一定の行為により消费者が誤認し、又は困惑した場合等について契約の申込み又はその承諾の意思表示を取り消すことができることとするとともに、事業者の損害賠償の責任を免除する条項その他の消费者の利益を不当に害することとなる条項の全部又は一部を無効とするほか、消费者の被害の発生又は拡大を防止するため適格消费者団体が事業者等に対し差止請求をすることができることとすることにより、消费者の利益の擁護を図り、もって国民生活の安定向上と国民経済の健全な発展に寄与することを目的とする。"

③ 白彦、张怡超：《保险消费者权利保护研究》，中国法制出版社 2016 年版，第 14 页；凤佳世子：《金融取引と消费者保護体制》，《調査と情報——ISSUE BRIEF》第 623 号。

法》规定的标准建立纠纷解决程序。①

（五）我国台湾地区

台湾地区涉及金融消费者权利保护的法律法规主要包括"保险法""金融消费者保护法""公平交易法""个人资料保护法"等。"金融消费者保护法"于2011年6月颁布，为金融消费者提供了较为全面系统的保护，在台湾金融消费者权利保护法律体系中居于核心地位。该"法"首次明确了金融消费者的概念及含义，并将保险消费者纳入了金融消费者的范畴，同时还规定了金融消费者在金融交易中所享有的各项基本权利。在国际ADR发展潮流的引领之下，我国台湾地区根据该"法"建立了金融消费者争议非诉解决机制——"金融消费评议中心"，该中心的主要职责是评议法定金额以下的金融纠纷，且评议结果具有法律效力。

综上可以看出，域外国家和地区对保险消费者的保护主要系通过三种方式实现：一是制定金融服务法或金融消费者保护法等金融相关法律，为包括保险消费者在内的所有金融消费者提供统一保护；二是制定或修订保险合同法，为保险消费者提供专门性的特别保护；三是建立多元化的纠纷解决机制，为保险纠纷提供高效便捷的解决通道。

## 第二节 约定行为义务条款的监管制约

立法对约定行为义务条款所作的程序规制、内容控制和不利解释等规定，是从源头上对约定行为义务条款可能造成的不公平局面的防范，但由于其不具有强行性，而司法机关又处于"不告不理"的中立地位，保险人很有可能会抱着侥幸心理"顶风作案"，只要相关保险理赔纠纷未进入司法程序，即便保险人对其拟定的约定行为义务条款未尽到说明义务，或者该条款给被保险人一方造成了不合理的不利益，抑或该条款存在歧义，保险人也能够凭借其经济上的优势地位不当免责。同时，司法机关的裁判也仅仅是对个案中约定行为义务条款效力的认定，很难发挥对不公平约定行为义务条款的一般性限制作用。此时，就有必要采取某些积极的手段和措施来遏制此种情形。相较于司法审查的被动性，行政监管行为具有主动性、积极性，是对保险人行为的直接规制，保险行业的自律监管也具有一

---

① 陶建国、王玉萍：《日本保险投诉所的纠纷解决制度及启示》，《保险职业学院学报》2012年第3期。

定的约束力，多种监管方式并行，或可从更宽层面对保险人拟定不公平约定行为义务条款之举进行遏制。

## 一 约定行为义务条款的域外监管手段

（一）英国

为了缓冲传统约定行为义务法律规范的严苛性，英国逐渐发展出一系列的行政监管和自律管理机制，主要体现为三个方面：

1. 金融监管体系的监管措施。英国的金融监管体系由金融政策委员会（Financial Policy Committee，FPC）、金融行为监管局（Financial Conduct Authority，FCA）和审慎监管局（Prudential Regulation Authority，PRA）组成，后两者系由之前的金融服务监管局（Financial Service Authority，FSA）拆分而成，成立于2013年。FPC是英格兰银行理事会内设的下属委员会，负责宏观审慎管理，确保整个金融体系的稳健运行。其目标是监测风险，并对影响英国金融体系稳定的系统性风险采取对策。PRA是独立运作的英格兰银行附属机构，负责对银行、保险公司、大型投资机构的微观审慎监管，以防止出现重大风险。FCA是一个独立的机构，对财政部和议会负责，其负责整个金融行业服务行为的监管，核心目标是金融消费者保护，公平竞争和维护资本市场诚信。[①] 对于约定行为义务条款，FSA曾经规定只有在违反约定行为义务条款的行为与保险金请求权之间存在因果关系时，保险人才有权拒绝承担保险责任。[②]

2. 英国保险行业协会（Association of British Insurers，ABI）的自律管理。ABI是一个由250多家英国保险公司组成的商业协会，成立于1985年，系由之前的英国人寿保险协会（the Life Offices' Association）、火灾保险委员会（the Fire Offices Committee）、意外伤害保险协会（the Accident Offices Association）等特定保险领域的协会合并而成，是面向整个保险行业的协会。ABI代表着英国保险业的共同利益，其既非保险业者，也非保险监管者，主要职能有四项：①将政治家、政策制定者以及监管者等人士聚集在一起进行公共政策的讨论；②加强保险行业宣传，提高保险产品价值，强调保险业对经济体的重要作用；③协助消费者了解保险产品和实

---

[①] 中国人民银行、银监会、证监会、保监会联合调研组：《英国金融消费权益保护机构设置》，《中国金融》2013年第8期。

[②] FSA, *General Insurance and Pure Protection Products: Treating Customers Fairly* (July 2006), p. 18. 转引自罗璨《英国保险保证制度改革及启示》，《理论月刊》2016年第1期。

务；④为英国及海外的保险行业竞争提供支持。① 自20世纪70年代起，在 ABI 的带动下，保险公司开始签署一些自律管理规则，承诺不会适用法律的不合理规定给保险消费者造成不公平的后果。对于约定行为义务，ABI 亦要求，除非被保险人的违反行为与保险金请求权之间存在因果关系，否则保险公司不得拒绝赔付，但有证据证明被保险人欺诈的除外。②

3. 金融申诉署（FOS）提供的诉讼外纠纷解决机制。FOS 是在英国金融监管当局的指导和支持下于2000年成立的争端解决机构，其权力于2001年获得了英国《2000年金融服务与市场法》的成文法确认。③ 在该机制之下，独立的 FOS 根据公平、公正、合理的原则，高效且非正式地解决金融消费者与金融机构之间发生的争议。FOS 如果认为法律对消费者不公平，可以偏离法律作出裁定，且所作裁定仅对金融机构一方具有约束力，消费者可以拒绝接受裁定结果，而另行向法院起诉。④ 在一些涉及保险法上约定行为义务的纠纷中，FOS 会以投保人一方违反约定行为义务与损失发生之间不具有因果关系为由，裁定保险人赔付保险金。⑤

（二）澳大利亚

澳大利亚实行"双峰"式混业金融监管框架，即对所有金融机构中可能存在的系统性风险进行审慎监管，以维护金融体系的稳定；针对合规进行行为监管，以保护消费者的利益。⑥ 在"双峰"金融监管模式下，澳大利亚根据监管职能不同分设了两个金融监管机构：澳大利亚审慎监管局（Australian Prudential Regulation Authority，APRA）和澳大利亚证券与投资委员会（Australian Securities & Investments Commissions，ASIC）。APRA 负责要求银行、保险公司、养老金基金等金融机构对其系统性风险进行审慎管理，以降低相关消费者主体遭受金融损失的风险，维护金融秩序稳定。⑦ ASIC 负责规范市场行为和信息披露，提供便捷高效的登记服务，

---

① https：//www.abi.org.uk/about-the-abi/about-us/.
② Association of British Insurers, Memorandum Submitted by the Association of British Insurers, http：//lawcommission.justice.gov.uk/areas/consumer-insurance.htm. 转引自罗璨《英国保险保证制度改革及启示》，《理论月刊》2016年第1期。
③ https：//en.wikipedia.org/wiki/Financial_Ombudsman_Service.
④ 参见贾小雷、刘媛《英国金融申诉专员服务制度之述评》，《河北法学》2011年第9期。
⑤ 罗璨：《英国保险保证制度改革及启示》，《理论月刊》2016年第1期。
⑥ 吕宙、孟龙、王俊杰、王瀚：《澳大利亚和新西兰金融保险消费者保护经验启示与借鉴》，《保险研究》2014年第12期。
⑦ Supervision, http：//www.apra.gov.au/AboutAPRA/Pages/Supervision.aspx.

以确保金融市场的公平和效率,保护投资者和金融消费者权益。①

澳大利亚将消费者保护作为金融保险监管的主要目标,并体现于监管的整个过程之中。金融监管由两大机构按照职能不同分别实施,APRA 负责保险市场的系统性风险监管,旨在维护金融市场稳定;ASIC 则以消费者保护为根本目的,负责市场行为监管和监管信息披露。这样的功能划分,有助于更精细和更充分地保护金融消费者。ASIC 将消费者保护作为监管的重点,监管机关的监管资源中有很大一部分被配置于消费者保护工作。另外,通过制定更严格的监管规则和更高的金融服务标准,推进消费者教育活动,开展现场和非现场检查,处罚销售误导和欺诈行为等手段,ASIC 进一步落实了对消费者权益的保护,有利于提高消费者的信心。

建设公开有序、公正透明的金融市场是澳大利亚金融监管的另一重要目标,也是实现消费者权益保护的有效途径。故此,监管机关高度重视信息披露,不仅明确规定保险公司负有信息披露义务,还规定了信息披露的关键要素,如向消费者提供销售顾问的详细情况,以及在提供情况时附带提供保险条款和承保条件的产品说明书等,并对信息披露进行了持续优化和改进。尽管澳大利亚保险监管机构并不审批保险条款和保险费率,但多数企业均建立了许可产品清单制度,从产品品质、客户需求和业务可持续性角度筛选可销售保险产品清单,在初始阶段即做好对消费者的保护。②

另外,就相关保险纠纷的解决问题,根据澳大利亚法律规定,保险公司不仅有义务为消费者提供内部纠纷处理机制,还必须加入一个独立的外部纠纷处理机制,即金融申诉署(Financial Ombudsman Service,FOS)系统。该系统与前述英国的 FOS 性质相同,均为诉讼外的替代性纠纷解决机制。

如第三章所述,对于约定行为义务,澳大利亚在《1909 年海上保险法》和《1984 年保险合同法》中均承认了其合法性,而且,《1984 保险合同法》对保险人免责还增加了违反行为与损失之间的因果关系要件之限制。在这样的规范设置和监管架构下,相关约定行为义务条款的不公平性能够在很大程度上得到减轻,从而缓和保险人与被保险人之间严重的利益不对等之情势,实现对保险消费者正当权益的合理保护。

---

① Our Role, https://www.asic.gov.au/about-asic/what-we-do/our-role/.
② 吕宙、孟龙、王俊杰、王瀚:《澳大利亚和新西兰金融保险消费者保护经验启示与借鉴》,《保险研究》2014 年第 12 期。

## （三）德国

同英澳两个英美法国家不同，德国作为大陆法系国家的代表，尽管采取的同样是金融混业监管模式，但却并未采"双峰式"的监管架构。德国2002年通过的《联邦金融服务监管局法案》确立了以联邦金融服务监管局（Bundesanstalt für Finanzdienstleistungsaufsicht，BaFin）为核心的一元监管模式。BaFin负责银行、金融服务商、保险公司和证券交易的监管，其目标是确保金融机构运转正常、金融系统稳定和金融市场完整。[①] BaFin下设三个部门分别负责银行监管、保险监管和证券监管（或资产管理），并另设四个跨区部门负责重叠区域的监管，其中的消费者权益保护部门（Verbraucherschutz，VBS）的职责便是为消费者提供保护，并处理消费者对银行、金融服务提供者和保险公司提出的质询和投诉。[②]

德国金融消费者保护分为多个层次和多个角度，既有以BaFin为核心的官方保护，又有依靠行业协会等自律组织的民间保护，保护角度主要集中在信息披露、争议解决和损失补偿等方面。德国的金融消费者保护理念以保证金融机构的偿付能力为核心，即监管者认为，监管的目标和保护消费者的目标是一致的，都是保证金融系统能够稳定正常地运转。[③] 对于约定行为义务条款，由于德国《2008年保险合同法》已经对约定行为义务作出了足够详细和妥适的规范，故相关机构并不会像前述英国机构那样，在不存在成文法规定的情况下，将保险人免责限定于被保险人约定行为义务的违反与损失的发生具有因果关系的情形。相反，其完全可以依据《2008年保险合同法》中的既有规范进行保险条款的审批、备案，以及相关纠纷的裁决和处理。

## （四）日本

同以上国家相同，日本采取的同样是金融混业监管，由金融厅对证券、保险、银行业实行统一监管，以防止分业监管可能出现的监管空白地带，同时有利于加强保险监管部门和其他金融监管部门的联系，进而实现信息共享，促进监管合作。日本保险监管体系经过几次大的变革以后，监管范围和内容都更趋于科学性，仅对一些涉及公共利益的保险产品和定价

---

[①] Functions and History, https://www.bafin.de/EN/DieBaFin/AufgabenGeschichte/aufgabengeschichte_node_en.html.

[②] VBS – Verbraucherschutz, https://www.bafin.de/DE/DieBaFin/AufgabenGeschichte/Querschnittsaufgaben/querschnittsaufgaben_node.html.

[③] 参见陈峰《德国金融消费者保护制度评述及启示》，《财政金融》2015年第2期。

进行适当管制，允许保险公司对大多数保险产品进行自主开发和实行费率市场定价。①

日本保险监管所秉持的宗旨是强化保险公司内部的自我管理以切实防范风险。由于保险监管是从外部对保险企业的风险进行控制和防范，具有间接性和滞后性。保险监管部门据此认为，如果保险公司的内部控制制度不完善，即使加大监管力度也不一定能达到预期效果，故而保险监管的重点应当是加强公司治理结构，提高保险企业自身识别、评估、监测和控制自身风险的能力。② 概言之，完善保险公司的内部管理才是防范保险业风险之根本，保险监管部门主要通过定期的现场检查、非现场监管等方式实现保险公司内部管理的完善。

在金融创新层出不穷的经济环境下，为推动金融业发展、提高金融机构市场竞争力和活跃本国金融市场，日本保险监管部门开始更加重视市场规则的完善，不仅制定了详细规则以增加监管机构的透明度和公正性，还有针对性地对监管体制加以强化，并且显著提高了对消费者的保护力度。比如，2007年实施的《金融商品交易法》就对消费者保护进行了总括式的规定，并建立了灵活的金融法制，构筑了公正透明的法制框架，加大了对不公正交易行为的处罚力度，从而使得保险消费者保护原则得以真正贯彻落实。③

尽管日本保险法上并未规定约定行为义务，但对约定行为义务条款的监管既处于保险监管之下，那么日本的保险监管模式及其在实践中的运作成功之处，自然具有一番借鉴与参考价值。

英国和澳大利亚是英美法系国家，德国和日本是大陆法系国家，尽管四国分属不同法系，但通过对以上保险监管架构及内容的考察，似可归纳出四国保险监管之以下共性：①监管方式均采混业监管而非分业监管；②高度重视保险市场的公开透明性；③强调对系统风险最大程度的降低，保持保险市场的稳健发展；④特别强调对保险消费者的专门保护，以真正落实保险消费者保护原则。

## 二　我国约定行为义务条款监管制约之提议

随着我国金融业逐步进入混业经营阶段，"一行三会"的金融分业监

---

① 参见王姝《主要发达国家保险监管制度比较研究》，博士学位论文，吉林大学，2013年。

② 同上。

③ 参见庄玉友《日本金融商品交易法述评》，《证券市场导报》2008年第5期。

管体制暴露出缺乏协同、沟通效率低下等问题，2018年3月13日，全国人大审议通过的《国务院机构改革方案》，对金融监管体制进行了重大改革。在整合银监会、保监会职责的基础上，组建了中国银行保险监督管理委员会，同时明确将银监会和保监会拟定银行业、保险业重要法律法规草案和审慎监管基本制度的职责划入中国人民银行。至此，在银行与保险业，央行负责宏观审慎监管，银保监会负责功能监管、行为监管、机构监管的监管架构正式形成，中国式双峰监管模式雏形初显。双峰式的监管模式一方面有助于避免监管空白、提高监管效率、降低监管成本，另一方面有助于更好地维护金融消费者的利益，因此，在这样的基础上，更易实现具体保险监管制度的改进与完善。

约定行为义务条款是保险条款的一部分。在保险条款方面，保险监管主要是通过对保险条款和保险费率的审批或备案来实现。根据我国《保险法》第135条的规定，应当报送给国务院保险监督管理机构审批的主要有：关系社会公众利益的保险险种、依法实行强制保险的险种和新开发的人寿保险险种等的保险条款和保险费率。除此之外的其他险种的保险条款和保险费率，则仅报保险监管机构备案即可。保险监管机构审批保险条款和保险费率时应当遵循的原则有保护社会公众利益和防止不正当竞争的原则。[①] 此外，原中国保监会发布的《财产保险公司保险条款和保险费率管理办法》和《人身保险公司保险条款和保险费率管理办法》又对该条规定作出了进一步细化，明确规定了各类保险条款的审批备案程序和应当提交的材料。

那么，根据这些规定，如若某项约定行为义务条款是关系社会公众利益的保险险种、依法实行强制保险的险种，或者新开发的人寿保险险种等类似险种的保险合同条款，那么该项约定行为义务条款就要由保险公司报送保险监管机构（银保监会）审批；如果某项约定行为义务条款是以上险种范围之外的保险合同条款，保险公司便无须将该条款报送保险监管机构审批，仅仅备案即可。

以上所述为根据我国现行保险法监管框架对约定行为义务条款所能实

---

① 《保险法》第135条："关系社会公众利益的保险险种、依法实行强制保险的险种和新开发的人寿保险险种等的保险条款和保险费率，应当报国务院保险监督管理机构批准。国务院保险监督管理机构审批时，应当遵循保护社会公众利益和防止不正当竞争的原则。其他保险险种的保险条款和保险费率，应当报保险监督管理机构备案。
保险条款和保险费率审批、备案的具体办法，由国务院保险监督管理机构依照前款规定制定。"

行的有效规制，但这种单一的规制方式是否真能完全消解约定行为义务条款可能产生的不公平情形，似值商榷。

关系社会公众利益的保险、依法实行的强制保险和新开发的人寿保险对被保险人一方乃至社会公共利益具有重大影响，保险监管机构以审批的方式介入其中并行使对该保险产品能否被投入销售的终局裁决权，可以有效保护不特定的潜在被保险人的利益，该项规定因此具有正当性。然而，这是否意味着其他险种中被保险人的利益就不值得获得如此保护了呢？笔者对此持否定意见。保险消费者保护既然是现代保险法中的一项原则，就意味着其得以在整个保险法领域得到适用，相应地，保险消费者受到的保护也应当是总括的、统一的，不能因险种存在区别就遭到程度如此之大的差别对待，否则将损害保险消费者保护原则作为一项原则的基本意涵与功效。

或者，基于解释论的视角，可以根据《保险法》第135条中的"等"字，和《人身保险公司保险条款和保险费率管理办法》第20条第1款第4项中"中国保监会规定的其他险种"，将其他保险合同中的约定行为义务条款纳入保险监管机构的审批范围，但该做法依然不甚可取。一方面，保险监管机构对其他哪些险种的保险条款可被纳入审批范围享有自由决定权，但又并不存在一个法定的认定标准可资援引，这就很可能导致保险监管机构基于对某些因素的考虑而恣意裁量，不利于法律的安定性；另一方面，即便是保险监管机构恪尽职守，合理规定了其他应被纳入审批范围的险种的保险条款，也很可能会因需要审批的条款过多而导致行政行为的无效率，进而影响保险公司新型保险产品的推出，不利于保险创新和保险市场的发展。

总之，我国保险法上现有的"审批或备案"式的约定行为义务条款规制方式，并不能很好地限制不公平的约定行为义务条款，难以有效保障保险消费者权益。为了更好地贯彻保险消费者保护原则，不应当再局限于此条单一路径，而应当多管齐下，借鉴域外保险监管手段，从事前、事中、事后多个阶段设置保险消费者保护机制。

首先，作为当前保险监管机构的银保监会或可在其内部设立一个专司保险消费者权益保护职能的部门，并且为其提供足够的智识和财力支持，具体表现为完善组织体系和人员配备，提供充足的经费保障，以保证消费者权益保护工作的切实开展和平稳进行。

其次，同域外相比，我国保险消费者保护的法律法规未臻完善。现行《保险法》不仅没有明确保险消费者的概念及内涵，也没有列举保险消费者享有的权利，监管机关在消费者权益保护方面享有哪些职权，保险消费者权益受损后的法律责任认定和承担问题也都含糊不清。不仅是法律未作出上位规定,行政法规也未对此进行关切和回应。然而,观诸上文,英德等国家几乎均制定了专门针对金融(保险)消费者保护的法案,并对实现消费者保护的方式进行了较为具体的规定。是故,不仅立法机关应当尽快修订《保险法》中的"保险业监督管理"部分,以填补保险消费者保护之保险业法规定的空白,国务院也应当专门颁布《保险消费者权益保护条例》,为银保监会履行消费者权益保护职能提供具备可操作性的制度保障。

再次,保险市场信息披露和透明度的增强是以上各国保险监管的共性之一,其保障了保险消费者的知情权,从而使得保险消费者可以根据真实意思自主选择最适合自己的保险产品,以及在其权益受到不当侵害后选择行使最有效的救济方法。具言之,银保监会可从以下方面增强信息透明度:其一,督促保险公司加大对涉及消费者权益有关信息的披露力度,充分披露保险产品保障范围、免责条款、预期收益等与消费者利益密切相关的内容;其二,加强保险消费风险提示,建立和完善风险信息发布机制;其三,公开曝光保险公司损害消费者权益违法违规行为的典型案例,提高消费者风险识别能力;其四,持续开展保险公司服务质量评价和消费者满意度测评,科学评价保险公司服务质量,客观反映消费者感知,并将评价和测评结果向社会公布。[①]

最后,可以仿照英国和澳大利亚设立的金融申诉署(FOS),在我国设立类似的非诉讼金融(保险)纠纷解决机构。我国保险消费者目前能够采取的诉讼外保险纠纷解决方式主要有四种:与保险公司协商、请求消费者协会调解、向保险监管部门或保险行业协会投诉、请求仲裁机构仲裁。但这四种解决方式在功能发挥上并不十分理想:要么是机制本身的特性使得达成的结果对保险消费者并不公平,如协商;要么是处理效率低下且处理结果不具有强制约束力,如消费者协会调解和向保险监管部门或保险行业协会投诉;要么是保险消费者的不了解及其与保险业者的对立情绪使得该种方式在现实中很难得到适用,如仲裁。而通过对 FOS 运行机制的了解则可以发现,FOS 完美地克服了以上纠纷解决方式的弊端。首先,其纠纷处理方式灵活,协商、调解均有,免费且处理效率高,为保险消费者提供了极高的维权便利;其次,其独立于保险消费者、保险公司和保险监管机构,处理纠纷时不受其干涉,从而保证了纠纷处理结果的客观公正性;最后,其处理结果的自愿性与强制性相结合,赋予了保险消费者极高

---

① 参见吕宙、孟龙、王俊杰、王瀚《澳大利亚和新西兰金融保险消费者保护经验启示与借鉴》,《保险研究》2014 年第 12 期。

的主动权,充分尊重了保险消费者的意愿。故此,极有必要在我国建立一个与 FOS 类似的保险纠纷处理机构。

值得注意的是,以上针对完善我国保险监管体系的建议,不仅适用于约定行为义务条款所引发的保险纠纷,也适用于保险消费者与保险公司之间发生的其他保险纠纷。

## 第三节 约定行为义务条款的法律规制

保险业法对约定行为义务条款的规制固然重要,但保险合同终究是一种民商事合同,反映的是平等主体之间的私法关系,当合同当事人就保险合同发生争议时,需要依据相关法律尤其是保险合同法定分止争,此时保险消费者合法权益的保障就需要通过保险合同法来实现。因此,保险合同法对约定行为义务条款的规制不仅不可或缺,反而应当是民商法学者关注的重点。

在非格式条款中,合同当事人双方没有相互提供合同信息的义务,但是都有阅读合同条款内容的义务,当事人各方必须根据自己的判断决定是否订立合同,由于不具备相关信息和未真正阅读与了解合同内容所导致的不利益风险,由相关主体自己承担。非格式条款往往是合同当事人双方共同拟定的条款,合意度较高,一般不存在一方当事人利用其优势地位和技术手段不当免除自身责任、排除对方当事人主要权利的情形。而格式条款由于系单方拟定的附和条款,其法律特征恰好与非格式条款完全相反。而且,格式条款拟定一方还须承担拟定条款含义不明时的歧义风险。格式条款的特性及其与非格式条款之间的差异,决定了其应当接受比非格式条款更为严格的法律规制,以维护合同双方当事人之间的利益平衡。如前所述,约定行为义务条款通常系以格式条款的方式订立,那么对于约定行为义务条款的法律规制,也应当以格式条款作为基本分析对象。

合同法上,对格式条款的规制通常沿着订入规则(即缔约过程的信息提供义务)、内容控制规则、不利解释规则三种进路展开。[1] 这三种进路按照合同缔结、效力及解释的环节依次展开,体现了从程序保障到实质正义的公权介入意思自治领域强度的逐层递进。[2] 意思自治、给付均衡、

---

[1] 参见韩世远《合同法总论》(第三版),法律出版社 2011 年版,第 741 页。
[2] 王静:《我国〈保险法〉第 19 条司法适用研究——基于保险格式条款裁判的实证分析》,《政治与法律》2014 年第 11 期。

合理期待共同构成了指引保险合同法规则建构的核心原理,并对规则做了体系化分工,在《保险法》中体现为:第17条是以提升合意度、实现意思自治为直接目标;第19条是对权利义务严重失衡的控制;第30条的不利解释能督促保险人起草含义清晰的条款,使之不会过分偏离投保人的预期。① 由于约定行为义务条款通常属于保险格式条款,故本书针对约定行为义务条款的法律规制,也系以此三者为主线。

## 一 约定行为义务条款的程序规制:说明义务

保险格式条款的程序规制,是指在保险合同的订立过程中设置比一般合同更为严格的程序性规范,一旦保险人未完成规定步骤或从事被禁止的行为,相应的条款将不能有效订入保险合同。② 这是对保险格式条款进行特别法律规制的第一步。本部分将首先介绍保险格式条款程序规制的一般内容,并在此基础上对约定行为义务条款应适用的具体程序规制范式进行讨论。

(一) 保险格式条款的程序规制

在我国现行保险法上,保险格式条款的程序性规制机制是保险人的说明义务。从比较法角度来看,规定保险人明确说明义务是我国《保险法》的一项特色,根据相关学者考证,我国保险法关于保险人明确说明义务规定属创新之举,"查外国保险立法,未见有此规定者"③。但该制度自建立

---

① 参见马宁《保险格式条款内容控制的规范体系》,《中外法学》2015年第5期。
② 温世扬、武亦文:《保险合同责任条款法律规制论——以格式责任条款的规制为中心》,《私法研究》2010年第2期。
③ 樊启荣:《保险契约告知义务制度论》,中国政法大学出版社2004年版,第309页。不过,日本《消费者合同法》对经营者的信息提供义务有所涉及,由于保险人属于经营保险业务的经营者,因此,保险人也负有努力提供相关信息的义务。然而,有学者认为,自文义解释出发,该条只是规定了经营者负有努力提供信息的义务,这同经营者负有信息提供义务存在明显区别,日本《消费者合同法》之所以作此规定,是因为:首先,如果在法律上强制经营者负有信息提供义务,经营者履行义务所产生的成本最终会转嫁到消费者身上;其次,消费合同类型多种多样,"一刀切"式地规定经营者的信息提供义务并不合理。参见落合誠一《消費者法の進展の中での保険契約の諸問題》,《生命保険論集》第171号,第16页。《消費者契約法》(2017年修改)第3条:"事業者は、消費者契約の条項を定めるに当たっては、消費者の権利義務その他の消費者契約の内容が消費者にとって明確かつ平易なものになるよう配慮するとともに、消費者契約の締結について勧誘をするに際しては、消費者の理解を深めるために、消費者の権利義務その他の消費者契約の内容についての必要な情報を提供するよう努めなければならない。"但是,在保险领域,却存在《金融商品销售法》对《消费者合同法》中所存在的漏洞予以填补,《金融商品销售法》第3条规定了经营者的说明义务,由于保险属于一类典型的金融产品,因而保险人也负有说明义务。

以来就面临众多质疑，理论与实务界就保险人说明对象的边界、说明方式以及说明标准等均存在大量争议，甚至有学者以说明义务存在固有缺陷为由，认为我国保险人信息提供义务需要重构，并提议废除实质性的说明义务而代之以形式化的信息提供义务。① 尽管众多保险法学者对我国法中的明确说明义务提出了批判，但自消费者保护这一原则出发，保险人作为保险产品的经营者，与一般的保险消费者相比，具备更强的交易能力，基于纠正当事人之间信息偏在的需要，保险人对相关重要信息负有信息提供义务。② 说明义务是我国保险法的一大制度创新，其在短期之内必然不会被轻易废止。无论说明义务的制度实效如何，至少自实在法层面而言，任何保险格式条款都必须受到说明义务的检视。

《保险法》第 17 条③对保险人的说明义务作出了明确规定，且采用了"二分法"的结构，旨在以对投保人、被保险人的利益影响程度或者重要性程度为基础，将"免除保险人责任的条款"从所有保险格式条款中区分出来，对其设定更加严格的说明义务和更为严苛的法律后果。具言之，对于一般的格式条款，保险人负有一般说明义务，即保险人应当向投保人提供格式条款，并向投保人说明其内容，可简称为"提供+一般说明"规则；对于免除保险人责任的条款，保险人负有明确说明义务，即保险人不仅要对此等条款作出足以引起投保人注意的提示，还要对此等条款的内容以书面或口头形式向投保人明确说明，可简称为"提示+解释"规则。另外，保险人违反以上两种说明义务的法律后果也并不相同，《保险法》第 17 条第 1 款并未规定违反一般说明义务的法律效果，但对于保险人违反明确说明义务的行为，则规定为相关条款

---

① 参见马宁《保险人明确说明义务批判》，《法学研究》2015 年第 3 期。

② 自比较法观察，虽然许多国家保险法都规定保险人负有信息提供义务，但其对义务履行标准的规定低于我国法中的明确说明义务。例如，《德国保险合同法》对保险人施以形式化的信息提供义务。再如，《法国保险法》第 L.112 条规定："保险人在缔结保险合同之前负有以下义务：说明价格及承保内容的义务；将记载有保险人免责事由及合同当事人所应承担义务的相关文书交付给投保人的义务。"参见山野義朗《保険契約法と契約者利益の保護——フランス法の分析を中心にして》，《Bunken journal》第 99 号，第 190 页。

③ 《保险法》第 17 条："订立保险合同，采用保险人提供的格式条款的，保险人向投保人提供的投保单应当附格式条款，保险人应当向投保人说明合同的内容。
对保险合同中免除保险人责任的条款，保险人在订立合同时应当在投保单、保险单或者其他保险凭证上作出足以引起投保人注意的提示，并对该条款的内容以书面或者口头形式向投保人作出明确说明；未作提示或者明确说明的，该条款不产生效力。"

"不产生效力"。最高人民法院对"一般说明"和"明确说明"的区别所作解释为：前者侧重于使投保人知晓格式条款是保险合同的主要内容，并了解其含义，其目的在于保险合同的整体性；后者则侧重于使投保人充分了解保险合同中免除保险人责任条款这一足以影响投保人缔约意思和缔约目的的重要事项的真实含义及法律效果，其目的在于保险合同中责任条款的有效性。①

就一般说明义务而言，由于保险法并未明确规定其违反后果，且其内容为保险人对全部合同内容进行说明，履行成本过高，其中许多保险条款往往只是保险学知识的简单重复，并无必要全作说明，从而导致在保险实务中，保险人通常并不履行一般说明义务，法院也不会要求保险人履行一般说明义务。然而，一般说明义务也并非一纸空文，某些基本条款尽管不属于明确说明义务要求的免责条款，但由于涉及投保人的选择权，对投保人影响较大，所以对于这些条款，保险人应当履行一般说明义务，此类条款包括犹豫期条款、自动垫交条款、受益人指定条款、风险提示条款、红利条款等。② 也有学者基于《保险法》第17条第1款和第2款的语用逻辑、提示义务的履行方式、一般条款解释的无必要性等理由认为，保险人对于一般条款的说明方式应当与免责条款有所区别，应将该项说明义务限定于单纯的被动性解释义务，即保险人对投保人并不承担提示义务，而仅在投保人就一般条款提出问询时，须对此作出明确、完整、客观的解释，其认为这一做法不仅不会损及投保人、被保险人利益，反而还会促进《保险法》相关条款立法价值的实现。③ 笔者赞同该项意见。

由于明确说明义务的对象是保险合同中免除保险人责任的条款，此类条款无疑是对投保人和被保险人之利益影响最为巨大的条款，故学界对说明义务的争议和探讨主要集中在明确说明义务方面，具体包括明确说明义务的履行判断标准、明确说明的对象及范围、明确说明的方式三个层次。《保险法司法解释二》中的相关条款，对此进行了一定程度的明确。

---

① 参见最高人民法院保险法司法解释起草小组《〈中华人民共和国保险法〉保险合同章条文理解与适用》，中国法制出版社2010年版，第105页。
② 参见梁鹏《新〈保险法〉下说明义务之履行》，《保险研究》2009年第7期。
③ 参见马宁《论保险人说明义务的履行方式与标准——以对我国司法实务的考察为中心》，《时代法学》2010年第2期。

1. 明确说明义务的履行判断标准

根据对我国《保险法》第 17 条第 2 款的文义解释，保险人的明确说明义务是一种实质性说明义务，即判断保险人是否履行明确说明义务，必须以投保人是否实际理解相关条款的真实含义为准，如果投保人未实际理解相关条款的真实含义，保险人即使已经进行提示、说明，仍然不能认为保险人已经尽到明确说明义务。① 要求保险人承担高标准的说明义务固然能够更好地保护投保人，但履行成本过高以及与投保人的信息需求不一致等原因，导致实质性说明义务的履行在现实中很难落实，不仅未能充分发挥实效，还造成了保险交易效率的降低和交易成本的提高。或许是认识到了明确说明义务在实践中的这一糟糕适用局面，《保险法司法解释二》将明确说明义务履行与否的判断依据由实质标准改为了形式标准，② 即只要投保人在相关文书上以签字、盖章或者其他形式对保险人履行明确说明义务进行了确认，就可认为保险人已经履行了说明义务。这一立法的转变，也与比较法上的立法例相统一。比如，《德国民法典》第 305 条规定的提示义务③和《德国保险合同法》第 6 条、第 7 条规定的建议义务和信息提

---

① 参见陈群峰《保险人说明义务之形式化危机与重构》，《现代法学》2013 年第 6 期。此处涉及保险人明确说明义务履行的形式判断标准与实质判断标准问题。形式判断标准，是指依据保险人说明义务的履行方式、形式进行判断，即只要保险人能够证明其以合理方式进行提示、说明，即认为其已履行该义务，投保人是否了解相关条款的真实含义在所不问；实质判断标准，是指以投保人对免除责任条款真实含义的实际理解为基准进行判断，如果投保人未实际理解相关条款的真实含义，保险人即使已经进行提示、说明，仍然不能认为保险人已经尽到明确说明义务。具体参见于海纯《保险人说明义务之涵义与规范属性辨析》，《保险研究》2009 年第 11 期。

② 《保险法司法解释二》第 13 条："保险人对其履行了明确说明义务负举证责任。
投保人对保险人履行了符合本解释第十一条第二款要求的明确说明义务在相关文书上签字、盖章或者以其他形式予以确认的，应当认定保险人履行了该项义务。但另有证据证明保险人未履行明确说明义务的除外。"

③ 《德国民法典》第 305 条第 2 款："定型化契约仅于提出者于契约成立时，有下列情形，且他方当事人同意其发生效力者，始构成契约之一部分：1. 对他方当事人明示定型化契约，因契约成立之型态其明示有显不相当之困难时，或在契约成立之处所，以显著方式公告其内容者；及 2. 以可期待之方式，予他方当事人知悉定型化契约内容之可能性，而该方式亦得适当考虑于定型化契约提出者可得而知之他方当事人身体之障碍者。"参见台湾大学法律学院、台大法学基金会编译《德国民法典》，北京大学出版社 2017 年版，第 264 页。

供义务①，都属于程序性义务。这些义务更多是从程序上对保险人提出要求，其目的在于使投保人有了解相关保险格式条款的机会，而不在于使投保人真正理解相关条款。

另外，根据《保险法司法解释二》第 11 条第 2 款的规定，保险人履行明确说明义务应达到"常人能够理解"的程度，即指在智力、社会经验、受教育程度等方面处于中等程度的投保人能够理解。② 此之谓"客观标准"，学界通说亦与此一致，称之为"理性外行人标准"。③ 值得注意的是，客观标准适用于一般情况，但在投保人是文盲、残疾人等智识能力较为低下的特殊人士的情形，保险人应当结合投保人的理解能力以适当的方式使其能够理解说明内容，此时作为例外情况应采"主观标准"。④

2. 明确说明的对象及范围

《保险法》第 17 条第 2 款规定了保险人明确说明义务的对象是保险合同中免除保险人责任的条款，但免除保险人责任的条款究竟包括哪些条款，则是一个不太确定的问题。《保险法司法解释二》第 9 条提供了判断标准，即责任免除条款、免赔额、免赔率、比例赔付或者给付等免除或者减轻保险人责任的条款，属于"免除保险人责任的条款"，但"保险人因

---

① 德国《保险合同法》第 6 条第 1 款："如果投保人对相关保险产品产生疑惑，则保险人应当询问投保人的投保意愿和需求，并根据投保人将要支付的保费针对某项特定保险产品作出建议并就上述建议详细说明理由，为其推荐合理的保险产品。"
第 6 条第 2 款："在保险合同订立之前，保险人应当为投保人提供书面建议并详细全面地阐明原因。如果投保人主动要求或保险人同意提供临时保障，则上述建议可以用口头形式提出。在保险合同订立后，保险人应将相关信息以书面形式及时地通知投保人，但上述规定在保险合同尚未订立或强制保险下保险合同临时保障等情况下并不适用。"
第 7 条第 1 款："在投保人作出承诺前，保险人应当以书面形式告知投保人保险合同的相关条款，包括保险合同的一般条款和相关情况以及本条第 2 款所提到的相关法例规定的信息。保险人应将上述信息完整、清楚地告知投保人，以保证双方的信息沟通方式健全。如果根据投保人的要求，保险合同是通过电话或其他通信方式订立的，而上述缔约方式使得投保人在作出承诺之前无法获得上述信息，则在保险合同订立之后保险人必须尽快将上述信息通知投保人。即使投保人在作出承诺前以书面声明方式放弃获得上述信息的权利，上述规定仍然适用。"
② 温世扬主编：《保险法》（第三版），法律出版社 2016 年版，第 118 页。
③ 参见于海纯《保险人说明义务程度标准研究》，《保险研究》2008 年第 1 期；梁鹏《新〈保险法〉下说明义务之履行》，《保险研究》2009 年第 7 期；杨茂《完善我国保险人明确说明义务的法律思考》，《现代法学》2012 年第 2 期。
④ 温世扬主编：《保险法》（第三版），法律出版社 2016 年版，第 118 页。

投保人、被保险人违反法定或者约定义务,享有解除合同权利的条款",则不在其列。

### 3. 明确说明的方式

保险人明确说明义务的履行方式为"提示+解释"。

对责任免除条款进行提示,是履行明确说明义务的第一步。《保险法司法解释二》第 11 条第 1 款规定:"保险合同订立时,保险人在投保单或者保险单等其他保险凭证上,对保险合同中免除保险人责任的条款,以足以引起投保人注意的文字、字体、符号或者其他明显标志作出提示的,人民法院应当认定其履行了保险法第十七条第二款规定的提示义务。"对应说明条款特别印制的法理基础在于格式合同应当提请相对方注意的理论,即当事人欲以格式条款订约时,有义务以明示或其他合理、适当的方式提醒相对人注意其欲以格式条款订立合同的事实。① 对于保险格式条款,最方便同时成本最低的提请方式就是通过文字外形的特殊印制引起相对方的注意。可见,该款规定无论是在法理还是技术上均属妥适。

对责任免除条款进行解释,则是履行明确说明义务的第二步。根据《保险法司法解释二》第 11 条第 2 款的规定,保险人对保险合同中有关免除保险人责任条款的概念、内容及其法律后果可以以书面或者口头形式向投保人进行解释说明。但是,由于保险业务人员的文化水平一般不高,口头说明在保险销售实务中并不具有可行性,故实务中一般采取书面解释的方式。这种解释应当属于保险人的主动义务,无须等待投保人的请求询问。② 另一方面,基于保险消费者享有的知情权,以及诚实信用原则的要求,当投保人对保险条款的理解产生困难因而向保险人询问时,保险人当然也有义务向投保人作出解释。另外,为了避免实务中的"投保人声明条款"使明确说明义务流于形式,导致立法目的落空,有学者提议将免除保险人责任的条款单列出来,并单独印制成一个文件,单列的条款应当包含应予说明的免除保险人责任的条款,将文件所用纸张颜色与保险合同所用纸张颜色加以区别,同时还要对单列的条款以通俗的文字予以解释。③ 自技术的角度而言,此不失为一良好对策。

---

① 梁鹏:《新〈保险法〉下说明义务之履行》,《保险研究》2009 年第 7 期。
② 马宁:《论保险人说明义务的履行方式与标准——以对我国司法实务的考察为中心》,《时代法学》2010 年第 2 期。
③ 参见梁鹏《新〈保险法〉下说明义务之履行》,《保险研究》2009 年第 7 期。

## (二) 约定行为义务条款的程序规制范式

约定行为义务条款程序规制的重点在于，在一般说明义务和明确说明义务之间，应当选择何者对其进行规制的问题。该问题的解决，以明确约定行为义务条款的法律性质为前提，因为根据前文对保险人说明义务的实证法和学理分析，一般说明义务的说明对象是一般格式条款，明确说明义务的说明对象是免除保险人责任的格式条款。对于约定行为义务条款究竟是保险合同中的一般格式条款，还是免除保险人责任的格式条款这一问题，笔者认为，不可一概而论，须分情况讨论之。现行保险法及相关司法解释对一般条款未作明确定义，然对于免除保险人责任的条款，则提供了一定的类型化判断标准和排除标准。据此，基本可以对约定行为义务条款的性质进行判定。

根据第五章对约定行为义务制度的规范设计，投保人或被保险人违反约定行为义务的法律后果有两种：保险人取得保险合同解除权和保险人对特定保险事故免责。由于该规定属于相对强制规范，保险人在拟定具体的约定行为义务格式条款时，可以对此项规定作出有利于投保人一方的变更，那么最终的约定行为义务条款的性质，就取决于保险人究竟对约定行为义务条款的违反后果作出了怎样的设定。

首先，如果保险合同中的约定行为义务条款规定，投保人或被保险人出于故意或重大过失违反约定行为义务时，保险人仅享有保险合同解除权，那么根据《保险法司法解释二》第9条第2款[①]，此等约定行为义务条款就不属于免除保险人责任的条款。根据保险人说明义务的相关制度和理论，保险人对于此类约定行为义务条款仅负有一般说明义务，即保险人只须将该约定行为义务条款提供给投保人即可，且对该条款仅须进行被动性解释。具言之，保险人对投保人并不承担提示和主动解释的义务，而仅在投保人就该约定行为义务条款提出询问时，才作出明确、完整和客观的解释。故此，此类约定行为义务条款受到的是一般说明义务的程序规制。

其次，如果保险合同中的约定行为义务条款仅规定，对于因投保人、被保险人故意或重大过失违反约定行为义务而发生的保险事故所造成的损失，保险人不承担保险责任，对保险人是否享有保险合同解除权并未涉及，那么此等约定行为义务条款由于免除了保险人的责任，便落入了免除

---

① 《保险法司法解释二》第9条第2款："保险人因投保人、被保险人违反法定或者约定义务，享有解除合同权利的条款，不属于保险法第十七条第二款规定的'免除保险人责任的条款'。"

保险人责任之条款的范畴。相应地，保险人对此等约定行为义务条款便负有明确说明义务。一方面，保险人应当在保险合同中对这种保险条款以特殊的文字、字体、符号或者其他明显标志进行提示，并且应达到足以引起投保人注意的程度；另一方面，保险人还要向投保人主动解释此等约定行为义务条款的含义，具体方式为书面解释，可考虑将约定行为义务条款与其他免除保险人责任的条款一起单列出来，单独印制为一份文件，对该文件的纸张使用与保险合同等其他保险文件不同的颜色，并在该文件内对包括约定行为义务条款在内的其他免除保险人责任的条款作出足以令投保人明白的通俗化解释。如果这些义务都已尽到，但投保人依然无法明白相关约定行为义务条款的性质，并向保险人就其不懂之处作出询问，那么基于诚实信用原则的要求，以及"举轻以明重"的规则，[1] 保险人应当耐心地向投保人提供充分完整和明确的解释。另外，根据《保险法司法解释二》的相关规定，在举证责任方面，只要保险人能够证明，投保人对保险人履行明确说明义务在相关文书上以签字、盖章或者其他形式作出了确认，即视为其已经尽到已履行明确说明义务的证明责任。投保人如欲推翻，须自行提供其他证据。总之，此类约定行为义务条款的规制手段是保险人的明确说明义务。

最后，保险合同中的约定行为义务条款也不全然只有以上两种形式，保险人为了给自己提供尽可能多的救济方式，在约定行为义务条款中规定，当投保人、被保险人出于故意或重大过失违反约定行为义务时，保险人既可以解除保险合同，也可以对其中发生的保险事故所造成的损失免除保险责任，也并非罕见。而且，这也并不违反约定行为义务的法律规范。显然，此种情形下的约定行为义务条款就具有了一种复合条款的色彩，不仅具有一般条款的性质，也具有免除保险人责任之条款的性质。那么此时，究竟应当以何种说明义务来对其进行规制呢？笔者认为，以分别机制[2]对此类约定行为义务条款进行规制并不现实，此类约定行为义务条款固然在性质上具有复合性，但两种违反后果却紧密结合在一项条款之中，构成了一个整体，二者一般就是相连的两句话，采分别机制即意味着保险人须对其中一句话履行一般说明义务，对另一句话履行明确说明义务，这

---

[1] 因为根据以上分析，在一般说明义务中，保险人尚且需要负担被动解释义务，那么在对保险人要求更高的明确说明义务中，保险人自然更应对投保人承担被动的解释义务。
[2] 此处的分别机制是指，对约定行为义务条款中具有一般条款性质的部分，以一般说明义务规制，对其中具有免除保险人责任之条款性质的部分，以明确说明义务规制。

在实务中显然并不现实，不具有可操作性。故此，笔者主张，采"吸收式"的处理办法，即当约定行为义务条款的违反后果同时存在以上两者时，其中的免除保险人责任之条款性质占优，其吸收了一般条款的性质，使得整个约定行为义务条款具有了免责条款的性质，故而应当以保险人的明确说明义务进行规制。

综上，约定行为义务条款的程序规制范式，取决于保险合同中具体约定行为义务条款所规定的违反后果，只要违反后果中规定了保险人对特定保险事故免除保险责任，就应当采取明确说明义务的规制方式，否则应采取一般说明义务的规制方式。

## 二 约定行为义务条款的实体规制之一：内容控制

保险人说明义务是对约定行为义务条款的程序规制，是约定行为义务条款法律规制的第一步，决定了其能够被订入保险合同，且能够产生效力，但并不能保证其终局有效，其作用仅仅是对不能产生效力的约定行为义务条款进行初步过滤。当相关约定行为义务条款缺乏足够之给付均衡度时，即便其系基于当事人之合意订立，也依然会有归于无效的可能，这便是对约定行为义务条款的内容控制。内容控制为保险格式条款法律规制的重中之重，如若运用得当，可以在贯彻保险消费者保护原则方面发挥极好效果。但遗憾的是，它不仅未引发实务界的充分关注，理论界也对之着墨甚少。本部分将从一般保险格式条款的内容控制入手，对约定行为义务条款的内容控制进行梳理和总结。

（一）保险格式条款的内容控制

内容控制是保险格式条款实体规制的第一个重要层次。广义的内容控制，是指依顺序以一定的规制制度对保险格式条款进行审查，依次包括：基于保险制度之本质所为的内容控制，即绝对强行性规定；[1]为特别保护被保险人所为的内容控制，即相对强行性规定；以及依据规制的抽象标准对存有任意性规定或无规定之内容的内容控制。[2]狭义的内容控

---

[1] 由于很多学者对强制性规范和强行性规范在表述上并不作特别区分，或者对二者的上下位关系有不同见解，导致二者之间究竟有怎样的联系和区别，目前并未形成通说。尽管笔者在本书第四章对此有所论述，也仅是一家之言，不足为训。故此，为表述方便，本部分对强制性规范和强行性规范亦不作严格区分，在不同地方可能会采取不同表述，但所指皆为同一事物。

[2] 叶启洲：《论保险契约之内容控制》，《月旦法学杂志》1997年第7期。

制，是指国家对于格式条款的内容，在其未违反法律上的强行性规定时，仍然基于诚信原则或利益衡量而加以控制，① 亦即广义内容控制中的第三种控制方式。内容控制的结果可能是使已订入合同的格式条款归于无效。

保险格式条款的内容控制在我国现行法中体现为《保险法》第19条，② 该条内容源于我国《合同法》第40条关于格式条款中特定部分无效的规定。立法意旨在于从保护投保人、被保险人利益的角度，强化对保险条款内容的公平性和合法性要求。其在性质上沿袭了《合同法》第39—41条的法理基础，因为对格式化条款的立法规制，是格式条款规制在《保险法》上的体现和重申。③ 尽管《保险法》第19条是对保险格式条款内容控制在立法上的明文确认，具有显著的进步意义，但也存在未考虑保险营业的特性、对规制条款的范围未作限制等不足之处。而且，其最致命的缺陷在于，条文中"免除保险人义务""加重投保人、被保险人责任""排除投保人、被保险人权利"等字眼，所描述的实际上是格式条款的基本特征或内容控制的主要条款类型，④ 仅仅是一种形式标准。因此，《保险法》第19条并没有针对效力审查本身提供具有决定性的实质判断标准。如此，在保险格式条款的内容控制中，《保险法》第19条在实践中很可能要么沦为一纸具文，得不到司法机关应有的重视，要么因内在弹性极大而遭到司法机关的滥用。⑤

有鉴于此，笔者拟通过考察相关学理研究及比较法规范，填补《保险法》第19条存在的法律漏洞，同时试图沿着广义内容控制的进路，从体系性的角度建构我国保险格式条款的内容控制机制。

---

① 温世扬、武亦文：《保险合同责任条款法律规制论——以格式责任条款的规制为中心》，《私法研究》2010年第2期。

② 《保险法》第19条规定："采用保险人提供的格式条款订立的保险合同中的下列条款无效：（一）免除保险人依法应承担的义务或者加重投保人、被保险人责任的；（二）排除投保人、被保险人或者受益人依法享有的权利的。"

③ 刘学生：《保险条款的效力评价——新〈保险法〉第十九条的理解与适用》，《保险研究》2009年第6期。

④ 参见贺栩栩《保险合同格式条款内容控制的功能目的与法律适用》，《兰州学刊》2013年第12期。

⑤ 这种推断并非主观臆测，根据有关学者的统计研究，《保险法》第19条在司法实务中的适用频率显著低于《保险法》第17条，且法院有关该条的裁判既缺乏清晰统一的标准，也显现出相当程度的不合理性。参见马宁《保险格式条款内容控制的规范体系》，《中外法学》2015年第5期。

1. 规制标准一：绝对强制性规范

广义内容控制中，用于审查格式条款效力的第一顺位的规制手段是绝对强制性规范。由于保险法中的绝对强制性规范与保险制度的本质有关，关系到保险营业的根本存续，是当事人必须遵守且不得约定排除或变更适用的规范。准此以解，当保险格式条款的内容违反绝对强制性规范时，此等条款毋庸置疑应当归于无效，此为格式条款内容控制的不言自明之理。保险立法上可能涉及的绝对强制性规范主要包括关于保险利益、保险费、承保危险性质、防免道德危险、利得禁止和最大诚信原则等的规定。① 当然，此处所指的绝对强制性规范也不仅仅限于保险法上的绝对强制性规范。

2. 规制标准二：相对强制性规范

相对强制性规范是保险格式条款内容控制中第二顺位的规制手段。对于保险法中的相对强制性规范，保险合同当事人原则上不得对之约定排除或变更适用，但如果相关保险条款约定的内容比该规范对投保人或被保险人更加有利，则保险条款有效，否则无效。国内有学者认为强制性规范仅指绝对强制性规范，保险法中的大多数任意性规范作为特别控制条款可以被用来对格式条款进行审查，因此保险格式条款不得违背保险法上任意性规范的规定，除非更有利于投保人，否则不发生保险人所期望的法律效果。② 这种看法完全抹杀了相对强制性规范的独立价值，粗暴地将相对强制性规范的法律特征张冠李戴于任意性规范之上，将法律的内在理性置之不顾，笔者未见其可。一方面，相对强制性规范虽可能导源于任意性规范，但其本质是依然是强制性规范。任意性规范的任意性决定了其无法像相对强制性规范那样，合同约定只要较之规范对投保人、被保险人更加不利就当然无效，而只能是在不合理地不利于投保人、被保险人，或者违反任意性规范所欲实现的立法意旨从而致使合同目的无法实现时，才能归于无效。③ 强制性与任意性的属性差异使得二者在保险格式条款内容控制的细节方面具有本质区别。如若草率地规定，在以任意性规范作为规制标准时，约款就只能在此基础上更有利于投保人，显然会使规制范围不合理扩

---

① 参见叶启洲《论保险契约之内容控制》，《月旦法学杂志》1997年第7期。
② 参见樊启荣、李娟《论保险合同的内容控制——以对保险约款违反任意性规范的特别控制为中心》，《法商研究》2007年第5期。
③ 参见温世扬、武亦文《保险合同责任条款法律规制论——以格式责任条款的规制为中心》，《私法研究》2010年第2期。

大。另一方面，仅仅以任意性规范作为内容控制的基准，还会有规制不周的情况。① 为了更好地因应和保障使用人的自身需要，格式条款除用于替代制定法上的任意规定外，还会用于填补制定法上的规制空白。② 在后一情形下，尽管保险格式条款中不涉及强制性规范或任意性规范，但也同样需要接受内容控制。故此，将相对强制性规范独立作为第二顺位的内容控制手段，有其必要性与合理性。《保险法》中存在大量的相对强制性规范，如如实告知义务、危险增加或保险事故发生的通知义务、保险代位、诉讼时效、保险人查勘权及合同解除权、人寿保险合同的效力中止和复效等。相对强制性规范属于强制性规范，对当事人意思自治干涉较大，为了避免因法律适用不一引起纠纷，我国保险法应当引入相对强制性规范的一般规定，并具体指明哪些规定属于该类规范。③

3. 规制标准三：作为抽象标准的规范意旨和合同目的

绝对强制性规范和相对强制性规范都属于具体的刚性规制标准，是"有法可依"的标准。然而，第三顺位的保险格式条款规制手段在实证法中则无迹可寻，是一种抽象的规制标准，也是狭义的内容控制所指，其所针对的对象是上文提到的存有任意性法律规范或无法律规范之内容的保险格式条款。此种内容控制手段最为复杂，在学界引起的讨论最为广泛，是最具探讨价值和意义、实务中最迫切需要得到规范指引的内容控制，也是笔者重点论述的对象。

在私法视域之下，任意性规范只是为避免当事人须就一切交易事项作出约定之烦琐，而为当事人提供的符合一般合同权利义务配置模式的法律规则。若当事人有特殊需求，可特别约定将之变更或排除适用，即违反任意性规范的条款同样有效。但在保险格式条款中，保险人可以自行决定仅将对己有利的规范纳入合同，而排斥对己不利的规范，从而引发权利义务失衡，有损保险消费者的利益。而且，任意性规范同样体现着法律的实质性基本思想，这是不容背离的。④ 因此，在保险格式条款中，任意性规范的"任意性"有其界限。具言之，若格式条款违反任意性规范，造成权

---

① 参见温世扬、武亦文《保险合同责任条款法律规制论——以格式责任条款的规制为中心》，《私法研究》2010 年第 2 期。
② 参见卢谌《德国民法专题研究》，法律出版社 2008 年版，第 155 页。
③ 参见温世扬、武亦文《保险合同责任条款法律规制论——以格式责任条款的规制为中心》，《私法研究》2010 年第 2 期。
④ 参见杜景林《合同规范在格式条款规制上的范式作用》，《法学》2010 年第 7 期。

利义务的严重失衡（即构成了不公平条款①），则该条款无效。② 另外，实践中，有很多格式条款有可能并不涉及任何法律规范，只是保险人的自主意定内容，其同样存在不公平的可能，为了避免实体规制出现空白，保证内容控制的周延性，也有必要将此类条款纳入内容控制的范围之内。

以美国为例，在美国合同法领域中，针对合同中所存在的不公平条款，美国判例法发展出了显失公平规则。③ 此种规则并非是对合同条款文义进行解释的规则，而是属于对合同条款正当性进行判断的方法。④ 由于此时不涉及判定合同约定是否违反强制性规定的问题，故该规则实质上承认了在不具备明确法律规范指引的前提下，法官介入合同正当性的判断过程中具有合法性。尽管《美国统一商法典》中的显失公平规则最初仅适用于调整经营者之间的合同关系，但这并不意味着显失公平规则在保险合同领域没有发挥作用的空间，该法事实上也发挥着调整消费合同关系的功能。⑤ 此外，虽然显失公平规则仅被规定于《美国统一商法典》动产买卖相关章节之中，但该规则也可类推适用于一般的合同。之后的《美国合同法第二次重述》在其第 208 条更是明确规定了显失公平规则，并将该规则的适用范围扩展至所有类型的合同。⑥

在显失公平的交易中，合同当事人交涉能力不平等导致了交易结果不公现象的产生。⑦《美国统一商法典》于 1952 年吸纳了显失公平规则，其第 2—302 条规定：如果法院发现合同缔结时存在显失公平的条款，法院可拒绝执行整个合同、选择执行合同中的其他条款，或者限制显失公平条款的适用以避免出现不公正的结果。这意味着一旦某项合同条款被法院判

---

① 关于不公平条款的论述，参见范雪飞《论不公平条款制度——兼论我国显失公平制度之于格式条款》，《法律科学》2014 年第 6 期。
② 马宁：《保险格式条款内容控制的规范体系》，《中外法学》2015 年第 5 期。
③ Earl of Chesterfield v. Janssen, 28 Eng. Rep. 100（Ch. 1750）.
④ 参见梅津昭彦《保険契約者の合理的期待と保険証券の解釈——アメリカ法における保険証券解釈の潮流》，《文研論集》第 117 号，第 171 页。
⑤ 参见谷原修身《アメリカ統一商法典の消費者保護的機能——非良心性理論の展開》，《私法》第 43 号，第 274 页。
⑥ 参见石川優佳《米国の非良心性法理の判断基準について——実体的非良心性をめぐる議論の現状》，《大阪学院大学法学研究》第 39 卷第 2 号，第 158 页。
⑦ 参见菅富美枝《契約当事者間における交渉力格差と契約の有効性——イギリス法における'非良心的取引'及び'過度の影響力の行使（不当威圧）の推定'法理の現代的機能への着目》，《経済志林》第 83 卷第 2 号，第 4 页。

定为显失公平条款，包含该条款之合同的强制力也有可能会被否定。①《美国统一商法典》吸纳显失公平规则的背景在于：首先，在现代社会中，基于对交易效率的追求，格式合同应运而生，而这些格式合同是由法律专家所拟定的，普通人难以理解合同内容；其次，由于合同是由一方单独拟定的，合同拟定方很可能利用拟定合同的便利而制定对合同相对方不利的条款。因此，为破除格式条款所带来的流弊，《美国统一商法典》规定了显失公平规则。②《美国统一商法典》并未界定显失公平条款的含义，但其官方评论文本则指出：在判断合同是否显失公平时，应该结合一般交易背景以及特定交易中的具体情况，判别相关条款是否明显过于偏向合同当事人一方。③ 判断某一条款是否显失公平，可从程序要件及内容要件两个层面着手。在程序要件层面，首先，需判断合同是否给予了合同相对方有意义的选择机会。如果合同当事人未获得正确理解条款的机会，或者由于语言上的障碍无法正确读懂条款，该合同条款即可被认定为显失公平。这一判断标准实际上类似于前文所述的保险格式条款的程序规制。其次，需考察合同一方当事人在交易中是否处于优势地位。最后，需考虑合同条款是否不公正地出乎于消费者意料之外。在内容要件层面，则主要是通过分析合同中的某项单一条件是否显失公平以及合同整体是否存在不均衡，来对显失公平的条款进行认定，如合同价格是否过高等。④ 美国法中的显失公平规则并无清晰而明确的内涵，类似于大陆法系中高度抽象的诚实信用原则。

　　以上对于美国法之格式条款控制规则的介绍，意在阐明当不存在明确的法律规范指引时，法官亦可根据个案情事对合同条款内容的公正性进行

---

① 参见及川光明《交渉力の不均衡の法理に関する一考察》，《比較法学》第29卷第1号，第36页；石川優佳《米国の非良心性法理の判断基準について——実体的非良心性をめぐる議論の現状》，《大阪学院大学法学研究》第39卷第2号，第157页。

② 参见谷原修身《アメリカ統一商法典の消費者保護的機能——非良心性理論の展開》，《私法》第43号，第275页；柳景子《アメリカの非良心性法理の判断構造（1）——手続の非良心性の要件を中心に》，《早稲田法学会誌》第62卷第1号，第186—188页。

③ The American Law Institute, *Uniform Commercial Code* 1995 *Official Text with Comments*, 15th ed., New York: West Pub Co., 1996, §2-302 (at 75-76). 转引自梅津昭彦《保険契約者の合理的期待と保険証券の解釈——アメリカ法における保険証券解釈の潮流》，《文研論集》第117号，第172页。

④ 参见谷原修身《アメリカ統一商法典の消費者保護的機能——非良心性理論の展開》，《私法》第43号，第275—276页。

审查判断。就违反任意性规范的保险格式条款和不涉及任何规范的保险格式条款而言，对其是否属于不公平条款的判定目前在立法和实践中均不存在明确标准，因此只能由法院加以审查，这种审查因而也具有充分的正当性。但不可忽视的是，由于不存在明确的判断标准，这一审查过程势必会较多掺杂法官个人的主观价值判断，为免不同案件的判决结果差异过大，破坏法律的安定性和可预见性，极有必要发展出一套相对确定的规则或标准来对法官可能的主观恣意进行一定程度的遏制。职是之故，针对以上两类保险格式条款的内容控制手段，笔者将从内容控制对象的范围与重心，和内容控制的实质判断标准两个方面展开论述，以期为法官在相关案件的裁判中提供相对较为清晰的参考依据。

（1）内容控制对象的范围与重心

首先，保险格式条款内容控制的对象应当仅限于非核心给付条款。非核心给付条款的概念与核心给付条款相对应。所谓核心给付条款，是指记载有关要素之合意的条款。[①] 在保险格式条款中，即指明确规定保险承保范围和保险费的条款。那么，除此之外的保险格式条款便为非核心给付条款。

德国学者卡纳里斯指出，就格式条款的交易而言，从心理学与经济学的角度看，顾客的眼光主要集中在价格或主给付义务上，对于从条件或附加条件，或因根本就未意识到，或因不清楚其效果，或因未想到其重要性等，而常常予以忽略。[②] 正因如此，核心给付条款常常有着较高的缔约合意度和给付均衡度，[③] 因而无须受到内容控制的检视。另外，核心给付条款一般应当由市场经济自身来决定。[④] 在竞争机制运作良好的自由市场里，格式条款使用方提供的核心给付条款如果缺乏吸引力，自然会被市场淘汰。竞争压力会促使其不得不关注对方的需求以增强竞争力，所以也会具有足够的给付均衡度。日本主流观点同样认为，价格条款及核心给付条

---

① 要素，是指成立某种类型之合同必不可缺的内容。参见解亘《格式条款内容规制的规范体系》，《法学研究》2013年第2期。

② 参见［德］卡纳里斯《债务合同法的变化——即债务合同法的"具体化"趋势》，张双根译，《中外法学》2001年第1期。

③ 参见上田誠一郎《約款による契約の解釈——いわゆる約款の客観的解釈を中心に》，《同志社法学》第42卷第4号，第59页。

④ 参见王全弟、陈倩《德国法上对格式条款的规制——〈一般交易条件法〉及其变迁》，《比较法研究》2004年第1期。

款应当交由市场决定，应通过竞争机制调节而非由司法强力干预。[1] 欧盟93/13号指令《消费者合同中的不公正条款》也秉持了相同立场。[2]

故此，内容控制的对象应当仅限于非核心给付条款。但是在保险领域，最关键也最引发争议的问题是，保险合同中影响承保范围与保险责任的条款，特别是除外责任条款与约定行为义务条款，是否属于核心给付条款。核心给付条款一般有广义和狭义两种解释：广义解释将之理解为包括影响承保范围的限制性或排除性条款，该解释对保险业者有利；狭义解释则将之理解为不包括影响承保范围的限制性或排除性条款，该解释将使绝大部分保险条款被纳入公平性审查的范畴，对作为保险消费者的投保人、被保险人更加有利。[3] 英国学者和官方立场与广义解释观点相似，[4] 而德国则持狭义解释观点，认为只有那些描述保险合同核心内容——简短描述所承保的风险与应支付的保险费的条款才能够免于审查，投保人义务条款则须接受公平性评估。[5] 根据《欧洲保险合同法原则》第2：304条的规定，其同样采纳了狭义解释的见解，将限制或修订承保范围的条款纳入了审查范围。[6] 条文起草者还举例对该项规则作出了进一步的肯定和阐释。[7] 那么很显然，除外责任条款与约定行为义务条款应当属于非核心给付条款，需接受内容控制。

其次，内容控制的重点对象应当是涉及远期不确定风险分配的条款，

---

[1] 山本丰：《消费者契约法（3·完）——不当条项规制をめぐる诸问题》，《法学教室》第243号，第62页。

[2] 该指令第4条第2款规定："如果某个合同条款明白易懂，则对该条款的不公平性的评价既不涉及合同的主要标的，也不涉及货物与价格或者服务与报酬之间的合理性。"

[3] 参见马宁《保险合同不公平条款规制的路径选择与框架架构——澳大利亚立法改革的经验与启示》，《保险研究》2013年第9期。

[4] See Malcolm A. Clarke, *The Law of Insurance Contracts*, 6th ed., London: LLP, 2009, p. 42; Nicholas Legh-Jones, John Birds & David Owen, *MacGillivray on Insurance Law Relating to All Risks Other Than Marine*, 11th ed., London: Sweet & Maxwell/Thomson Reuters, 2008, p. 244.

[5] Giesela Rühl, "Common Law, Civil Law, and the Single European Market for Insurances", 55 *ICLQ* 902-903 (2006).

[6] 该条第3款规定："本条适用于限制或修订承保范围的条款，但不适用于以下条款：（a）关于承保范围和保险费的价值充分性之条款；（b）对提供的承保范围或者约定的保险费以简单易懂的语言进行必要描述的条款。"

[7] See Jürgen Basedow et al., *Principles of European Insurance Contract Law*（PEICL）, 2nd ed., 2016, p. 141.

如有关除外责任、投保人义务、合同解除与争议处理等事项的条款。[1] 在行为法律经济学的视角下，由于存在认知局限，行为人（投保人）即便获得了足够且清楚易懂的信息，也依然会忽视那些具有远期性及不确定性的格式条款。[2] 因此，这些条款合意度与给付均衡度不足的可能性极高，需要得到特别关注。

尽管内容控制的审查对象仅限于非核心给付条款，但核心给付条款也并非完全不受法律规制，意思表示瑕疵、行为能力欠缺、暴利行为等民法制度，以及反垄断法等均可对其进行有效规制，以保证保险合同双方当事人之间的给付均衡。[3]

（2）内容控制的实质判断标准

明确内容控制之实质判断标准的意义在于，准确判断作为非核心给付条款的保险格式条款在满足何种条件时，才会被认定为无效，防止不当扩大无效条款范围，影响保险交易的自由和保险事业的正常运行。概言之，对于涉及任意性规范或不涉及任何法律规范的保险格式条款，只有当其违反诚实信用原则、对保险人和投保人、被保险人之权利义务的配置显著失衡（即给投保人、被保险人一方造成了不合理的不利益）时，才属于不公平条款，[4] 进而才能被认定为无效。此处的关键即在于如何判定"权利义务显著失衡"或者"造成了不合理的不利益"。

《德国民法典》就该问题有所回应，或可提供参考，其第307条第2款规定："条款有下列情形之一者，有疑义时，应认为显然不利于相对人：①与其排除不予适用之法律规定之主要基本观念有所抵触者，或②基于契约本质所生之主要权利或义务，因受条款之限制，致危及契约目的之达成者。"[5] 其中，法律规定的重要基本观念，是指法律规定的意旨或实质性内涵。[6] 由此可以看出，不公平保险格式条款的判断标准主要有二：

---

[1] 马宁：《保险格式条款内容控制的规范体系》，《中外法学》2015年第5期。

[2] Melvin A. Eisenberg, "The Limits of Cognition and the Limits of Contract", 47 *Stan. L. Rev.* 211 (1995).

[3] 参见王静《我国〈保险法〉第19条司法适用研究——基于保险格式条款裁判的实证分析》，《政治与法律》2014年第11期。

[4] 参见范雪飞《论不公平条款制度——兼论我国显失公平制度之于格式条款》，《法律科学》2014年第6期。

[5] 台湾大学法律学院、台大法学基金会编译：《德国民法典》，北京大学出版社2017年版，第268页。

[6] 参见杜景林《合同规范在格式条款规制上的范式作用》，《法学》2010年第7期。

一是条款所偏离的法律规定的规范意旨,二是保险合同的整体目的。同其所规制的保险格式条款相对应,规范意旨的判断标准可用来判定涉及任意性规范的保险格式条款是否有效,合同目的的判断标准则可用于判断不涉及任何法律规范的保险格式条款是否有效。之所以称这两种判断标准为实质性判断标准,是因为其是通过检验相关条款与给付均衡原则的背离程度来判定其效力有无,而非仅仅观察条款是否有"免除或限制保险人责任"的形式效果,前者才是内容控制中的重点,也是真正能够引导内容控制有效实施的标准。有学者分别利用这两种判断标准对我国保险实务中常见的"无责免赔、比例赔付"条款和"责任限额"条款等保险格式条款的效力进行了检验,相关认定和推理过程变得十分明了清晰。①

是故,我国保险法宜将规范意旨和合同目的作为第三层次的保险格式条款内容控制标准。

(二) 约定行为义务条款的内容控制

约定行为义务条款通常系以格式条款的面貌呈现,且对投保人、被保险人之利益影响重大。而且,在以上对核心给付条款和非核心给付条款的论述中,已然对约定行为义务条款的性质作出了界定,即其属于非核心给付条款。故此,约定行为义务条款应当接受内容控制的审查。对约定行为义务条款的内容控制,自然也应依循以上进路依次展开。具体步骤为:

首先,应检视约定行为义务条款有无涉及法律规范。如有涉及,则须判断所涉及的法律规范是属于强制性规范还是任意性规范。如为前者,还须再行判断是绝对强制性规范还是相对强制性规范。若为绝对强制性规范,那么只要约定行为义务条款违反了该项规范,便绝对无效,没有任何变更余地。比如,当约定行为义务条款规定,保险标的无论转让与否,投保人、被保险人都应尽最大注意维护保险标的的安全,否则保险人对其不承担给付保险金的责任时,即构成了对绝对强制性规范的违反。保险法中有关保险利益的规定与保险制度的本质息息相关,无利益则无保险,因而这些规定属于绝对强制性规定。该约定行为义务条款相当于间接规定,保险标的转让后,保险人仍负有向原被保险人赔付保险金的义务,这就表明了被保险人即便丧失保险利益,也依然可以对保险标的的损失获得保险赔付,显然与保险法中保险利益的规定相悖。故此,这样的约定行为义务条款应当绝对地归于无效。

---

① 参见马宁《保险格式条款内容控制的规范体系》,《中外法学》2015 年第 5 期。

若保险合同中的约定行为义务条款涉及的是相对强制性规范，那么只有当该条款所规定的权利义务内容同该相对强制性规范相比，对投保人、被保险人更为不利时，才会被认定为无效。比如，若某项约定行为义务条款规定，投保人、被保险人仅在故意违反本项约定行为义务条款时，保险人才可解除保险合同，那么此项条款当为有效；若某项约定行为义务条款规定，投保人、被保险人违反本项约定行为义务条款时，保险人可以解除保险合同，那么此项条款当为无效。理由在于，如前所述，保险法有关约定行为义务的法律规范是一种相对强制性规范，那么约定行为义务条款便只能作出比该规范对投保人、被保险人更为有利的规定。由于在之前的规范设计中，保险人仅在投保人、被保险人出于故意或重大过失违反约定行为义务时，才享有保险合同解除权，在前一种情形下，保险人享有合同解除权的前提条件是投保人、被保险人故意违反约定行为义务，不仅不包括过失情形，还将法律规定的重大过失情形也排除在外，对投保人一方自然更加有利，故该项约定行为义务条款的效力应当得到认可。而在后一种情形下，只要投保人、被保险人违反了约定行为义务条款，无论其主观上是否具有可归责性，是否具有故意或过失，保险人均可取得保险合同解除权，同法律规定相比，显然对投保人、被保险人造成了严重的不利益，自然应当被作为无效对待。

以上是对约定行为义务条款涉及强制性规范之情形所作的讨论，那么接下来将转入对涉及任意性规范或不涉及任何规范之情形的探讨。约定行为义务条款的内容通常包括投保人、被保险人负有哪些作为或不作为的义务，以及投保人、被保险人违反这些义务的法律后果两个方面的内容。就前者而言，这些义务的种类往往十分多样，多系保险人依据险种性质及现实需要而设，一般不具有很高的规范性，因而极少对法律规范有所涉及，遑论任意性规范。而就后者而言，由于保险人对其内容并不具有很大的自由发挥空间，通常只能从因果关系、主观归责事由、合同解除权以及免除保险责任等要素入手对条款进行拟定，而这些又根本不可能脱离约定行为义务的法律规范，且这些法律规范均为相对强制性规范，故此处也不涉及任意性规范的问题。因此，在约定行为义务条款的语境下，任意性规范之规范意旨这一标准对约定行为义务条款的内容控制并无现实意义，也根本无从展开。质言之，约定行为义务条款第三层次的内容控制，主要集中于条款不涉及任何法律规范的情形。

当约定行为义务条款不涉及任何规范时，对其效力的认定需要观察该条款是否符合保险合同的目的。比如，在火灾保险合同中，约定行为义务条款规定，投保人、被保险人应当履行安装防盗报警器并维持其功能正常的义务，否则保险人对发生的火灾保险事故不承担责任，该条款就应当被判定为无效。火灾保险的保障范围是火灾保险事故，其目的是填补被保险人因保险标的发生火灾而遭受的损失，火灾保险合同中的约定行为义务条款充其量也只会使投保人、被保险人负有降低火灾事故发生之风险的义务，安装防盗报警器与火灾事故明显没有丝毫关联，令投保人、被保险人负担该项义务与火灾保险合同的目的不相符合，属于不当加重了投保人、被保险人的负担，给其造成了不合理的不利益，导致保险合同权利义务显著失衡，故此等约定行为义务条款应为无效。

### 三　约定行为义务条款的实体规制之二：约款解释

有学者认为，存在两种意义上的合同解释，包括广义的合同解释以及狭义的合同解释，广义的合同解释会对合同内容作全方位的把握，这一过程包括对内容合理性进行法律评价、法官对合同进行补充或修正解释；狭义的合同解释则仅指在事实层面对合同当事人真实意思表示进行探明。① 不过，对这两种类型的合同解释进行区分是一件很困难的事情，由于保险合同通常是保险人事先拟定的格式合同，合同另一方当事人可能无法真正理解合同内容，因此，对于保险合同约款的解释，不应局限于合同中所使用的文字，合同之外的众多其他因素对于合同约款的解释有着重要影响。② 德国学者拉伦茨教授认为，在对约款进行解释时，需以一般消费者的合理理解作为解释基准，每份合同中的特殊因素则不应被纳入考量范围之内。③ 此种观点的立论基础在于：合同约款是为了交易便捷化而由合同条

---

① 参见李芝妍《普通保険約款に対する規制と解釈原理（2）》，《上智法学論集》第49卷第2号，第183页；Farnsworth on Contracts（Little, Brown & Co., 1990），§7.7（vol. II at 236—237）。转引自梅津昭彦《保険契約者の合理的期待と保険証券の解釈——アメリカ法における保険証券解釈の潮流》，《文研論集》第117号，第165页。

② 参见太田知行《契約の解釈——アメリカ合衆国における学説の紹介を中心として》，载《自由と規範——法哲学の現代的展開（碧海教授還暦記念）》，東京大学出版会1985年版，第139—140页。转引自梅津昭彦《保険契約者の合理的期待と保険証券の解釈——アメリカ法における保険証券解釈の潮流》，《文研論集》第117号，第165页。

③ 参见河上正二《約款規制の法理》，有斐閣1988年版，第259页以下；山下友信《普通保険約款論——その法的性格と内容的規制について（5）》，《法学協会雑誌》第59卷第3号，第331页以下。

款制定者所统一拟定的，在某种程度上具有"准实证法"的属性。因此，对约款的解释类似于法律解释，在此过程中，重要的是探求法律规则所体现的客观含义，而不应过多考虑个案情事。[1] 而与此相反的观点则认为，以一般消费者的合理理解来对约款进行解释，等同于为当事人创造了统一的法律，有悖于合同自由原则的私法精神，而对当事人意思自治的限制只能通过强制性规定或者公法规范来实现，上述解释方法并未考虑到具体合同中的个案情事。[2] 笔者认为，保险合同是一种典型的格式合同，基于交易便捷化的追求，保险人事先统一拟定了保险合同的内容，相较于一般的民事合同而言，保险合同具有统一化的特征，个案情事对于保险合同内容影响甚微。故此，对于保险合同的解释，应该采用客观化的解释方法，将具有一般理性的投保人或被保险人对保险合同的理解作为解释基准。根据我国《保险法》第30条的规定，在当事人对于保险合同格式条款内容发生争议时，"应当按照通常理解予以解释"，这表明了我国实证法采纳的是客观解释基准。

约款解释制度是对约定行为义务条款第二层次的实体规制，同时也居于约定行为义务条款法律规制中的最后位阶。概言之，约款解释制度的适用劣后于约定行为义务条款的程序规制和内容控制，仅在保险人对相关约定行为义务条款履行了说明义务从而使之订入保险合同，且条款通过内容控制有关标准的审查因而合法有效时，约款解释制度才有机会得到适用。此处的约款解释制度如前所述，主要是指不利解释规则。然而，程序规制、内容控制和不利解释这三种约定行为义务条款的规制手段主要是在微观场域下进行，规制的仅仅是具体的约定行为义务条款，所解决的也只是个案争议。为了确保保险作为一种公共物品的可获取性，以及矫正保险市场中的结构性利益失衡这两项整体性价值目标的实现，宜将合理期待原则纳入约款解释制度的体系之中，以充实和完善约定行为义务条款的法律规制体系，使之能从微观与宏观两个维度对约定行为义务条款进行规制，从而保证约定行为义务条款的公平性和保险营

---

[1] 参见大村须贺男《普通取引约款解释における不明瞭法则の存在意义》，《六甲台论集》第9卷第2号，第63页以下。转引自上田诚一郎《约款による契约の解释——いわゆる约款の客观的解释を中心に》，《同志社法学》第42卷第4号，第52页。

[2] 参见高桥三知雄《私的自治·法律行为论序说（三）》，《关西法学》第24卷第6号，第88页。转引自李芝妍《普通保险约款に对する规制と解释原理（2）》，《上智法学论集》第49卷第2号，第182页。

业的规范化。

由于约款解释制度基本着眼于保险条款的文字内容与措辞表达，与条款本身的学理特性或法律特征关联不大，其正确适用的重点不在于分析条款自身的法律性质，而在于厘清制度本身的运行方式，此与以上程序规制和内容控制中条款性质须为重要考虑因素不同，因而也导致约定行为义务条款的解释制度与其他保险格式条款事实上并无本质差异，单独讨论约定行为义务条款的解释规则没有太大意义。职是之故，本部分拟不再将一般保险格式条款和约定行为义务条款的约款解释制度分而述之，而是融二者于一体，在行文中适当结合约定行为义务条款对约款解释制度进行阐释。

（一）不利解释规则

约款解释制度的第一个面向是不利解释规则。[①] 不利解释规则解决的是，当保险格式条款存在歧义时，法院应当按照何种标准进行解释的问题。不利解释规则源自"不利于提供者"（contra proferentem）的罗马法谚，又称疑义利益解释规则，其含义为：当保险格式条款的语句有歧义或者模糊时，应采取对拟定或提供格式条款一方（即保险人一方）不利的解释。[②] 此种合同解释方法可追溯到古罗马法时期，当时的法律规定：在买卖合同、借贷合同等合同中，当双方的合意内容无法得以明确时，由此所带来的不利益由拟定合同内容的卖方、贷方承担。值得注意的是，此时的不利解释规则仅适用于特定类型的合同。到了中世纪，注释法学派将这一解释方法一般化，并为德国法所承继。至普通法后期时代，这一解释方法演变为如下两类具体规则：一是对使用者不利的规则。采取此类规则的依据在于，条款拟定者负有起草清晰且明确之条款的义务，如

---

[①] 有很多学者将此项规则称为"原则"，参见孙积禄《保险法论》，中国法制出版社1997年版，第136页；邹海林《保险法》，人民法院出版社1998年版，第215页；郑云瑞《保险法论》，北京大学出版社2009年版，第104页；韩长印、韩永强编著《保险法新论》，中国政法大学出版社2010年版，第135页；贾林青《保险法》（第五版），中国人民大学出版社2014年版，第151页；曹兴权、罗璨《保险不利解释原则适用的二维视域——弱者保护与技术维护之衡平》，《现代法学》2013年第4期；孙宏涛《保险法中的疑义利益解释原则》，《北方法学》2012年第5期；贺季海、秦国辉《保险条款"不利解释"原则解读》，《保险研究》2008年第2期。但笔者认为，不利解释规则既已为我国保险法所纳入，成为一项成文法规范，并有具体的构成要件和法律效果，确定性相对较高，就不宜再被称为"原则"，"规则"的称谓较为妥适。

[②] 参见上田誠一郎《契約の解釈と不明確条項解釈準則》，《私法》第55号，第183页。

果条款拟定者拟定的条款存在歧义，其便须承受对条款作出不利于自己之解释所带来的不利后果。二是对义务人有利的规则。此种规则导源于证明责任理论，在民事诉讼中，主张对其有利事实的一方负有证明责任。一般而言，民事主体的行为自由受到另一方的约束只是例外情况，因此，主张自己是债权人的一方应当证明此种例外情形的存在，① 法国即采取了此种立法例。② 两大法系的合同解释理论中均包含了不利解释规则，尽管大陆法系国家大都以法律规定的形式确认了不利解释规则，③ 英美法系国家并未将之上升至成文法的高度，④ 但该规则在两大法系保险法中的内涵并无本质不同，其理论基础均为保险人通常是保单文本的起草者，既然何种文本用语的使用取决于保险人的选取，那么保险人就应当承受其制作的文本内容不确定所带来的风险。⑤

我国《保险法》第30条明文规定了不利解释规则。⑥ 尽管如此，不

---

① Gustave Émile Boissonade, Projet de Code Civil pour l'empire du Japon accompagné d'un commentaire, Nouvelle edition, Tome deuxiéme, 1891, p. 275. 转引自栗田晶《普通取引約款における不明確条項の解釈準則について——ドイツ普通法における契約概念の変化が解釈準則に与えた影響について》，《信州大学経法論集》第2巻，第124頁。

② 参见上田誠一郎《フランス法における不明確条項解釈準則》，《同志社法学》第54巻第2号，第473頁；栗田晶《普通取引約款における不明確条項の解釈準則について——ドイツ普通法における契約概念の変化が解釈準則に与えた影響について》，《信州大学経法論集》第2巻，第130—131頁。此外，还存在对法律地位有利者不利的解释规则，参见上田誠一郎《契約の解釈と不明確条項解釈準則》，《私法》第55号，第184—185頁。

③ 如《德国民法典》第305条之三第2款、《法国民法典》第1162条、《奥地利民法典》第915条等。

④ 在英美法系国家，理论界与实务界都十分重视不利解释规则。比如，有学者认为，不利解释规则在美国保险诉讼中已经居于中心地位，see Jeffrey W. Stempel, Interpretation of Insurance Contract, Boston: Little Brown and Company, 1994, p. 518. 另有学者指出，在保险诉讼中，不利解释规则已经成为法官们习惯使用的条款解释工具，see Mark C. Rahdert, "Reasonable Expectations Revisited", 5 Conn. Ins. L. J. 112 - 113 (1998—1999).

⑤ See Kenneth S. Abraham, "A Theory of Insurance Policy Interpretation", 95 Mich. L. Rev. 533-534 (1996).

⑥ 《保险法》第30条规定："采用保险人提供的格式条款订立的保险合同，保险人与投保人、被保险人或者受益人对合同条款有争议的，应当按照通常理解予以解释。对合同条款有两种以上解释的，人民法院或者仲裁机构应当作出有利于被保险人和受益人的解释。"

利解释规则在司法实务中还是遭到了一定程度的滥用、误用及漏用。前者表现为法院在当事人对条款理解无争议时擅自援引《保险法》第 30 条,选择对投保人一方有利的解释,其中有的涉及当事人双方提供的保险合同不一致,有的仅仅是投保人一方要求保险人赔付合同中未提及的损失,有的甚至只是保险人提出管辖异议;次者表现为只要当事人就保险条款产生争议,法院就直接援引《保险法》第 30 条,选择不利于保险人一方的解释;后者表现为在可能或者必须适用不利解释规则解决当事人之间有关保险条款的争议时,法院不适用《保险法》第 30 条,而径直适用《保险法》第 17 条规定的明确说明义务判定争议条款无效。[①] 职是之故,有必要对不利解释规则正本清源,以矫正不利解释规则在司法实务中的适用乱象。

首先,不利解释规则只是可以适用的排在第二顺位的解释规则,只有在采取其他解释方法无法确定保险合同含义的情形下才可以采用该规则。[②] 理由在于:不利解释规则仅仅为解释保险合同的歧义条款提供了一种手段或者途径,它本身并不能取代合同解释的一般原则,更没有提供解释保险合同的方法;而且,不利解释规则不具有绝对性,不能排除解释合同的一般原则或者方法的适用,以对保险合同任意作不利于保险人的解释。[③] 不利解释规则的该项适用条件在《保险法》第 30 条中有所体现。根据该条,当保险合同当事人对格式条款的理解发生争议时,法院应当首先按照"通常理解"对条款进行解释,仅在通常解释不只一种,即"存在两种以上合理解释"时,法院才能作出有利于投保人一方的解释。通常理解,指的是理性被保险人的理解,[④] 即具有一般智识和经验的被保险人对保险格式条款的理解。在探求通常理解之时,可援诸文义解释、体系解释、目的解释等多种合同解释方法。这些解释方法在适用顺序上并无先后之分,仅仅是法官在解释时应考虑的各项因素而已,对法官并无规范意义上的拘束力,需要法官结合自身判案经验及知识背景进行自由裁量。另外需要注意的是,由于格式条款在性质上介于个别商议条款和法律之间,

---

[①] 参见曹兴权、罗璨《保险不利解释原则适用的二维视域——弱者保护与技术维护之衡平》,《现代法学》2013 年第 4 期。

[②] See Malcolm A. Clarke, *The Law of Insurance Contracts*, 6th ed., London: LLP, 2009, pp. 457-458.

[③] 参见孙宏涛《保险法中的疑义利益解释原则》,《北方法学》2012 年第 5 期。

[④] 参见樊启荣、王冠华《保险格式条款"通常理解"之解释——以我国〈保险法〉第 30 条规定为中心》,《西部法学评论》2010 年第 6 期。

是一种"准制度",① 故其解释既不像个别商议条款的解释,是完全在探求当事人的真意,也不像法律的解释,是完全在追求安定性及稳定性,而是应当介于个别商议条款和法律之间,去"寻求格式条款适用对象的共同了解或合理期待"。②

其次,不利解释规则的适用前提是保险条款存在疑义。若保险条款语义清晰、双方意图明确,即便当事人对保险条款理解发生争议,法院或仲裁机关也不能对该条款适用不利解释规则。根据有关学者的归纳,"疑义"保险格式条款主要有以下五种形式:①语词含义逻辑边界不清晰,存在语义的集合,如"企业财产"一词;②语词普通含义与专业含义之间存在差异,如"暴雨"一词;③语词具有两种或两种以上等效含义;④对语词笔误或打印错误;⑤语词在合同中存在相互矛盾的情况。③

再次,适用不利解释规则不要求保险人对所拟定的格式条款产生歧义存在过错。这意味着,即便保险人对于消除格式条款歧义已经尽到足够高的注意义务,只要条款依然存在歧义,保险人也仍须对此承担不利后果,即由法院对该条款作出有利于被保险人一方的解释。这一做法的依据有二:第一,保险人作为专业从事风险经营的商人,拥有比被保险人更强的、对于已尽到合理注意义务仍无法消除的语言歧义风险所导致成本的承受能力,而且这一成本分配格局有助于促进保险人风险识别和控制能力的提升,而这正是保险营业竞争力之核心所在;第二,适用过错责任可能导致司法成本增加,不仅被保险人要证明诉争条款合理地存在两种以上含义,并且须提出更适合实现保险人设定该条款目的的替代性表述,保险人也还要证明该替代性表述将使含义更加含糊,或不能与保单上的其他用语和谐并处,这一个案判断、缺乏统一标准的过程注定是一种困难烦琐且耗费成本的举措。④

最后,如果被保险人事先知道或应当知道自己的损失不会获得保险赔付,不利解释规则将不能得到适用。当保险人能够证明被保险人知道自己的损失不在承保范围内,或者绝大多数被保险人在类似情形下并不存在对

---

① 温世扬、武亦文:《保险合同责任条款法律规制论——以格式责任条款的规制为中心》,《私法研究》2010年第2期。
② 参见刘宗荣《论保险契约的解释——兼论保险法第五十四条的修正刍议》,《月旦法学杂志》2008年第8期。
③ 参见孙宏涛《保险法中的疑义利益解释原则》,《北方法学》2012年第5期。
④ 参见马宁《保险合同解释的逻辑演进》,《法学》2014年第9期。

争议条款所涉承保范围的期待时,由于被保险人的理解与绝大多数被保险人通常的合理理解并不一致,其所主张的解释也与绝大多数被保险人对承保范围的客观合理期待不符,其对保险保障的信赖因而便不具有合理性。① 在保险人和被保险人均不具有可归责性的情形下,保险人的意思自治和被保险人的合理信赖具有同等程度的正当性,但此时被保险人并不具有合理信赖,故保险人的自治利益占优。而且基于防范道德风险和逆向选择的考量,也应当在此情形下限制不利解释规则的适用。

故此,不利解释规则应当仅在以上四项条件得到满足时方可适用。而且,由于保险合同涉及危险共同体的利益,比一般债权合同更强调对价平衡原则,故不利解释规则即便适用,也应限于在不严重影响对价平衡的情形之下。② 就不利解释规则对于约定行为义务条款的适用而言,本书第三章提到的 Pratt v. Aigaion Insurance Co. SA (The Resolute) 案即为适例。

(二) 合理期待原则

约款解释制度的第二个面向是合理期待原则,其对约定行为义务条款的法律规制而言着实不可或缺。尽管不利解释规则也在一定程度上体现了合理期待原则的思想理念,但其并不能完全彰显合理期待原则的内涵,合理期待原则的内在图景极为丰富和广阔。大陆法系国家保险法上通常不存在合理期待原则,作为英美法系保险法大国的英国对合理期待原则亦持审慎态度,合理期待原则发端且兴盛于美国。1970 年,Keeton 教授在系统分析了 1930—1970 年美国法院众多判例的基础上明确提出了合理期待原则。他认为,这些判例虽然判决理由不一,但实质上都体现了一种共同的理念,那就是以"满足被保险人的合理期待"为导向。他明确主张:①保险人不应通过保险交易获得任何不当利益;②投保人与未来受益人的客观合理期待应当得到满足,即使通过深入细致(painstaking)研究保单条款发现条款其实并不保障他们的期待。③ 合理期待原则以保险合同的附合性为前提,传统合同救济方法不能对被保险人提供有效救济是其产生和存在的直接动因,其应仅适用于格式保险合同,根源是保险合同为射幸合同所决定的悬殊的对价特征,在本质上是公平原则的必然要求和延伸,其

---

① 参见马宁《保险合同解释的逻辑演进》,《法学》2014 年第 9 期。
② 参见江朝国《保险契约条款解释原则》,《月旦法学教室》2009 年第 1 期。
③ See Robert E. Keeton, "Insurance Law Rights at Variance with Policy Provision", 83 *Harv. L. Rev.* 961, 963, 967 (1970).

## 第六章 利益衡平：约定行为义务条款的合理规制

法律价值目标是合同实质自由及公平正义。[1]

合理期待原则一经提出即在美国保险法学界引起巨大反响，法院为提高保险行业的整体诚信度也乐于援引该"时髦"制度作出判决，[2] 但该原则对传统合同法基本思想和法理的背离，对传统合同解释规则及体系的超越，以及内涵与外延的极度不确定性，也使其招致了许多批判与否定之声。比如，有学者就专门撰文批评了合理期待原则，[3] Clarke 教授也认为："合理期待原则的缺点在于它取决于'合理'这个概念，其以理性第三人在相似情形下所具有的客观期待为标准。而不管司法用多大的努力来寻找具有理性的人，这个具理性的人还是可望而不可即。"[4] 然而，合理期待原则由于符合法律公平正义的精神，可以进一步促进危险分散并提高交易效率，[5] 有利于维持保险人与被保险人之间的交易信任，最终还是得到了普遍的接受与肯定。[6] 为充分贯彻保险消费者保护原则，保障保险的公共物品属性，我国保险法有必要明确引入合理期待原则。[7] 实现合理期待原则内在价值理念的关键在于厘清合理期待原则的内涵及适用形式。唯其如此，方能避免在我国出现美国保险司法实务中合理期待原则的混乱适用局面。

在美国司法实践中，由于各州各级法院对合理期待原则的接受和理解程度不一，导致合理期待原则在实务中主要存在四种版本。不同的版本具有不同的功效，对保险消费者的保护程度也不相同，而且以一种从紧密遵循到陡然背离传统合同解释方法的谱系展开，适用频率依次降低。[8]

---

[1] 李利、许崇苗：《论在我国保险法上确立合理期待原则》，《保险研究》2011 年第 4 期。

[2] Kenneth S. Abraham, "Judge – Made Law and Judge – Made Insurance: Honoring the Reasonable Expectations of the Insured", 67 *Va. L. Rev.* 1153 (1981).

[3] Stephen J. Ware, "A Critique of the Reasonable Expectations Doctrine", 56 *U. Chi. L. Rev.* 1461 (1989).

[4] Malcolm A. Clarke, *The Law of Insurance Contracts*, 6th ed., London: LLP, 2009, p. 302.

[5] See Alan Schwartz, "Seller Unequal Bargaining Power and the Judicial Process", 49 *Ind. L. J.* 367–374 (1974).

[6] 参见孙宏涛《保险合同解释中的合理期待原则探析》，《当代法学》2009 年第 4 期。

[7] 虽然从我国《保险法》第 1 条中也可以寻得合理期待原则的支撑依据，该条规定，"为了规范保险活动，保护保险活动当事人的合法权益，加强对保险业的监督管理，维护社会经济秩序和社会公共利益，促进保险事业的健康发展，制定本法"，但其毕竟过于宽泛、不够明确，因而难被作为裁判规则。

[8] See Mark C. Rahdert, "Reasonable Expectations Revisited", 5 *Conn. Ins. L. J.* 111–114 (1998—1999).

第一种合理期待原则以保单条款解释工具的面貌出现，可称为"不利解释型合理期待"，其适用最为普遍，也最契合保险法的传统规则和一般法律传统。事实上，这种合理解释原则等同于不利解释规则，即"当诉争条款存在两种以上的合理释义时，法院应依照被保险人的合理期待确定条款含义"[1]。有学者认为："它是一种假合理期待之名而采取的最为审慎的解释方法。除了提供额外的正当性即满足被保险人合理期待，它等同于不利解释……采用这种版本的州在处理案件时，也完全等同于那些拒绝采纳（基廷提出的）合理期待的州，都主张合同语言对于判决起决定性作用。"[2] 同时也可以看出，在此种版本的合理期待原则之下，当保险条款不存在歧义时，即便其给被保险人造成了严重的不利益，合理期待原则也无法得到适用，该条款的效力也不会因而受到丝毫影响。故而，这种合理期待原则对被保险人的救济着实有限。

第二种合理期待原则以保单条款矫正工具的面貌出现，可称为"显失公平型合理期待"。当相关条款的适用因不符合被保险人对承保范围的期待，或者会减少被保险人所期待获得的关键利益，而产生一种不公平（unfair）或"显失公平"（unconscionable）的结果时，合理期待原则便会得到适用，以矫正这一不公平局面。在该情形下，尽管保险条款本身可能并不存在法律上的歧义，但是从具有一般知识经验的理性保险消费者角度而言，其确实存在含糊之处，这种含义上的模糊可能只有具备专业知识的律师、法官和专业承保人通过对保险条款的细致研读才能够避免。[3] 法院在援引该种合理期待原则进行判决时，为确保保单条款与交易程序的公平，可能会赋予被保险人一种"异于"（at variance with）保险合同规定的权利，以满足被保险人的合理期待，矫正利益失衡。然而，保险人可以通过修改保险条款或者向被保险人阐明承保范围，消除被保险人的合理期待。[4] 该种合理期待原则对被保险人的保护力度从表面看似乎高于"不利解释型合理期待"，但由于保险人可以通过在缔约时对条款进行明确解释

---

[1] 马宁：《保险法中的合理期待——从规则向原则的回归》，《比较法研究》2015 年第 5 期。

[2] See Stephen J. Ware, "A Critique of the Reasonable Expectations Doctrine", 56 *U. Chi. L. Rev.* 1468(1989).

[3] See Mark C. Rahdert, "Reasonable Expectations Revisited", 5 *Conn. Ins. L. J.* 112 (1998—1999).

[4] See Robert E. Keeton, "Insurance Law Rights at Variance with Policy Provision", 83 *Harv. L. Rev.* 968 (1970).

以排除其适用,因而其在本质上与我国保险法中明确说明义务的功能相差无几。

第三种合理期待原则以保险合同目的维持工具的面貌出现,可称为"合同目的型合理期待"。在该种合理期待原则下,保险条款在文义上极其清晰,被保险人不会因而产生任何合理期待,但法院认为,该条款由于完全不符合保险交易的根本目的,若得到适用,将产生实质上的不公平,因此无论含义如何明确其效力都应受到否定。具体表现为:严格执行合同条款将导致被保险人(包括诉讼中的特定被保险人和绝大多数购买类似保险的被保险人)购买保险的目的落空,或者使那些非被保险人的第三人,如被保险人的家庭成员、商业合伙人、雇员,以及被保险人不当行为的受害者无法得到充分赔偿。[①] 这种合理期待原则得到适用的场合并不多。事实上,关于法院是否有权依据以上理由作出判决存在争议,争议程度在很大程度上取决于人们对合同案件裁判持有怎样的法律立场。另外,其中还涉及合同法中已持续数十年的形式主义与功能主义、法律经济学分析与消费者保护理论之间的角力与对峙。[②] 质言之,这些立场和理论之间的平衡点,正是"合同目的型"合理期待原则的命运维系之所在。不可否认,该种合理期待原则与法律形式主义有所背离,更多地偏向于法律功能主义,同时也为保险消费者保护开辟了一条新的路径。

第四种合理期待原则以公共政策维护工具的面貌出现,可称为"公共利益型合理期待"。该种合理期待原则的适用机会非常之小,几乎接近于零,但是在学理上依然有其存在。其内涵为,当保险条款对承保范围的限制违反了保障被保险人赔偿这一最重要的公共政策时,法院为了维护公共政策,可以援引合理期待原则否定诉争条款的效力。在适用此种合理期待原则的场合,法院为了使保险能够为依赖其生存者的利益而运营,或者为了维护社会公共利益,对保险人与被保险人之间合同安排的关注度相对就降低了。[③] "公共政策型"合理期待原则对保险消费者保护原则的贯彻力度最强,但其不确定性也最高,被法院滥用的概率也最大,很有可能会导致法院为片面保护被保险人利益恣意排除相关保险条款的适用,这不仅会在深层次上破坏法律的安定性,更会从根本上影响保险行业生态的平

---

① 马宁:《保险合同解释的逻辑演进》,《法学》2014 年第 9 期。
② See Mark C. Rahdert, "Reasonable Expectations Revisited", 5 *Conn. Ins. L. J.* 113 (1998—1999).
③ Ibid.

衡。是故，对待此种合理期待原则须持审慎态度。就我国目前的保险运营和司法环境而言，暂时还不宜引入"公共利益型"合理期待原则。

综上而言，由于我国保险法上已经规定了不利解释规则和明确说明义务，故"不利解释型"和"显失公平型"合理期待原则在我国保险法中既无适用余地，也无适用必要。而"公共利益型"合理期待原则由于在保险消费者保护方面走得太远，也不适宜在现阶段引入我国保险法。唯有"合同目的型"合理期待原则较好地平衡了法律形式主义与法律功能主义、法律经济学主义与消费者保护主义之间的冲突，既可更好地贯彻保险消费者保护这一现代保险法理念、维持保险的公共物品属性，又不至于过分破坏保险法的安定性和保险营业的稳定性，堪称一项两全其美之良善制度，值得我国保险法借鉴。另外，美国司法实践中，确认"合理期待"标准的几个主要因素有被保险人的老练程度、被保险人能否获知保单保障的实际情况、保单条款语言是否符合保险目的、所缴纳保费的数额等。[①] 在我国未来的合理期待原则保险立法或者司法中，不妨将这些作为相关参考因素。

## 四 小结

对于约定行为义务条款的法律规制，应当沿着从程序到实体、从规则到原则的路径进行。保险人的说明义务是约定行为义务条款效力的第一道程序保障。在该道程序保障中，根据约定行为义务条款法律后果的不同，可分为一般说明义务的程序规制和明确说明义务的程序规制。经过此道程序的检验之后，约定行为义务条款始能够产生效力，但是否终局有效尚非确定。此时，便进入了实体规制中的第一层次——内容控制。约定行为义务条款因不符合内容控制规定而无效的情形主要有三种：违反绝对强制性规范；违反相对强制性规范且较之该规范对被保险人一方更为不利；违反保险合同所欲达成的目的。然而，即便这些情形均未出现，约定行为义务条款也依然可能无法按照保险人的预期发生法律效力。此时便涉及约定行为义务条款实体规制的第二层次——约款解释。约款解释包括不利解释和合理期待两个层面。前者优先于后者适用，此即意味着，当约定行为义务条款存在两种以上合理解释时，应当适用不利解释规则，选择对被保险人更为有利的解释，不得违反顺位直接适用合理期待原则；而当约定行为义务条款不存在任何歧义，仅有一种合理解释时，若其不符合被保险人对于

---

① 参见谢冰清《保险法中合理期待原则适用规则之构建》，《法学杂志》2016年第11期。

承保范围的合理期待，适用该条款将导致投保人的投保目的落空，使被保险人系统性地丧失保险保障，那么就应当适用合理期待原则排除该约定行为义务条款的适用。需要注意的是，在以上法律规制方法中，除合理期待原则外，其余规制约定行为义务条款的法律手段皆为法律规则，有保险法上的成文规范作为支撑，确定性较高。而合理期待原则则仅仅是一种原则，在适用时需要法官进行一定程度的自主裁量，即便在将来得到保险法的明文规定，也不改其原则之本质，故而应当尤为注重法律实质正义和法官裁量权力之间的平衡。

## 本章小结

保险的高度技术化和信息非对称性使得保险人在保险交易中享有充分的信息资源和技术优势，由此也导致了保险市场的结构性利益失衡。随着经济和社会的发展，保险消费者保护的理念日益受到各国保险法重视。保险消费者不应当仅限于自然人，任何已经或者正在准备与合法的保险经营者建立保险合同关系、购买保险产品、接受保险服务的自然人、法人和其他组织，包括投保人、被保险人和受益人在内，均可作为保险消费者，但能够与保险经营者议定单独的保险合同内容及价格的法人和其他组织除外。为实现保险人与被保险人之间的利益衡平，各国纷纷进行了保险监管模式的优化和保险法律制度的完善。约定行为义务条款作为一种同被保险人利益具有重大关涉的保险格式条款，自然应当接受相关监管法和契约法的规制。

在监管制约层面，既有的保险条款审批和备案制度在一定程度上确保了约定行为义务条款的公平性。另外，为进一步增强对保险消费者的保护，还可通过以下途径弥补既有监管手段的不足：①在银保监会内部设立专司保险消费者权益保护职能的部门，并为其提供足够的智识和财力支持；②修订《保险法》中的"保险业监督管理"部分，填补保险消费者保护之保险业法规定的空白，颁布《保险消费者权益保护条例》，为银保监会履行保险消费者权益保护职能提供具备可操作性的制度保障；③增强保险市场的信息披露和透明度，保障消费者的知情权；④建立与金融申诉署（FOS）组织和功能类似的非诉讼纠纷解决机制，为保险消费者提供便捷、高效、公正的争端解决服务。

在契约法规制层面，应当依次从程序规制、内容控制和约款解释三个角度对约定行为义务条款的效力进行检视。当保险人向投保人履行了对约定行为义务条款的说明义务之后，该约定行为义务条款始订入保险合同，并具有了产生效力的可能。此后，进入了内容控制的阶段。广义的内容控制体系包括三个层次：第一层的控制标准是绝对强制性规范，第二层的控制标准是相对强制性规范，第三层的控制标准是任意性规范的规范意旨或保险合同的合同目的。具体应当依据何种标准对约定行为义务条款的效力进行审查，取决于约定行为义务条款的内容。一般而言，约定行为义务条款很少涉及任意性规范，因此除任意性规范的规范意旨外，其他内容控制标准均有可能被用于判断诉争约定行为义务条款的效力。当约定行为义务条款通过内容控制的效力审查之后，便进入了约款解释的阶段。约款解释制度包括不利解释规则和合理期待原则。前者在约定行为义务条款存在歧义时适用，此时条款存在两种以上合理解释，应当采取对被保险人有利的解释。这是从个案层面对特定保险消费者的救济。后者在约定行为义务条款不存在歧义时适用，可以避免投保人的投保目的落空，保障保险的公共物品属性，从而起到维护社会公共利益的作用，是从宏观层面对不特定保险消费者的保护。以上约定行为义务条款的法律规制手段，以从程序到实体、从微观到宏观的方式，为投保人、被保险人提供了相对较为全面和具体的权益保障，可以有效地矫正保险市场的结构性利益失衡，促进保险经营者和保险消费者之间的利益衡平。

# 参考文献

## 一 中文书籍

［英］安东尼·吉登斯、克里斯多弗·皮尔森：《现代性——吉登斯访谈录》，尹宏毅译，新华出版社2001年版。

白彦、张怡超：《保险消费者权利保护研究》，中国法制出版社2016年版。

陈甦主编：《民法总则评注》，法律出版社2017年版。

崔建远：《合同法总论》（上卷）（第二版），中国人民大学出版社2011年版。

崔建远主编：《合同法》（第五版），法律出版社2010年版。

［德］迪特尔·梅迪库斯：《德国民法总论》，邵建东译，法律出版社2013年版。

［德］迪特尔·施瓦布：《民法导论》，郑冲译，法律出版社2006年版。

樊启荣：《保险法》，北京大学出版社2011年版。

樊启荣：《保险契约告知义务制度论》，中国政法大学出版社2004年版。

［德］古斯塔夫·拉德布鲁赫：《法哲学》，王朴译，法律出版社2013年版。

桂裕：《保险法》（增订初版），三民书局1984年版。

韩长印、韩永强编著：《保险法新论》，中国政法大学出版社2010年版。

韩世远：《合同法总论》（第3版），法律出版社2011年版。

黄勇、李之彦：《英美保险法经典案例评析》，中信出版社2007年版。

贾林青：《保险法》（第5版），中国人民大学出版社2014年版。

江朝国:《保险法基础理论》,中国政法大学出版社 2002 年版。

江朝国:《保险法论文集(二)》,瑞兴图书股份有限公司 1998 年版。

江朝国:《保险法逐条释义 第二卷:保险契约》,元照出版公司 2013 年版。

江朝国:《保险法逐条释义 第一卷:总则》,元照出版公司 2013 年版。

[德] 卡尔·拉伦茨:《德国民法通论》(下册),王晓晔等译,法律出版社 2013 年版。

[德] 卡尔·拉伦茨:《法学方法论》,陈爱娥译,商务印书馆 2003 年版。

[德] 康德:《道德形而上学原理》,苗力田译,上海人民出版社 2002 年版。

[德] 克雷斯蒂安·冯·巴尔:《欧洲比较侵权行为法》(下卷),焦美华译,法律出版社 2001 年版。

[美] 肯尼斯·S.亚伯拉罕:《美国保险法原理与实务》(第 4 版),韩长印、韩永强译,中国政法大学出版社 2012 年版。

梁慧星主编:《民商法论丛》(第 8 卷),法律出版社 1997 年版。

林勋发、柯泽东、梁宇贤、刘兴善:《商事法精论》(第六版),三民书局 2009 年版。

刘士余、周学东、刘向民:《美国金融监管改革概论——〈多德—弗兰克华尔街改革与消费者保护法案〉导读》,中国金融出版社 2011 年版。

刘心稳:《债权法总论》(第二版),中国政法大学出版社 2015 年版。

卢谌:《德国民法专题研究》,法律出版社 2008 年版。

[德] 罗伯特·霍恩、海因·科茨、汉斯·G.莱塞:《德国民商法导论》(第一版),楚建译,中国大百科全书出版社 1995 年版。

任自力主编:《保险法学》,清华大学出版社 2010 年版。

沙银华:《日本保险经典判例评释》,法律出版社 2011 年版。

施文森:《保险法论文 第三集》,元照出版公司 2013 年版。

史尚宽:《债法总论》,中国政法大学出版社 2000 年版。

宋志华主编:《保险法评论》(第 5 卷),法律出版社 2013 年版。

苏永钦:《走入新世纪的私法自治》,中国政法大学出版社 2002 年版.

孙宏涛:《德国保险合同法》,中国法制出版社 2012 年版。

孙积禄:《保险法论》,中国法制出版社 1997 年版。

孙美兰：《情事变动与契约理论》，法律出版社 2004 年版。

台湾大学法律学院、台大法学基金会编译：《德国民法典》，北京大学出版社 2017 年版。

汪信君、廖世昌：《保险法理论与实务》，元照出版公司 2010 年版。

王宝敏主编：《保险法评论》（第 6 卷），法律出版社 2016 年版。

王洪亮：《债法总论》，北京大学出版社 2016 年版。

王莉君：《法律规范研究》，法律出版社 2012 年版。

王利明、房绍坤、王轶：《合同法》（第四版），中国人民大学出版社 2013 年版。

王泽鉴：《民法学说与判例研究》（重排合订本），北京大学出版社 2015 年版。

温世扬主编：《保险法》（第 3 版），法律出版社 2016 年版。

［德］乌尔里希·贝克：《风险社会》，何博闻译，译林出版社 2003 年版。

奚晓明主编：《〈中华人民共和国保险法〉保险合同章条文理解与适用》，中国法制出版社 2010 年版。

［美］小罗伯特·H.杰瑞、道格拉斯·R.里士满：《美国保险法精解》，李之彦译，北京大学出版社 2009 年版。

叶启洲：《保险法判决案例研析（一）》，元照出版公司 2013 年版。

叶启洲：《保险法实例研习》，元照出版公司 2013 年版。

叶启洲：《保险法专题研究》（一），元照出版公司 2007 年版。

叶启洲：《保险消费者权益保护之新发展——保险法专题研究（二）》，元照出版公司 2015 年版。

尹田编著：《法国现代合同法》（第一版），法律出版社 1995 年版。

袁宗蔚：《保险学——危险与保险》，首都经济贸易大学出版社 2000 年版。

曾世雄：《损害赔偿法原理》，中国政法大学出版社 2001 年版。

张洪涛、郑功成主编：《保险学》，中国人民大学出版社 2000 年版。

郑玉波：《民法总则》，中国政法大学出版社 2003 年版。

郑云瑞：《保险法论》，北京大学出版社 2009 年版。

钟瑞栋：《民法中的强制性规范——公法与私法"接轨"的规范配置问题》，法律出版社 2009 年版。

朱庆育：《民法总论》（第 2 版），北京大学出版社 2016 年版。

邹海林：《保险法》，人民法院出版社 1998 年版。

## 二 中文论文

蔡大顺:《论重大过失行为之法律责任体系于保险法上的重构》,《政治与法律》2016年第3期。

曹兴权、罗璨:《保险不利解释原则适用的二维视域——弱者保护与技术维护之衡平》,《现代法学》2013年第4期。

陈聪富:《侵权行为法上之因果关系》,《台湾大学法学论丛》2000年第2期。

陈丰年:《保险法上契约基础条款之实务现况与改革刍议》,《国立中正大学法学集刊》2010年第4期。

陈丰年:《特约条款之检讨与重构》,博士学位论文,政治大学,2012年。

陈丰年:《特约条款之认定——最高法院96年度台上字第394号判决评析》,《东海大学法学研究》2010年第1期。

陈丰年:《英国保险法上担保条款之变革——由效率迈向公平之路》,《法学新论》2009年第3期。

陈丰年:《英国保险法上违反担保条款之法律效果新进展——以Good Luck案为核心》,《法令月刊》2009年第4期。

陈丰年:《允诺特约条款实务现况论析——以近来最高法院判决暨现行销售保险商品为核心》,《中原财经法学》2010年第2期。

陈峰:《德国金融消费者保护制度评述及启示》,《财政金融》2015年第2期。

陈群峰:《保险人说明义务之形式化危机与重构》,《现代法学》2013年第6期。

陈晓安、孙蓉:《国际不可抗辩条款对保险业的影响及我国的选择》,《保险研究》2011年第3期。

陈晓明:《风险社会之刑法应对》,《法学研究》2009年第6期。

程啸:《受害人特殊体质与损害赔偿责任的减轻——最高人民法院第24号指导案例评析》,《法学研究》2018年第1期。

迟颖:《我国合同法上附随义务之正本清源——以德国法上的保护义务为参照》,《政治与法律》2011年第1期。

杜景林:《合同规范在格式条款规制上的范式作用》,《法学》2010年第7期。

樊启荣:《论保险合同的解除与溯及力》,《保险研究》1997年第

8 期。

樊启荣：《美国保险法上"合理期待原则"评析》，《法商研究》2004 年第 3 期。

樊启荣、李娟：《论保险合同的内容控制——以对保险约款违反任意性规范的特别控制为中心》，《法商研究》2007 年第 5 期。

樊启荣、王冠华：《保险格式条款"通常理解"之解释——以我国〈保险法〉第 30 条规定为中心》，《西部法学评论》2010 年第 6 期。

范雪飞：《论不公平条款制度——兼论我国显失公平制度之于格式条款》，《法律科学》（西北政法大学学报）2014 年第 6 期。

方平：《我国金融消费者权益保护立法相关问题研究》，《上海金融》2010 年第 7 期。

顾培东：《效益：当代法律的一个基本价值目标——兼评西方法律经济学》，《中国法学》1992 年第 3 期。

郭建标：《〈保险法〉中不可抗辩条款若干法律问题之探讨》，《法律适用》2012 年第 1 期。

韩长印：《中间型定额保险的契约危险问题》，《中外法学》2015 年第 1 期。

韩强：《情势变更原则的类型化研究》，《法学研究》2010 年第 4 期。

韩永强：《〈保险法〉第 16 条中被误读的告知义务》，《法学》2010 年第 2 期。

贺季海、秦国辉：《保险条款"不利解释"原则解读》，《保险研究》2008 年第 2 期。

贺栩栩：《保险合同格式条款内容控制的功能目的与法律适用》，《兰州学刊》2013 年第 12 期。

黄积虹：《论保险合同不可抗辩条款》，《云南大学学报》（法学版）2010 年第 6 期。

黄丽娟：《保险人恶意不当理赔的法律规制——从违约责任到侵权责任》，《法商研究》2016 年第 5 期。

贾小雷、刘媛：《英国金融申诉专员服务制度之述评》，《河北法学》2011 年第 9 期。

江朝国：《保险契约条款解释原则》，《月旦法学教室》2009 年第 1 期。

江朝国：《特约条款之定位与除外条款之区辨》，《台湾法学杂志》2010 年第 4 期。

焦扬：《保险消费者保护：保险监管的定位与职能》，《保险研究》2012 年第 7 期。

解亘：《格式条款内容规制的规范体系》，《法学研究》2013 年第 2 期。

[德] 卡纳里斯：《债务合同法的变化——即债务合同法的"具体化"趋势》，张双根译，《中外法学》2001 年第 1 期。

[德] 卡斯腾·海尔斯特尔、许德风：《情事变更原则研究》，《中外法学》2004 年第 4 期。

赖德胜、李哲：《消费者主权的现实与实现》，《经济问题探索》1996 年第 1 期。

劳东燕：《公共政策与风险社会的刑法》，《中国社会科学》2007 年第 3 期。

雷磊：《法教义学的基本立场》，《中外法学》2015 年第 1 期。

李飞：《保险法上如实告知义务之新检视》，《法学研究》2017 年第 1 期。

李昊：《德国新债法中附随义务的构造》，《环球法律评论》2009 年第 5 期。

李利、许崇苗：《论在我国保险法上确立合理期待原则》，《保险研究》2011 年第 4 期。

李琴芬：《我国海上保险保证制度的缺陷及完善》，《中国保险》2008 年第 3 期。

李永军：《从契约自由原则的基础看其在现代合同法上的地位》，《比较法研究》2002 年第 4 期。

李中原：《论侵权法上因果关系与过错的竞合及其解决路径》，《法律科学》（西北政法大学学报）2013 年第 6 期。

梁鹏：《新〈保险法〉下说明义务之履行》，《保险研究》2009 年第 7 期。

刘海安：《法律上因果关系的反思与重构》，《华东政法大学学报》2010 年第 4 期。

刘水林：《反垄断诉讼的价值定位与制度建构》，《法学研究》2010 年第 4 期。

刘水林：《风险社会大规模损害责任法的范式重构——从侵权赔偿到成本分担》，《法学研究》2014 年第 3 期。

刘学生：《保险条款的效力评价——新〈保险法〉第十九条的理解与

适用》,《保险研究》2009 年第 6 期。

刘宗荣:《论保险契约的解释——兼论保险法第五十四条的修正建议》,《月旦法学杂志》2008 年第 8 期。

吕宙、孟龙、王俊杰、王瀚:《澳大利亚和新西兰金融保险消费者保护经验启示与借鉴》,《保险研究》2014 年第 12 期。

罗璨:《保险说明义务程序化蜕变后的保险消费者保护》,《保险研究》2013 年第 4 期。

罗璨:《英国保险保证制度改革及启示》,《理论月刊》2016 年第 1 期。

罗俊玮:《论保险人咨询提供之义务》,《财产法暨经济法》2010 年第 4 期。

罗俊玮、赖焕升:《百年变革——论英国海上保险担保条款之修正》,《东吴法律学报》2016 年第 3 期。

罗俊玮、卢永龙:《从金融消费者保护法论保险人说明义务》,《法令月刊》2012 年第 4 期。

罗秀兰:《论保险法上的不可抗辩条款及其修订》,《法学杂志》2009 年第 12 期。

马宁:《保险法如实告知义务的制度重构》,《政治与法律》2014 年第 1 期。

马宁:《保险法因果关系论》,《中外法学》2013 年第 4 期。

马宁:《保险法中保证制度构造及其现代化转型——以英国为视角》,《环球法律评论》2011 年第 1 期。

马宁:《保险法中的合理期待——从规则向原则的回归》,《比较法研究》2015 年第 5 期。

马宁:《保险格式条款内容控制的规范体系》,《中外法学》2015 年第 5 期。

马宁:《保险合同不公平条款规制的路径选择与框架架构——澳大利亚立法改革的经验与启示》,《保险研究》2013 年第 9 期。

马宁:《保险合同解释的逻辑演进》,《法学》2014 年第 9 期。

马宁:《保险人明确说明义务批判》,《法学研究》2015 年第 3 期。

马宁:《论保险人说明义务的履行方式与标准——以对我国司法实务的考察为中心》,《时代法学》2010 年第 2 期。

潘红艳、夏晴:《〈保险法〉第 57 条立法解析及其完善》,《当代法学》2014 年第 2 期。

潘玮璘：《构建损害赔偿法中统一的可预见性规则》，《法学家》2017年第4期。

屈茂辉、张红：《继续性合同：基于合同法理与立法技术的多重考量》，《中国法学》2010年第4期。

饶瑞正：《论保险契约之特约条款及其内容之控制》，《月旦法学杂志》2003年第3期。

任自力：《英国消费者保险法改革透视》，《政法论丛》2012年第5期。

阮友利：《论我国保险纠纷非诉讼解决机制的完善——以英国金融申诉专员制度为借鉴》，《中国保险》2011年第1期。

孙海波：《论法教义学作为法学的核心——以法教义学与社科法学之争为主线》，《北大法律评论》2017年第7期。

孙宏涛：《保险法中的疑义利益解释原则》，《北方法学》2012年第5期。

孙宏涛：《保险合同解释中的合理期待原则探析》，《当代法学》2009年第4期。

孙宏涛：《我国〈保险法〉中不可抗辩条款完善之研究——以〈保险法〉第16条第3款为中心》，《政治与法律》2015年第7期。

孙宏涛：《我国〈保险法〉中危险增加通知义务完善之研究——以我国〈保险法〉第52条为中心》，《政治与法律》2016年第6期。

唐世银：《保险法上对价平衡原则的司法运用》，《法律适用》2015年第12期。

陶建国、王玉萍：《日本保险投诉所的纠纷解决制度及启示》，《保险职业学院学报》2012年第3期。

汪信君：《保险法告知义务之义务性质与不真正义务》，《台湾大学法学论丛》2007年第1期。

王冠华：《保险法上不可抗辩条款适用问题三论——对〈保险法〉第16条的目的限缩解释和文义解释》，《暨南学报》（哲学社会科学版）2013年第3期。

王家骏：《我国保险法告知义务"全有全无模式"之批判与制度改革选择》，《法律科学》（西北政法大学学报）2018年第1期。

王静：《我国〈保险法〉第19条司法适用研究——基于保险格式条款裁判的实证分析》，《政治与法律》2014年第11期。

王萍：《以形成权限制法理研究不可抗辩条款》，《中国政法大学学报》2015 年第 1 期。

王全弟、陈倩：《德国法上对格式条款的规制——〈一般交易条件法〉及其变迁》，《比较法研究》2004 年第 1 期。

王姝：《主要发达国家保险监管制度比较研究》，博士学位论文，吉林大学，2013 年。

王雄飞：《英国保险告知义务制度的演进、结构和现代化——以英国法律委员会 2007 年发布的咨询文为中心》，《环球法律评论》2010 年第 1 期。

王战涛：《中德保险法中的消费者保护比较研究》，《保险研究》2010 年第 10 期。

温世扬：《论保险受益人与受益权》，《河南财经政法大学学报》2002 年第 2 期。

温世扬、范庆荣：《"保险消费者"概念辨析》，《现代法学》2017 年第 2 期。

温世扬、武亦文：《保险合同责任条款法律规制论——以格式责任条款的规制为中心》，《私法研究》2010 年第 2 期。

伍坚：《被保险人施救义务比较研究》，《法学杂志》2012 年第 4 期。

武亦文：《保险法因果关系判定的规则体系》，《法学研究》2017 年第 6 期。

谢冰清：《保险法中合理期待原则适用规则之构建》，《法学杂志》2016 年第 11 期。

邢海宝：《海上保险的保证》，《中外法学》2005 年第 2 期。

许德风：《法教义学的应用》，《中外法学》2013 年第 5 期。

闫寒、纪亚楠：《消费者主权理论和消费多元理念下流通模式创新》，《商业经济研究》2016 年第 23 期。

杨春福：《风险社会的法理解读》，《法制与社会发展》2011 年第 6 期。

杨德齐：《论保险合同解除权制度的体系建构——兼评〈保险法〉司法解释三（征求意见稿）的解除权条款》，《保险研究》2015 年第 2 期。

姚飞：《中国保险消费者保护法律制度研究》，博士学位论文，中国政法大学，2006 年。

叶金强：《相当因果关系理论的展开》，《中国法学》2008 年第 1 期。

叶名怡：《法国法上的重大过错——兼论对中国法的参照意义》，《北方法学》2013 年第 4 期。

叶名怡：《违约与侵权竞合实益之反思》，《法学家》2015 年第 3 期。

叶名怡：《重大过失理论的构建》，《法学研究》2009 年第 6 期。

叶启洲：《从"全有全无"到"或多或少"——以德国保险契约法上之约定行为义务法制之改革为中心》，《政大法学评论》2015 年第 1 期。

叶启洲：《德国保险契约法之百年改革：要保人告知义务新制及其检讨》，《台湾大学法学论丛》2012 年第 1 期。

叶启洲：《论保险契约之内容控制》，《月旦法学杂志》1997 年第 8 期。

尹中安：《保险受益人论》，博士学位论文，中国政法大学，2007 年。

于飞：《民法基本原则：理论反思与法典表达》，《法学研究》2016 年第 3 期。

于海纯：《保险人说明义务之涵义与规范属性辨析》，《保险研究》2009 年第 11 期。

郁青峰：《论〈保险法〉修改中"不可抗辩条款"的欺诈例外机制》，《保险研究》2008 年第 9 期。

张虹：《保险相对人安全防范义务研究——以〈保险法〉第 51 条第 3 款的解释和适用为中心》，《法学家》2014 年第 4 期。

张金蕾、潘秀华：《中国海上保险法律制度修改的再审视——以〈2015 年英国保险法〉为背景》，《中国海商法研究》2015 年第 4 期。

张俊岩：《风险社会与侵权损害救济途径多元化》，《法学家》2011 年第 2 期。

张双根：《谈"买卖不破租赁"规则的客体适用范围问题》，载王洪亮等主编《中德私法研究》（第 1 卷），北京大学出版社 2006 年版。

张怡超：《论我国〈保险法〉中的不可抗辩条款及其适用》，《河北法学》2012 年第 11 期。

郑睿：《英国海上保险保证制度改革评析》，《中国海商法研究》2016 年第 2 期。

郑永宽：《论侵权过失判定标准的构造与适用》，《法律科学》（西北政法大学学报）2013 年第 2 期。

郑子薇：《日本 2008 年新保险法告知义务新制及其检讨》，《东吴法律学报》2013 年第 1 期。

中国保监会保险消费者权益保护局课题组：《保险消费者权益问题的思考》，《保险研究》2012 年第 9 期。

中国人民银行、银监会、证监会、保监会联合调研组：《英国金融申诉专员制度》,《中国金融》2013 年第 8 期。

中国人民银行、银监会、证监会、保监会联合调研组:《英国金融消费权益保护机构设置》,《中国金融》2013 年第 8 期。

钟镇、董小君:《双峰型监管模式的现状、思路和挑战——基于系统重要性金融机构监管视角》,《宏观经济研究》2013 年第 2 期。

庄玉友:《日本金融商品交易法述评》,《证券市场导报》2008 年第 5 期。

## 三 英文书籍

Anthony Giddens, *Modernity and Self-Identity: Self and Society in the Late Modern Age*, Palo Alto: Stanford University Press, 1991.

Austin J.Buckley, *Buckley on Insurance Law*, 4th ed., London: Thomson Reuters, 2016.

Baris Soyer, *Warranties in Marine Insurance*, 3rd ed., New York: Routledge-Cavendish, 2017.

Bryan A. Garner, *Balck's Law Dictionary*, 9th ed., London: Thomson Reuters, 2009.

D.Rhidian Thomas, *The Modern Law of Marine Insurance: Volume Four*, London: Informa Law from Routledge, 2016.

Digby C.Jess, *The Insurance of Commercial Risks: Law and Practice*, 4th ed., London: Sweet & Maxwell/Thomson Reuters, 2011.

Dr.Julie-Anne Tarr, *Disclosure and Concealment in Consumer Insurance Contracts*, New York: Cavendish Publishing Limited, 2002.

F.D.Rose, Gerard McMeel & Stephen Watterson, *Marine Insurance: Law and Practice*, London: Informa Law from Routledge, 2013.

Feng Wang, *Illegality in Marine Insurance Law*, London: Informa Law from Routledge, 2017.

Howard Bennett, *The Law of Marine Insurance*, Oxford: Oxford University Press, 1996.

Iain Goldrein QC & Robert Merkin, *Insurance Disputes*, 2nd ed., London: Informa Law from Routledge, 2003.

Jeffrey W. Stempel, *Interpretation of Insurance Contract*, Boston: Little Brown and Company, 1994.

John Birds, *Birds' Modern Insurance Law*, 10th ed., London: Sweet &

Maxwell/Thomson Reuters, 2016.

John Lowry & Phillip Rawlings, *Insurance Law: Doctrines and Principles*, 3rd ed., Oxford: Hart Publishing, 2011.

Joseph C. Veneziano, *Insurance: The Laws of Australia*, 2nd ed., London: Thomson Reuters, 2014.

Julian Burling, *Lloyd's: Law and Practice*, London: Informa Law from Routledge, 2014.

Jürgen Basedow, John Birds, Malcolm Clarke etc., *Principles of European Insurance Contract Law (PEICL)*, 2nd ed., Munich: Sellier European Law Publishers, 2016.

Kenneth S. Abraham, *Distributing Risk: Insurance, Legal Theory, and Public Policy*, New Haven: Yale University Press, 1986.

Lawrence S. Powell, *Risky Business: Insurance Markets and Regulation*, California: the Independent Institute, 2013.

Malcolm A. Clarke, *The Law of Insurance Contracts*, 6th ed., London: Informa Law from Routledge, 2009.

Malcolm Clarke & Baris Soyer, *The Insurance Act 2015: A New Regime for Commercial and Marine Insurance Law*, London: Informa Law from Routledge, 2017.

Meixian Song, *Causation in Insurance Contract Law*, London: Informa Law from Routledge, 2014.

Michael R. Powers, *Acts of God and Man: Ruminations on Risk and Insurance*, New York: Columbia University Press, 2012.

Niamh Moloney, Eilis Ferran & Jennifer Payne, *The Oxford Handbook of Financial Regulation*, Oxford: Oxford University Press, 2015.

Nicholas Legh-Jones, John Birds & David Owen, *MacGillivray on Insurance Law Relating to All Risks Other Than Marine*, 11th ed., London: Sweet & Maxwell/Thomson Reuters, 2008.

Özlem Gürses, *Marine Insurance Law*, 2nd ed., London: Routledge, 2017.

Patrick Lagadec, *Major Technological Risk: An Assessment of Industrial Disasters*, Oxford: Pergamon Press, 1982.

Richard V. Ericson & Aaron Doyle, *Uncertain Business: Risk, Insurance and the Limits of Knowledge*, Toronto: University of Toronto Press, 2004.

Rob Merkin & Jenny Steele, *Insurance and the Law of Obligations*,

Oxford: Oxford University Press, 2013.

Robert Merkin & Judith P. Summer, *Colinvaux's Law of Insurance*, 10th ed., London: Sweet & Maxwell, 2014.

Robert Merkin, *Insurance Law: An Introduction*, London: Routledge, 2013.

Ruth Sefton-Green, *Mistake, Fraud, and Duties to Inform in European Contract Law*, Cambridge: Cambridge University Express, 2005.

Sarah Green, *Causation in Negligence*, Oxford: Hart Publishing, 2015.

Sir G Treitel, *The Law of Contract*, 12th ed., London: Sweet & Maxwell, 2008.

Thomas J. Schoenbaum, *Key Divergences Between English and American Law of Marine Insurance*, Atglen: Schiffer Publishing, 1999.

Tom Baker & Jonathan Simon, *Embracing Risk: The Changing Culture of Insurance and Responsibility*, Chicago: The University of Chicago Press, 2002.

Tom Baker & Kyle D. Logue, *Insurance Law and Policy: Cases and Materials*, 4th ed., New York: Wolters Kluwer, 2017.

Ulrich Beck, *Risk Society: Towards a New Modernity*, London: SAGE Publications, 1992.

Zhen Jing, *Chinese Insurance Contracts: Law and Practice*, London: Informa Law from Routledge, 2017.

## 四 英文论文

Adolph K. Schwartz, "'Increase of Hazard' as a Defense Under a Fire Insurance Policy", 1959 *Ins. L. J.* 249 (1959).

Alan Schwartz, "Seller Unequal Bargaining Power and the Judicial Process", 49 *Ind. L. J.* 367 (1974).

Albert Ehrenzweig, SR., & Friedrich Kessler, "Misrepresentation and False Warranty in the Illinois Insurance Code", 9 *U. Chi. L. Rev.* 209 (1941-1942).

Alexander Peczenik, "A Theory of Legal Doctrine", 14 *Ratio Juris* 79 (2001).

Alvin H. Dorsky, "Automobile Insurance: Warranty as to Place of Principal Use and Garage", 7 *Intramural L. Rev. N. Y. U.* 150 (1951-1952).

Arthur L. Corbin, "Conditions in the Law of Contract", 28 *Yale L. J.* 739

(1918-1919).

Baris Soyer, "Risk Control Clauses in Insurance Law: Law Reform and the Future", 75 *Cambridge L.J.* 109 (2016).

Brian Barnes, "Against Insurance Rescission", 120 *Yale L.J.* 328 (2010-2011).

Brunswick G.Deutson & John P.Hammond, "Marine Insurance Policies: The Implied Warranty of Seaworthiness", 30 *Ins.Counsel J.* 89 (1963).

Christian Arambruester, "PEICL- The Projects of a European Insurance Contract Law", 20 *Conn.Ins.L.J.* 119 (2013).

Christine Jolls, Cass R.Sunstein & Richard Thaler, "A Behavioral Approach to Law and Economics", 50 *Stan.L.Rev.* 1471 (1997-1998).

Christopher C.French, "The Role of the Profit Imperative in Risk Management", 17 *U.Pa.J.Bus.L.* 1081 (2014-2015).

Christopher C.French, "Understanding Insurance Policies as Noncontracts: An Alternative Approach to Drafting and Construing These Unique Financial Instruments", 89 *Temp.L.Rev.* 535 (2016-2017).

Costabel Attilio M., "The UK Insurance Act 2015: A Restatement of Marine Insurance Law", 27 *St.Thomas L.Rev.* 133 (2015).

Daniel Schwarcz, "Regulating Consumer Demand in Insurance Markets", 3 *Erasmus L.Rev.* 23 (2010).

Derrick, F., "Agent's Knowledge as Waiver of Breach of Warranty", 27 *Colum.L.Rev.* 330 (1927).

Dr Milica Josifovska, "Managing Moral Hazard in English Marine Insurance Law-The Implied Warranty of Seaworthiness", 2012 *Ins.L.Rev.* 16 (2012).

Edward L.Rubin, "Toward a General Theory of Waiver", 28 *UCLA L.Rev.* 478 (1980-1981).

Edwin W.Patterson, "Warranties in Insurance Law", 34 *Colum.L.Rev.* 595 (1934).

Erik S.Knutsen, "Causation in Canadian Insurance Law", 50 *Alta.L.Rev.* 631 (2012-2013).

F.B.Ames, "The History of Assumpsit", 2 *Harv.L.Rev.* 53 (1888-1889).

Frank A.Valenti, "Insurance Premium Financing", 19 *Buff.L.Rev.* 656 (1969-1970).

George W. Payne, "Warranties and Representations in Insurance Policies", 62 *Cent. L. J.* 479 (1906).

Gisela Rühl, "Common Law, Civil Law and the Single European Market for Insurances", 55 *International and Comparative Law Quarterly* 879 (2006).

Haitao Yin, Howard Kunreuther & Matthew W. White, "Risk-based Pricing and Risk-reducing Effort: Does the Private Insurance Market Reduce Environmental Accidents?", 54 *J. L. & Econ.* 325 (2011).

Herman Cousy, "The Principles of European Insurance Contracts Law: the Duty of Disclosure and the Aggravation of Risk", *ERA Forum* (2008).

J. Han Wansink, "Precautionary Measures: A Friendly or Hostile Tool of Limiting Insurance Coverage?", *ERA Forum* (2008).

Jeffrey W. Stempel, "The Insurance Policy as Social Instrument and Social Institution", 51 *WM. & Mary L. Rev.* 1489 (2010).

Jerald H. Sklar, "The Divisibility of Warranties in Insurance Policies", 18 *Vand. L. Rev.* 719 (1964-1965).

John D. Falconbridge, "Waiver of Breach of Conditions by Insurance Companies", 22 *Can. L. Times* 124 (1903).

JP Van Niekerk, "Non-Disclosure, Misrepresentation and Breach of Warranty in South African Insurance Law: Some Tentative Suggestions for Reform", 1999 *J. S. Afr. L.* 584 (1999).

Kameel I. F. Khan, "Insurance Law: Statutory Changes to the 'Basis of the Contract' Clause and Materiality with Particular Reference to the West Indies", 36 *International and Comparative Law Quarterly* 375 (1987).

KateLewins, "Breach of Warranty in Marine Insurance: Allison Pty Ltd. t/as Pilbara Marine Part Services v. Lumley General Insurance Ltd. [2006] WASC 104 (Pilbara Pilot)", 20 *Austl. & N. Z. Mar. L. J.* 54 (2006).

Kenneth J. Arrow, "Insurance, Risk and Resource Allocation", in Dionne G., Harrington S. E. (eds.), *Foundations of Insurance Economics. Huebner International Series on Risk, Insurance and Economic Security*, Vol. 14, Springer, Dordrecht.

Kenneth J. Arrow, "The Economics of Moral Hazard: Further Comment", 58 *Am. Econ. Rev.* 537 (1968).

Kenneth S. Abraham, "A Theory of Insurance Policy Interpretation", 95 *Mich. L. Rev.* 533-534 (1996).

Kenneth S. Abraham, "Four Conceptions of Insurance", 161 *U.PA.L.Rev.* 653 (2013).

Kenneth S. Abraham, "Judge-Made Law and Judge-Made Insurance: Honoring the Reasonable Expectations of the Insured", 67 *Va. L. Rev.* 1151 (1981).

Kenneth S. Abraham, "The Expectations Principle as a Regulative Ideal", 5 *Conn.Ins.L.J.* 59 (1998-1999).

Kwang Myong Moon, "Specific Issues of Marine Insurance Law in Korea-English Governing Law Clause, Warranty, and Direct Claim of the Third Party", 13 *Asian Bus.Law.* 179 (2014).

Liran Einav & Amy Finkelstein, "Selection in Insurance Markets: Theory and Empirics in Pictures", 25 *J.Econ.Perspectives* 115 (2011).

Malcolm Clarke, "Aggravation of Risk during the Insurance Period", *L.M.C.L.Q.* 109 (2003).

Malcolm Clarke, "Duty of Care-Insurance Brokers-Advise or Consent?", 59 *Cambridge L.J.* 246 (2000).

Malcolm Clarke, "Inducement and Good Faith", 63 *Cambridge L.J.* 286 (2004).

Malcolm Clarke, "Interpreting Contracts- The Price of Perspective", 59 *Cambridge L.J.* 18 (2000).

Malcolm Clarke, "Misrepresentation of Value-Honest Belief", 57 *Cambridge L.J.* 24 (1998).

Malcolm Clarke, "Notice of Contractual Terms", 35 *Cambridge L.J.* 51 (1976).

Malcolm Clarke, "The Nature of the Warranty in Contracts of Insurance", 50 *Cambridge L.J.* 393 (1991).

Malcolm Clarke, "The Proximate Cause in English Law", 40 *Cambridge L.J.* 284 (1981).

Mangesh Patwardhan & S. Uma, "The Insurance Laws (Amendment) Act, 2015 and Life Insurance Policyholders", 6 *Jindal Global L. Rev.* 231 (2015).

Mark C. Rahdert, "Reasonable Expectations Revisited", 5 *Conn.Ins.L.J.* 107 (1998-1999).

Mark E. Kinley, "The 'Implied Warranty' Exception in Comprehensive

General Liability Insurance: Viewing the Insurer as Surety for the Workmanlike Performance of the Insured", 6 *J.L.& Com.* 467 (1986).

Mark V. Pauly, "The Economics of Moral Hazard: Comment", 58 *Am. Econ. Rev.* 531 (1968).

Martin Schauer, "Comments on Duration of Contract and Precautionary Measures", *ERA Forum* (2008).

Max Hyatt., "Warranty and Indemnity Insurance: Proliferation of Moral Hazard or Legitimate Risk Mitigation Tool", 51 *U.S.F.L.Rev.* 127 (2017).

Melvin A. Eisenberg, "The Limits of Cognition and the Limits of Contract", 47 *Stanford Law Review* 211 (1995).

Merkin Robert, "Reports of Committees: The Law Commission Working Paper No.73: Non-Disclosure and Breach of Warranty in Insurance Law", 42 *Mod.L.Rev.* 544 (1979).

Michael A. McGlone, "Marine Insurance and the Implied Warranty of Seaworthiness", 21 *Loy.L.Rev.* 960 (1975).

Neil W. Averitt & Robert H. Lande, "Consumer Sovereignty: A Unified Theory of Antitrust and Consumer Protection Law", 65 *Antitrust L. J.* 713 (1997).

Olavi-Jüri Luik, Rainer Ratnik & Magnus Braun, "Aggravation of Risk and Precautionary Measures in Non-life Insurance: A Tricky Scope for the Insurer?", 8 *Baltic Journal of Law & Politics* 2 (2015).

Omri Ben-Shahar & Kyle D. Logue, "Outsourcing Regulation: How Insurance Reduces Moral Hazard", 111 *Mich.L.Rev.* 197 (2012-2013).

Patrick J. S. Griggs, "Coverage, Warranties, Concealment, Disclosure, Exclusions, Misrepresentations, and Bad Faith", 66 *Tul.L.Rev.* 423 (1991-1992).

Poomintr Sooksripaisarnkit, "At the Juncture between Disclosure and Warranty in Marine Insurance Law: A Recent Case from Hong Kong", 13 *Asian Bus.Law.* 195 (2014).

Quintin Rares, "The Marine Insurance Act: Out of Warranty?", 27 *Austl.& N.Z.Mar.L.J.* 36 (2013).

R.A. Hasson, "The 'Basis of the Contract Clause' in Insurance Law", 34 *Mod.L.Rev.* 29 (1971).

Rhea D. Pappas-Ward, "Strict Compliance with Marine Insurance Contracts: Conflicting Rules in the Ninth Circuit", 70 *Wash.L.Rev.* 519 (1995).

Robert E.Keeton, "Insurance Law Rights at Variance with Policy Provisions: Part Two", 83 *Harv.L.Rev.* 1281 (1969-1970).

Robert E.Keeton, "Insurance Law Rights at Variance with Policy Provisions", 83 *Harv.L.Rev.* 961 (1969-1970).

Robert H.Jerry, "Insurance, Contract, and the Doctrine of Reasonable Expectations", 5 *Conn.Ins.L.J.* 21 (1998-1999).

Robert Koch, "German Reform of Insurance Contract Law", *European Journal of Commercial Contract Law*, 2010 (3).

Robert Merkin, "The Law Commission Working Paper No.73: Non-Disclosure and Breach of Warranty in Insurance Law", 42 *Mod. L. Rev.* 544 (1979).

Rob Merkin & John Lowry, "Reconstructing Insurance Law: The Law Commissions' Consultation Paper", 71 *Mod L.Rev.* 95 (2008).

Rob Merkin & Özlem Gürses, "The Insurance Act 2015: Rebalancing the Interests of Insurer and Assured", 78 *Mod.L.Rev.* 1004 (2015).

Ronen Avraham, "The Economics of Insurance Law – A Primer", 19 *Conn.Ins.L.J.* 29 (2012-2013).

S.J.Bailey, "Warranties of Land in the Thirteenth Century", 8 *Cambridge L.J.* 274 (1942-1944).

Shaochun Yuan, "Special Aspect of Marine Insurance Law in China – Direct Action and Warranty", 13 *Asian Bus.Law.* 205 (2014).

Soraya Boudia & Jas Nathalie, "Risk and Risk Society in Historical Perspective, History and Technology", *Taylor & Francis (Routledge)*, 2007, 23 (4).

Stanley B.Long, "'Held Covered' Clauses in Marine Insurance Policies", 24 *Ins.Counsel J.* 401 (1957).

Stephen J.Ware, "A Critique of the Reasonable Expectations Doctrine", 56 *U.Chi.L.Rev.* 1461 (1989).

Steven E.Goldman, "Breach of Warranty in American Marine Insurance", 52 *Ins.Counsel J.* 60 (1985).

Steven Shavell, "On Moral Hazard and Insurance", 93 *Q.J.Econ.* 541 (1979).

Steven Shavell, "On the Social Function and Regulation of Liability Insurance", 25 *Geneva Papers on Risk & Ins.* 166（2000）.

Thomas J. Schoenbaum, "Warranties in the Law of Marine Insurance: Some Suggestions for Reform of English and American Law", 23 *Tul. Mar. L. J.* 267（1998-1999）.

Tom Baker & Rick Swedloff, "Regulation by Liability Insurance: From Auto to Lawyers Professional Liability", 60 *UCLA L. Rev.* 1412（2013）.

Tom Baker, "On the Genealogy of Moral Hazard", 75 *Tex. L. Rev.* 237（1996）.

W. H. Hutt, "The Concept of Consumers' Sovereignty", 50 *The Economic Journal* 66（1940）.

W. Holdsworth, "The Early History of the Contract of Insurance", 17 *Colum. L. Rev.* 85（1917）.

W. L. Brady, "Breach of Warranty as Affecting Contracts of Insurance", 10 *St. Louis L. Rev.* 112（1924-1925）.

W. S. Holdsworth, "The Early History of the Contract of Insurance", 17 *Colum. L. Rev.* 85（1917）.

William R. Vance, "The History of the Development of the Warranty in Insurance Law", 20 *Yale L. J.* 523（1910-1911）.

Yeo Hwee Ying, "Call for Consumer Reform of Insurance Law in Singapore", 26 *SAcLJ* 215（2014）.

Yeo Hwee Ying, "Of Warranties and Terms Delimiting Risks in Insurance Contracts", 1994 *Sing. J. Legal Stud.* 369（1994）.

## 五　日文书籍及论文

奥山裕之:《米国における金融消費者保護局の設立と展開》,《レファレンス》第66卷第1号。

坂口光男:《ヨーロッパ共同体における保険契約法の調和について》,《法律論叢》第55卷第1号。

坂口光男:《保険契約によって合意された責務と危険制限の限界づけ——ドイツ法理の整理を中心として》,《法律論叢》第54卷第6号。

坂口光男:《保険契約法における危険の増加——比較法的・理論的考察》,《法律論叢》第44卷第4号。

坂口光男:《保険契約法における責務の義務的性格——ドイツの学説史の概観を中心として》,《明治大学社会科学研究所紀要》第29卷第

2号

坂口光男：《保険事故の招致》，《法律論叢》第 43 巻第 4・5 号。

坂口光男：《建物火災保険における再築条項の法的性質——務理論との関連における検討》，《法律論叢》第 56 巻第 5 号。

坂口光男：《他人のためにする保険契約と被保険者の責務》，《法律論叢》第 60 巻第 4・5 号。

坂口光男：《責務違反にもとつく保険保護の喪失——責務違反要件の修正を中心として》，《法律論叢》第 61 巻第 4・5 号。

坂口光男：《自動車保険における自動車の用途条項——責務理論との関連における検討》，《法律論叢》第 59 巻第 3 号。

村田敏一：《絶対的強行規定・片面的強行規定・任意規定——新保険法の構造分析の視点》，《保険学雑誌》第 602 号。

鳳佳世子：《金融取引と消費者保護体制》，《調査と情報——ISSUE BRIEF》第 623 号。

岡本裕樹：《"契約は他人を害さない"ことの今日的意義（二）》，《名古屋大学法政論集》第 203 号。

岡田豊基：《災害関係特約における重過失の概念——判例の検討を中心として》，《神戸学院法学》第 39 巻第 3・4 号。

髙野雄史：《消費者契約における不当条項規制の法的枠組み——消費者契約法 8 条、9 条、10 条の横断的分析》，《国士舘法研論集》第 18 号。

谷原修身：《アメリカ統一商法典の消費者保護的機能——非良心性理論の展開》，《私法》第 43 号。

花房一彦：《保険契約法における政策的立法》，《中央学院大学法学論叢》第 4 巻第 2 号。

花房一彦：《告知義務、危険著増の効果と信義則》，《中央学院大学法学論叢》第 3 巻第 2 号。

及川光明：《交渉力の不均衡の法理に関する一考察》，《比較法学》第 29 巻第 1 号。

菅富美枝：《契約当事者間における交渉力格差と契約の有効性——イギリス法における"非良心的取引"及び"過度な影響力の行使（不当威圧）の推定"法理の現代的機能への着目》，《経済志林》第 83 巻第 2 号。

菊池直人：《生命保険における被保険者の法的地位について——他

人の生命の保険契約を中心に》,《生命保険論集》第 159 号。

菊池直人:《生命保険契約における被保険者と第三者のためにする契約》,《生命保険論集》第 168 号。

瀬戸弥三次:《海上保険体系(被保険者の担保義務篇)》,文雅堂 1931 年版。

李鸣:《生命保険契約の重大事由解除に関する一考察》,《法学研究》第 89 巻第 1 号。

李芝妍:《普通保険約款に対する規制と解釈原理(1)》,《上智法学論集》第 49 巻第 1 号。

栗田晶:《普通取引約款における不明確条項の解釈準則について——ドイツ普通法における契約概念の変化が解釈準則に与えた影響について》,《信州大学経法論集》第 2 巻。

柳景子:《アメリカの非良心性法理の判断構造(1)——手続的非良心性の要件を中心に》,《早稲田法学会誌》第 62 巻第 1 号。

落合誠一:《消費者法の進展の中での保険契約の諸問題》,《生命保険論集》第 171 号。

梅津昭彦:《保険契約者の合理的期待と保険証券の解釈——アメリカ法における保険証券解釈の潮流》,《文研論集》第 117 号。

米谷隆三:《保険法における事情変更の原則:客観主義保険法の一つの展開》,載大林良一編:《加藤由作博士還暦記念保険学論集》,春秋社 1957 年版。

潘阿憲:《重過失による保険事故招致と保険者免責の再検討(二・完)》,《法学会雑誌》第 48 巻第 1 号。

清水太郎:《保険法における"重過失"の意義》,《生命保険論集》第 197 号。

山本哲生:《損害保険における課題——因果関係不存在則,危険変動の問題を中心として》,《保険学雑誌》第 608 号。

山野義朗:《保険契約法と契約者利益の保護——フランス法の分析を中心にして》,載《Bunken journal》第 99 号。

上田誠一郎:《フランス法における不明確条項解釈準則》,《同志社法学》第 54 巻第 2 号。

上田誠一郎:《約款による契約の解釈——いわゆる約款の客観的解釈を中心に》,《同志社法学》第 42 巻第 4 号。

生田敏康:《ドイツ法におけるオプリーゲンハイトについて——民

法を中心に》,《早稲田法学会誌》第41巻。

生田敏康:《ドイツ法におけるオブリーゲンハイトについて——民法を中心に》,《早稲田法学会誌》第41巻。

辻博明:《わが国における義務研究の到達点——オップリーゲンハイト（Obliegenheit）を中心に》,《名城法学》第53巻第4期。

石川優佳:《米国の非良心性法理の判断基準について——実体的非良心性をめぐる議論の現状》,《大阪学院大学法学研究》第39巻第2号。

石田満:《保険契約法におけるObliegenheit の法的性質に関する研究序説：ドイツ法を中心として》,《上智法学論集》第10巻第1号。

石田満:《危険の増加と特別解約権》,《上智法学論集》第34巻第2・3号。

松田真治:《フランス保険法におけるfaute dolosive（1）》,《関西大学法学論集》第63巻第1号。

松田真治:《フランス保険法における保険事故招致に関する故意の拡張論》,《生命保険論集》第186号。

天野康弘:《重過失免責の認定と分析》,《保険学雑誌》第622号。

田口城:《被保険者のために積み立てた金額と解約返戻金》,《生命保険論集》第162号。

田中隆:《消費者のリスク認知の性質と保険選択行動》,《生命保険論集》第144号。

小山明宏、手塚公登:《ドイツ生命保険業における規制と規制緩和：議論と現状（1）》,《学習院大学經濟論集》第36巻第1号。

永松裕幹:《告知義務違反における故意又は重過失に関する裁判例の分析と検討》,《保険学雑誌》第626号。

遠山優治:《重大事由解除の効力と保険者の免責について——保険事故についての虚偽申告を中心に》,《保険学雑誌》第606号。

齋田統:《事情変更の原則について》,《跡見学園女子大学マネジメント学部紀要》第21号。

中出哲:《イギリス保険契約法の改正とわが国への示唆》,《保険学雑誌》第637号。

中村信男:《イギリス2012年消費者保険（告知・表示）法の概観と比較法的示唆》,《保険学雑誌》第622号。

中村信男:《イギリス2012年消費者保険（告知・表示）法の概

要》,《比較法学》第 47 卷第 2 号。

　　中村肇:《近時の"事情変更の原則"論の変容と"事情変更の原則"論の前提の変化について》,《明治大学法科大学院論集》第 6 号。

　　中村肇:《事情変更の顧慮とその判断過程について(1)》,《成城法学》第 75 号。

　　仲宗根京子:《告知義務違反解除の法的構成について(平成 20 年改正保険法をふまえて)》,《沖縄大学法経学部紀要》第 11 号。

　　仲宗根京子:《告知義務違反解除をめぐる法律構成について——保険契約の特質をふまえて》,《沖縄大学法経学部紀要》第 16 号。

　　佐野誠:《新保険法における傷害保険約款規定》,《生命保険論集》第 166 号。

## 六　德文书籍

Beckmann/Matusche-Beckmann/Marlow, *Versicherungsrechts-Handbuch*, 3.Aufl., München: C.H.Beck, 2015.

Langheid/ Wandt, *Münchener Kommentar zum VVG*, 1.Aufl., München: C.H.Beck, 2010.

Larenz/Wolf, *Allgemeiner Teil des Bürgerlichen Rechts*, 9. Aufl., München: C.H.Beck, 2004.

Manfred Wandt, *Versicherungsrecht*, 6. Aufl., München: Verlag Franz Vahlen, 2016.

# 后　　记

本书的研究肇始于求学阶段研习的一些困惑：一为诸多保险法学教材在"最大诚信原则"一章中所谈及的"保证"制度。"保证"一词极易与担保法上的"保证"相混淆，而且在想进一步了解时又发现所有著述都对这一制度寥寥数语、语焉不详，令人困惑无解。二是我国《保险法》第51条规定的所谓"被保险人维护保险标的安全的义务"依其字面理解仿佛是一项十分重要的保险法制度，但事实上不仅在研究上备受冷遇，而且在法院裁决时也极少援引，该条款形同"僵尸条款"，让人十分讶异。在笔者担任教职数年之后，开始关注保险法上的风险控制机制这一重要问题，并在拜读了叶启洲教授的论文《从"全有全无"到"或多或少"——以德国保险契约法上之约定行为义务法制之改革为中心》和陈丰年教授的博士学位论文《特约条款之检讨与重构》之后，恍然大悟于"保证"、"约定行为义务"和"特约条款"这些表面迥异的语词背后隐秘的关联，正是由于我国在保险法上风险的事前预防控制机制的理论准备不足和制度供给落后，一方面导致了笔者的前述困惑，另一方面也造成了我国保险法上的风险控制机制缺漏较多，亟待完善。本书的学术企图即是力求对保险法上约定行为义务制度作全面论述和系统构造。以完善我国保险法上风险防控机制为研究目的，从对我国目前保险法风险控制方式的规范、理论和实证考察着手，自比较法的视角对约定行为义务制度进行深入剖析研究，证成引入约定行为义务制度对于完善风险防控机制的必要性和正当性。在此基础上，结合我国既有法律传统与规范语境，从宏观层面构建约定行为义务的制度框架，从微观层面设计约定行为义务的制度方案，同时辅以结构性的约定行为义务条款规制机制，以呼应保险消费者保护原则的价值导向，实现保险人与被保险人之间的利益平衡。

颇为幸运的是，研究计划获得了国家社科基金后期资助项目"保险法约定行为义务制度构造论"（项目批准号：18FFX016）的资助，使得该项研究能最终成型并呈现于世人面前，本书即为该项目的最终成果。该书同时也是武汉大学人文社会科学青年学术重点资助团队"大健康法制的理论与实践"的研究成果。还要特别感谢赵亚宁、杨勇两位同学在资料搜集和文献综述方面所提供的卓越协助，这一著作是我们师生共同学术成长的见证。

笔者希望该书既能对保险法风险控制机制的学术研究起到抛砖引玉的作用，也能对我国保险立法中有关"约定行为义务"相关法律规范的科学化、精细化产生促进效果。同时也期待着本书能在方家指正和实务发展的基础上不断完善和更新。

武亦文<br>
2019年8月11日于珞珈山